ZWILLING · DER WILDNIS VERFALLEN

W0370588

Stocker stv

Ernst A. Zwilling

Der Wildnis verfallen!

Leopold Stocker Verlag
Graz – Stuttgart

Umschlaggestaltung: Atelier Geyer, Gleisdorf
Umschlagfoto: Ernst A. Zwilling
Sämtliche Fotos wurden dem Verlag vom Autor freundlicherweise zur Verfügung gestellt

Die Deutsche Bibliothek - CIP-Einheitsaufnahme

Zwilling, Ernst A.:
Der Wildnis verfallen : 50 Jahre Jagdexpeditionen in Afrika /
Ernst A. Zwilling. – Graz ; Stuttgart : Stocker, 1991
ISBN 3-7020-0617-6

ISBN 3-7020-0617-6
Alle Rechte der Verbreitung, auch durch Film, Funk und Fernsehen, fotomechanische Wiedergabe, Tonträger jeder Art, auszugsweisen Nachdruck oder Einspeicherung und Rückgewinnung in Datenverarbeitungsanlagen aller Art, sind vorbehalten.
© Copyright by Leopold Stocker Verlag, Graz 1991
Printed in Austria.
Druck: M. Theiss, A-9400 Wolfsberg

Inhalt

Vorwort

Ernst A. Zwilling: Mensch und Jäger

Dieses letzte Buch von Professor Ernst Alexander Zwilling ist ein kostbares Dokument über das alte Afrika, erlebt und niedergeschrieben von einem außergewöhnlichen Menschen. Wer ihn – wie ich – seit vielen Jahren gekannt hat und zudem zahlreiche Jagdreisen mit ihm unternehmen konnte, die schließlich zu einer langen Freundschaft geführt haben, kann den 1990 von uns Gegangenen als Persönlichkeit nachzeichnen. Dies ist auch zu tun. An Ernst Zwilling bestach zunächst und sogleich der Kavalier alter österreichischer Schule, der Wiener Charme im besten Sinn mit unerschütterlicher Honorigkeit und vornehmer Gesinnung zu verbinden wußte. Sein lebhaftes Temperament im Verein mit einer selten anzutreffenden Erzählkunst ließ Gespräche über seine Erlebnisse ihrerseits zum Erlebnis werden. Wie auch in diesem Buch, traten in seinen Berichten die Persönlichkeit und die Eigenart des Menschen Ernst Zwilling gleichsam zum Greifen nahe in Erscheinung. Da war der stets wache Beobachter, der von früher jugendlicher Phantasie getriebene und vom Dunklen Erdteil faszinierte Forscher, da war der unglaublich passionierte Jäger, aber auch jener Ernst Zwilling, der – obwohl selbst kein Christ in dogmatischem Sinn – Gottes Herrlichkeit dennoch in Demut bewunderte. Über alldem war er kein Musterschüler des Lebens (denn die sind immer langweilig!), sondern lebensfroh auf der einen Seite und voller Ecken und Kanten auf der anderen. Das alte Afrika hat er noch so erlebt, wie er es sich als Bub erträumt hatte – und wer könnte dies heute noch von sich sagen? Die Anzahl seiner Erlebnisse ist Legion, seine Hinterlassenschaft in Literatur und Bilddokumentation ein Schatz, nicht nur für einschlägig Interessierte. Ernst Zwilling durfte nach seiner Vorstellung leben – eine selten gewährte Gabe unseres Herrgotts, für die man dankbar sein sollte!

Franz Graf zu Erbach-Erbach

Ein Jugendtraum geht in Erfüllung

Meine Jugenderinnerungen reichen in jene Jahre vor dem Ersten Weltkrieg zurück, die noch der Glanz einer unbeschwerteren Epoche verklärt. Ich wurde am 25. September 1904 in der slawonischen Garnisonsstadt Esseg im südöstlichen Teil der Donaumonarchie geboren und gehöre somit einer Generation an, die im Lauf ihres Lebens zwei Weltkriege mit all ihren Schrecken und Folgen durchzumachen hatte. Harte Zeiten prägen aber auch Wesen und Charakter. – Ich bin ein echtes Sonntagskind, und das Glück hat mich nie verlassen!

Mein Vater, ein gebürtiger Wiener, diente als Offizier bei einem k.u.k. Artillerieregiment in Esseg. Dort lernte er auch meine gute Mutter kennen, die aus einer begüterten deutschen Kaufmannsfamilie stammte. Meine Großeltern mütterlicherseits sind schon früh gestorben; ich kannte sie kaum, wie überhaupt meine Erinnerungen an Esseg schon sehr verblaßt sind. Einige ihrer Vorfahren waren Schwaben und sind zu Zeiten Maria Theresias aus Württemberg in diesen Winkel der Monarchie eingewandert.

Als ich vier Jahre alt war, übersiedelten meine Eltern nach Wien in einen großen Offizierspavillon der alten Albrechtskaserne im Prater. Mein Vater erhielt darin, wie die anderen Offiziere seines Feldregiments auch, eine geräumige Wohnung für sich und seine Familie zugeteilt.

Deutlich sehe ich ihn noch in der schmucken braunen Uniform mit den roten Aufschlägen, dem Tschako mit dem Doppeladler und dem Roßschwanz auf dem Kopf hoch zu Pferd vor mir. Er kommandierte eine bespannte Batterie. Die alten bunten Bilder aus den Kindertagen werden mir immer in Erinnerung bleiben.

In der Nähe des 2. Wiener Gemeindebezirkes besuchte ich die Volksschule. Der gütige Lehrer mußte sich mit mir mehr als mit den anderen Buben plagen. In den Zeugnissen standen aber trotzdem immer lauter Einser. Ich war ein hochaufgeschossenes Kind und erkrankte im Winter alljährlich an Bronchitis. Fast jedes Frühjahr reiste meine Mutter mit mir der Lunge wegen einige Wochen nach Abbazia an die Adria, wo ich mich dann rasch wieder erholte.

In Wien weilte ich an den Wochenenden stets bei meinen Großeltern väterlicherseits. Ich liebte sie heiß. Das alte gelbe Patrizierhaus mit den grünen Fensterläden in jener verträumten, stillen Gasse Alt-Hietzings und der wunderschöne große Garten mit dem mächtigen Kastanienbaum stehen immer noch vor meinen Augen, ebenso die einsame Gaslaterne in der schmalen Straße, die ehrfurchtgebietenden Pickelhauben der Polizeimänner von der nahen Wachstube und ein kleiner Kaufmannsladen mit all dem Kramzeug, das uns Kindern so viel Anziehendes bot.

Mein Großvater, gewissermaßen ein Musterbeispiel des ehrsamen österreichischen Staatsbeamten der damaligen Zeit, war ein passionierter Waidmann. Im Herbst wurde er manchmal nach Lassee zur Niederwildjagd eingeladen. Zu meiner Freude durfte ich immer bei den Vorbereitungen zu einem solchen Jagdtag mithelfen: Unter der Aufsicht meines Großvaters stopfte ich dann die Patronenhülsen. Besonders bewunderte ich den Gewehrschrank im Eßzimmer. Andächtig stand ich als kleiner Bub davor und wünschte mir, erwachsen zu sein, um auch mit einer solchen Flinte über die Felder laufen zu können.

Meine liebe Großmutter, eine sehr kluge und verständnisvolle Frau, begeisterte mich für die Ferne. Abends las sie mir regelmäßig Abenteuergeschichten und verschiedene Berichte berühmter Reisender vor. Es ist wohl kaum ein Wunder, daß meine Jagdleidenschaft, mein Unternehmungsgeist und mein Forscherdrang in dieser frühen Kindheitsperiode ihre Wurzeln haben.

Eines Tages mußten wir erneut umziehen. Mein Vater war dem Generalstab, einem höheren Kommando in der Rossauerkaserne mitten in der Großstadt, zugewiesen worden. Wir lebten jetzt in einer privaten Wohnung in einem grauen Zinshaus auf der Elisabethpromenade. Ich besuchte nun eine andere Volksschule und wurde von einer Hauslehrerin auch in der französischen Sprache und dem Klavierspiel unterrichtet. Beides gehörte in den Vorkriegsjahren zum guten Ton in unserer Gesellschaft. Auch das nette Fräulein hatte es mit mir nicht leicht. Ich war ihr aber sehr zugetan und blieb noch lange Jahre hindurch mit ihr in Kontakt.

Als Größter und Längster in der Klasse durfte ich an den Festtagen, wenn wir alle ausrücken mußten, die Schulfahne tragen. Mit meinen Kameraden verbrachte ich eine wunderschöne Kindheit. Ein Streich jagte den anderen, und wir Buben waren oft recht schlimm.

Bei Schönwetter erlaubten mir meine Eltern immer, daß ich meinen geliebten weißen Matrosenanzug mit der langen Hose tragen durfte. Darin fühlte ich mich ungemein stolz. Damals waren Zinnsoldaten mein liebstes Spielzeug, und ich besaß davon eine schöne Sammlung, die immer durch Geschenke meiner Eltern und Verwandten ergänzt wurde.

Der Erste Weltkrieg, bei dessen Ausbruch ich eben zehn Jahre alt war, unterbrach jählings das Idyll meiner Kindertage. Mein Vater stand von Anfang an als aktiver Offizier im Feld, und nur selten, meist zum Wochenende, konnte ich jetzt bei den Großeltern sein. Die Not der Zeit, aber auch die Sorgen der Schule und des Lernens überschatteten die kommenden Jahre, aus denen mir nur in Erinnerung blieb, daß ich damals dem entsetzten Großvater – während er sich damit abrackerte, mir Latein beizubringen – schon erklärte, daß ich ganz bestimmt einmal einen Löwen schießen würde! Die Liebe zur Jagd, die Lust am Reisen und ein unstillbares Fernweh steckten also schon zutiefst im Blut.

Der Krieg hatte sich ausgeweitet, der Vater war an die russische Front gekommen. Seine Feldpostkarten waren uns allemal ein heißersehntes Lebenszeichen. Das Schönste war aber, als er eines Tages vom Schützengraben auf Urlaub heimkehrte und mir einen großen Airdaleterrier mitbrachte. Tiere besitzen zu können, erschien mir damals überhaupt als das Wichtigste auf der Welt. Aber auch Vaters Kriegsbeute – eine russische Fahne, ein goldstrotzender russischer Generalsrock und ein Kosakenkarabiner mit Bajonett – erfreuten mein Kinderherz unsäglich, denn jetzt konnte ich mit meinen Kameraden richtig „Soldaten“ spielen. In den noch stillen Gassen unseres Gemeindebezirkes wurde unter meinem Kommando der Krieg von uns gewonnen.

Die Wirklichkeit aber sah anders aus. Als mit dem Ende des Ersten Weltkriegs das große Reich, in dessen Hauptstadt ich aufgewachsen war, zerfiel, mußte sich das Leben vieler Menschen grundlegend ändern. Auch mein Vater, arbeitsam und tatkräftig, fand sich rasch in einem neuen Beruf zurecht, und unsere Familie konnte sich in Mödling, inmitten der schönsten Wienerwaldlandschaft, seßhaft machen. In jener schweren Nachkriegszeit kam uns die Treffsicherheit meines Vaters, der als guter Schütze bekannt war und viel auf die umliegenden Jagden eingeladen wurde, sehr zustatten, da er so wertvolle Zubußen für unsere Küche liefern konnte. Mir aber brachten diese Jahre die erste Erfüllung meiner großen Sehnsucht, da ich nun zum erstenmal auf die Jagd mitgenommen wurde. Eine Rebhuhnjagd auf den weiten Feldern des Moosbrunner Reviers ist mir der Hitze des Augusttages und unseres spärlichen Proviants wegen noch in guter Erinnerung.

Meine Großeltern waren alt geworden. Der Großvater, als Staatsbeamter schon lange in Pension, hatte geplant, seinen drei Söhnen durch den Verkauf des Hauses dereinst ein kleines Vermögen übergeben zu können. Die Zeichnung der Kriegsanleihe hatte aber alles wie Butter zerrinnen lassen! – Auch die Großeltern zogen jetzt nach Mödling, aber in eine andere Wohnung in der Stadtmitte.

In Mödling besuchte ich das Realgymnasium, wo ich Latein nachlernen mußte. Das gefiel mir gar nicht, doch ich kam durch. Bald hatte ich auch neue Schulfreunde, mit denen ich in der Freizeit im nahen Föhrenwald umhertollen konnte.

Mein Vater hatte als Major abgerüstet. Nun stand er im neugeschaffenen kleinen Staat Österreich vor dem Nichts. Er mußte vorübergehend eine Stelle als Ernährungskontrollor der Bezirkshauptmannschaft in Mödling antreten, in deren weiterer Umgebung er die Bauern zu überprüfen hatte, ob sie tatsächlich die vorgeschriebenen Ablieferungen einhielten. Dabei fiel hier und da ein Topf Schmalz ab, der mir in meinem Wachstum sehr zugute kam.

Oft begleitete ich Vater auf seinen Inspektionsgängen, die er meist zu Fuß durchführen mußte, da zu den entlegenen Orten und Höfen weder eine Bus- noch eine andere Verbindung bestand. So lernte ich laufen, richtig laufen, denn mein Vater war sehr groß, und seine Schritte maßen gerade einen Meter. Hier also legte ich den Grundstein für den Buschläufer der späteren Jahre. Meine Ausdauer konnte sich bereits sehen lassen, ich war ein beinharter Knopf im Nehmen geworden ...

Die Zeit war gekommen, mich für einen Beruf zu entscheiden. In mir, dem Stadtkind, waren die Liebe und Lust zum Landleben und zur Landwirtschaft gleichermaßen weitaus stärker und lebendiger als jede Aussicht auf einen Schreibtischplatz. So wählte ich denn auch die Landwirtschaft als Berufsstudium. Mir gefiel es auf dem Land sehr gut; das Leben in der Natur schien mir weitaus interessanter als jenes in der Stadt.

Einer meiner Jugendträume, Offizier in den deutschen Schutzgebieten zu werden, war ausgeträumt. Nach dem verlorenen Krieg wurden die Kolonien den Siegern zugeschlagen. Dennoch richtete sich mein Sinnen und Trachten immer mehr nach Übersee und den Tropen aus. In jenen Jahren nach dem Krieg waren die Zeitungen voll von Anzeigen und Artikeln von Auswanderern. Einige Organisationen gaben sogar eigene Auswandererzeitungen heraus und propagierten vor allem Südamerika für ein neues Leben in Übersee.

Ich wurde zu einer ausgesprochenen Leseratte. Lange Jahre hatte ich solch eine Kolonialzeitung abonniert und war über Freud und Leid der Auswanderer im Bild. Ich kaufte mir immer mehr und mehr Bücher und verschlang sie regelrecht. Meine Phantasie schweifte in die Ferne. Dabei sah ich mich immer als Jäger, der im Traum mit der Waffe durch das dichteste Lianengewirr lief.

Im Geist kombinierte ich: Landwirt zu werden und in den Tropen tätig zu sein, schien mir am zweckmäßigsten. Und gerade in Mödling bot sich die beste Gelegenheit, darauf hinzuarbeiten. In dieser weit und breit bekannten Schulstadt befand sich auch das „Francisco-Josephinum", eine Höhere landwirtschaftliche Lehranstalt, die ihre Hörer seit Jahrzehnten als Landwirte für alle Welt ausbildete.

Vier Jahre später hatte ich diese hervorragende Schule absolviert. An den Abenden während meiner Studienzeit weilte ich häufig in dem nahen Missionshaus „St. Gabriel" bei Lichtbildervorträgen über die Tropen oder besuchte das Afrika-Museum, das vorwiegend von Missionaren ausgestattet und getragen wurde. So trat nun dieser Kontinent immer stärker in meinen Gesichtskreis, während Südamerika an Stellenwert verlor.

Auch die Missionare erzählten viel über ihre vielseitigen Tätigkeiten in Afrika und begeisterten mich für den Dunklen Erdteil. Nach der Schule bildete ich mich zusätzlich durch zoologische und völkerkundliche Fachbücher. Nächtelang studierte ich und erarbeitete mir so ein beträchtliches Wissen.

Zwischen den Semestern und Jahren mußte ich in den Ferien praktizieren, um die Wirtschaft in allen ihren Zweigen kennenzulernen. Auch hierbei war mir das Glück hold. Mein Vater hatte einen großen Bekanntenkreis, und unter den vielen interessanten Menschen war auch ein Gutsbesitzer, der – gar nicht weit von Mödling entfernt – einen Musterbetrieb besaß. So kam ich über die Sommermonate auf das schöne Schloß Oberwaltersdorf. Ich konnte beim Förster wohnen, der mich auch richtig zum Waidmann erzog und mich die Jägersprache lehrte. Eine alte belgische Hahn-Doppelflinte hatte ich vom Großvater geerbt, und damit machte ich voll Stolz die ersten Treibjagden mit. Sie verschafften mir nicht nur unvergeßliche Erlebnisse, sondern auch den ersten Kontakt zu vielen Männern des öffentlichen Lebens, die als Jagdherren die großen Reviere in der weiteren Umgebung innehatten.

Wieder zogen wir um. In der Nähe unserer Wohnung stand eine große Villa zum Verkauf. Meine Mutter konnte einem befreundeten Juwelier um viel Geld ihren wertvollen Schmuck verkaufen, und Vater nahm ein Darlehen auf. Nur so war es uns möglich, das sehr preisgünstige Objekt zu erstehen. Nun waren meine Eltern Hausbesitzer geworden, und ich konnte in dem riesigen Garten, zu dem auch ein gutes Stück Wald gehörte, mit dem Dobermann herumtollen, den mir mein Vater gekauft hatte. Meine Mutter richtete in der einen Gartenecke einen kleinen Wirtschaftshof ein. Da gackerten bald viele Hühner, eine weiße Saanenziege lieferte Milch, und ein Ferkel wurde zu einer fetten Sau großgezogen. Ich half überall mit, und alle Arbeiten im Stall und Garten machten mir viel Freude.

Auch die Jagderlebnisse auf einer ausgedehnten Teichwirtschaft, die nahe Verwandten gehörte und in Jugoslawien lag, waren für meine spätere Entwicklung sehr bedeutsam. In all den Jahren von meiner frühen Jugend bis in die Zeit des Zweiten Weltkriegs kam ich immer wieder dorthin zurück – auch dann, wenn mich ein Urlaub aus Übersee in die Heimat führte. Die kleine Feldbahn, die von der Station durch sumpfige Wälder und über karge Hutweiden an den buntgestrichenen kroatischen Bauernhäusern vorbei zu dem großen Herrenhaus inmitten des schönen Parks führte, brachte den Besucher in kurzer Zeit sozusagen in eine andere Welt. Hier lernte ich die Wasserjagd kennen und schätzen. Ich sah meine ersten Zwergreiher im dichten Schilf und schoß die schwarzen Bläßhühner vom Propellerboot aus. Auf der spiegelglatten Wasserfläche prunkten die silberweißen Haubentaucher und eine Unzahl von Enten. Abends hörte man weithin das seltsame „Brüllen“ der großen Rohrdommel. Auf einer weitab stehenden wipfeldürren Esche aber hatte ein Seeadlerpaar seinen gewaltigen Horst errichtet, und der in der Halle des Herrenhauses aufgeblockte, von Meisterhand präparierte herrliche Vogel erinnerte an die zielsichere Kugel meines Onkels, der einen solchen Adler mit einer Spannweite von über drei Metern an einem Wintertag geschossen hatte.

Zahlreich war in diesen Revieren auch die Wildkatze vertreten. Als der Dackel meines Onkels eines Tages im dichtesten Brombeergestrüpp eine von ihnen stellte, verschwanden Hund und Katze im Rankengewirr wie in einem Tunnel, und erst als nach atembeklemmenden Augenblicken, in denen der Jäger um den guten Hund fürchtete, die Katze flüchtete, bannte eine Schrotgarbe sie auf die Stelle. Es war ein prächtiges männliches Tier, ein „Kuder“, nicht weniger als elf Kilogramm schwer.

Mit dem Jahre 1923 war mein Studium erfolgreich zu Ende gegangen. Ich hatte die Tropen nicht vergessen, doch benötigte ich eine zusätzliche praktische Ausbildung. Auch gab es in dieser so schwierigen Nachkriegszeit überhaupt keine Möglichkeit, irgendwo in Afrika Fuß zu fassen, geschweige denn eine Farm zu kaufen. Weder ich noch meine Eltern hatten das dazu nötige Geld.

Während der Vorlesungen am „Francisco-Josephinum“ hatte ich viel von der vorbildlichen Landwirtschaft in Deutschland und von den großen Rittergütern vernommen, die von den Junkern damals schon modernst bewirtschaftet wurden und auf denen man auch reiten und jagen konnte. Ich versuchte daher, in Deutschland eine Stelle zu bekommen, und schrieb einige Adressen an, die wir von guten Freunden bekamen. Mein Wunsch ging rasch in Erfüllung: Ich kam auf ein Rittergut in der Uckermark in Preußen.

Der Gutsbesitzer, alter preußischer Adel und ehemaliger Offizier, ließ mich auf diesem Mustergut in Preußens Kornkammer hart anfassen. Ich mußte kräftig zupacken. Der Umgang mit Pferden machte mir besonders viel Freude, und oft hatte ich Gelegenheit, ein Vierergespann über die weiten Ebenen und durch die Kiefernwälder dieses fruchtbaren Landes zu kutschieren. Diese Gespanne, meist Kastenwägen zum Abtransport von Kartoffeln und Rüben, wurden von einem Sattelpferd aus gelenkt.

Deutschland selbst war nach dem verlorenen Krieg recht arm geworden. Überall konnte ich das spüren. Ich wurde für meine Arbeit auf dem Rittergut nicht bezahlt, und so hatte ich bald die Nase voll. Eines Tages machte ich mich auf die Suche nach einer bezahlten Stelle. In einer landwirtschaftlichen Zeitung las ich von einem Gut in Hinterpommern.

Es war Winter und bitter kalt, die Kleinbahn ungeheizt und nur zum Teil beleuchtet. Aber ich kam an und wurde vom Verwalterehepaar sehr gütig aufgenommen. Sogar ein kleines Taschengeld erhielt ich im Hinblick auf meine künftige Tätigkeit. Es handelte sich um ein sogenanntes Vorwerk, den Nebenbetrieb eines großen Rittergutes. Der Winter war überaus schneereich und zeigte sich von seiner schlimmsten Seite. Gegen diese Kälte war ich nur unzureichend ausgerüstet. Dennoch verrichtete ich alle in der mustergültig geführten Landwirtschaft anfallenden Arbeiten zur vollsten Zufriedenheit. Es gefiel mir recht gut, zumal ich als Eleve auch ausgesprochen nette Mädels zu beschäftigen hatte. Wohl erwiesen sie sich – wie das Land selbst – als spröde und wortkarg, doch ich kam gut mit ihnen aus und hatte viel Spaß.

Bald wurde ich Zweiter Inspektor auf dem Hauptgut. Auch der Lohn stieg ein wenig. Hier befand sich auch das Gestüt – ganz nach meinem Sinn, denn bei Pferden war ich glücklich. Im Kuhstall arbeiteten ein paar gut ausgebildete Tiroler als Melker. Meine Landsleute waren auch für die Zuchtbullen zuständig. Diese wurden entweder geritten oder, wenn nötig, an Kette und Nasenring zur Bewegung aus dem Stall ins Freie geführt. Dabei ereignete sich einmal ein wirklich tragischer Unfall. Beim Spazierenführen wurde der Melker, den ich am meisten mochte, von einem der Bullen plötzlich an die Wand gedrückt. Das Horn bohrte sich in den Schädel des armen Kerls; er fiel sofort tot um. Das war für uns alle auf dem Gut ein großer Schock. Das Begräbnis des Arbeiters wurde dann auch sehr pompös begangen. Der Graf, ehemals Hauptmann, marschierte in Uniform mit Säbel und Pickelhaube und allen seinen Orden auf und erwies dem Tiroler auf diese seine Art die letzte Ehre.

Die Rittergutsbesitzer waren in jener politisch so gespannten Zeit große und im Land überaus geachtete Herren, die wichtigen Einfluß auf Wirtschaft und Politik ausübten. Hier, in Hinterpommern, erlebte ich auch die Monate um die Wahl Hindenburgs zum Reichspräsidenten. Es waren aufregende Tage der Versammlungen und der persönlichen Werbung, von denen ich mich jedoch fernhielt.

Jeden Sonntag war ich auf dem Reitplatz. Schon um drei Uhr morgens rasselte unerbittlich der Wecker. Ich bekam ein gutes Halbblutpferd, das den pommerschen Gestütsbrand – die Elchschaufel auf der Hinterhand – eingebrannt hatte. Das Zaumzeug mit dem schönen blauweißen Stirnband hatte ich selbst gekauft, und einen neuen Sattel sandten mir die Eltern. – Es waren herrliche Zeiten für einen jungen Mann wie mich!

Selbstverständlich hatte ich auch bald eine Menge Freunde, junge Pommern, darunter auch einen, der seine Soldatenzeit inoffiziell absolvierte. In der Zeitung lasen wir beide von der Anwerbung zur Spanischen Fremdenlegion. Uns imponierte der bunte Haufen, der seine Haut in Afrika für Spanien zu Markt trug. Beherzt nahmen wir uns zwei Tage Urlaub und fuhren zum spanischen Konsul nach Hamburg, um Näheres zu erfahren. Der sehr freundliche Diplomat jedoch meinte, wir wären zu schmächtig, und es würde mit blauen Bohnen geschossen ... Jedenfalls wurde nichts daraus, und wir reisten wieder ab.

Meine Sehnsucht nach der Ferne erwachte jedoch immer wieder, und mehr denn je las ich auf meinem Zimmer Reiselektüre. Ich fühlte mich in Deutschland sehr wohl, und die schlechtesten Nachkriegsjahre waren überstanden. Auch war ich jetzt zum praktischen Landwirt ausgebildet, und meine Lehrzeit war zu Ende. Da ergab es sich, daß meine Eltern schrieben und anfragten, ob ich nicht wieder in die Heimat kommen wolle, denn sie sehnten sich sehr nach ihrem einzigen Kind. Auch wäre eine sichere Stelle als Gutsadjunkt in Oberwaltersdorf, wo ich ja schon als Praktikant gearbeitet hatte, frei geworden.

Ich verließ Deutschland, fuhr aber nicht gleich nach Hause, sondern reiste für etwa vier Wochen in die Schweiz zu einem Großbauern und anschließend in die Tschechoslowakei, wo ich eine Zeitlang auf einem reinen Getreidebetrieb tätig war.

Als ich endlich bei meinen Eltern eintraf, war die Adjunktenstelle zum Glück noch immer unbesetzt. Schnell hatte ich mich wieder eingearbeitet. Mein neues Aufgabengebiet beschäftigte mich vom frühen Morgen bis in die späte Nacht hinein. Lange vor Tagesanbruch mußte ich schon im Rinderstall sein, und auch sonst gab es auf dem großen Hof, in der Spiritusbrennerei und auf den Feldern genug für mich zu tun. Zur Erntezeit kamen Slowaken, gut bezahlte Wanderarbeiter, auf unser Gut. Das Getreide wurde noch händisch geschnitten, zu Garben gebunden und dann zu „Mandln“ aufgestellt. Maschinen gab es noch keine. Auch einige Ungarn, anständige Menschen, waren auf dem Betrieb. Man hatte mich allseits gern, und ich wurde oft von den Arbeitern als Taufpate oder zu einer Firmung gebeten.

Besitzer und Gutsdirektor zeigten sich stets in einer sehr vornehmen Art, blieben aber trotzdem menschlich sehr umgänglich. Beide Herren schätzte ich sehr; ich bin ihnen noch heute für ihr großes Verständnis mir gegenüber dankbar. Ich konnte nach Gutdünken schalten und walten, man ließ mir viele Freiheiten, und ich war mit meiner Arbeit ganz zufrieden. Sogar „Gardist“, den Hannoveraner-Wallach des Gutsherrn, durfte ich manchmal reiten.

Bald hatte ich so viel Geld beisammen, daß ich mir eine sehr führige und leichte Bockbüchsflinte aus Deutschland bestellen konnte. Auch hielt ich jetzt ein paar Fachzeitschriften mehr, eine Leidenschaft von mir. In einer von ihnen stand neuerdings viel über Jagdexpeditionen, die in die Wildnis Ostafrikas führten. Die Reichen hatten wieder Geld und konnten sich teure und lange Jagdreisen leisten.

Die spannenden Erzählungen und Berichte über die großen Wildvorkommen in Afrika forderten meine Abenteuerlust aufs neue heraus. Auch meine Jagdleidenschaft wurde durch neue Möglichkeiten auf dem Gut immer mehr gesteigert. In den Träumen sah ich mich schon im afrikanischen Busch hinter gefährlichem Großwild herjagen. Alle meine Gedanken befaßten sich jetzt mit einem neuen Lebensanfang in Übersee. Nächtelang schrieb ich Briefe auf Anzeigen in den Jagdzeitungen. Immer wieder wurden im südlichen Afrika Farmhelfer und Angestellte gesucht; eine Antwort blieb jedoch aus. Nur eine Nachricht vom „Deutschen

Club“ in Johannesburg hielt mich in Atem: Gleich zwei Stellen waren auf Farmen ausgeschrieben, allerdings nur als Volontär, und da mußte man sich die Reise selbst bezahlen. Ich schrieb an beide, die Viehfarm in Südwest und die Ranch im Oranje-Freistaat, und bewarb mich. Die Post dauerte viele Wochen; sie ging nur per Schiff und manchmal sogar rund um den ganzen Schwarzen Kontinent.

Mit einemmal verdroß mich meine Tätigkeit auf dem Gut, alles kam mir äußerst langweilig und öde vor. Immer mehr vertiefte ich mich in meine alten Bücher über die Tierwelt und den Pflanzenreichtum Afrikas, immer brennender interessierten mich die fremden Völker. Ich verbiß mich förmlich in die Materie. Freilich wußte ich auch um die verschiedenen Gefahren für Leib und Leben und um das zum Teil sehr anstrengende Klima, besonders in den Ländern um den Äquator. Aber Neugierde, Wissensdurst und die Lust an einem außergewöhnlichen Leben bestärkten meinen Entschluß, so bald als möglich das alte Europa zu verlassen.

Meine Eltern waren von meinen Plänen verständlicherweise nicht gar so sehr angetan, obwohl mir mein Vater sogar die teure Schiffsreise nach Südafrika bezahlen wollte. Er hatte als Direktor einer Eisfabrik mittlerweile eine gute Position eingenommen. Das Schicksal wollte es aber nicht so. Ein anderer, seltsamer Lebensweg war mir vorgezeichnet . . .

In meiner Heimatstadt lebte eine junge Dame aus einer bekannten Wiener Familie, die mit meinen Eltern befreundet war. Ihr Gatte, ein tropenerfahrener Holländer, war Generaldirektor und Leiter einer Großplantage in Kamerun. Als er wieder einmal nach Mödling auf Urlaub kam, klagten ihm meine Eltern ihr Leid, daß ich zu fremden Leuten nach Südafrika wolle und eine Stelle ohne Bezahlung annehmen sollte. Der Holländer versprach ihnen, sich für mich bei seiner Gesellschaft, die ihren Sitz in Paris hatte, einzusetzen. Er meinte, mich auf dieser Plantage als Assistent wohl unterbringen zu können.

Ich jubelte vor Freude, verbesserte meine Französischkenntnisse und erlernte auch noch Englisch im Privatunterricht. Die Pflanzung befand sich zwar im französischen Mandatsgebiet der ehemals deutschen Kolonie, doch die Umgangssprache mit den Eingeborenen war hauptsächlich Pidgin-Englisch, ein Kauderwelsch aus vereinfachtem Englisch und anderen Sprachen.

Es vergingen Wochen. Wir schrieben Sommer 1928, und wieder kam Gerrit Wilhelm Deenik von der „Compagnie des Tabacs du Cameroun“ zu seiner Frau nach Hause. Ich verbrachte Stunden in seiner Gesellschaft und lauschte seinen interessanten Berichten über die Tabakplantage im Urwald. Er war Fachmann auf seinem Gebiet. Nach seinem Urlaub sollte ich mit ihm nach Paris fahren, um mich selbst bei den französischen Chefs des Unternehmens vorzustellen.

Bilder rechts: Oben: Ankunft in Dakar. „Neugierig stand ich an der Reling und sah den vielen winkenden Menschen in ihren bunten Kleidern zu.“ – *Unten:* „Mamie-Chairs“ in Port Bouet, Elfenbeinküste.

Der Abschied von meinem Gut in Oberwaltersdorf fiel mir gar nicht leicht, doch man verstand meine Unruhe und meine Sehnsucht nach der großen weiten Welt. Alle wünschten mir viel Glück.

In Paris öffnete sich der siebente Himmel für mich. Ich wurde für die Tabakgroßplantage Njombe an der Kameruner Nordbahn als Assistent aufgenommen. Man legte mir einen Vertrag für achtzehn Monate bei bester Bezahlung vor, und ich unterschrieb sofort. Bei guter Leistung und ertragreicher Ernte sollte es auch Tantiemen geben. Die Schiffsreise 2. Klasse wurde mir im voraus bezahlt, und ich erhielt Geld zur Anschaffung einer Tropenausrüstung. Die Rückreise bei Antritt des obligaten sechsmonatigen Urlaubs, der jedem Weißen zustand, welcher damals in Kamerun im Plantagendienst stand, sollte schon in der 1. Schiffsklasse erfolgen.

All dies überstieg meine kühnsten Hoffnungen. Ich war wie aus den Wolken gefallen und ahnte noch nichts von der mörderischen Schwüle im Kessel, der die Urwaldplantage verschlang. Man war gewissermaßen gezwungen, seinen Urlaub im gesunden Klima Europas zu verbringen. Über kurz oder lang sollte ich erfahren, daß etliche Angestellte wegen der vielen Tropenkrankheiten immer wieder ausfielen und deshalb stets neue Assistenten gesucht wurden.

Meine Ausreise über Bordeaux nach Duala, dem Haupthafen Kameruns, war erst für fünf Wochen später angesetzt worden. So fuhr ich wieder nach Hause und konnte noch meinen Nachfolger auf dem Gut einarbeiten. Er war ebenfalls ein junger gelernter Landwirt, und wir schlossen gleich Freundschaft. Damals dachte keiner von uns auch nur annähernd daran, daß wir einander in Kamerun wiedersehen würden. Einige Jahre später wanderte er mit Familienangehörigen aus und begann eine Bananenpflanzung. Es war die Zeit, da Kamerun plötzlich ein begehrtes Exportland für Bananen wurde. Leider mußte er sein Leben im Urwald lassen. Als wieder einmal Elefanten seine Bananenstauden verwüsteten, folgte er einem Einzelgänger in den Busch, schoß ihn an und flüchtete. Der Elefant holte ihn rasch ein und trampelte ihn zu Tode ...

Aber noch jemanden hatte ich in Oberwaltersdorf, dem das Schicksal übel mitspielte: Felix Warner, mein bester Freund überhaupt. Durch unsere Hunde hatten wir einander kennengelernt. Ich besaß einen rauflustigen Foxterrier, der mit mir dann auch nach Afrika ging, Felix einen großen Schäferhund. Und wie dem so ist: Wenn sich zwei Hunde anbellen, kommen auch ihre Herren bald zusammen. Felix Warner hatte ähnliche Interessen wie ich, war ein genialer Mensch und der treueste Kamerad, den man sich wünschen konnte. Auch er hatte das Gefühl, in der Heimat verkümmern zu müssen.

Als ich bereits in Kamerun war, schrieben wir einander öfter, und eines schönen Tages kam

Links oben: Lager im Land der Bamlike. – *Unten:* Typische Lehmhütte der Bantu mit Palmrippendach und Tierzeichnungen.

der Brief von Felix, in dem stand, daß er mit seiner Frau schon nach Duala unterwegs sei. Auch er wollte als Pflanzer beginnen. Wie selten ein anderer, fand Felix sich sofort im tropischen Afrika zurecht. Seine Energie und Ausdauer waren einmalig. Er schuf sich ein entzückendes Haus in einem wunderbaren Landstrich Westkameruns. Bei Warners, die eine Weile später auch ihre Eltern hatten nachkommen lassen, fand ich immer ein nettes Heim, wenn ich sie manchmal, von meinen Expeditionen aus dem Inneren Afrikas kommend, aufsuchte. In der Erinnerung höre ich noch das Rieseln des kleinen Wasserlaufes neben meiner Buschhütte, dem improvisierten Gästehaus, und ich gedenke der vielen Abende, an denen wir Bridge spielten.

Felix Warner war ein Einzelgänger. Er liebte seine Kaffeepflanzung, sein Fleckchen Erde, für das er alle seine Arbeit einsetzte und wo ihm seine geliebte Frau drei Kinder gebar. Auch mein Freund war ein leidenschaftlicher Jäger und Beobachter der Natur. Oft saß er stundenlang an einer einsamen Stelle seiner Plantage, interessierte sich für das Wild und alle sonstigen Tiere und Pflanzen und hatte Freude an den einfachsten Dingen der Natur. 1939 auf Heimaturlaub zurückgekehrt, war ihm eine neuerliche Ausreise nicht mehr vergönnt: Auf tragische Weise kam er in den letzten Kriegstagen bei einem Tieffliegerangriff auf einen Eisenbahnzug samt seiner Mutter und seinem kleinen Sohn ums Leben. Er hatte mit seiner Familie vor den anrückenden Russen flüchten wollen. Felix Warner werde ich nie vergessen!

Um aber wieder auf Paris zurückzukommen: Ich fuhr von dort glückselig heim nach Mödling und verbrachte die letzten paar Wochen vor meiner Abreise bei meinen Eltern. Täglich besuchte ich nun das Naturhistorische Museum in Wien, holte mir dort gute Ratschläge für das Sammeln und Präparieren von Säugetieren und erlernte das Abbalgen von Vögeln. Auch die Völkerkunde kam bei meinen Studien nicht zu kurz; ich bildete mich, so gut es ging.

Durch Zufall lernte ich in Wien den Bankier und anerkannten Afrikaforscher Alfred Weidholz kennen. Er hatte von seinen zahlreichen Reisen in die verschiedensten Länder Afrikas wertvolle Tiertransporte für den Zoologischen Garten in Schönbrunn mitgebracht. Dieser Herr beeindruckte mich sehr. Als er erfuhr, daß ich bald nach Kamerun ausreisen wollte, bat er mich, seine beiden Schwarzen, die den letzten Transport aus dem Senegal begleitet hatten, auf der Rückreise nach Afrika ein wenig zu betreuen. Sie sollten das gleiche Schiff nehmen und von der Mannschaft gut behandelt werden. Ich versprach ihm, mein Bestes zu tun.

Auch mit Weidholz verband mich viele Jahre eine gute Freundschaft. Mit seiner tüchtigen jungen Frau begründete er später in Nordkamerun bei den Bergheiden, den wilden Namdschi, eine einzigartige Tiersammelstation. Auch diese Familie ereilte ein schreckliches Ende. Knapp vor Ausbruch des Zweiten Weltkriegs flüchtete sie unter Zurücklassung ihrer ganzen Habe in Poli mit einem deutschen Schiff über Murmansk in die alte Heimat. Während des Krieges lebte das Ehepaar, untröstlich über den Verlust seiner Tiere und der großen Fachbibliothek, in einer Villa in Preßbaum im Wienerwald. Als die Sowjets in Niederösterreich einmarschierten, fanden sie bei den Weidholz den Waffenrock eines SS-Mannes, der bei ihnen kurz einquartiert gewesen war. Die Russen forderten eine Erklärung. Weidholz verweigerte ihnen die Antwort, auch dann noch, als sie ihm schon mit Zangen die Fingernägel herausrissen. Er wurde regelrecht massakriert. Die Todesschreie hörte man bis in den Ort hinunter. Seine Frau erschoß sich daraufhin selber mit einem Revolver.

Obwohl die beiden sehr viel für die Wissenschaft geleistet haben, sind sie heute vergessen. Mein Bericht über den tragischen Tod des Ehepaares Weidholz soll aber der Nachwelt in Erinnerung bleiben.

Gerrit Wilhelm Deenik war wieder im Land und half mir, meine Ausrüstung zusammenzustellen. Beim Schneider ließ ich mir einen weißen Tropenanzug anfertigen. Auch suchte ich etliche Kleinigkeiten zusammen, an denen mein Herz hing und die ich unbedingt in Kamerun bei mir haben wollte. Alles wurde für die Seereise in einem großen Schrankkoffer verstaut. Den Rest sollte ich erst kurz vor dem Einschiffen in Bordeaux erstehen, denn dort gab es Spezialgeschäfte, die in ihren Fachabteilungen den Tropenreisenden sämtliche Wünsche erfüllten. Auch meine Jagdgewehre mußten mit, der Mannlicher-Schönauer 8 x 56 und die Bockbüchsflinte im Kal. 6,5 x 54. Munition nahm ich des Gewichts wegen nur wenig mit. Ich hoffte, in Kamerun genügend Patronen kaufen zu können.

Anfang August war der Tag des großen Abschieds gekommen. Das große Abenteuer konnte beginnen, und ich freute mich über alle Maßen. Nur der Schmerz von Vater und Mutter trübte die Gedanken an die weite Ferne, doch das Bewußtsein, daß ich sozusagen unter der Obhut des Generaldirektors der Plantage selber stand, munterte die Eltern etwas auf...

Gut überstanden wir die lange Bahnfahrt nach Bordeaux. Gerrit Deeniks Dobermann und mein Fox waren mit von der Partie. Zwei Tage blieben uns noch für die restlichen Einkäufe in einem der größten Handelshäuser der Stadt, dem „Bell Jardiniere“, in dem alles für das riesige französische Kolonialreich vorhanden war. Ich kaufte mir drei der üblichen leichten Khakianzüge mit weichem Stehkragen, einige Panamahemden und zwei Tropenhelme in Weiß und Khaki. Diese Kopfbedeckung war in den Kolonien Vorschrift. Auch Leinenschuhe mit Hanfsohlen, sogenannte „Espadrilles“, waren wegen der vielen schweren Regen in Kamerun notwendig. Ein halbes Dutzend des seltsamen Schuhzeugs genügte mir vorerst. Dieses Gepäck kam in zwei grüne Tropenkoffer aus Zinkblech, die mittels Gummidichtung ihren Inhalt vor Termitenfraß und Feuchtigkeit schützen sollten.

Um die Mittagsstunde verließ unser Überseedampfer, die alte „Europe“ von der „Chargeur Reunis“, ihren Heimathafen Bordeaux, zog die Girondemündung entlang und nahm Kurs auf den Atlantik. Das Schiff war voll mit weißen Kolonialsoldaten, größtenteils Rekruten, die ihren Dienst in einer der französischen Kolonien ableisten mußten. Auch viele Zivilisten – Beamte, Kaufleute und Missionare – befanden sich unter den Passagieren. Nur eine einzige weiße Frau entdeckte ich unter den vielen Menschen auf großer Fahrt: sie reiste zu ihrem Mann, einem Kolonialoffizier, an die Elfenbeinküste.

Mein Chef fuhr 1. Klasse. Ich war gut in einer Viermannkabine untergebracht, doch nur drei Betten waren belegt. Meine Mitpassagiere, ein junger Schweizer und ein Franzose, beide Kaufleute, gingen nach Port Bouet. Wir hatten also genügend Platz. Die Hunde befanden sich unter Deck in einem Laderaum, der mit Säcken vollgestopft und ziemlich stickig war. Die beiden Tiere hatten aber genügend Spielraum und fügten sich in ihr Los. Ich besuchte sie täglich mehrmals und nahm sie auch auf Spaziergängen ins Zwischendeck mit. So hatten auch sie etwas Bewegung auf der langen Reise ins Unbekannte.

... Wasser und blauer Himmel. Delphine und Möwen begleiteten unser Schiff. Später entdeckten wir auch auftauchende Wale. Abends, im Dunkeln, wenn der Bug die Wogen schnitt, phosphoreszierte das Meer, Quallen kamen an die Oberfläche und verschwanden wieder, ebenso die Schwärme fliegender Fische ...

Selten begegneten wir einem anderen Dampfer. An Deck war es oft rauh und kühl, manchmal regnete es. Erst nachdem wir die Kanarischen Inseln passiert hatten, verließ uns die Sonne nicht mehr. Die herrliche Seeluft machte großen Appetit, und ich ließ mir die abwechslungsreichen und ausgezeichneten Mahlzeiten schmecken. Wein gab es auf den Tischen frei, so viel man trinken mochte. Meine schwarzen Schützlinge hatten sich bald mit der Mannschaft angefreundet. Auch sie ließen es sich gut gehen.

Als wir den Wendekreis des Krebses überschritten hatten, wurde es furchtbar heiß in der Kabine, so daß wir unentwegt den Ventilator laufen lassen mußten.

Wir erreichten Dakar. Neugierig stand ich an der Reling und sah den vielen winkenden Menschen in ihren bunten Kleidern zu. Das Schiff ankerte über einen Tag hinaus, und ich konnte mir die Stadt ansehen. Die ersten Eindrücke vom Schwarzen Kontinent nahmen mich gefangen. In einem alten Taxi ging es zum großen Markt. Zum erstenmal in meinem Leben knabberte ich Erdnüsse und allerlei andere Leckerbissen, die an jeder Straßenecke angeboten wurden. Dann ließ ich mich von einer wogenden Menschenmenge durch die engen, krummen Gassen der Medina tragen und spazierte zwischen den Lehmhäusern des alten Stadtviertels umher. Mein Foxterrier war bei mir, ihm schien die sengende Sonne wenig anzuhaben. Bei einem Wasserhydranten hob er sein Bein. Sofort war ich von einer wild rufenden Menschentraube umringt. Die Eingeborenen waren durchwegs Mohammedaner, und für sie war mein Hund ein unreines Tier. Schnell suchten wir das Weite und kehrten über die schöne Uferpromenade „Corniche de Dakar“ todmüde zu unserem Schiff zurück. Noch immer wurde Fracht entladen und neue aufgenommen. Die großen Kräne knarrten und lärmten; sie waren ständig in Bewegung. Emsig eilten die Schwarzen auf dem Schiff umher.

Auch neue Passagiere kamen an Bord. Etwa hundert dunkelhäutige junge Negerinnen aus den verschiedenen französischen Kolonien hatten hier in Dakar eine Hebammenschule absolviert und sollten jetzt in ihre Heimatorte zurückgebracht werden. Diese ebenholzschwarzen Dinger hatten allesamt gute und schlanke Figuren und waren schön anzusehen. Kurzum, sie waren „die“ Attraktion auf unserem Schiff, und Passagiere wie Matrosen hatten ihre Freude an den Mädchen. Auch ich plauderte bald mit einer hübschen Kinderschwester. Sie kam aus Dahome und sprach ein einwandfreies Französisch.

Nach Conakry, Französisch-Guinea, liefen wir unsere nächste Reede Port Bouet an der Elfenbeinküste an. Wegen der starken Brandung hatte man noch keinen Quai zum Anlegen der großen Dampfer ausbauen können. So kamen zahllose Boote der Eingeborenen zu unserem Schiff gerudert. Dunkelbraune Haussa in ihren wallenden Gewändern boten den Reisenden allerlei tropische Früchte und Souvenirs zum Kauf an. Ein arges Feilschen begann, und das Geschrei war ohrenbetäubend. Die meisten Passagiere blieben an Bord. Einige aber, darunter auch ich, ließen sich mit einem großen Tragkorb, dem „Mamie-Chair", in ein schmales Motorboot ausschiffen. Es war eine urkomische Prozedur, die von den vielen Menschen auf dem Schiff mit großem Vergnügen mitverfolgt wurde. Das eckige Gestell aus massivem Holz wurde mittels einer Seilwinde, hoch vom Deck schwebend, in das herangefahrene Boot hinuntergelassen. Etwa sechs bis acht Personen faßte dieser „Mamie-Chair", ein Ausdruck aus dem Pidgin-Englisch, der Verkehrssprache an der Westküste Afrikas.

Jetzt wußte ich auch, was man unter „Tropenklima" zu verstehen hatte ... Als wir an Land gingen, erdrückte uns weniger die Hitze als vielmehr eine ungewohnte, beklemmende Feuchtschwüle. Fast wurde das Atmen im ersten Augenblick schwer. Obwohl ich nur mit weißem Hemd und langer, weißer Hose bekleidet war, hatte ich das Gefühl, in einem Treibhaus zu sein.

Abidjan, die Hauptstadt der Elfenbeinküste, war für einen Besuch zu weit entfernt. So verabschiedete ich mich von meinen beiden Kabinengenossen, die nun ihr Reiseziel erreicht hatten, und schlenderte zwischen Ölpalmen den Strand entlang zu einer nahe gelegenen Lagune, wo ich einige eingeborene Fischer bei ihrer Arbeit beobachten konnte.

Das weittönende Schiffshorn rief mich zurück. Wieder gab es eine stürmische Bootsfahrt durch die Brandung, und das Hochhieven an Bord erheiterte abermals Schwarz und Weiß. Lachen und Lärmen sind wohl das schönste Lebenszeichen Afrikas.

Die erlebnisreichen Tage der Seereise neigten sich nun rasch ihrem Ende zu. Vier Wochen waren wir unterwegs gewesen. Allmählich wurde es auf unserem Dampfer ruhig. Viele Passagiere waren schon ausgestiegen, und nur mehr halbvoll lief er Cotonou an.

Das Schiff fuhr schon in den grauen Fluten des Wuri auf den Quai von Duala zu. Im Mündungsbecken war ein Lotse zugestiegen. Mit ihm kam als einziger Weißer ein Vertreter meines „Generals", ein jüngerer, sehr sportlich aussehender Franzose, zu uns an Bord, um den Chef nach seinem Europaurlaub zu empfangen. Es schien ihm nicht ungewohnt, einen neuen Assistenten zu begrüßen ...

Plantagenzeit

Die Ankunft eines Überseedampfers war damals für die Eingeborenen ein Fest. Das Schiff brachte Post, Lebensmittel und andere Waren des täglichen Bedarfs. Und man sah neue Gesichter... Auch die Handvoll Europäer, die in Duala lebte, ging gern aufs Schiff – um ein Bier zu trinken, eine Mahlzeit einzunehmen oder um sich ganz einfach nur zu unterhalten.

Ich war der erste Österreicher, der nach dem Krieg nach Kamerun kam. Daher wunderte es mich, daß die Formalitäten bei der Hafenbehörde so überraschend schnell erledigt waren. Sogar bei der Einfuhr meiner Jagdwaffen gab es keine Schwierigkeiten. Das war erstaunlich, denn gerade die Franzosen zeigten sich in diesen Jahren noch sehr mißtrauisch gegenüber jedem Fremden.

Ein altes Tropenhaus aus deutscher Zeit, das aber jetzt unserer Gesellschaft in Duala gehörte, sollte bis zu meiner Abfahrt nach Njombe meine Unterkunft werden. Es hatte eine Veranda ringsum und ruhte auf vier massiven Betonpfeilern. Hier arbeitete auch ein Vertreter der Plantage. Er war für die Verschiffung der Ernte zuständig und regelte von da aus auch alle administrativen Angelegenheiten der Firma. Ende der zwanziger Jahre gab es in Kamerun noch nicht allzuviel zu kaufen, und fast alle Lebensmittel und der persönliche Hausrat der weißen Angestellten kamen noch per Schiff aus Frankreich. Nur ein paar französische und englische Firmen unterhielten in Duala größere Warenhäuser, aber das war zu wenig. So hatte der Agent auch die Verpflegung für die Pflanzer zu verteilen.

Das Haus stand ganz in der Nähe der berühmten Jossplatte, wo zu Beginn der deutschen Kolonialzeit der Gouverneur seinen Sitz hatte. Auch das Denkmal des deutschen Afrikaforschers Gustav Nachtigal stand noch unversehrt in einem kleinen Vorgarten. Von der Jossplatte aus konnte man weit in den Wuri und die angrenzenden Mangrovenwälder hineinsehen und nach schweren Tropenregen auch gut die mächtigen Umrisse des großen Kamerunberges erkennen, der jetzt im britischen Mandatsteil lag. Der Ausblick auf diesen höchsten Berg Kameruns war grandios.

Obgleich Duala seit jeher der bedeutendste und menschenreichste Ort Kameruns war, hatten die Franzosen später das gesündere Jaunde an der Grenze vom Urwald zur Savanne als Hauptstadt und Gouverneurssitz erkoren. Nach den langen Tagen an Bord konnte ich es kaum erwarten, die verschiedenen Stadtteile und vor allem die Eingeborenenviertel zu durchlaufen. Schon hatte ich mich an die Treibhausluft gewöhnt, und meine Chefs rieten mir, einen Boy zu engagieren. Auf der Plantage war es dann ohnehin notwendig, einen schwarzen Diener zu haben.

Die Wahl fiel mir nicht leicht, noch war mir der Neuling ins Gesicht geschrieben. Der so wichtige Diener des weißen Herrn sollte viele Voraussetzungen mitbringen. Er mußte gute Umgangsformen haben und eine Sprache sprechen, die auch der Weiße verstand, und er sollte fleißig und ehrlich sein. Dutzende von Eingeborenen umlagerten unser Tropenhaus. Wie war da eine richtige Entscheidung zu treffen? Sie alle kamen mit Zeugnissen, echten und gefälschten. Die Wahl fiel mir schwer. Da kam mir der Nachtwächter unseres Hauses zu Hilfe. Er hatte ein wichtiges Amt inne, denn schon damals wurde in Duala sehr viel gestohlen. Er riet mir zu einem sauberen, kaffeebraunen Burschen, dessen Nase stark platt war. Ich nahm ihn auf. Er trug ein kleines Marienmedaillon um den Hals als Zeichen dafür, daß er Katholik war. Sein Name war Mbita, und er entpuppte sich als anständiger Kerl, der dann auch ein ganzes Jahr lang in meinen Diensten stand.

Auch nachts war es recht schwül, und ich beschloß, noch ins Grand Hotel zu gehen, um einen Aperitif zu nehmen. Das Hotel war überhaupt die einzige Stätte, wo man als Weißer essen und trinken konnte. Auf der finsteren Straße trug der Junge eine Petroleumlampe vor sich her, um mir zu leuchten, denn es gab in Duala noch keinen elektrischen Strom. In den Häusern der Europäer brannten die grellen Gaslichter. Auch eine Wasserleitung war damals noch nicht vorhanden.

Obwohl die Deutschen für ihre Schutzgebiete Unermeßliches geleistet hatten, war Kamerun noch lange nicht richtig erschlossen gewesen, als die Franzosen dann die Kolonie übernahmen. Vor allem fehlten in den dreißiger Jahren die Frauen, und es war eine Seltenheit, wenn man einer Französin begegnete. Die Voraussetzungen für ein geordnetes Leben mit einer Weißen waren einfach nicht gegeben.

Tausende kleine Lichter flammten in der Stadt. Jedermann, der auf einer der breiten Kiesstraßen ging, trug zu seiner eigenen Sicherheit eine Sturmlaterne bei sich. Auch vor jeder Eingeborenenhütte stand eine derartige Lampe, sogar dann, wenn drinnen ein kleines Feuer flackerte.

Ich hielt mich nicht lange in dem wenig komfortablen Hotel auf. Der Lärm der recht trinkfreudigen Gäste trieb mich wieder fort. Da ich noch nicht allzu müde war, wollte ich mir die Stadt bei Nacht ein wenig ansehen, denn in der Dunkelheit erschien mir das Leben der Eingeborenen weitaus ursprünglicher. Mbita hielt mir die allzu Neugierigen vom Leib, die mich zu umdrängen suchten, und mehrmals sprachen mich schwarze Weiber an und wollten mich in ihre Hütten locken. Sie versicherten mir, daß ich keine Angst zu haben brauchte. Sie wollten mir nichts stehlen ... – Schon damals war die Prostitution in Kamerun unter den Eingeborenen stark verbreitet.

Kokos- und Ölpalmen säumten Alleen und Straßen. Man konnte die tropische Pracht geradezu spüren, auch durch das oft einige Meter hohe Unkraut, das an den Straßenecken ungehindert wucherte. Hibiskusblüten dufteten aus den vielen Hecken, die die Gärten der wenigen Europäer, welche in festen Häusern wohnten, vor Zudringlichen schützen sollten. Vorbei an Regierungsgebäuden im neuen Kolonialstil bummelte ich zu den Quartieren der Eingeborenen. In Reih und Glied standen die Hütten der Schwarzen aus Lehm oder Holzplanken, vereinzelt auch aus Wellblech, abseits der Wege. Diese Behausungen waren meist mit Plamblättern gedeckt und machten auf mich einen armseligen Eindruck. Vor den Hütten hockten die Eingeborenen, unterhielten sich laut lachend und schrien. Ans Schlafen dachten die wenigsten. Es war ein lebhaftes Treiben.

Die Duala liebten es, sich europäisch zu kleiden. Die Frauen trugen die bunten Stoffe lose um den Körper gewickelt, und viele Männer besaßen einen Tropenhelm. Obwohl sie ihn nicht nötig hatten, liebten sie gerade dieses Sinnbild der Weißen, das ihnen gleichsam Macht und Reichtum signalisierte.

Ich betrat eine Eingeborenenfaktorei, einen kleinen Kaufmannsladen. Ein großes Durcheinander tat sich auf. In den Regalen sah ich Cornedbeef, Sardinenbüchsen, Seife, Zigaretten, Palmöl, Zuckerstücke und manch andere Dinge. Auf Schüsseln häuften sich Mais- und Maniokmehl; gelbreife, schmackhafte Bananen hingen in Bündeln auf Stangen. Irgendwo in einer Ecke lagen die grünen Planten, die Kochbananen und die Makaboknollen am Erdboden. Planten, Makabo, Mais und Fisch waren die Hauptnahrungsmittel der Eingeborenen. Die Fische, die der Wuri in Mengen lieferte, wurden erst geräuchert und dann verkauft.

Über der großen Stadt und ihrem nächtlichen Treiben wölbte sich ein schwarzer Himmel, in dem nur wenige Sterne funkelten. Ab und zu hörte man das Zirpen der Zikaden und Grillen, und in Tümpeln quakten laut die Frösche. Gegen Mitternacht legte ich mich zur Ruhe. Auch Mbita zog sich in sein Quartier zurück, um am Morgen, bei Tagesanbruch, wieder ausgeschlafen zur Stelle sein zu können.

Mein breites Bett, ein Eisengestell mit dicker Matratze, war mit einem dichten Moskitonetz versehen. Noch wußte ich nichts von der Gefährlichkeit der Malariamücken und den schweren Anfällen, die auch mich noch heimsuchen würden ... Mehrmals wachte ich auf, die schwüle Hitze schien mir dann plötzlich unerträglich. Ich wälzte mich von einer Seite zur anderen. Noch bevor der Morgen graute, erlebte ich das erste große Tropengewitter.

In kurzen Abständen grollte der mächtige Donner, und hunderte Blitze zuckten beängstigend am Firmament. Ich schloß die Holzläden der Veranda. Das Rauschen der unvorstellbar schweren Regentropfen wich dem Niederprasseln gewaltiger Wassermassen. In diesen Ausbruch der Elemente mischte sich ein Sturmwind, der die Palmen zum Brechen bog. Es war der in der Regenzeit unausbleibliche Tornado. Diese Gewitterstürme waren überall in Kamerun sehr häufig. Am heftigsten traten sie im Urwaldgebiet auf, und noch viele solcher Tornados überraschten mich später auf meinen Jagdzügen im freien Gelände. Es war stets schrecklich.

Mittlerweile war der Morgen angebrochen. Das Gewitter hatte knapp eine Stunde gedauert. Mbita half mir, meine Ausrüstung wieder einzupacken. Er sprach das Pidgin-Englisch. Dieses Kauderwelsch war nicht nur in Ostasien und in der Südsee weit verbreitet, auch an der gesamten Westküste Afrikas hörte man diese eigenartige Sprache. Oft hatte ich anfangs noch

Bild rechts: Die Eingeborenen, welche mich auf meinen ersten Safaris in Kamerun begleiteten, sahen zwar verwegen aus, waren aber durchwegs zuverlässige Burschen.
Bilder umseitig: Oben: „Eine ausgedehnte Kolonne zog im Gänsemarsch flotten Tempos den verwachsenen Eingeborenenpfad entlang ..." – *Unten:* In die Ausrüstung der Trägerkarawane hatte ich fast die gesamten Ersparnisse meiner Plantagenzeit investiert.

erhebliche Schwierigkeiten mit meinem Schulenglisch und mußte vieles erraten, was Mbita meinte und erzählte. Er war Jaunde und fühlte sich hier unter den vielen fremden Menschen in Duala nicht gerade wohl.

Autos gab es in der Stadt nur einige wenige. So fuhren wir mit einem alten, klapprigen Vehikel bis Bonaberi, zum breiten Fluß. Eine Barkasse brachte uns ans andere Ufer, wo die einhundertsechzig Kilometer lange Kameruner Nordbahn ihren Ausgang nahm. Die Waggons für die Weißen waren mit bequemen Fauteuils und einem Sonnenschutz ausgestattet. Ich saß an einem Fensterplatz im geräumigen Abteil der Ersten Klasse und schaute mir die Augen wund, damit mir nur ja kein Stückchen des Urwalds entging, durch den die eingleisige Strecke führte. Die alte, mit Holz geheizte Lokomotive stammte noch aus deutscher Zeit. – Zweimal die Woche ging ein Zug von Duala nach Nkongsamba, durch den feuchtschwülen Regenwald ins höher gelegenere, kühlere Grasland. Viele kleine Stationen lagen dazwischen. In Njombe gab es längeren Aufenthalt, hier kreuzten sich die Züge. Auch war da ein Bahnhofsbuffet, das ein Franzose als Wirtschaft führte und in dem man einander treffen konnte. Als Assistent kam ich später noch einige Mal zu diesem Bahnhof. In den Zügen fuhren immer auch einige Weiße. Mit ihnen zu plaudern und Neuigkeiten auszutauschen, war eines der wenigen Vergnügen, die wir auf der Plantage hatten.

Meine erste Bahnfahrt in Kamerun war sehr aufschlußreich, und ich registrierte alles, was ich sah. Auf kleinen Erdhügeln bauten die Schwarzen Süßkartoffeln – dann wieder Zuckerrohr- und Erdnußfelder. Schließlich erblickte ich die ersten Bananenwälder. Wie schwere Trauben hingen die grünen Bündel von den Stauden. Oft waren sie durch Stangen gestützt. Vorbei ging es an Eingeborenenhütten und Farmen. Immer neue, fremde Pflanzen ... Besonders die Ölpalmen beeindruckten mich sehr. Es sah so richtig nach Tropen aus. Diese Palmenart stammte ja ursprünglich aus Westafrika, hat sich aber rasch über alle Tropengebiete der Erde verbreitet und ist neben der Erdnuß bald der Hauptöllieferant der meisten Kolonien geworden.

Dann kam der finstere Busch, der sekundäre Urwald, ein Blätter- und Lianengewirr. Ich hielt nach Wild Ausschau, entdeckte aber keines. – Jetzt fuhren wir durch den jungfräulichen, primären Regenwald mit seinen Baumriesen, die ein schier undurchdringliches Blätterdach bildeten. Hier war nur geringer Unterwuchs, und ich vermeinte schon, im Geäst der Bäume Affen zu sehen. Aber es waren nur die dunklen, schweren Nester von Termiten ...

Bilder umseitig: Oben: Zelt und Feldbett zählten zu den wichtigsten Utensilien meiner persönlichen Ausrüstung. – *Unten:* In den Wildgebieten um Bafia und Nanga Eboko gelang mir so manche erfolgreiche Pirsch.
Bilder links: Oben: Vor den Dörfern der Eingeborenen wurden wir nicht selten mit rituellen Tänzen empfangen. – *Unten:* Erst nach drei Jahren Aufenthalt in Kamerun gelang es mir, meinen ersten Löwen zu erlegen.

In den Stationen warteten oft Hunderte von neugierigen Menschen auf den einfahrenden Zug. Nur wenige stiegen zu. Es war einfach ein Ereignis, die Bahn zu sehen. Ich kaufte von einem Eingeborenenmädchen um ein paar Centimes ein halbes Dutzend in rotem Palmöl gebackene Maisfladen. Die dargebotenen Leckerbissen reizten mich aber nur zum Kosten. Ich aß ein Stück und schenkte die übrigen Mbita, der in einem Waggon nebenan unter den schwarzen Menschenmassen saß. Die Reise war anstrengend, das spürten auch unsere Hunde, die durch das ungewohnte Klima schon recht mitgenommen waren. Sie lagen in meinem Abteil mir zu Füßen und hechelten ununterbrochen.

Mbanga war die größte Station, die unser Zug passierte. Wenige Kilometer von Njombe entfernt, befand sich hier ein großes Missionshaus der „Väter vom Heiligen Geist". Dieser Orden war in Kamerun stark verbreitet. – Wieder wimmelte es von Menschen, die den Zug sehen wollten. Ein Negerjunge lief aufgeregt zu unseren Waggons. Auf seinen Schultern hockte ein kleiner Schimpanse. Der Bub wollte das Tier an einen Weißen verkaufen. Beinah hätte ich mir den Affen schon eingehandelt, doch der Bursche verlangte ein paar hundert Francs. Das war viel Geld – mir jedenfalls zu viel. Andere schwarze Kinder hielten an dicken Bindfäden riesengroße Käfer in die Höhe und boten sie den Reisenden an den Waggonfenstern zum Kauf an. Es waren die berühmten Goliathkäfer, deren Larven eine Delikatesse für die Eingeborenen sind. Solche „Tumbus", die im Inneren kranker Palmen hausen, wurden mir später auf meinen Expeditionen durch Kamerun noch öfter angepriesen. Ich aß sie aber nie.

Ein hügeliges Kraterfeld unterbrach die so üppiggrüne Landschaft. Der rote Lateritboden war von schwarzem Kies, dem „Puzzelan", abgelöst worden. Dieser jungvulkanische, mit alten Kakaobäumen bepflanzte Boden zog sich bis zu unserer Großplantage nach Njombe hin. Mit großem Hallo und viel Geschrei begrüßte uns eine Gruppe Schwarzer, die auf einem Feldbahngeleise, das bis zur Bahnlinie an der Hauptstation führte, auf uns Ankömmlinge gewartet hatte. Wir wurden in zwei „Wagonetten" „umgeladen", die uns zu unseren Häusern auf der Plantage bringen sollten. Das waren wohl ganz seltsame Gefährte, Gestelle auf vier Rädern, die von je drei Mann geschoben wurden. Der Weiße saß erhöht auf einer größeren Holzkiste, die bestenfalls – wenn es einmal nicht regnete – mit Säcken abgedeckt war. Auf dem riesigen Areal der Pflanzung verband ein weiteres Feldbahngeleise die tropenfesten Häuser der weißen Angestellten. Selbstverständlich konnte man mit dieser kleinen Bahn auch die Lagerschuppen, das große Tabakfermentationsgebäude sowie die Sortierhallen erreichen und in jede Ecke der einzelnen Kulturen kommen.

Als wir in Njombe eintrafen, regnete es in Strömen, und dieser Regen sollte drei Tage ununterbrochen andauern. An diesen Tagen fielen soviel Niederschläge wie in der Heimat in einem ganzen Jahr. Man drückte uns einen großen „Umbrella" in die Hand – einen überdimensionalen Regenschirm in den verschiedensten grellen Farben, der auch gegen die Sonne als Schutz gedacht war und dessen immense Spannweite einen Mann absolut verdeckte und damit den besten Schutz vor unangenehmer Witterung bot.

Wir waren auf unserer Fahrt durch die Plantage an Kautschukbäumen, die eigene große Wälder bildeten, vorbei auf eine kleine Anhöhe gelangt. Hier, im Verwaltungsgebäude, lernte ich meine beiden Mitbewohner – zwei junge Franzosen – kennen, die mich erstaunt begrüßten. In den ersten beiden Wochen teilte ich mit ihnen eine kleine „Popotte" im selben Bungalow. Der „General" hatte sein eigenes großes Tropenhaus, das auf einem alles übersehbaren Hügel stand. Es war der schönste Bau der Plantage und komfortabel eingerichtet. Mein zukünftiger eigener Wohnplatz lag am anderen Ende der Pflanzung, neben Ölpalmen und Kakaobäumen.

Die Großplantage Njombe war schon während der deutschen Kolonialzeit angelegt worden. Mehrere tausend Hektar Ölpalmen und eine ebenso große Fläche mit Kakaobäumen hatten einen etwa dreißig- bis fünfzigjährigen Bestand. Mehr als hundert Hektar waren mit Tabak bepflanzt worden. Der Tabak, seit kurzem auch auf weiten Flächen kultiviert, sollte die Haupteinnahmen bringen.

Wir waren sechzehn Assistenten, ein Direktor und der Generaldirektor Gerrit W. Deenik, oberster Chef und Fachmann für Sumatratabak. Jeder hatte irgendwo in einem Winkel des riesigen Areals sein eigenes Haus. Alle diese Tropenhäuser hatten eine schöne Holzveranda ringsum und standen auf starken Pfeilern. Jeder war mit jedem durch eine Feldbahn verbunden und erreichbar. Etwa sechstausend schwarze Arbeiter aus den verschiedensten Völkerschaften Kameruns hatten die Kulturflächen sauber zu halten – keine leichte Aufgabe in diesem drückenden und regenreichen Klima im Kameruner Urwald, denn gegen das rasch wachsende Unkraut mußte ein steter Kampf geführt werden. Dem „Sisango", dem schilfartigen Elefantengras, war kaum beizukommen.

Die eingeborenen Arbeiter hatten ihre eigenen kleinen und geschlossenen, nach Stämmen getrennten Siedlungen. Auf jedem Flecken stand auch eine kleine Missionskirche, einmal katholisch, dann wieder protestantisch. Auch ein eigenes Hospital lag im Zentrum der Plantage. Ein weißer Arzt – ich erinnere mich gut, er hieß Lafleur – versorgte mit einem Dutzend Helfer die kranken Arbeiter. Hauptutensilien waren die Salvarsan-Spritzen gegen Syphilis, die ziemlich arg grassierte. Unter den Eingeborenen gab es auch viele schwarze Frauen. Sie lebten mit den Männern wild zusammen, und so waren Geschlechtskrankheiten nichts Ungewöhnliches.

Das Leben auf der Plantage gefiel mir vom ersten Tag an ausgezeichnet. Alles interessierte mich. Ich arbeitete in der Tabakfermentation, in der Sortierung und Tabakbündelung. Fünfunddreißig Bakosi und vierhundertfünfzig schwarze Frauen standen unter meiner Leitung, und ich mußte ständig mein Pidgin verbessern, um den Arbeitern die richtigen Kommandos geben zu können. In der langen Halle mit den Glasfenstern war es entsetzlich heiß. Zunächst war alles kein Honiglecken und die Arbeit auch entsprechend heikel.

Jeden Morgen um sieben ertönte zum Arbeitsbeginn die Sirene. Vor dem Fermentationsgebäude war Appell, und die Leute hatten sich in Gruppen zu versammeln. Dann las der Clerk die Namen der angetretenen Arbeiter vor. Oft hatten sich die Eingeborenen richtige „Künstlernamen" zugelegt, wie „Monnypalaver" oder „Timefortros", was recht komisch klang und mir deshalb noch gut in Erinnerung blieb. Die Mittagspause dauerte eine Stunde, und um 16 Uhr war die tägliche Plantagenarbeit beendet.

Ich hatte etwa einen halben Kilometer bis zur Halle zu laufen, und da es fast jeden Tag regnete, schaffte ich mir als erstes ein Riesenumbrella, einen großen blauen Schirm, an. Bald hatte ich auch allein mein eigenes Haus und mußte meinen Staff, der bisher nur aus einem Diener bestand, bedeutend vergrößern. Ein schwarzer Koch und ein Küchenjunge wurden eingestellt, dazu kam noch ein Nachtwächter, der den Bungalow behüten sollte, sowie ein Gartenboy. Rund ums Haus gediehen die Ananasstauden prächtig, und als Einfassung wurde Hibiskus gepflanzt.

Wir lebten wie die Götter und luden einander immer zu den Mahlzeiten ein. Jeder von uns Assistenten wollte den anderen Gastgeber mit Köstlichkeiten überbieten. Nun gab es in der ersten Zeit aber nichts anderes als hervorragende, aber recht teure Konserven. Kartoffeln und Zwiebeln kamen per Schiff aus Frankreich. Aber in zwei großen Faktoreien unweit des Bahnhofs gab es alles zu kaufen, was das Land zu bieten hatte und die Herzen von Schwarz und Weiß begehrten. Bei unseren Gelagen ließen wir es an gutem Wein und Champagner nicht fehlen.

Es war sehr anstrengend, mit den Eingeborenen zu arbeiten und sie zu beaufsichtigen. Sie waren eben „große Kinder", willig und fleißig, aber wegen jeder Kleinigkeit wandten sie sich an den Massa, und es gab immer sehr viele Wünsche zu erfüllen.

Es waren keine zwei Monate vergangen, da fragte uns der „General", ob wir zur leichteren Fortbewegung innerhalb des Plantagengeländes statt der Feldbahnen nicht lieber Reitpferde haben wollten. Selbstverständlich waren wir alle dafür. Gesagt, getan: Aus dem Marstall des Sultans von Bamum wurden zwanzig schöne Pferde gekauft und in einem vier Wochen dauernden Trip auf die Plantage gebracht. Ich erhielt einen kräftigen Braunen, einen unbeschlagenen Hengst, dem ich den Namen „Darling" gab.

Wir waren allesamt froh, reiten zu können. Die Pferde hatten zwar viel Geld gekostet, doch die Firma ersparte sich so die Schwarzen, die die „Wagonetten" hatten schieben müssen. Jetzt brauchte ich auch einen Horseboy, einen Pferdewärter, der das Futter beschaffte und den Braunen pflegte. Auch einen Stall mit genügend Auslauf ließ ich neben meinem Tropenhaus errichten.

Die Fulbe – ein Reitervolk, das vor etwa hundertfünfzig Jahren nach Kamerun vorstieß – besitzen eine große Liebe zu Pferden. Sie züchten ihre Tiere im Hochland, und es werden nur unbeschlagene Hengste geritten. Jedes Pferd hat seine eigene Hütte und wird wie der Augapfel gehütet. Das Reich der Fulbe im Norden Kameruns ist größtenteils frei von der Tsetsefliege, die sowohl den Pferden als auch den Hunden zum tödlichen Verhängnis werden kann. Unsere Großplantage war zwar von Urwäldern umgeben, in denen die Tsetse vorkam, aber auf den ausgedehnten Kulturen der Pflanzung selbst fehlte diese teuflische Fliege glücklicherweise, so daß für unsere Pferde aus dem Bamumland keine große Gefahr bestand.

Die Eingeborenensättel waren für den Reiter sehr bequem, die Kandare für das Tier eher ein Marterwerkzeug. Der Hauptgang war Galopp, und mit Hilfe der scharfen Zungenkandare konnte das Pferd sofort durchpariert werden. Das Futter bestand vorwiegend aus gehäckseltem Elefantengras und aus Maiskörnern oder Hirse.

Ich nahm lieber meinen eigenen Sattel, den ich mir von den Eltern samt Zaumzeug rechtzeitig per Schiff aus der Heimat hatte nachschicken lassen. Der Horseboy begleitete mich auf meinem täglichen Ritt zur Arbeitsstelle und übernahm anschließend das Pferd. Wegen der andauernden Niederschläge hielt ich auch hoch zu Roß mit einer Hand den Regenschirm aufgespannt über mich und „Darling", und wir dürften ein ulkiges Bild abgegeben haben.

Abends ließ der Regen manchmal nach oder hörte ganz auf. Dann ließ ich „Darling" satteln und ritt quer durch die Plantage zu einem klaren Bach am Rand des Urwaldes. Mein kleiner Foxterrier „Loki" lief mit uns. Dies war meine Erholung nach der schweren Arbeit, und auch der Braune hatte seine wohlverdiente Bewegung.

Der Platz war schön. Die großen, dunklen Wildenten strichen am Wasser umher, und ich war glücklich und zufrieden und konnte ausspannen. Nach einer Weile entdeckte ich einen leuchtend kastanienbraunen, kiebitzartigen Vogel mit bläulichem Schnabel, einen Jacana, der auf den schwimmenden Wasserpflanzen einherlief und Nahrung suchte. Das Wasser war warm und klar. Mein Bad dauerte aber nicht lange, denn plötzlich sah ich eine grüne Baumschlange vor mir in den Ästen. Ich verschwand schneller, als ich gekommen war . . .

Die anderen Assistenten hatten alle schon schwarze Mädchen – sogenannte „Negresses" – als Haushälterinnen und natürlich auch fürs Bett bei sich. Weiße Frauen fehlten ja damals gänzlich in Kamerun, und es war üblich, daß sich die Europäer ein schwarzes Liebchen hielten. Manchmal wurde das Mädchen seinem Vater abgekauft, oder es wurde von seinem Herrn monatlich bezahlt und erhielt zahlreiche Geschenke.

Eines Tages brachte mir die Freundin eines benachbarten Kollegen ein hübsches, blutjunges Ding ins Haus. Die Schwarze machte es sich gleich bequem und half in der Küche, obwohl dort bereits zwei Männer arbeiteten.

„Silompuing" stand erst am Beginn der Pubertät, und solche Backfische wurden „Cacao-Bobbys" genannt. Ich schenkte ihr als Einstand eine Singer-Nähmaschine mit Handbetrieb, die ich in der Faktorei von John Holt um einen hohen Preis gekauft hatte. Dann bekam sie einen Tropenhelm, über den sie besonders glücklich war. Diese Kopfbedeckung gegen die prallen Strahlen der Tropensonne mußte einfach getragen werden.

Das erste Jahr war schnell vergangen. Afrika hatte mich schon in seinen Bann gezogen . . . Wenn das harte Tagwerk getan war, marschierte ich in Begleitung eines Boys, der die Petroleumlaterne trug, zu den Arbeitern in ihre Dörfer. Dort wurde fast allnächtlich getanzt. Jeder Eingeborenenstamm hatte seine eigene Musik. Die einfachen Instrumente bestanden aus einer Trommel aus einem hohlen Baumstamm sowie aus Klanghölzern, die oft nur gerieben wurden. Zu den Rundtänzen wurde auch gesungen. Helle Feuer und unzählige Sturmlampen ergaben in den klaren Nächten außergewöhnlich beeindruckende Bilder, die sich in mein Herz eingruben. Ich war begeistert, den Eingeborenen zusehen zu können. Sie waren immer freundlich und zufrieden und respektierten mich als weißen Herrn. – Sonntags herrschte Feiertagsruhe, und jeden Morgen bimmelte an einer anderen Ecke der Plantage die Glocke der jeweiligen Missionskirche – geräumige Hütten, die man einfach mit Palmblättern gedeckt hatte.

Besonders stark wurden damals die Eingeborenen von den Sandflöhen geplagt, die im Staub lebten und unter die Zehennägel krochen, um dort ihre Eier abzulegen. Die Schwarzen liefen vorwiegend barfuß umher und waren somit in erster Linie gefährdet. Schon die Zehen der Kinder waren oft durch den Sandfloh verkrüppelt, denn die Eier wachsen unter den Nägeln bis zur Größe einer kleinen Bohne heran und verursachen unangenehme, leicht entzündete Wunden.

Auch der Weiße blieb trotz seines Schuhwerks von diesem üblen Ungeziefer nicht verschont. Jeden Abend vor dem Schlafengehen mußte mein Boy meine Füße untersuchen, und die Flohnester wurden mit einem spitzen kleinen Bambusstäbchen herausgepiekt. In die Wunden kam Jod oder Kaliumpermanganat, die gängigsten Schutzmittel in den Tropen überhaupt. Auch mein Hund litt unter den „Chiggs", wie man die Sandflöhe hierzulande nannte.

Ich kaufte mir ein zusammenklappbares neues Feldbett mit Moskitogestänge und verbrachte die Nächte immer öfter draußen, irgendwo im Freien unter Ölpalmen oder Kakaobäumen. Es wurde mir zur Leidenschaft, und ich wanderte mit der Karbid-Kopflaterne durch das Gelände, um das Treiben der verschiedenen Tiere in der Dunkelheit zu beobachten. So traf ich regelmäßig mit Zibetkatzen, Pardelrollern und anderen Schleichkatzen zusammen. Ihre gelb und grün aufleuchtenden Augen ließen mich im Schein der Lampe ihre Gestalt erkennen. Auch Schirrantilopen zeigten sich in der Nacht häufig, und wenn ich müde geworden war, legte ich mich zum Schlafen. Das Moskitonetz schützte vor den zahlreichen Anophelesmükken, den gefürchteten Überträgern der Malaria.

Eigentlich war mir vom Anfang an klar, daß auch ich eines Tages mit der *Malaria tropica* infiziert werden würde. Das war so sicher wie das Amen im Gebet, und in Kamerun gehörte Malaria gewissermaßen zum guten Ton. Ich nahm das zu jener Zeit übliche Chininpräparat, die sogenannten „Zimmermannschen Chininperlen", als Prophylaxe. Diese Pillen waren aus Extrakten der Chinarinde zusammengesetzt. Bei Dschang in Zentralkamerun hatten die Franzosen die Chinarindenbäume in Kultur.

Und dann war es plötzlich soweit... Hohes Fieber packte mich, dazu kamen heftige Gliederschmerzen und starkes Kopfweh. Die Anfälle waren so schwer, daß mir der Plantagenarzt rasch helfende Spritzen verabreichen mußte. Ich befand mich einige Tage hindurch fast wie im Delirium, wurde aber ebenso schnell wieder gesund. Diese Malariaanfälle wiederholten sich später regelmäßig in gewissen Zeitabständen, entweder wurden sie durch Neuinfektion oder durch eine Verkühlung ausgelöst.

Als Assistenten erhielten wir hohe Monatslöhne; man hatte mir in Paris also wirklich nicht zuviel versprochen. Freilich ging viel Geld durch unser üppiges Leben auf, doch konnte ich jeden Ersten eine schöne Summe für spätere Zeiten zur Seite legen. Ich tat auch gut daran, denn überraschend begann im Jahr 1929 die große Weltwirtschaftskrise, in deren Folge viele Plantagen in Afrika zugrunde gingen. Auch unsere Großplantage in Njombe machte Pleite. Neue Besitzer kamen. Sofort wurde der Lohn gekürzt, und es mußten ab diesem Zeitpunkt auch volle zwei Jahre Plantagenarbeit geleistet werden, ehe man den Europaurlaub antreten konnte.

Ein Teil meiner Kollegen kündigte noch am selben Tag und fuhr mit dem Schiff nach Frankreich zurück. Ich selbst wollte durchhalten und auf der Pflanzung bleiben. Aber schon einige Wochen später wurden wir, die letzten drei Angestellten, ebenfalls entlassen. Die Plantage verfiel dem Urwald.

Ich verzichtete auf meine Rückreise per Schiff in der 1. Klasse. Für das Billet bekam ich kein Geld. Mir war es gleichgültig, denn ich wollte unbedingt noch in Kamerun bleiben. Ich hatte das Land bereits liebgewonnen. Mit dem ersparten Geld rüstete ich eine Trägerkarawane aus. Zwanzig Leute gingen mit. Sie trugen alles, was ich in der Wildnis brauchen konnte, in Tropenkoffern, Kisten und Säcken auf dem Kopf.

So verließ ich Njombe, wo ich als einziger Österreicher unter lauter Franzosen eineinhalb Jahre lang gearbeitet hatte, und marschierte – ohne genau zu wissen, wohin und für wie lange – in die immergrünen Savannen und Urwälder Kameruns. Mit kurzen Unterbrechungen wurden es insgesamt zehn Jahre, die ich in diesem wunderschönen Teil Westafrikas verbringen konnte.

Der Wildnis verfallen!

Eintöniger Gesang erscholl aus vielen Männerkehlen. Die klare Luft des kühlen Morgens ließ die Stimmen der Eingeborenen weit in das menschenleere Grashochland dringen. Eine ausgedehnte Kolonne zog im Gänsemarsch flotten Tempos den verwachsenen Eingeborenenpfad entlang.

Die Trägerschar – Angehörige von fünf verschiedenen Bantustämmen – hatte ich nur mühsam von mehreren kleinen Häuptlingen in Nkongsamba zusammenbekommen. Erst nach tagelangem Warten hatten sich die Schwarzen bereiterklärt, mit mir zu gehen. Ich mußte ihnen guten Lohn und viel Wildfleisch versprechen.

Vierzehn Tage lang waren wir schon auf dem Marsch. Wir befanden uns im Land der Bamlike. Jede Nacht hielten wir in einem anderen Eingeborenendorf Rast. Dann konnten die Träger ihre schweren Kopflasten, Kisten und Segeltuchsäcke mit all den notwendigen Dingen für die Wildnis für ein paar Stunden abstellen ... Wir waren gut ausgerüstet und hatten auch Feldbett, Tisch und Stühle sowie genügend Lebensmittel dabei.

Die Haufendörfer – prächtige, hochgezogene Lehmhütten mit Dächern aus Raphia-Palmrippen und großen, holzgeschnitzten Türpfosten – waren von dichten Drachazeen-Zäunen umgeben, die Fremden den Zutritt verwehrten. Wir kamen unangemeldet, und dennoch freuten sich die Häuptlinge sehr über den Besuch eines weißen Mannes. Oft gingen sie uns schon mit Gastgeschenken entgegen, und dann übernahmen meine Männer unter überschwenglichen Dankesworten die mageren Hühner, die zum Teil schon angebrüteten Eier, die Erdnüsse, Süßkartoffeln, Maniok und Bananen.

Für mich wurde stets die große Palaverhütte reingefegt, ein vorzügliches Quartier für die Nacht. Der Koch und die Träger wurden auf andere Hütten aufgeteilt. Sie hatten gleichsam Pension mit Familienanschluß ... – Die Gastgeschenke mußten wertvoll sein, so verlangte es die Sitte. Also griff ich tief in die Taschen, schüttete durchlöcherte, runde Kupfermünzen aus, übergab das kostbare Salz und überraschte die Dorfchefs mit scharfem, dunklem Tabak. Die Weiber erhielten bunte Perlen für ihre Ketten, die sie um den sonst splitternackten Leib trugen.

Mit ihren kräftigen und runden Gestalten, waren sie als fleißige Hackbäuerinnen bekannt, die die gesamte Feldwirtschaft verrichten und die schweren Arbeiten leisten mußten. Die

Bilder rechts: Dieser Rotbüffel bedeutete genügend Fleisch für meine Träger und war für mich eine gute Trophäe.

Bilder umseitig: Links oben: Nomo. – *Daneben:* Meine Trägerkarawane auf dem Marsch durch die Savanne. – *Unten:* Diese prächtige Wasserbockantilope hatte mein Jägerherz schneller schlagen lassen.

Männer trugen kurze Hemden aus zusammengenähten Baumwollstreifen. Ihre besondere Begabung lag im Handel. Die Bamlike, auch Grasfields genannt, waren überall an der Küste Kameruns, wo sie ihren kleinen Krimskrams verhökerten, als tüchtige Händler tätig.

Der Trägerschar voran ging mein Leibdiener. Selbstbewußt schulterte er den Mannlicher-Schönauer im Kal. 8 x 56 und paßte auf, daß das wertvolle Gewehr nicht verschmutzt wurde. Ich marschierte hinter dem Boy, hatte meinen Feldstecher umgehängt und hielt als Stütze einen Speer, der mir später auf der Jagd auch ein guter Zielstock war. Dann kamen im Abstand die Leute mit den Lasten, die sie auf zusammengewickelten Tüchern von undefinierbarer Farbe auf ihren Wollschädeln balancierten. Die braven Burschen waren sicher im Gang. Niemals fiel eine Traglast durch Unachtsamkeit zu Boden. Die Tagesetappen betrugen zwischen fünfzehn und dreißig Kilometer. Dabei hielten wir uns an die Angaben der Häuptlinge, die uns den Weg nach den vorkommenden Wasserläufen beschrieben hatten. So zog sich die Entfernung von einem Dorf zum andern manchmal „fünf bis acht Wasserläufe“ hin. Eine Kilometeranzahl konnte niemand genau nennen.

In den ersten Wochen schoß ich Frankoline, die afrikanischen Rebhühner, und Perlhühner zu unserer Verpflegung. Diese Wildvögel waren sehr vertraut, und sie zu erlegen war einfach. Zusätzlich bekam die Mannschaft Hirseknödel in Palmölsauce. Das Fleisch dazu lieferten kleine, magere Rinder, die wir in den Dörfern erstanden.

Nachdem wir den breiten Nun überquert hatten, bekamen wir gelegentlich auch Wild zu Gesicht. Meine Tagebuchaufzeichnungen berichten vom ersten erbeuteten Stück einer Großantilope. Wir schrieben das Jahr 1930.

Von einer kleinen Anhöhe aus entdeckte mein Gewehrträger ein „Buschdschakas“. Was das bedeutete, war mir nicht sofort klar, denn mein Pidgin war noch nicht so weit gediehen... Im Feldstecher erkannte ich dann eine Wasserbockantilope. Sie näherte sich vertraut der ruhig verharrenden Karawane. Ich feuerte auf etwa hundertzwanzig Schritt. Die Kugel traf. Im gleichen Augenblick stürmten drei Eingeborene hangab, um dem Wasserbock nach muselmanischem Ritus den Hals durchzuschneiden. Es war ein Defassa-Wasserbock, meine allererste afrikanische Trophäe, der unaufgebrochen rund einhundertsiebzig Kilogramm wog. Die Schwarzen zerteilten die Beute und befestigten die noch blutigen Fleischstücke mit Lianen an den Traglasten. Die schöne graue Decke ließ ich mit kalter Asche einreiben und trocknen.

Die Nacht war kalt. Ich verkroch mich auf meinem Feldbett unter zwei dicken Wollhaardekken. Zwei Fleckenhyänen witterten das Wildbret, und einmal herangelockt, gaben sie bis zum Morgengrauen keine Ruhe.

Bilder umseitig: Dolcefarniente bei den Kirdi.
Bilder links: Oben: Vor den Toren der Sultansstadt Rei Buba. *Unten links:* Der Sultan wird zu den Kampfspielen getragen. – *Daneben:* In meinem Gästehaus war ich beschützt, aber auch bewacht...

„Loki“ lief begeistert in der Kolonne mit. Hier, im angenehmen Hochland, kehrten die Lebensgeister in den Hund wieder. Bald bekam er einen jungen Pavian als Gefährten. Ich kaufte den kleinen Hundsaffen von einem Eingeborenen, der uns entgegenkam und mit einem Korb Kolanüsse zur Küste unterwegs war. Der Pavian hatte es in sich und nur Schabernack im Sinn. Streckenweise lief der drollige Kerl mit, dann sprang er auf einen der Tropenkoffer und ließ sich in luftiger Höhe tragen.

Auch Nomo ging an meiner Seite. Ich hatte das Mädchen um einen Batzen Geld und um einen Haufen kleiner Geschenke von seinem Vater gekauft, der bei der Kameruner Nordbahn arbeitete. Sie war Jaunde, hatte eine zierliche Figur, und ihre vielen kleinen Zöpfe waren immer sorgfältig gesteckt.

In diesem alten Bamumland – einem über tausend Meter hoch gelegenem Grasland mit eingesprengten Waldungen im Westen Kameruns – flossen Milch und Honig. Die Menschen waren vorwiegend Mohammedaner, aber es gab auch eine große Anzahl von Katholiken und Protestanten in der weit ausgedehnten Hauptstadt Fumban. Als ich sie mit meiner Karawane erreichte, wurden wir sehr gastfreundlich empfangen und in einem großen Rasthaus untergebracht. Das Land war reich. Auf kleinen Farmen wurden Mais und Hirse angebaut sowie Bataten, Makabo und etwas Maniok kultiviert. Auch Bananen gab es. Der fruchtbare Boden und das gesunde Klima zogen auch bald französische Kaffeepflanzer an. Vor allem die Sorte *Coffea arabica* gedieh hier am besten.

Die Bamum waren ausgesprochen künstlerisch begabt. Oft hatte ich Gelegenheit, ihnen bei der Arbeit zuzusehen. Die Holzschnitzer stellten prächtige Masken her, die in Vollmondnächten bei rituellen Tänzen getragen wurden. Aus dem Bast der Raphia-Palmen fertigten sowohl Männer als auch Frauen große Matten und Decken in allen bunten Farben. Schlangen und Eidechsen waren die beliebtesten Motive. Wieder andere Männer beschäftigten sich mit dem „Gelbguß in verlorener Form“. Aus eingeschmolzenem Kupfer wurden Reiter, Bogenschützen, Pfeifenköpfe und Masken gegossen.

Jede Woche wurde im Zentrum von Fumban der große Markt gehalten, und alle Erzeugnisse des Landes und der Handwerker kamen hier zum Verkauf. Es gab sie in Hülle und Fülle, und der ungemein süße und süffige Palmwein floß in Strömen.

Die Bamum waren überhaupt ein trinkfestes Völkchen. Die Palmweinzapfer bildeten am Sultanspalast eine eigene Zunft. Sie bohrten die Ölpalmen in den Kronen an. Auch von Raphia- und Sumpfpalmen wurde Wein erzeugt; er war nicht so süß, schmeckte aber, frisch gekühlt, ebenso vortrefflich. Nach einigen Tagen Gärzeit wurde dieser Wein stark alkoholhältig und wirkte sehr berauschend. Ich kaufte oft einige Kalebassen davon, denn Nomo und ich tranken ihn gerne. Auch meine Träger hatten eine Schwäche für ihn, vor allen dann, wenn er schon hochprozentig war.

Ich suchte auch den alten Sultanspalast auf, ein kolossales Gebäude aus der deutschen Kolonialzeit, das jetzt in ein Museum umgewandelt worden war. Anschaulich wurden dem Besucher die alte Kultur des Bamumvolkes und die Kriegszüge vergangener Tage unter den hochgeachteten Fürsten des Stammes vor Augen geführt. Der letzte berühmte Sultan Njoja, ein weiser Herrscher, befand sich seit Jahren im Gouvernement Jaundes in Verbannung. Ich hatte ihn kurz kennengelernt, als ich seinen Sommersitz auf der Insel im Mbamfluß aufsuchte.

Unser Marsch ging weiter. Auf den einzelnen Regierungsposten, die etwa dreihundert Kilometer voneinander entfernt lagen, wurde ich von den französischen Beamten stets freundlich behandelt. Es war Sitte und Pflicht, daß sich ein durchreisender Weißer beim Chef des Postens meldete. In den Paß wurden Datum und Name der Behörde eingestempelt.

Das heiß ersehnte Ziel meiner ersten Expedition war der im äußersten Norden von Kamerun gelegene Tschadsee. Um die Vielfalt der Tierwelt in den verschiedenen Vegetationszonen Urwald, Savanne, Steppe und Halbwüste kennenzulernen, verließ ich mit meiner Karawane das Bamumland und lenkte unsere Marschrichtung nach Zentralkamerun. Wir hatten noch viele hundert Kilometer zu Fuß zurückzulegen, um in die guten Wildgebiete von Bafia und Nanga Eboko zu gelangen. Ich wollte beobachten und Aufzeichnungen über Vorkommen und Verbreitung der wilden Tiere machen. Besonders reizte mich auch die Jagd auf den gefährlichen Rotbüffel.

In diesen Monaten überfiel mich ein unbändiges Freiheitsgefühl. Ich schätzte mich überaus glücklich, in der Wildnis umherstreifen zu können und wie die alten Pioniere und Entdecker des vorigen Jahrhunderts das herrliche Tropenland Kamerun zu erkunden. Viele Jahre hindurch bewegte ich mich im französischen Mandatsteil und lernte wie kaum ein anderer die damals ungemein zahlreiche und interessante Fauna auch durch die Jagd kennen.

Das Leben in der Wildnis war hart, aber gesund. Ich war ein ausdauernder und zäher Marschierer geworden. Oft hatte ich wochenlang kein Stück Brot gegessen. Einen gewissen Ersatz bildeten dann Süßkartoffeln und Makabos. Die Hauptnahrung bestand aus Wildfleisch und Reis. Wenn ich nicht genügend Beute machen konnte, aß ich mit meinen Begleitern frisch geschossene Affen. Das Fleisch schmeckte entsetzlich, aber die Schwarzen mochten es. Der Durst wurde mit Wasser aus Flüssen und Bächen gelöscht. Hin und wieder holten die Frauen es auch vom Sumpf und trugen es in großen Tonkrügen in unser Lager. Niemals wurde ich davon krank, auch Dysenterie und die gefürchtete Amöbenruhr konnten mir nichts anhaben, ebensowenig Bilharzia und der Guineawurm. Ich hatte eben keine Angst vor den vielen schweren Tropenkrankheiten. Weit entfernt von jedem Krankenhaus, mußte ich mein eigener Arzt sein. Auch die Malaria kurierte ich selber. Ebenso war in Kamerun die Wahrscheinlichkeit groß, an Schwarzwasserfieber zu erkranken. Solchen Anfällen beugte ich mit heißen Bädern vor, die ich jeden Abend nahm. Dazu trank ich viel von dem harntreibenden Citronella-Tee.

Einmal mußte ich das Sterben eines Belgiers mitansehen, der im dritten Stadium der Schlafkrankheit, total abgemagert und übernervös, seinem sicheren Ende entgegensah. Das Land hatte nicht umsonst den Ruf, „das Grab des weißen Mannes“ zu sein...

In Kamerun leben zweihundertacht ethnische Gruppen: im Süden die Bantu, im Zentralraum Sudanesen und im Norden hamitische Völker sowie negroide Araber. Bald hatte ich eine Bantusprache, das Jaunde, soweit erlernt, daß ich mich mit den Jaunde, Bakoko und Mbulu gut verständigen konnte. Später bemühte ich mich auch, das Fulfulde, die Sprache der Hamiten, zu studieren.

Ich hatte die Eingeborenen gern. Alle waren sie noch Kinder der Natur, von der Zivilisation noch ziemlich unbeleckt, stets freundlich und hilfsbereit. Vor allem unter den hamitischen Reitervölkern – und da besonders bei den Fulbe – gab es auffallend schöne Frauen. In den Städten herrschte aber die Prostitution, und es grassierten Geschlechtskrankheiten. Die schwarzen Weiber wollten Geld verdienen.

Wir trafen wieder einmal auf einige katholische Missionare, Patres vom „Saint Esprit". Sie kamen aus dem Elsaß, und so konnte ich nach langer Zeit wieder richtig deutsch sprechen. Natürlich fiel den Männern Gottes sofort meine kleine Nomo auf. Sie war ja Christin und lebte nun als Konkubine mit einem weißen Großwildjäger. Die gütigen Seelsorger übergingen jedoch dieses Thema, und ich unterhielt mich mit den sehr gebildeten Missionaren über die Eingeborenen und Völkerkunde.

Auch die Buschmönche hatten kein leichtes Dasein. Ihre Seelsorgetätigkeit breitete sich über viele Quadratkilometer aus, und dazu kam noch die Konkurrenz mit den evangelischen Missionen und den zahlreichen protestantischen amerikanischen Sekten. Selbst Norweger waren in Kamerun als Missionare tätig, und nicht selten fand ich am Dorfeingang die katholische Mission und am Dorfausgang die protestantische.

Bald hatten wir das Wuteland erreicht – ein gefährliches Tsetsegebiet, das „Loki" zum Verhängnis wurde. Glossinen stachen den armen Kerl. Er ging unter furchtbaren Schmerzen ein und wurde von mir am Fuß der Njiwa-Hills (Elefantenberge) begraben. Von einem Schwarzen erstand ich einen sogenannten „Kongo-Terrier", einen semmelgelben Hund mit Stehohren und Ringelschwänzchen. Ich gab ihm den Namen „Poli". Er war etwas größer als mein Fox und erwies sich gegenüber der Tsetse als resistent. Leider wurde er stark von Hakenwürmern befallen und starb ebenfalls nach einem Jahr.

In den guten Wildgebieten eingetroffen, begann ich mit meinen Aufzeichnungen und mit der eigentlichen Jagd. Innerhalb von zwei Wochen gelang es mir, elf Rotbüffel zur Strecke zu bringen. So hatte ich eine gute Sammlung dieser vorwiegend westafrikanischen Büffelrasse für das Naturhistorische Museum in Wien.

Die große Regenzeit brach an. Nachts brausten die gewaltigen Gewitterstürme – die Tornados – über die weite Savanne. Von der Palaverhütte, in der ich schlief, riß eine Sturmböe das Palmstrohdach und schleuderte es weg. Der schwere Tropenregen durchnäßte innerhalb weniger Minuten mein Feldbett samt Decken. Das Moskitonetz hing schlaff vom Gestänge. Ich flüchtete im Pyjama in die nächstgelegene Eingeborenenhütte. Gegen Morgen hatte sich das Unwetter ausgetobt.

Unsere Karawane zog den Mbam entlang. Wir mußten die alten Eingeborenenpfade verlassen und bewegten uns in einem völlig unbewohnten Baumgrasland, das nur am Ufer einen dichten Unterwuchs aufwies. Die Wildfährten mehrten sich, und alle Augenblicke flüchteten Wasserbockantilopen vor uns. Auch Moorantilopen verhofften kurz und verschwanden dann im schützenden Dickicht. Die Böcke trugen alle eine imposante, gleichmäßige Hornzier.

Der Graswuchs wurde von Tag zu Tag höher. Neue Regengüsse prasselten an den Nachmittagen aus den finsteren Wolken auf uns herunter. Alle Mann wurden wir bis auf die Haut durchnäßt. Wir mieden jetzt die kurzen Rasten und froren wegen der ständigen Nässe. Lange noch vor Büchsenlichtschluß gab ich den Befehl, an einem ausgesuchten, günstigen Platz das Nachtlager aufzuschlagen. Die Träger bauten sich einfache Hütten aus Ästen und abgeschnittenen Grasbündeln. Mein Diener befestigte das Einmannzelt mit Schnüren zwischen zwei verkrüppelten Savannenbäumen. Gerade das Feldbett und zwei Tropenkoffer hatten darin Platz. Die übrigen Gepäckstücke wurden mit Gras zugedeckt.

Selbst im stärksten Regen vermögen die Schwarzen Feuer zu machen. Die afrikanischen Hölzer brennen zwar schnell und verglosen rasch, aber die Feuerchen wärmten und trockneten uns doch. Heißer Tee und ein Sitzbad erfrischten mich wieder. Mit Einbruch der Dunkelheit legten wir uns alle zur Ruhe. Die Stimmen der vielen Tiere waren Musik für meine Ohren und ließen mich schnell einschlafen. Ich schlief im Urwald immer tief und fest, dabei hörte ich doch alle Geräusche und war bei einer Gefahr sofort hellwach. Es war herrlich in der freien Wildbahn!

Der Morgen war grau und regenverhangen. Ich ging mit zwei Fährtensuchern los. Den Repetierer trug ich nach Soldatenart so geschultert, daß er durch das hohe Allang-Allang-Gras und das Sisange nicht naß werden konnte. Meine Khakihose troff voller Wasser und schlotterte an den Beinen.

Wir mußten nicht weit pirschen, da fielen uns schon frische Büffelfährten in die Augen. Im hohen Gras vor uns hörten wir die eigentümlichen Geräusche, Blöken und Grunzen. Die kleine äsende Rotbüffelherde war nicht mehr weit vom Schuß. In den Morgenstunden stand der Wind recht günstig, und wir kamen gut voran. Eine alte Rotbüffelkuh führte ihren Trupp; ihr Haarkleid war dicht und von leuchtend roter Farbe. Weitere Kühe mit Kälbern und einige jüngere Bullen folgten ihr. Ganz hinten ging ein dunkler, alter Büffel. Sein geriffeltes Gehörn hatte etwa fünfzig Zentimeter Auslage. Ein blendend weißer Kuhreiher saß auf seinem Rücken.

Ich strich das Jagdgewehr an meiner Lanze an und feuerte auf den Träger, der gerade noch über das hohe Gras hinausreichte. Die 14-Gramm-Vollmantelkugel warf den Bullen auf der Stelle um. Schaurig erklang der kurze Todesschrei. Die Herde stürmte ab, machte plötzlich wieder kehrt und verhoffte nach etwaigen Verfolgern. Dann gingen die Wildrinder ab.

Ich freute mich sehr über die interessante Beute. Der *Syncerus caffer nanus* wog stolze vierhundert Kilogramm. Das gab für die nächste Zeit genügend Fleisch für meine Träger.

Rotbüffel sind für die Eingeborenen des Urwaldes und der Savanne eine verlockende Beute. Die Wildrinder haben ein größeres Gewicht als die Moor- oder Wasserbockantilopen der Waldrandgebiete, geben mehr Wildbret und schmecken saftig und gut. Ihre Decke findet bei der Herstellung von Schilden und Sandalen Verwendung, auch Seile und Stricke lassen sich daraus fertigen. Kurz, steil und nach rückwärts gebogen, sind die Hörner als Trinkgefäße bei den Häuptlingen begehrt und geschätzt. Überdies ziert ein Büffelschädel den Fetischbaum jedes Negerdorfes – Symbol der Tapferkeit der Dorfinsassen. Die schwarzen Jäger sind flink, behend und wissen um die Gefahr. Schlangengleich verstehen sie es, einem Angriff auszuweichen und sich in Sicherheit zu bringen. Aber nicht immer gelingt es!

Haito und seine Gefährten zählten zu den besten Büffeljägern. Haito war Häuptling eines kleinen Dorfes, in dem ich einige Tage gelagert hatte. Wenn es galt, mit mir auf die Jagd zu gehen, ließ er in seinem kleinen Reich alles liegen und stehen und kam mit mir. So auch damals. Im hohen Savannengras brachte ich einen starken Rotbüffel zur Strecke. Auf den Schuß hin raste eine vielköpfige Herde auf uns zu, die – im mehrere Meter hohen Sisango verborgen – geäst hatte. Um sie zum Abschrecken zu bringen, opferte ich eine Patrone. Ein Teil der Büffel drehte tatsächlich ab, der andere aber raste blindlings weiter. Immer näher kamen sie. „Schieß, Massa, schieß, sonst sind wir verloren! Schieß auf das erste Stück, die Büffel haben keinen Ausweg!“ – Da drückte ich ein zweites Mal ab, ruhig und überlegt. Der vorderste Rotbüffel überschlug sich und fiel uns fast vor die Füße, die anderen wendeten zu unserem Glück. Wir atmeten auf. Ein Davonlaufen hätte den Tod bedeutet; wir wären überrannt und in den Boden gestampft worden.

Die Jagd ging weiter. Ein neuer Rotbüffeltrupp war ausgemacht worden, und die Eingeborenen umstellten ihn lautlos. Diese wilden Kerle jagten mit vergifteten Speeren und hatten im Dickicht naturgemäß ihre größten Erfolge. Auch Haito braute das Gift selbst. Einmal verwendete er ein Blutgift, ein andermal ein tödliches Nervengift. Die dunkle, breiige Masse wurde auf die Speerspitze hinter den Widerhaken aufgetragen. Ich wollte unbedingt diese Art des Jagens kennenlernen und erleben, wie uriges Wild mit primitivsten Waffen erlegt wird.

Auf einmal war alles still. Keiner der gelenkigen, halbnackten schwarzen Burschen mit ihren sehnigen Gestalten und muskulös glänzenden Körpern war zu sehen, nur Laubgewirr um mich herum. Haito kroch wie eine Raubkatze bei gutem Wind an einen der Büffel heran und schleuderte seinen Giftspeer. Oft hatte er so Rotbüffel erjagen können, doch dieses Mal sollte es seinen Tod bedeuten. Der waidwunde Büffel nahm Haito überraschend auf die Hörner und schlitzte ihm mit den nach innen gebogenen Waffen die Bauchdecke auf. Dem armen Kerl quollen die Gedärme heraus, und er wälzte sich in seinem Blut. Ich konnte nicht mehr helfen. Nach wenigen Minuten war der tapfere Büffeljäger verschieden.

Wir folgten der Fluchtfährte. Nach kurzer Zeit entdeckte ein schwarzer Helfer die Vorderläufe des Rotbüffels im Dickicht. Das wehrhafte Großwild, leicht angeschweißt und somit besonders angriffslustig, lauerte darauf, mich aus nächster Nähe zu überrumpeln. Darum galt es rasch zu handeln, ehe der Büffel auf uns losstürzte und erneut Unheil anrichtete. Bedächtig fuhr ich mit der Doppelbüchse die Vorderläufe hoch, bis ich das Gefühl hatte, auf dem Stich zu sein. Sicherheitshalber feuerte ich beide Läufe nacheinander ab. Grausiges Stöhnen. Mit schußbereitem Gewehr umging ich die Stelle und pirschte mich von hinten an den Rotbüffel heran. Vorsichtig setzte ich Schritt vor Schritt, aber der Büffel lag bereits verendet; die Schüsse saßen gut.

Der Sitte entsprechend wurde das Gehörn, das Haitos Tod verursacht hatte, am Fetischbaum unweit seiner Häuptlingshütte aufgehängt. Ich vergiftete es mit Arsenik und rieb es mit petroleumhaltiger Vaseline ein, damit es die Dermesteslarven nicht zerstören konnten...

Auf der Fährte eines krankgeschossenen Büffels ist besondere Vorsicht geboten, will der Jäger nicht sein Leben aufs Spiel setzen. Der kranke Büffel wird ein Stück flüchtig; innerhalb der Deckung verläßt er dann seine Richtung, geht im halben Bogen zurück und erwartet den nachhängenden Jäger. Rettung vor dem meist von hinten annehmenden Büffel bringt nur ein sofort tödlicher Schuß. Solange der Mensch auf Büffel jagen wird, solange wird diese Jagd ihre Opfer fordern. Der Büffel kämpft bis zum Ende. Er läßt nicht eher von seinem Feind ab, bis dieser zu einer unkenntlichen Masse zerstampft worden ist.

Auch mein Leben war durch Büffel mehr als einmal gefährdet. Auf dem Hochplateau, einem idealen Rückzugsgebiet für zahlreiches Wild, überraschte ich eines Tages auf einer freien Grasfläche nahe einem schmalen Baumgürtel eine starke Herde Büffel. Ich pirschte, streckenweise kriechend, vorwärts und konnte bald das Abrupfen des Grases und das heisere Brüllen vernehmen. Bis auf etwa sechzig Schritt war ich an die Büffel herangekommen, als sie mich eräugten und neugierig auf mich zuwechselten. Damals hatte ich noch wenig Erfahrung in der Büffeljagd und dachte, sie wollten mich annehmen. Da schickte ich dem stärksten Bullen die Kugel entgegen. Im Nu machte die ganze Herde auf der Hinterhand kehrt, Staub wirbelte hoch, und es war unmöglich, einen zweiten Schuß anzubringen. Die Tiere flüchteten auf eine stark bewachsene Schlucht zu.

Ich wollte sofort nachsuchen und glaubte, der kranke Büffel sei bei der Herde geblieben. Das war freilich ein Trugschluß, denn ein krankes Wild pflegt sich immer von den Gefährten abzusondern. Ungestüm folgte ich der Schweißfährte, die sich ziemlich deutlich zur Felswand hinzog. Ich war schußbereit, warf einige Steine in das fast undurchdringliche Dickicht, aber nichts rührte sich. Ich wollte weiter folgen, da brach es plötzlich im Blätterwerk. Heraus kam der Büffelbulle, Schaum am Äser, ein Bild der Wut! In windender Fahrt nahm er mich an. Ich schoß aus beiden Läufen zugleich. Die schweren Kaliber zertrümmerten ihm die Schädeldecke. Der Recke verendete auf der Stelle.

Das war nahe, aber es sollte noch dicker kommen. An einem Tag in der kleinen Regenzeit kroch unsere Karawane langsam wie ein schwarzer Wurm den schmalen Negerpfad durchs weite Savannenland. Vier kräftige Boys trugen mich im bequemen Tragestuhl auf ihren Schultern. Malariaanfälle hatten meine Gesundheit zermürbt, und so mußte ich auf dieses „Verkehrsmittel“ umsteigen... Fieber und Schüttelfrost peinigten mich, und doch begann sich mein Appetit schon wieder zu regen. Die geschmorte Keule einer Kameruner Zwergziege brachte mir meine Lebensgeister allmählich zurück.

Den Schwarzen machte es sichtlich Spaß, mich im Tipoy tragen zu können. Auf hoher Warte hielt ich die Spitze. Die Burschen liefen der übrigen Kolonne voraus, der Abstand zwischen den Trägern und unserer Vorhut mehrte sich immerzu. In luftiger Höhe überblickte ich die weite Wildnis vor mir, ohne mich anstrengen zu müssen. Zuweilen erschwerte ein ausgewaschener Weg das Vorwärtskommen. Alle zwei Stunden gab es für meine Träger eine kurze Rast.

Die Sonne stand hoch, und zu meiner großen Überraschung sah ich in einer etwa dreihundert Meter entfernten Mulde zwei Rotbüffel äsen. Sofort ließ ich anhalten, stieg von meinem Tipoy ab und lud den 9-mm-Repetierer. Es war zwar eine ausgesprochene Büffelgegend, doch spät am Vormittag kein alltägliches Ereignis, die Wildrinder in der offenen Savanne direkt am Pfad zu sichten.

Vom Fieber, das immer wieder aufgetreten war, spürte ich in meiner Erregung nichts mehr. Ganz allein kroch ich gebückt vorwärts. Einige Meter mußte ich robben. Dann war ich auf etwa achtzig Schritt heran und schoß dem nächststehenden Rotbüffel gezielt aufs Blatt. Die Kugel warf ihn sofort um. Die auf den Schuß hin flüchtende Büffelkuh bekam die Kugel in der Schnelligkeit nur hingeworfen. Kein Zeichen war zu erkennen.

Als meine Trägerkarawane nachgekommen war und ich einige Eingeborene mit dem Aufbrechen beauftragt hatte, ging die Nachsuche los. Zuerst fanden wir nichts, dann lag aber in der Fluchtfährte doch viel hellroter, blasiger Schweiß. Ich vermutete einen Lungenschuß. Mit zwei Männern suchte ich die nähere Umgebung ab und fand weitere Schweißtropfen, die sich in kurzen Strecken mehrten. Der Wind stand schlecht. Hastig folgten wir der Wundspur. In einem argen Dickicht vernahmen wir dann das dumpfe Grollen und das Stöhnen der eingestellten Büffelkuh. Jeden Augenblick erwartete ich den Angriff. Doch nichts geschah. Sie wurde abermals flüchtig, stellte sich noch einmal ein und war bei unserem Herankommen wieder weg. Verdrossen kehrte ich zu meinen Trägern zurück. Sie kannten einen Wasserlauf, an den sich eine kleine Eingeborenenfarm anschloß. Wir marschierten noch ein kurzes Stück zu den paar Strohhütten, und ich schlug ein provisorisches Lager auf.

Gleich ein Dutzend Dorfbewohner erklärten sich bereit, mir bei der weiteren Suche nach dem angeschweißten Wildrind helfen zu wollen. Das kranke Tier mußte von seinem Leiden erlöst werden – das ist das sittliche und moralische Gesetz eines jeden aufrechten Jägers –, und diese Verpflichtung ließ mich meine körperliche Schwäche vergessen.

Am nächsten Morgen ging es mit einem Fährtensucher, einigen Speerträgern und einem Troß Weiber zur weiteren Verfolgung. Im ersten Wundbett fanden wir Knochensplitter und, zu meinem Entsetzen, auch herausgebrochene Teile des Unterkiefers. Nun war ich über den Sitz des Schusses und die Herkunft des blasigen Schweißes im Bild!

Viele Stunden jagten wir der immer wieder bogenschlagend ins Dickicht führenden Wundfährte nach. Es wurde wieder Abend, und die nahende Dunkelheit zwang mich erneut ins Lager zurück. Mittlerweile hatten sich die Träger beeilt, den toten Büffelbullen zu zerwirken. In großen Bündeln trugen sie das Fleisch auf ihren Köpfen zum Dorf. Eine

Bilder rechts: Oben: Eingeborenenkanu auf dem Logone. – *Unten:* Am Ufer des Tschadsees, des großen Binnenmeeres im Herzen Afrikas.
Bilder umseitig: Oben: Zwei Schreiseeadler auf Beobachtungsposten. – *Unten:* Mittagsrast.

MAROUA
REGION DU DIAMARE

schlaflose Nacht, in der ich den verhängnisvoll hingeworfenen Schuß ständig vor Augen hatte, ging nur langsam an mir vorüber.

Der Morgen war grau und nebelverhangen. Ich war längst angezogen, rasiert und hatte rasch das karge Frühstück eingenommen. Sechs Schwarze standen mit ihren kurzen Widerhakenspeeren und scharfen Buschmessern zum Abmarsch in die menschenleere Baumsavanne bereit. Unserem Zug folgten vier Weiber mit großen Tragekörben auf den Rücken. Insgeheim hofften sie, daß die Büffelkuh nachts schon verendet sei und wir sie bald finden würden. Die Enttäuschung war groß – wir fanden sie nicht.

Im taunassen Savannenboden konnte die Fährte leicht gehalten werden. Vereinzelte Blutstropfen führten uns zu einem neuen Wundlager. Es griff sich noch warm an. Langsam verging die Zeit. Die Spur zog sich in ein elendes Gelände: Pflanzengewirr, Sträucher und meterhohes Gras. Schußbereit hielt ich die Spitze. Irgendwie spürte ich, daß in den nächsten Minuten Gefahr auf mich zukommen würde...

Da! An einer unübersichtlichen Stelle war mein nächster Begleiter wie vom Erdboden verschluckt. Mit tiefgesenktem Haupt stürzte die alte Rotbüffelkuh auf mich zu. Ich lag schon auf der Nase, als ich blitzschnell schoß, doch die Kugel saß wieder nicht im Leben. Die angreifende Büffelkuh nimmt mich auf das nach innen gebogene, kurze Gehörn und schleudert mich ins Gras. In Todesangst schreie ich auf, falle wie ein Sack zu Boden, raffe mich wieder hoch und packe das tobende Rind an seinen glatten Hörnern. Kurz kann ich mich festhalten. Die wütende Bestie versucht mich abzustreifen und stößt neuerdings auf meinen Körper ein. Jetzt entdecke ich, daß mein erster Schuß ihren Äser zerschmettert hat. Somit sind die Stöße nicht mehr von äußerster Kraft, aber die Büffelkuh läßt von mir nicht ab. Unentwegt versucht sie, mich aufzuspießen. Daß sie mich nicht zu Brei zerstampft, kann in dieser Situation als Ausnahmefall, als beispielloses Glück bezeichnet werden...

Mittlerweile hatten die Schwarzen in ihrer höllischen Angst einige nahe, krüppelige Bäume erklettert. Endlich warfen sie auf meine Rufe hin ihre Speere. Sechs kräftige Wurflanzen durchbohrten den Büffelrücken. Augenblicklich ließ das kranke Wildrind von mir ab und wandte sich den neuen Angreifern auf den Bäumen entgegen. Diese Sekunden nützte ich, um auf den nächstbesten Savannenbaum zu springen und an ihm hochzuklettern.

Ich war verletzt und hatte starke Schmerzen. Mein Tropenhelm lag zerwühlt auf dem Kampfplatz, daneben mein Gewehr. Es schien noch intakt. Die Büffelkuh, der ich für einige Augenblicke entkommen war, entdeckte mich sofort und stürmte auf meinen Baum zu. Die

Bilder umseitig: Oben: Fulbe auf dem Weg nach Marua. – *Unten:* Marua war eine richtige Eingeborenenstadt und Sitz eines Sultans, des Lamido.
Bilder links: Auf meinem Ritt vom Tschadsee zum Atlantik kam ich auch durch das pittoreske Bergmassiv von Kapsiki, wo die heidnische Urbevölkerung der Kirdi in festungsartigen Sippendörfern wohnte, deren Gehöfte markante Kegeldächer aufwiesen.

furchtbaren Waffen der Eingeborenen hatten keinerlei Wirkung gezeigt. Ich hielt mich mit aller Kraft in den Ästen fest. Auf dem Stamm des knorrigen, niederen Baumes marschierte eine Legion Ameisen einher. Das schnaubende Hornvieh wartete, bis ich herunterfallen würde: Es schien zu wissen, daß ich die Schuld an seinem schweren Leiden trug...

Bange Minuten verstrichen. Ich blutete aus vielen kleinen Wunden – ein Labsal für die bissigen Ameisen! Über mir hing noch ein Schwarzer. Sein dreckiger Lendenschurz bewahrte mich an Stelle des Tropenhelms vor einem Sonnenstich. Der todwunde, massige Körper der Rotbüffelkuh rannte mit unentwegter Wucht gegen den Stamm und wollte uns wie reife Pflaumen abschütteln.

Einer der Schwarzen besaß so viel Mut, vorsichtig von seinem „Rettungsbaum" herunterzusteigen und meinen Repetierer an sich zu nehmen. Von Baum zu Baum wurde mir das Gewehr gereicht. Sofort hatte ich durchgeladen und den tödlichen Fangschuß angebracht. Das tapfere Wildrind brach zusammen.

Unter Freudengeheul sprangen die Eingeborenen von ihren Bäumen. Auch die Weiber kamen wieder hervor. Sofort stürzten sie sich auf die Beute. Ich aber lag zerschlagen im Gras und war glücklich, dem Tod entronnen zu sein. Mit dem Jagdmesser zerschnitt ich mein Hemd und verband notdürftig meine Blessuren.

Der Heimweg zog sich. Am Ende der schwer mit Wildbret beladenen Kolonne humpelte ich zu den Eingeborenenhütten. Spät in der Finsternis trafen wir ein. Noch in der Nacht kamen das Wundfieber und der Schüttelfrost. Ich bat die Leute, mir eine Tragbahre aus Palmrippen anzufertigen und mich zum nächstgelegenen Regierungsposten zu schaffen. Entsetzlich langsam stapfte die Karawane auf dem unwegsamen Pfad durch die menschenleere, unendlich grüne Landschaft.

Schmutzig und blutverschmiert betrat ich nach etlichen Kilometern das hübsche Tropenhaus des französischen Administrators. Er saß eben im Wohnzimmer vor dem geheizten Kamin und las seiner Frau aus einem Buch vor. Bei meinem Anblick erschrak Monsieur Schulmonter. Einer seiner schwarzen Burschen führte mich sogleich ins nahe Eingeborenenhospital. Der Heilgehilfe, ein gut ausgebildeter Schwarzer, verabreichte mir vorerst einmal eine Tetanusspritze und verband dann fachgerecht meine verkrusteten Wunden.

Die Familie Schulmonter nahm mich für einige Tage auf. Wir setzten uns zu Tisch, und nach einem stärkenden guten Kognak mußte ich bis spät in die Nacht hinein von meinen aufregenden Büffeljagden erzählen. – Das Abenteuer mit der angeschossenen Büffelkuh war meine Feuertaufe für das Leben im Urwald gewesen. Von nun an war ich der Wildnis vollends verfallen...

Vom Tschadsee zum Atlantik

Den Tschadsee befuhr ich 1933 zum erstenmal. Dieses im vorigen Jahrhundert von den deutschen Afrikaforschern Heinrich Barth und Gustav Nachtigal entdeckte große Binnenmeer im Herzen Afrikas umfaßt etwa zwanzigtausend Quadratkilometer. Vor vielen tausend Jahren waren es noch über eine Million. Aufgrund von geologischen Untersuchungen nimmt man an, daß im Tertiär – vor 15 Millionen Jahren– das gesamte Tschadbecken überflutet gewesen ist. Der Schari führt dem abflußlosen See alljährlich viele hunderttausende Kubikmeter Wasser zu. Zwischen den Monaten der Trocken- und der Regenzeit variiert der Wasserspiegel um einen halben Meter. Die Seetiefe ist gering. Ich habe an verschiedenen Stellen Lotungen durchgeführt und konnte nicht mehr als zwei Meter fünfzig, höchstens drei Meter Tiefe messen. Das Wasser ist trinkbar.

Fort-Lamy, das heutige Ndschamena, die hundertzwanzig Kilometer südlich des Sees gelegene Hauptstadt des französischen Tschad-Territoriums, war stets Ausgangspunkt für meine Reisen zum Tschadsee.

Das satte Grün der Landschaft, die sich plötzlich vor uns auftat, ließ die von der Sonne gepeinigten Augen nach langen Märschen in ausgedörrter Steppe heiter blicken. Ein feuchter Lufthauch drang würzig in meine Lungen. Auch die Karawanenleute waren frohen Mutes, als wir in die Niederung des Tschadsees einmarschierten. Die Hitze nach Mora war groß gewesen; nun wurde die Temperatur etwas angenehmer. Einige Gehöfte mit runden Hütten und kegelförmigen Strohdächern tauchten auf. Die Menschen waren freundlich, und wir wurden gut aufgenommen und bewirtet.

Vorbei ging es an Feldern von Sorghum-Hirse und Baumwolle, dann schwenkte unsere Kolonne östlich in Richtung des breiten Logone ab. Der sechshundert Kilometer lange Flußlauf ist für größere Schiffe nicht befahrbar. Die große ummauerte Sultanstadt Logone Birni bewohnen vor allem Kanuri, Kanembu, Fulbe, Araber und Haussa in ihren meist flachgedeckten Lehmhäusern. Sie sind in der heißen Zeit angenehm kühl, und auch sonst fühlt man sich darinnen sehr wohl.

Der Sultan quartierte mich in einem komfortablen Gästehaus nahe dem offenen Marktplatz ein. In dieser Stadt blühten Weberei, Färberei und anderes Handwerk. Aus Baumwollstreifen wurden die Männertoben – lange, weiße Hemden mit Ärmeln – gefertigt. Phrygische Mützen, Fese und Turbane mit dem üblichen Gesichtsschleier gehörten zur typischen Kopfbedeckung. Auf dem Markt spielte sich überaus reiches Leben ab, und tausende Genüsse wurden feilgeboten.

Vor den Stadtmauern lagen große Holzplankenkanus mit Auslegernetzen im Logone und warteten auf die nächtliche Abfahrt zu ergiebigem Fischfang. Derartige Boote findet man nur an diesem Fluß. In der Steppe mangelt es bekanntlich an den zur Herstellung von Einbäumen nötigen hohen Bäumen. Daher fertigen die Kanuri ihre „Markabas“ aus Planken an, die sie mittels Bast von meterlangen Sumpfpflanzen zusammenbinden. Die Fugen und Löcher des Fahrzeugs werden mit Lehm abgedichtet. Die keineswegs schnittigen, aber meist hübsch verzierten Boote ragen mit dem schmalen, nach oben gebogenen Vordersteven aus dem Wasser; es sind typische Fischerboote mit zwei langen Auslegern, auf denen die Netze in Dreieckform befestigt sind. Sie werden beim Fischfang ins Wasser gesenkt und wieder gehoben. Kleinere Kanus begleiten die Markabas und treiben ihnen die Fische zu; an die dreihundert Arten werden in diesem ruhig dahinströmenden Gewässer gezählt.

Nach dem Posten Fort-Foureau – dem ehemals deutschen Kusseri – ändert sich die Landschaft abermals. Hier trifft der Logone mit dem Schariflußzusammen. Wir gingen am linken, östlichen Ufer vor, und je weiter wir gegen den Tschadsee kamen, desto größer wurde der Wildreichtum. Der üppige Uferwald entwickelte sich zu einem echten Wildparadies. An den schönsten Plätzen hielt ich immer ein paar Tage Rast, um zu beobachten und zu jagen.

Am häufigsten waren die Wasserbockantilopen vertreten. Diese starken Gehörnträger ließen mein Jägerherz schneller schlagen. Eines Abends, noch vor Sonnenuntergang, traf ich unverhofft mit einem Erdferkel zusammen, das eben nach Termiten grub. Ein eigenartig schnarrendes Geräusch ließ mich aufhorchen. Dieser *Orycteropus afer* ist ein ausgesprochen seltsames Tier einer eigenen Gattung: Es ähnelt einem Schwein, hat einen hochgewölbten Rücken und einen Kopf mit einer röhrenförmigen, stumpfen, sauartigen Schnauze. Der kräftige, aber kurze Schwanz erinnert an den eines Känguruhs. Die mit spärlichen Borsten bedeckte dicke Haut ist von bräunlichgrauer Farbe. Die Gliedmaßen des Erdferkels sind kurz; es hat vorne vier und hinten fünf Zehen. Dieser kraftvolle Graber ist ein Einzelgänger, der mit seiner weit vorstreckbaren Zunge Unmengen von Insekten vertilgt. Unsere Begegnung dauerte nur Minuten, denn sofort hatte sich das Tier in den Sandboden eingegraben und war in einer Höhle verschwunden. Später entdeckte ich noch mehrere solcher von Erdferkeln verlassenen Baue, die aber von Schlangen bevölkert waren.

Auch Stachelschweine gab es in dieser Gegend häufig. Sie sind die größten afrikanischen Nager. Fühlen sich die schweren Tiere durch den Menschen bedroht, richten sie ihre Stacheln zur Abwehr auf. Die braunweiß geränderten Piken konnte ich oft auf dem Steppenboden finden. Stachelschweine schmecken hervorragend!

Dornige, ganze Wälder bildende Schlingpflanzen boten den Schirrantilopen beste Einstände. Als wir ihnen zu nahe kamen, sprangen sie flüchtig von Termitenhügeln. Endlich erblickten wir nach zehn Marschtagen das flache, stark gebuchtete Südufer des Tschadsees. Wir waren am Ziel.

Unter großen Schwierigkeiten durchdrangen meine schwarzen Träger einen breiten Papyrusgürtel, um zu einer großen Sandbank zu gelangen. Wir benötigten einige Stunden, bis wir das drei bis fünf Meter hohe Dickicht aus Schilf, Papyrus und Ambadsch (*Herminiera elaphroxylon*) bewältigt hatten. Jetzt konnten wir das offene Wasser dieses ausgedehnten Sees sehen.

Unter großem Hallo wurde von den Schwarzen mein Semperit-Schlauchboot aufgeblasen, das ich zusammengelegt mitgeführt hatte. Auf der Sandbank ließ ich auch mein gutes Feldbett aufschlagen und mit dem Moskitonetz versehen. Auf der anderen Seite der Landzunge lagerten bereits einige eingeborene Fischer. Auch die Kanuri schliefen unter einfachen Mückennetzen, denn trotz der stürmischen Abendwinde peinigten uns die Anopheles über alle Gebühr. Die Fischerleute brachten mir einen großen „Capitain", einen Nilbarsch (*Lates niloticus*), als Geschenk. Dies ist der wohl am besten schmeckende Speisefisch Afrikas, und mein Koch gab sich die größte Mühe. Leider aber ließ die gutgemeinte Buttersauce das bewährte afrikanische Desinfektionsmittel Marke „Kuhurin" etwas zu stark hervorriechen . . .

Den Angaben des französischen Administrators zufolge, wurden im Tschadsee von etwa zehntausend einheimischen Fischern der verschiedensten Stämme jährlich an die siebzigtausend Tonnen Fisch gefangen.

Schon im Morgengrauen widerhallte das Seeufer vom Vogelgeschrei. Ganze Schoofe von Wildenten, von Reihern und Kormoranen flogen mit unbeschreiblichem Geschnatter hoch über die Sandbank hinweg. Eine stimmungsvollere Musik als diesen Ruf der einsamen Sumpfwildnis hätte ich mir zum Wecken nicht denken können. Von allen Seiten sauste und brauste das Wassergeflügel heran.

Um diese Tageszeit schlägt der See noch hohe Wogen; sie glätten sich erst gegen Mittag. Die Hosen hochgekrempelt, stieg ich ins Wasser und zog mein Schlauchboot hinterher. So watete ich bis zur Brust in etwas tiefere Stellen und sprang dann in mein einfaches Gefährt, um die Ufergegend vom See aus besser erkunden zu können. Zwei der Kanurifischer ruderten mich weit hinaus, und bald konnten wir die zahlreichen verzweigten Arme ausnehmen, in denen sich der Schari in den Tschadsee ergießt.

Auf einigen kleinen Inseln fanden Schwarze eine Menge Krokodileier, die sie sofort aus dem Sand buddelten. Diese länglichen, großen, hellgrünen Eier sind für jeden Eingeborenen ein wahrer Hochgenuß. Viele Minuten lang werden sie in Tontöpfen gekocht, bis die gallertartige Masse hart wird. Selbstverständlich mußte auch ich diese Krokodileier kosten – meine Begeisterung hielt sich aber in Grenzen.

Immer wieder war das offene Wasser von schwimmenden Schilfinseln versperrt. Drei Stunden schon ruderten wir einige hundert Meter vom Ufer entfernt. Um die Mittagszeit und bis gegen den frühen Abend war der See spiegelglatt. Nur unmerklich bewegte sich in dieser windstillen Zeit der Papyrus. Heiß brannte die Sonne auf meinen Tropenhelm, und immer öfter erfrischten wir uns und tranken vom sauberen Süßwasser dieses unermeßlichen Sees.

Wieder nahmen wir Kurs auf unsere Sandbank. Dort erlebten wir eine nicht alltägliche Überraschung: Die Kanuri hatten eine der seltenen Seekühe gespeert. Dieses riesenhafte, dem Leben im Wasser angepaßte Säugetier wurde eben zerteilt, so daß ich die unwahrscheinliche Beute nicht mehr fotografieren konnte. Das Körpergewicht einer Rundschwanzseekuh beträgt etwa vierhundert Kilogramm. Auch die Länge des Tieres mit bis zu drei Metern ist beachtlich. Ich konnte nur mehr die Vorderflossen bzw. die vorderen Gliedmaßen erkennen.

Die Seekuh ist ein reiner Pflanzenfresser, der sich zu Land nicht fortbewegen kann. Die

Haut dieser Kuh war nackt, die Farbe dunkelgrau. Ich bekam sogar einen großen Klumpen Fleisch geschenkt, der meinem Koch für vier Mahlzeiten reichte.

Dieser seltene Säuger ist schon so gut wie ausgestorben, denn als ausgezeichneter Fleischlieferant wurde ihm von den eingeborenen Fischern in der Weite des Tschadsees unbarmherzig nachgestellt. Dagegen half auch der völlige Schutz durch Jagdgesetze nichts.

Im Verlauf meiner dreiwöchigen ersten Tschadsee-Expedition wollte ich vor allem auch die Sumpfantilope oder Situtunga beobachten und bejagen. Nachts, in den frühesten Morgenstunden und knapp vor Sonnenuntergang betritt diese scheue Antilope festen Boden zur Äsung. An den Rändern der Papyrusinseln wachsen breitblättrige Pflanzen, die mit Vorliebe angenommen werden. Auch Papyrus selbst verschmäht die Situtunga nicht, wie ich es an mehreren Stellen im Sumpf wahrnehmen konnte.

Für diese Antilope bildet der kilometerbreite Schilfgürtel um den See ein wahres Rückzugsgebiet. Zahlreiche Fährten und Wechsel bestätigten meine Annahme, daß sie doch recht häufig vorkam. Aber nur ein einziges Mal hörten mein schwarzer Begleiter und ich vor uns im Sumpf ein kurzes Brechen, Rauschen und Gurgeln im Wasser, und wir vermeinten, einen flüchtenden Sumpfbock vor uns zu haben. Das Gehör der Situtunga ist außerordentlich fein entwickelt. Schon beim geringsten Geräusch wittert das Tier Gefahr und verschwindet auf Nimmerwiedersehen. Der langen Rede kurzer Sinn: Es war mir nicht möglich, eine Sumpfantilope zu erbeuten. Wohl gelang dies in wenigen Fällen den Eingeborenen, die Schlingen zum Fang auslegten. Mit Hilfe von Hunden trieben sie die Tiere aus ihren Verstecken hervor und jagten sie über ihre Wechsel in die Schnurfallen. Bei diesen Treibjagden, bei denen die Schwarzen mit Booten folgten, fiel eine Sumpfantilope oder „Am Kalukulu", wie die Situtunga am Tschadsee auf arabisch heißt, auch hier und da dem Speer zum Opfer.

Erst siebzehn Jahre später kam ich wieder – diesmal mit dem Ford-Lastwagen – zum Tschadsee. Damals, in den fünfziger Jahren, verkehrte bereits ein kleiner Raddampfer, der aus Bagasola oder Bol das schimmernde Natron – die marmorierten Salzblöcke für die Viehherden in der Steppe – herbeibrachte. Der See hatte sich stark verändert. Die schwimmenden Inseln hatten sich zum Teil verankert, Papyrusdickicht und Ambadschwälder verengten die schmalen Kanäle des Mündungsdeltas, und das gesamte Gewässer war sichtlich seichter und sumpfiger geworden. Das war an sich nicht verwunderlich, denn der Schari, der in den Tschadsee mündet, lagert gewaltige Mengen von Sand, Schlamm und Erde ab, wodurch sich das Delta alljährlich um einige Meter verschiebt und sich der Seegrund hebt. Das Tschadseebecken liegt auf zweihundert Meter Sohlenhöhe.

Wieder hatte ich mein Schlauchboot dabei. Ich benutzte aber die zweckmäßigeren Ambadschboote, die mir die Bodumaleute zur Verfügung stellten. Dieser Stamm lebt eigentlich in der nordöstlichen Inselwelt des Tschadsees, befand sich aber in diesem Jahr hier im Süden auf Fischfang, und so war es mir möglich, mit einem richtigen, seetüchtigen Boot erneut das Gewässer zu befahren.

Zwei Ruderer und ein Steuermann stakten das mit kundigen Händen aus Ambadschschilf zusammengebündelte Kanu durch das seichte Wasser. Die Fahrt war für mich nicht gerade bequem. Stundenlang mußte ich im Türkensitz oder lang ausgestreckt in der Mitte des Bootes verharren. Die Boduma, zum Großteil noch Heiden oder doch nur nach außen Anhänger Allahs, waren mit ihrem großen See bestens vertraut. Sie wußten, daß besonders das Südufer mit der Scharimündung sehr reich an Fischen war. Nur aus diesem Grund hatten sie die weite Reise hierher unternommen. Die Burschen führten kräftige Speere mit sich; sie waren Meister im Umgang mit diesen Waffen und hatten schon nach kurzer Zeit das unvorstellbare Petri Heil, einen sage und schreibe zweihundert Kilogramm schweren Nilbarsch am Rand einer kleinen Papyrusinsel ins Boot ziehen zu können. Unser Kahn hatte jetzt seine äußerste Tragfähigkeit erreicht, und wir kehrten froh über diese selten große Beute zu unserem Ausgangspunkt zurück.

Am nächsten Morgen – wieder ließ ein leichter Wind hohe Wellen schlagen – ging es von neuem in den See hinaus. Die Sandbänke am Südufer gab es nicht mehr. In den ausgedehnten Papyrusgürteln hoffte ich wieder, wenigstens einmal einer Situtunga zu begegnen. Vorsichtig umfuhren die Boduma die kleinen Inseln, doch auch dieser Versuch scheiterte trotz größter Mühe und Sorgfalt. Mein Repetierer lag zwar entsichert, aber unnütz neben mir im Boot.

Und dennoch war die Fahrt nicht umsonst, denn meine schwarzen Fischer konnten eine große Wasserschildkröte verfolgen, die vor unserem Bug auftauchte. Mit viel Geschick gelang es den beiden, das Riesenexemplar zu fassen und ins Kanu zu werfen. So hatte auch dieser Tag noch sein Abenteuer gefunden.

Während meiner Pirschzüge entlang des Schariufers konnte ich mehrmals den herrlichen weißköpfigen Schreiseeadler beobachten. Einmal brachte es mein schwarzer Bursche durch lautes Schreien sogar fertig, einen der schönen, großen Fischadler zu veranlassen, seine Beute – einen fast zwei Kilo schweren „Capitain“ – fallen zu lassen. Der Boduma sprang ins Wasser und holte den schmackhaften Fisch für unser Abendmahl heraus.

Zurück in Fort-Lamy, lernte ich einen Landsmann kennen, der ebenfalls nach Afrika ausgewandert war. Otto Riegler kaufte am Tschad von den Eingeborenen in großem Umfang Waran- und Pythonhäute auf, ließ sie an Ort und Stelle gerben und sandte anschließend die Häute der Rieseneidechsen und -schlangen mit Gewinn nach Frankreich.

Fort-Lamy war bereits eine große Eingeborenenstadt geworden. Ein paar Dutzend weiße Händler waren hier ansässig, auch das französische Gouvernement hatte hier einige weiße Beamte sowie ein Bataillon schwarzer Soldaten. 1951 gab es bloß ein einziges Hotel. Alles war doppelt und dreifach teurer als in Küstennähe, auch der Benzinpreis war enorm. Der langwierige, weite Transportweg schlug sich eben zu Buche.

1954 ging es zum drittenmal in das Tschadseegebiet. Ich führte eine Filmexpedition nach Innerafrika. Der Regisseur, zwei Kameraleute, die Expeditionsärztin und ich bestiegen am Schari einen kleinen Salzdampfer, der allwöchentlich nach Bol in den nördlichen Teil des Sees mußte, um die großen Salzplatten zu holen. Normalerweise wurden auf dem Schiff keine Passagiere mitgenommen, aber mit uns machte man doch gerne eine Ausnahme, zumal wir für diese Mitfahrgelegenheit und für die Verpflegung viel Geld bezahlten. Erleichtert schlugen wir an Deck unsere Schlafplätze auf.

Langsam kroch der Dampfer den Schari der Mündung entgegen. Im Uferwald sahen wir Meerkatzenbanden spielen, sonst war kein Wild mehr zu sehen. Fort-Lamy hatte in den letzten Jahren seine Einwohnerzahl fast verdoppelt, und viele Schwarze besaßen jetzt moderne Schußwaffen. Das war für die Wildbestände tödlich.

Wir tuckerten weiter, immer wieder zwischen den vielen Papyrusinseln hindurch. In der Nacht hielten wir an. Wegen des teilweise versumpften Sees konnte das Schiff in der Finsternis leicht den Weg verlieren und irgendwo steckenbleiben. Die Hitze an Bord war fast unerträglich, und die Anopheles hatten an uns reiche Mahlzeit. Erst zum anderen Mittag kamen einige größere und kleinere bevölkerte Inseln in Sicht, und etwas später legten wir in Bol an. Riesige Salzblöcke von den Inseln wurden hier aufgestapelt und zum Teil mit Kamelkarawanen oder mit dem Dampfer abtransportiert, um weiter ins Innere Afrikas verfrachtet zu werden.

Die mit tiefem Sand bedeckte Insel hatte auch einige Palmen, gerade recht malerisch für unsere Filmarbeiten. Mit den teuren und guten Ariflex-Kameras wurden die Tänze der Bodumafrauen festgehalten, die sie, in dunkelblaue Gewänder gehüllt, mit zerzausten Haaren vorführten. – Alle Augenblicke trafen neue Dromedare ein, schwer beladen mit den Salzsteinen. Mensch und Tier lagerten unter den wenigen Dumpalmen, die jedoch nur dürftig Schatten spendeten.

Lange beobachtete ich mit dem Feldstecher die Bodumafischer, wie sie mit ihren Schilfbündeln gleichsam durch das Wasser ritten. Sie saßen dabei auf dem Ambadschpacken und ruderten mit den Händen oder kleinen Holzpaddeln vorwärts. Erstaunlich, wie schwimmfähig diese Gefährte waren. Dutzende Schwarze befanden sich im Wasser und ruderten wie die Wilden, jeder auf einem solchen Bündel. Nie zuvor in meinem Leben hatte ich solche „Wasserreiter“ gesehen.

Unzählige graue Pelikane schwammen in Ufernähe und suchten mit ihren langen, scharfen Schnäbeln nach Fischen. Der Marabu trug eben sein Hochzeitskleid. Bei diesen kahlköpfigen Gesellen findet man die schönen Steißfedern nur in der Zeit vor dem Brutgeschäft, von November bis Januar.

Die Inselbevölkerung litt überaus stark an Bilharziose, einer sehr gefährlichen Tropenkrankheit, die nach Infektion durch einen Saugwurm hervorgerufen wird. Dieser kleine Wurm

Bilder rechts: Oben: Bläser und Paukenschläger künden von alten Heldentaten des Reiches von Rei Buba. – *Unten:* Gespannt verfolgen die Untertanen des Sultans die Kampfspiele.
Bilder umseitig: Oben: Reiter mit Eisenhelm und Kettenpanzer. – *Unten:* Fußvolk und Bogenschützen mit prächtigen Leopardenfellen auf den Rücken, die Köcher mit Giftpfeilen gefüllt.

dringt im Wasser durch die Haut ins Blut des Menschen und löst Darm- und Blasenblutungen aus, die zu schwerer Anämie und in der Folge auch oft zum Tod führen. Das staatliche Dispensaire (Krankenhaus) war voll von Bilharziosekranken, die abgemagert und apathisch auf ihren Holzbetten dahinsiechten.

Lange Zeit wußte ich nichts um diese furchtbare Tropenkrankheit; ahnungslos badete ich in jedem Tümpel oder Fluß. Doch mein Schutzengel blieb mir treu. Ich erkrankte niemals. Entdeckt wurde dieses meist todbringende Würmchen Mitte des letzten Jahrhunderts in Ägypten durch den berühmten Arzt Theodor Bilharz (1825–1862). Heute hat die nach ihm benannte Krankheit ihren Schrecken verloren. Durch erst in den letzten Jahren erprobte Medikamente ist sie zur Gänze heilbar geworden.

Wir waren mit dem Filmen glücklich zu Ende und bestiegen wieder unseren Dampfer nach Fort-Lamy. Auf der Rückfahrt erspähte ich im Sumpf der Schariniederung einen kapitalen Schirrbock. Ich bat den Schiffsführer, den Dampfer für wenige Minuten anzuhalten, und sprang in den Sumpf, um den Bock anzupirschen. Er fiel im Feuer. Später stellte sich heraus, daß es sich um eine Rekordtrophäe handelte, die dann in Rowland Wards „Rekordbuch für Großwild" ihre Aufnahme fand.

Drehen wir das Rad der Zeit wieder zurück in das Jahr 1933. Schon lange trug ich mich mit dem Gedanken einer Expedition vom Tschadsee zum Atlantik. Aber noch war es nicht soweit. Einige Vorbereitungen mußten erst erledigt werden. Auch wollte ich noch einige Tage mit der Jagd verbringen...

Die entsetzliche Hitze in der Strohhütte der Schua-Araber ließ mich nicht einschlafen. Meuten kleiner Hunde heulten mit den Schakalen um die Wette. Ein leichter Fieberanfall hatte mich überkommen. Es war eine böse Nacht.

Um vier Uhr früh war ich schon hellwach. Ich rief meinen Diener, bat ihn um heißen Tee und kleidete mich an. Der Hausherr, ein alter negroider Schua, der neben seinen Buckelrindern auch Pferde züchtete, brachte mir beim Morgengrauen einen gesattelten Hengst. Es war jetzt herrlich kühl geworden, als ich mit zwei berittenen Schua, die mich als Fährtensucher begleiten wollten, in den Targauabusch fortgaloppierte. Ich wollte Strauße jagen. Hier, wenige Kilometer vom Tschadsee entfernt, heimateten diese urweltlichen Laufvögel neben Giraffen und Rotstirngazellen.

Rasch trabten wir vorwärts. Die Landschaft war leicht bewaldet und mit einigen Dornbüschen durchsetzt. In den trockenen Monaten war der schwere, schwarze Humusboden, den die Eingeborenen „Firki" nennen, stark rissig und sprüngig. Die große Hitze zerbröselte die

Bild umseitig: Diesen kapitalen Schirrbock erlegte ich 1954 in den Sümpfen des Tschadsees.
Bilder links: Oben: Am Ufer des Tschadsees. – *Unten:* Ambadschboot der Boduma auf dem Tschadsee.

Krume zu feinem Staub. Die vielen Winde taten das übrige; sie zogen die feingemahlene Erde hoch in die Luft, und es konnte recht lästig werden, in einen derartigen Staubsturm zu geraten. Dort, wo das offene Gelände dichter wurde, wies die Bodendecke unzählige kleine, steinharte Häufchen von Würmern auf. Zu Fuß kann man leicht über diese etwa zehn Zentimeter großen Knollen hinwegsteigen, ermüdet aber rasch. Unsere Pferde ebneten diese seltsame Bodendecke mit den Hufen ein.

Als der große Sonnenball aufging, stiegen meine Begleiter von den Pferden, warfen sich gegen Osten zu Boden und beteten zu Allah. Das kostete uns eine gute Viertelstunde, und es wurde allmählich unmenschlich heiß. Noch über eine Stunde ritten wir in der nun gleißenden Steppe, bis wir endlich in der Ferne Strauße erblickten. Es waren ausgewachsene männliche und weibliche Tiere. Strauße äugen hervorragend; die Gruppe hatte uns gleich entdeckt und rannte um ihr Leben.

Im Galopp jagten wir über Stock und Stein hinter den Vögeln her, kamen aber nicht näher als bis auf ungefähr dreihundert Meter heran. Ich sprang vom Pferd, schoß auf diese weite Distanz auf die flüchtenden Strauße und sah die Kugeln links und rechts von ihnen im Boden aufspritzen. Schließlich gelang es mir, die Entfernung auf etwa zweihundert Meter zu verringern. Vergeblich – auch diese Schüsse gingen daneben. Ich war fuchsteufelswild. Da die Hitze immer ärger wurde, befahl ich schließlich den Heimwärtsritt. Eine einzelne Giraffe begegnete uns. Sie schien über die Reiter etwas verwundert, flüchtete und verschwand hinter einigen Baumgruppen.

Wir ritten im Schrittempo. Unbarmherzig stach die Sonne auf uns herab, das Licht brannte in den Augen. Durst kam auf. Dösend saß ich im Sattel. Die braven Pferde wußten auch allein den Weg; müde von den scharfen Ritten in dieser gottverlassenen Gegend trotteten sie dahin. Die Schua hatten ihre Burnusse der Hitze wegen hoch aufgeschlagen, ihre Mützen allein konnten die mächtigen Sonnenstrahlen nicht abhalten. – Als wir endlich das Dorf erreichten, trank ich das Wasser in großen Zügen. Es war in den mit Baumwollfetzen umwickelten Flaschen einigermaßen kühl geblieben – ein nicht ganz quellfrischer Hochgenuß nach all diesen Strapazen.

Für den Ritt zum Atlantik benötigte ich ein eigenes Pferd. Nach längerem Palaver wurde ich bald mit den Schua handelseins. Ich kaufte einen Eisenschimmel, einen gut aussehenden, ruhigen Hengst, der nur ein paar hundert Francs kostete. „Hamis“ sollte er heißen. Sattel und Zaumzeug hatte ich noch; das Reitzeug wurde von meinen braven Trägern schon hunderte Kilometer von der Plantage her mitgeschleppt.

Es war Mitte Februar geworden, eine für den Abmarsch günstige Jahreszeit. Ich sammelte meine neu angeworbenen Träger und ging nach Fort-Lamy. Das Zimmer im einzigen Hotel war mir selbst in der Nacht zu heiß, so schlief ich lieber im Freien. Der Hotelboy stellte das Bett in den offenen Hof, und ich versuchte, unter einem recht löchrigen Moskitonetz den gerechten Schlaf zu finden.

Am Morgen, noch vor dem Frühstück, stillte ich den unendlichen Durst mit zwei Flaschen eisgekühltem Perrier, einem sehr teuren französischen Mineralwasser. Dann kam das übliche „Stovarsol“, ein Mittel gegen den unvermeidlichen und landläufigen Durchfall. Da es Arsen enthielt, war es auch ein leichtes Aufputschmittel. Erst jetzt trank ich den Kaffee und aß die Omelette. Zu Milch und Butter hatte ich nicht die richtige Lust, obwohl sie für die Ernährung in den Tropen überaus wichtig gewesen wären. Dazu muß man allerdings wissen, daß es bei den Eingeborenen unabdingbar ist, die Kalebassen mit Kuhpisse auszuwaschen, was freilich ein etwas abschreckendes Aroma hinterläßt. Milch und Sahne, diese kostbaren und vitaminreichen Lebensmittel, lernt man erst in den Tropen so richtig zu schätzen. Im Urwald, in Teilen der Savanne oder in der Steppe – überall dort, wo die Tsetsefliege ihr Unwesen treibt, fehlt das bodenständige Buckelrind und damit auch die Milch. Um so begehrter ist sie in den Viehzuchtgebieten. Jeder Europäer, der damals für längere Zeit in Afrika weilte, war durch die oft recht eintönige Fleischkost etwas blutarm geworden. Dort, wo ich in größeren Mengen frische Milch trinken konnte, kamen die alten Kräfte rasch wieder. Ich fühlte mich geradezu aufgepulvert.

Am großen Markt kaufte ich ein zweites Pferd, ein Bagirmi-Pony. Der kleine Scheck hatte stahlharte Läufe und einen trockenen Kopf. Auf zwei Gäulen konnten wir die vielen Gepäckstücke leichter über den Schari bringen.

Wieder auf dem Boden Kameruns, ging es über eine weite Strecke durch die „Yaere“, ein sich unendlich ausdehnendes Grasland von vielen hunderten Kilometern. In der Regenzeit, von Mai bis November, stehen diese „Yaere“ völlig unter Wasser.

Die Sicht war grenzenlos. Überall tummelten sich riesige Herden von Leierantilopen oder „Tetel“, wie die Araber sie nennen. In der Tschadebene machten sie den Großteil des Wildbestandes aus. Dem Aussehen nach fällt diese große Steppenantilope etwas aus dem üblichen Rahmen: Die Tiere stehen vorne sehr hoch, das Kreuz ist abfallend und endet in abgehackter Kruppe. Das Haupt geht nicht so ins Extreme wie bei der Kuhantilope. Beide Geschlechter sind gehörnt. Beim weiblichen Tier ist das Gehörn nicht so stark gewunden und schlanker. Gute Durchschnittstrophäen der Leierantilope haben eine Länge von sechzig Zentimetern. Das Gewicht eines Bullen kann bis zu einhundertfünfzig Kilogramm erreichen. Die Farbe der Decke ist ein fuchsiges Rotbraun. Die „Tetel“ ist den ganzen Tag über rege und nur in den heißesten Stunden, zur Mittagszeit, läßt sie sich im hohen Firkigras oder im spärlichen Schatten eines Dorngestrüpps nieder. Normalerweise leben die Leierantilopen in Herden bis zu vierzig Stück.

Trotz der sengenden Hitze kamen wir gut voran, und unsere Karawane legte täglich zwölf Kilometer zurück. „Hamis“ hatte eine sehr angenehme, raumgreifende Gangart. Das Pferd fühlte sich wohl, vor allem meine europäische Trense tat ihm gut.

Waren die Nächte warm und heiß, fiel auch am Morgen kein Tau. Ich schlief unter dem mondhellen, von unzähligen Sternen übersäten Himmel im Feldbett im Freien. Die Schwarzen lagen auf ihren Strohmatten. Nur wenige Feuer glimmten; es gab nicht genügend Holz in diesen dürren Gefilden. In der Ferne meldeten Löwen, aber das bedeutete keine Gefahr, denn die Raubkatzen meiden das durch den sanften Wind sich bewegende Moskitonetz.

Wir verließen die Grasebene und gelangten in einen weitreichenden Dornbusch. Einzelne höhere Bäume ragten darüber hinaus. Der Graswuchs war verschwunden, und ein nackter Boden voll mit Wildfährten lag vor uns. Kleine Inselberge zeigten sich am Horizont. Wir näherten uns Mendif, einer weiten, offenen Ebene. Die ersten menschlichen Siedlungen tauchten auf – befestigte Dörfer von Fulbehirten. Hier kaufte ich ein drittes Pferd, einen dunkelbraunen Fulbehengst, den ich „Mendif" taufte. Am liebsten aber ritt ich „Hamis", denn dieser Schimmel stand eisern, wenn es zur Jagd auf Wildbret ging. Das Futter – rote oder weiße Negerhirse, Gauri oder Sorghum – mußte ich von meinen Leuten in Säcken mittragen lassen. Es gab mehr und mehr Lasten, und ich hatte zusätzliche Träger einzustellen, wodurch sich unsere Karawane ständig vergrößerte.

Während der langen Märsche ritt ich immer in der Nähe meiner Leute. Der Schwarze ist niemals unehrlich, aber oft unachtsam und verspielt, und ich hatte eine wertvolle Jagd- und Sammelbeute zur Küste zu bringen. Auch Gründe der Bequemlichkeit und der Hygiene sprechen dafür, daß man sich nicht von der langsam ziehenden Karawane trennt. Ohne eingeborene Diener, ohne Feldbett, Tisch und Nahrungsmittel ist es für einen Weißen auf die Dauer nicht nur beschwerlich, sondern auch gefährlich, in Innerafrika zu reisen. Abgesehen davon war dies damals auch unüblich, und selbst der kleinste Dorfhäuptling hielt nicht viel von einem Weißen, der in der Wildnis allein umherlief. Zum Europäer in den afrikanischen Tropen gehörte einfach die Trägerkarawane, sonst galt man als „Outcast" und war verdächtig. Freilich schaltete ich ab und zu Trab- und Galoppreprisen ein, um das Pferd in stetem gutem Tempo zu halten.

Wenige Tage später breitete sich vor unseren Augen eine tellerflache Ebene aus, die ohne die geringste Erhebung bis zum Ende des Blickfelds reichte – das Überschwemmungsgebiet des Logone. An einigen wasserführenden Tümpeln in der an sich ausgedörrten Steppe sah ich so viele verschiedene Vögel wie zuvor nur am Tschadsee. Marabus, Nimmersatte, große Sattelstörche spazierten umher, weißköpfige Schreiseeadler blockten auf kahlen Bäumen auf. Ihre durchdringenden Schreie vermischten sich mit den anderen Vogelstimmen. Am Wasserrand gingen braune Sichler, Hagedasch, Schattenvögel und heilige Ibisse auf Nahrungssuche. Seiden- und Riesenreiher lauerten auf Fischbeute, weißgesichtige Witwenenten, Pelikane und Zwergkormorane tummelten sich im Wasser. Morgens und abends zogen Kronenkraniche wie duftige Wolken zu Tausenden über das weite Land...

Die schönen, idyllischen Tage änderten sich, als wir weiter nach Süden zogen. Untertags verfinsterte sich das Firmament; die Trockentornados – Stürme, die gewaltige Staubmassen aufwirbelten – mehrten sich zusehends.

In der hellen Mondnacht sah ich vom Feldbett aus, wie die großen Fleckenhyänen unseren Platz umschlichen. Das aufgehängte Fleisch lockte diese Aasfresser an. Ihr widerliches Schreien ließ mich nur unruhig schlafen. Hyänen besitzen eine ganze Stimmleiter; sie können die seltsamsten Töne von sich geben. Wütend band ich gegen Mitternacht einen Antilopenlauf mit einer Schnur an meinem rechten Fußgelenk fest. Ich brauchte nicht lange zu warten. Eine ausgewachsene Hyäne riß den Fleischbrocken an sich. Die Schnur um meinen Fuß straffte sich bedenklich. Rasch ergriff ich den Repetierer und erschoß den Unruhestifter, der, keine zwanzig Schritt entfernt, den Antilopenlauf anriß. Obwohl der Schuß kräftig widerhallte, erwachten meine Träger nicht. Sie waren vom Marsch zu müde und schliefen wie die Toten. Die Hyäne ließ ich neben dem Bett am Boden liegen. Der schwarze Diener, der mir am Morgen den erfrischenden Tee brachte, erschrak gewaltig, als er den bereits übel riechenden Räuber erblickte.

Eine Hyänendecke ist sehr reizvoll, aber es war schwierig, die Schwarzen zum Abhäuten des Fells zu bewegen. Auch wenn sie nur recht oberflächliche Muselmanen waren, sahen sie doch in der Hyäne ein unreines Tier, das sie nicht anrühren wollten. Ich versprach einem der Träger ein gutes Bakschisch; erst dann setzte er sich etwas abseits, um die Fleckenhyäne aufzubrechen und abzuhäuten.

Nach mehreren Wochen erreichten wir das Fulbezentrum Marua, eine echte Eingeborenenstadt, die von einem reichen Sultan, dem Lamido, regiert wurde. Die Fulbesultane herrschten als Despoten. Ihr Heerbann war groß und bestand aus Reitern mit Ketten- und Wattepanzern; sogar für die Pferde gab es bei vielen Fulbe derartige Panzer. Diese mit schweren Stoßlanzen und prunkvollen Helmen, oft mit schönem Zierat versehenen Rüstungen glichen aufs Haar jenen der mittelalterlichen Ritterheere in Deutschland. Die Sättel der Fulbe sind ähnlich den orientalischen: vorne und hinten wiegenförmig aufgebogen.

Beim Ausritt war der Lamido von einer zahlreichen Leibwache umgeben. Sklaven führten die prächtigen Lieblingspferde des Herrschers mit, die am Hals mit wertvollen Amuletten und Gegenständen von magischer Zauberkraft behangen waren. Die Huldigung vor dem Sultan bot ein Bild wilder barbarischer Reitkunst. In vollem Galopp jagten die Reiter heran, mehrere Linien in weitem Abstand hintereinander. Die Männer standen in den Bügeln und schwangen die Waffen – meist lange Lanzen – über den Köpfen. Dumpf tönten die Trommeln, hell und grell die Blasinstrumente. Die in blaue Tücher gehüllten Frauen trillerten und stießen schrille Schreie aus. Die wilde Jagd hetzte schnurgerade auf die Leibwache des Sultans zu. Staubwolken hüllten Roß und Mann ein. Knapp vor den regungslos wie Bildsäulen verharrenden Leibwächtern ein harter, gewaltiger Ruck an der scharfen Zungenkandare – die Pferde sanken trotz des Galopps sofort auf die Hinterbeine, standen zitternd und schaumbedeckt.

Reiter- und Waffenspiele fanden bei den Fulbe zu jeder festlichen Gelegenheit statt. Am Hof des Sultans, aber auch der einzelnen Adligen, nahm der oberste Pferdepfleger eine wichtige Rolle ein. Nach Meinung der Fulbe sind Dickleibigkeit und Massigkeit des Pferdes gleichbedeutend mit Kraft und Stärke. Daher werden die Tiere nur wenig bewegt und regelrecht gemästet.

Nach Marua begannen die ersten Regenschauer. Wenn der äußerst kalte Gewittersturm kam, schoben wir immer einen Halt ein, schlugen mein Zelt auf, verstauten das Gepäck unter Planen und versahen die Pferde mit Fußfesseln. Dann ließen wir sie frei laufen.

Der erste hochangeschwollene Fluß, der Mao Matafal, bot uns ziemliche Schwierigkeiten.

Die lehmgelben Fluten schossen reißend dahin. Die Furt – früher eine kleine Rinne – war nur schwer zu erkennen. Aber meine wagemutigen Burschen fanden sie dennoch. Allerdings ging ihnen das Wasser fast bis zum Kragen. Wie Felsen standen sie in dem rauschenden Gischt, bildeten eine Kette und reichten die schweren Traglasten hinüber. Zuletzt ritt ich ans andere Ufer. „Hamis" tastete sich sicher durch die pfeilschnellen Fluten. Ohne Zwischenfall ging der gefährliche Übergang vonstatten.

Wir waren am Fuß der Mandarra-Berge eingetroffen. Dieses Gebirge unterbricht die Tiefebene zwischen dem Tschadsee und dem Hochland von Adamaua. Vor allem das pittoreske Bergmassiv von Kapsiki und die Gegend um Rhumsiki waren von unvergleichlicher Schönheit. In diesem wild zerklüfteten Bergland lebte noch die heidnische Urbevölkerung mit zahlreichen Splitterstämmen, von denen die Kirdi Matafal die stärkste Kopfzahl hatten. In den festungsartigen Sippendörfern standen ihre Gehöfte mit den markanten Kegeldächern auf Felsen. Jeder Hof war vom nächsten einen Steinwurf entfernt. Zwischen den Felsen und den ausladenden Granitblöcken wurde jedes Stückchen Erde zum Anbau genützt. Hirse war das Hauptnahrungsmittel dieser einfachen Bergbewohner. Auch lebten sie von der Kleintierzucht, und die großen Ziegenherden stellten ihren einzigen Reichtum dar.

Die Männer – große, hagere Gestalten – gingen splitternackt. Nur über ihren Rücken hing ein langes Ziegenfell herab. Es bedeckte das Gesäß und leistete beim Sitzen gute Dienste. Das „Feigenblatt" der Frauen bestand aus einem von Stäbchen gebildeten Rundschild, das von einer dünnen Hüftschnur über der Scham baumelte. Die Brüste waren unbedeckt. Zubehauene Zähne und weit vorstehende Nabelbrüche ergänzten das nicht gar so ansprechende Bild, das diese Damen dem Auge eines Europäers boten.

Das zunächst weglose Bergland war in den dreißiger Jahren schon teilweise durch Straßen erschlossen, die eine Verbindung zwischen den französischen Militärposten herstellten. Ich aber mied diese Pisten und bevorzugte die alten Pfade. So konnte ich als einer der ersten Weißen auch die Kirdi Falli aufsuchen. Ihr Leben war sehr hart, und besonders die Frauen litten stark darunter. Sie waren schon an sich sehr wenig reizvoll. An den Beinen trugen sie noch dazu schwere, aus Lianen geflochtene Holzringe, die bis zu den Knien reichten. Beide Lippen waren durchbohrt und durch runde Marmorstäbchen ausgefüllt. Die Bekleidung bestand aus rot angestrichenen Schnüren um den Leib und einem breiteren Stirnband gleicher Machart. Die Männer trugen einen phantasievollen Kopfputz und Penisfutterale aus kleinen Flaschenkürbissen. Stoßlanzen, schwere Wurfmesser und gewichtige eisengeschlagene Keulen waren ihre Hauptwaffen.

Ich konnte die Kirdi beim Tanz und Flötenspiel beobachten und auch fotografieren. Junge Mädchen – in ihrer Nacktheit schöne Gestalten – reichten mir kleine Statuetten aus Gelbguß in verlorener Form um ein paar Münzen zum Kauf dar – seltsame Eingeborenenköpfe und stilisierte Pfeifen. Solches Kunsthandwerk fand ich sonst nur im reichen Bamumland wieder.

Auf den Märkten, die auf den großen Plateaus abgehalten wurden, wimmelte es von Menschen. Auch hier gelangen mir einige seltene Dokumentarfotos von den Kirdi. Sie hatten ihren Namen von den Fulbe erhalten, und er besagt nichts weiter, als daß sie einfach

„Ungläubige“ sind im Sinn der mohammedanischen Reitervölker, die vor mehr als zweihundert Jahren diese Bergheidenstämme aus den Ebenen in die Felsen vertrieben hatten. Heute sind die Kirdi zum Teil wieder in die fruchtbaren Steppengründe hinuntergezogen und kultivieren Hirse und Baumwolle. Nach außen hin Mohammedaner, bevorzugen sie jetzt blaue Toben und bunte Tücher als Kleidung. Nur der riesige Strohhut als Kopfbedeckung ist geblieben.

Landschaft, Mensch und Tier zeigten immerzu ein anderes Gesicht. In Lombel, einer kleinen Eingeborenensiedlung, stand ein weit ausladender Mangobaum. Er trug leider keine Früchte, gab aber einen guten Lagerplatz ab. Besonders seltsam berührten mich hier die Frauen. Auch ihre Lippen waren mit großen Scheiben oder Pflöcken durchbohrt, so daß sie häßlichen Entenschnäbeln glichen. Die Männer aber hielten dies anscheinend für das höchste Ideal an Schönheit – sie waren auf ihre nicht gerade anmutigen Weiber eifersüchtig wie sonst kaum irgendwo.

Auf dem Karawanenpfad, dem wir nun nach Garua folgten, mehrten sich die Wasserläufe. Ihr Pegel stieg täglich. Auch bestand ab nun wieder erhöhte Tsetsegefahr. Daher verlegten wir unsere Märsche in die Nacht, denn die Tsetse schwärmen nur am Tag, so daß eine Infektion unwahrscheinlich war. Pausenlos fiel leichter Regen, und tagsüber wurde es in der Baumsavanne recht heiß. Die Schwarzen entfachten stets aufs neue starke Rauchfeuer, um die stechlustigen Fliegen abzuwehren, die uns und die Pferde bedrohten. Der Boden war schlüpfrig und für die belasteten Träger nur schwer zu begehen. Die Nächte waren finster und bewölkt. Müde ritt ich am Ende der Kolonne, um die Leute am Zurückbleiben zu hindern. Jede Nacht schien eine Ewigkeit zu dauern. Die Unbeugsamkeit und der gute Wille meiner Leute waren über jeden Tadel erhaben, ihre Sicherheit in dem dunklen, unsicheren Gelände unvorstellbar.

Gegen Mitternacht, knapp nach einer kurzen Wegrast, überraschte uns ein schwerer Gewittersturm – einer der furchtbarsten, die ich bisher erlebt hatte. Urplötzlich war die Nacht tiefdunkel geworden. Wolkenungetüme ballten sich zusammen, der Wind heulte, bald bogen sich die Bäume im aufziehenden Sturm. Gras, Blätter, Äste wirbelten durch die Luft. Die ersten schweren Regentropfen fielen, ein Blitz nach dem anderen riß helle Straßen in das Firmament. Donnerschläge polterten. Das Krachen und Tosen wurde lauter. Ein Meer rauschte vom Himmel. Innerhalb weniger Minuten war die Niederung überschwemmt. Kugelblitze erhellten das Szenario. Hier fegte der Sturm Bäume um, dort riß er eine mächtige Borassuspalme samt den Wurzeln aus dem Boden. Uralte Baobabbäume splitterten wie Streichhölzer. Unter wildem Getöse schlugen Blitze in die Erde oder fuhren in die Bäume. Wir kauerten auf dem Boden, die Pferde mit hängenden Köpfen in unserer Nähe. Sie drängten sich wie um Hilfe flehend an die Menschen. Mein Gepäck lag weit verstreut. Die Schwarzen hatten einige Traglasten auf ihren Schädeln, um sich vor den Wassermassen wenigstens ein wenig zu schützen. Wer sich zu erheben versuchte, den warf die Windsau einfach um. – Erst nach einer Stunde ließ das Unwetter nach. Die Schritte der Träger wurden wieder kräftiger. Die Burschen froren, und ich auf dem Pferd war langsam müde geworden. Endlich zeigte sich am Himmel der Morgenstern. Es wurde kühl...

In dieser irren Nacht hatten wir schätzungsweise nur etwa zehn Kilometer zurücklegen können. Bevor die Sonne richtig aufging, mußten wir wieder der Tsetse wegen lagern und Gras schneiden, um fest räuchern zu können. Nachts schlafen diese Biester und sind ungefährlich. Sicherheitshalber spritzte ich dem Pferden am Hals Tripoxyl unter die Haut, ein Mittel gegen die Schlafkrankheit bei Großtieren, das ich von einem Veterinär in Fort-Lamy erhalten hatte.

Ich schlief einige Stunden auf meinem Feldbett. Dann nahm ich zwei meiner Leute als Begleiter und suchte das Baumgrasland nach Wildfährten ab. Wir hatten uns einem der besten Jagdgründe Nordkameruns genähert. Nach einigem Suchen entdeckten wir tatsächlich die Fährtenabdrücke zahlreicher Pferdeantilopen. Diese nach der Riesen-Elen zweitgrößte Antilope kommt nur in der Savanne vor. Im Durchschnitt erreicht die Pferdeantilope ein Gewicht von zweihundertfünfzig Kilogramm. Das stark geringelte, leicht gebogene Gehörn hat ein Mittelmaß von achtzig Zentimetern. In der Eingeborenensprache, dem Fulful, heißt dieses prachtvolle Wild „Coba“.

Auch Büffelfährten fanden wir und die Spuren eines Elefantentrupps. Für meine Schwarzen schoß ich ein schönes Warzenschwein. Nach den erbrachten Leistungen hatten sie die doppelte Ration Fleisch verdient. Dazu gab es Reis und Mixed Pickles. Das helle Fleisch und die Filets schmeckten wunderbar. Hätte uns jemand gesehen, er hätte ebenfalls Appetit bekommen . . .

Langsam näherten wir uns dem großen und wichtigsten Posten Garua am Benue. Garua ist ein bedeutender Handelsplatz Nordkameruns, und der Fluß stellt weniger eine Barriere dar, als vielmehr die Verbindung zum ehemaligen Britisch Nigeria. Schon damals gab es in Garua mehr Weiße als anderswo in Kamerun. Hier lebten Franzosen und Griechen, auch einige Libanesen und Syrer, die vor allem im Handel tätig waren. In den Faktoreien waren erstklassiges Gemüse, Fruchtkonserven und auch Bier erhältlich.

Auf dem Postamt erwartete mich ein Berg von Briefen aus Europa, und in den kommenden Tagen hatte ich viel Schreibarbeit. Meine Jagdtrophäen ließ ich auf dem Wasserweg von der „Niger Company“ zur Küste und von dort über See in die Heimat transportieren. Auf den Märschen gab es Ärger und Kummer mit der Ausbeute der Expedition: Witterungsunbilden, Regen, Hitze und Nebelfeuchtigkeit setzten den Stücken stark zu. Ratten und Hunde in den Dörfern versuchten sie mit aller List und Tücke anzugehen; nicht zuletzt bedrohten sie die Termiten. Jeden Tag kontrollierte ich die Beute. Ich ließ die Felle und Decken ins Freie in den Schatten legen und sah die Gehörne nach eingenisteten Dermesteslarven durch.

Bilder rechts: Links oben: Vom Nilbarsch, dem wohl schmackhaftestem Speisefisch Afrikas, träumte ich noch, als wir den Tschadsee schon längst verlassen hatten. – *Daneben:* Dieser junge Bergheide kam mir, auf seiner Antilopenhornflöte pfeifend, zur Begrüßung entgegen, als wir sein festungsartiges Sippendorf *(unten)* erreichten.
Bild umseitig: Im Juni 1933 konnte ich meine erste Riesen-Elenantilope erbeuten.

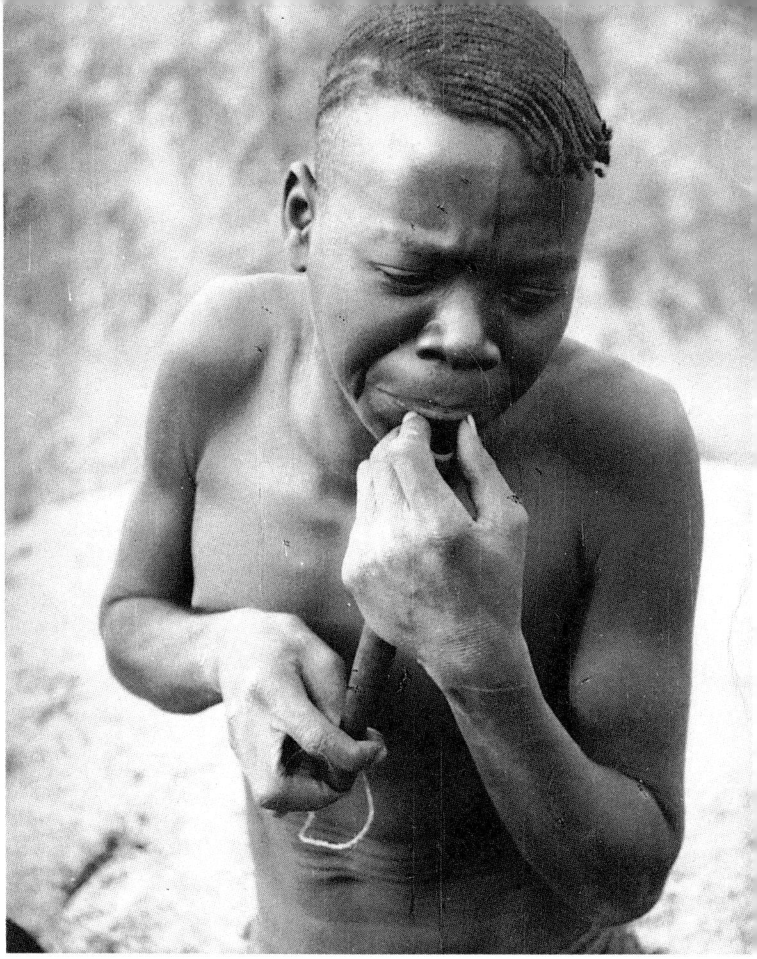

Von zahlreichen Traglasten erleichtert, marschierte ich Ende Mai 1933 mit einunddreißig neuen Trägern, drei Dienern, drei Pferden, zwei Affen und einem Hund zur Küste weiter. Die Baumsteppe prangte im frischesten Grün, das Gras reichte bis an die Knie, und immer häufiger wurden wir von oben und unten klatschnaß.

Hinter Garua begann der schwierigste Teil des Weges. Pferd und Mensch wurden bis zur Erschöpfung beansprucht. Wir marschierten wieder die Nächte durch; bei Tag lagerten wir und zündeten qualmende Feuer an, um die Tsetse nicht an uns heranzulassen. Die Pferdeboys hatten viel Mühe, die Fliegen mit Buschwedeln abzuwehren; sie versuchten hartnäckig, die Tiere zu stechen.

An einem Berghang begegnete ich unvermutet einer flüchtenden Herde von Riesen-Elenantilopen. Mit einem schnell hingeworfenen Schuß aus meinem Mannlicher-Schönauer, Kal. 7,62 x 63 mm, erbeutete ich einen starken Bullen mit einer guten, hohen Trophäe. Dies war meine erste Riesen-Elenantilope überhaupt.

In den Jagdgebieten Afrikas lebt eine Vielfalt gehörntragender Antilopen. Die mit einhundertsiebzig Zentimeter Rückenhöhe weitaus größte und massigste (mit siebenhundert Kilogramm Lebendgewicht) unter ihnen ist die zur großen Familie der Drehhorn-Antilopen (*Tragelaphinae*) zählende Elen-Antilope (*Taurotragus oryx*). Eine Unterart, die Patterson-Eland oder „Pofu“ (kisuaheli), heimatet in Uganda. Die Länge ihres Gehörns beträgt im Mittel etwa siebzig Zentimeter.

In der trockenen, offenen Savanne traf ich später noch oft mit starken Einzelgängern zusammen, aber auch mit Herden, die bis zu zweihundert Köpfe zählten. Diese Großantilopen verriet ihr Schnauben von weitem. Manchmal waren die Elen auch gemeinsam mit den Herden mähnenloser Zebras anzutreffen. Auf ihrer Flucht vollführten sie oft erstaunliche Sprünge. War ein Elen verwundet, griff es dennoch niemals an.

Auf Farmen des südlichen Afrikas wird eine weitere Unterart, das Kap-Eland, häufig gezähmt und zur Fleischverwertung gehalten. Dieser Art wurde früher sosehr nachgestellt, daß sie in freier Wildbahn nur mehr sehr selten vorkommt.

Die Riesen-Elenantilope (*Taurotragus derbianus gigans*) ist wohl die gesuchteste Trophäe der afrikanischen Tierwelt. Heute findet man diese wanderlustige Großantilope sicher nur mehr in Kamerun und in der Republik Zentralafrika, dem früher französischen Oubangi-Shari-Territorium. Einige wenige Exemplare sind auch im Sudan heimisch.

In der alten Kolonialzeit wußten nur wenige Jagdämter über das Vorkommen der Riesen-Elenantilope Bescheid. In Kamerun war sie zu deutscher Zeit überhaupt unbekannt. In

Bilder umseitig: Oben links: Der Sultan von Rei Buba mit seinem Gefolge *(unten). – Oben rechts:* Mairama, dunkelhäutiger „Star“ des Films „Omaru“.
Bilder links: Oben: Im tropischen Regenwald Kameruns gelang es mir, diesen Waldland-Gorilla zur Strecke zu bringen. – *Unten:* Pygmäen des Babinga-Clans.

französischen und englischen Jagdbüchern fand sie zwar kurz Erwähnung, doch niemand konnte Genaueres angeben und den Schleier lüften, der über dieser Großantilope lag.

Einmal entdeckt, wurde die Riesen-Elen später trotz des starken Schutzes der Kolonialregierungen überall gewildert, zumal sie im Wildbret noch kräftiger ist als die gewöhnliche Elenantilope. Ausgewachsene Bullen können ein Lebendgewicht von achthundert bis neunhundert Kilogramm erreichen. Außerdem gilt das Fleisch als ausgesprochene Delikatesse. Dementsprechend wohlklingend sind auch die Namen, die diese größte und schönste aller Antilopen bei den einzelnen Völker hat: Die Franzosen nennen sie „Elan de Derby“, die Briten „Lord Derbys Antilope“ oder „Giant Eland“, in der Sprache der Fulbe heißt sie „Yanmussa“ und bei den Baia Mittelkameruns „Binte“.

Die Riesen-Elen ist den ganzen Tag auf Nahrungssuche aus. Sie bevorzugt vor allem die Baumsavanne und lichte Waldungen. Ihr Vorkommen ist an die *Isoberlinia doka* gebunden, einen krüppeligen Baum mit lederartigen Blättern, dessen junges Laub kurz nach den Grasbränden von den weit umherziehenden Riesen-Elen als Lieblingsnahrung aufgenommen wird.

Ich will nicht lange herumreden: Im Verlauf meiner fast vierzigjährigen Tätigkeit im tropischen Afrika gelang es mir insgesamt nur vier Riesen-Elenantilopen zur Strecke zu bringen.

Am Fluß Mao Marsky, unweit des Berges Ngau Baka in Nordkamerun, schoß ich aus einer rasch ziehenden Herde einen guten Bullen heraus. Ein Jahr darauf hatte ich auf dem Großen Jagdschein wieder eine Riesen-Elenantilope frei. Sie fiel bei Ndaa im Adamauahochland. Dann konnte ich nach dem Weltkrieg – genau: am 26. Januar 1951 – eine Riesen-Elen bei Djaba am Mao Sala erbeuten und, wie gesagt, meine erste Trophäe hier, auf dem Marsch zur Küste. Die mächtige Decke mit dem schönen schwarzen Aalstrich auf dem Rücken und der tiefen Wamme vorne konservierte ich mit ausgekühlter Holzasche. Zur Jagd auf die Elen verwendete ich stets die Springer-Doppelbüchse 9,3 x 74 R mit Kupferhohlspitzgeschoßen oder den Mannlicher.

Meine stärkste Riesen-Elen hatte eine Rückenhöhe von einhundertdreiundsiebzig Zentimetern und schätzungsweise ein Gewicht von über achthundert Kilogramm. Ihr Alter hatte die Decke bläulichgrau gefärbt, und die vierzehn weißen Streifen auf beiden Körperseiten wirkten leicht verblaßt. Typisch bei allen Elen-Antilopen ist der schokoladebraune Stirnschopf im Alter. Das abgenutzte gute Gehörn mit dicker, stumpfer Spitze hatte eine Länge von einhundertdrei Zentimetern. Die bislang größte Riesen-Elen erlegte vor Jahren ein französischer Guide de Chasse; die Trophäe mit einhundertvierundzwanzig Zentimetern hält den Weltrekord.

Als wir aus der Niederung ins Gebirgsmassiv des Ssari aufstiegen, wurde der Weg steinig, und wir mußten uns auf schmalen Negerpfaden emporarbeiten. Die steilste und schwierigste Strecke führte nach Gamba, dem ehemaligen deutschen Militärposten. Meine Träger waren so erschöpft, daß sie einfach nicht mehr weiter konnten. Ein entsetzlich schneidender Wind pfiff, und wir froren jämmerlich. Die Dorfbewohner brachten uns in rasch geräumten Rundhütten unter. Bald züngelten die wohlig wärmenden Flammen der Feuerstellen. Die niedrigen Eingangstüren wurden mit Bambus verrammelt, die grasbedeckten Dächer und die starken Mauern aus Lehm versperrten dem eisigen Wind den Eintritt. Wir schliefen tief und fest.

Am Mao Alim, der nach einigen heftigen Regengüssen viel Wasser führte, haben neben Flußpferden, Nashörnern, Giraffen, Büffeln und vielen Antilopenarten auch die Elefanten ihre Einstände. Plötzlich hatten wir drei Elefantenbullen der Kameruner Graslandrasse vor uns – mächtige Dickhäuter, die jedoch keine starken Stoßzähne trugen. Das Elfenbein eines der Bullen, der soeben einen Baum entwurzelte, blitzte in der Sonne. Der Wind stand gut, so daß uns die Riesen nicht wahrnahmen. Ich hatte rasch meinen Repetierer umgeladen, die Teilmantel gegen Vollmantel ausgewechselt und schoß dem Bullen auf etwa fünfzig Schritt Entfernung in den Ohransatz. Er fiel auf der Stelle um. Auf den Schuß hin stürmten die anderen beiden Elefanten, Bäume und Sträucher niedertrampelnd, davon. Aus Sicherheitsgründen feuerte ich noch ein zweites Mal. Es wäre aber nicht mehr notwendig gewesen – der Schuß ins Gehirn hatte genügt.

Die Wildnis steckt voller Überraschungen – eine bekannte Tatsache. Das Elfenbein wog insgesamt achtunddreißig Kilogramm! Elefantenstoßzähne sind je nach der Länge des Zahnnervs verschieden schwer. Je älter der Dickhäuter ist, desto kürzer ist der Nerv und um so schwerer der Stoßzahn. Das Gehirn des größten Landsäugers ist nur knapp fußballgroß. Den besten Schuß bringt man ans Ohr an. Andere Schüsse in den Schädel erregen bei einem Elefanten höchstenfalls einen kurzen Kopfschmerz.

Das gab wieder genug Fleisch für meine Leute. Zusätzlich schoß ich noch zwei Wasserböcke. In diesem Gebiet wurde wenig gejagt; so war ihre Fluchtdistanz sehr gering, und ich konnte sie leicht erlegen. Wie immer wurde das viele Wildfleisch geräuchert.

Durch die alljährlich wiederkehrenden Grasbrände waren die knorrigen Savannenbäume am Stamm stark verkohlt. Jedes Jahr, einige Wochen nach Beginn der Trockenzeit, also Ende Dezember und im Januar, zündeten die Eingeborenen die Savanne an. Freilich gab es auch Brände, die von selbst entstanden. Das zwei oder mehr Meter hohe schilfartige Elefantengras brannte besonders rasch, bei Alang-Alang und anderen niederen Gräsern dauerte es länger. Dabei wurde der Baumwuchs der Savanne nur wenig geschädigt. Auch das größere Wild nahm durch die nachts deutlich sichtbaren Feuerschlangen geringen Schaden, nur Insekten, kleine Nager und vor allem Schädlinge wurden dabei vernichtet. Wasserläufe, Pfade und Gräben hinderten das Feuer, sich weiter auszubreiten. Nach solchen Grasbränden roch die Luft immer sehr würzig, und das Pirschen machte Freude. Allerdings litt man stark unter der Asche und dem Staub. Beim Anstreichen der Jagdwaffe wurde ich jedesmal an den Händen und am Hemd voll von Ruß.

Es war der letzte Ritt durch die Nacht. Der Aufstieg ins Adamauamassiv stand uns bevor ... Den Kern Kameruns bildet ein Hochland mit Gebirgsstöcken und senkrechten Inselbergen; die Höhen betragen im Durchschnitt etwa eintausend Meter, steigen aber mitunter auch bis zu zweitausend Meter an. Gegen das Benuebecken zu fällt das Adamauahochland so jäh und schroff ab, daß der Auf- oder Abstieg für Mensch und Tier außerordentlich schwierig, zum Teil sogar lebensgefährlich ist.

Steil und schmal wand sich unser Pfad zwischen Felsblöcken dahin. Spitziges Geröll, ausgewaschener Boden, Felsplatten, Hindernisse aller Art machten uns den Aufstieg sauer. Links von uns gähnte ein entsetzlicher Abgrund. Sicher kletterten die braven Pferde Schritt für Schritt aufwärts. Unentwegt, ohne Murren, bewundernswert in ihrer zähen Art stiegen meine Träger, die schweren Tropenkoffer, Kisten und Packen auf den Köpfen balancierend, in der Rechten sich mit einem Stab vortastend, den Steilhang hinan. Ich keuchte hinter den Pferden nach, den Repetierer am Buckel, hielt mich mehr als einmal am Schweif meines Araberhengstes fest und fror bei den kurzen Rasten erbärmlich. Ich kaute Kolanüsse, die den Hunger vertrieben und eine kräftefördernde Stimulanzwirkung ausübten. Die Kolabäume werden im Grasland von Westkamerun von den Eingeborenen kultiviert, man findet sie aber vereinzelt auch wild im Urwald vor. Kolanüsse sind in ganz Westafrika bei den Schwarzen ungemein begehrt, und wenn man mit einem Einheimischen zusammentrifft, wird er wahrscheinlich soeben eine Kolanuß kauen. Die Zähne der Eingeborenen sind vom vielen Genuß dieser sehr bitteren Früchte oft ganz rot gefärbt. Kolanüsse kommen in verschiedenen Farben und Größen vor, die beliebtesten Arten sind klein und bläulich.

Es wurde immer kälter. Ein eisiger Hochlandwind begann zu pfeifen, die wenigen Sterne und die dunkle Nacht wichen dem grauenden Morgen. Dichte Nebelfetzen jagten wild durcheinander. Der Blick zurück ließ uns erschaudern. Die zerklüftete Landschaft barg tosende Gewässer. Kärgliche Laubgehölze fristeten an den Hängen ihr Dasein, und nur in den tief eingeschnittenen Schluchten wucherte üppige tropische Vegetation. Die Schwarzen und die Pferde hatten Unerhörtes vollbracht.

Plötzlich drang aus der Nähe der grausige Schrei eines Leoparden. Für Sekunden bäumten sich die Pferde auf. Die bunte Pardelkatze, die wir offensichtlich bei der Nahrungssuche gestört hatten, blieb aber verschwunden.

Die Aussicht, in Kürze in die große Fulbestadt Ngaundere zu kommen, wo es viel zu essen und schöne schwarze Weiber gab, verdoppelte die Kräfte meiner Träger sofort. Eben als der Nebel einem heftig niederprasselnden, kalten Regen wich, erreichten wir die ersten Rundgehöfte mit ihren hohen Mattenzäunen. Das Hochplateau war erstiegen.

Schon in Marua und dann wieder in Garua hatte ich die Eingeborenenträger gewechselt. Die Häuptlinge rekrutierten mir ohne lange Wartezeiten neue schwarze Helfer. Ngaundere war für die braven Burschen das Ende der Märsche. Sie erhielten eine gute Entlohnung und dazu viel Geld für die Rückkehr in ihre Dörfer.

In Ngaundere, einer von Tausenden von Fulbe und den Angehörigen der von ihnen unterworfenen Völkern bewohnten Stadt, besuchte ich sofort den Lamido, den Beherrscher von Adamaua. Um zum intimsten Serail des Fürsten zu gelangen, mußte ich viele Wachttürme passieren, in denen schwerbewaffnete eingeborene Krieger in bunten Gewändern herumlungerten. Ein alter Sklave führte mich in gebückter Haltung durch dunkle Irrgänge tief in das

Labyrinth der hohen Rundhütten. Endlich stand ich vor einem mit sauberem Kies bestreuten kleinen Hof. In einer schattigen Nische waren helle Matten ausgebreitet, und zwei Lehnstühle, die mit roten Plüschdecken belegt waren, zeigten an, daß hier der Empfang stattfinden sollte. Wenige Minuten später schritt der Lamido – eine hohe Gestalt in wallenden seidenen Kleidern nach mohammedanischer Tracht – aus dem Vorbau auf mich zu. Sein Körper duftete schwer nach Zibetparfum, das Gesicht glänzte von Salben, und die oberen Augenlider zeigten eine starke Bleiglanzschminke, wie sie die vornehmen Fulbe lieben. Ein Vertrauter hatte zu dolmetschen. Wir unterhielten uns über die Reichtümer des Landes, die zahlreichen Salzquellen, die endlosen Buckelrinderherden, die neuen Goldfunde und die zunehmende Anzahl der weißen Farmer im gesunden Hochland. Dann ließ mir der Herr von Adamaua von einem Sklaven sein Jagdgewehr, eine Mauser-Repetierbüchse im Kal. 10,75 x 68 mm, zeigen. Mit stolzgeschwellter Brust sagte er, daß damit seine Jäger jeden Monat eines der vielen Flußpferde zur Fleischversorgung seiner Diener erlegen würden.

Der Lamido erwies sich als sehr aufgeschlossen und fortschrittlich. Er gab seinem ersten Minister, dem „Wadziri“, zu meinem Abschied den Befehl, neue Träger, die mich bis Tibati zu bringen hätten, herbeizuschaffen. Beim Weggehen bewunderte ich rasch eines der Lieblingspferde des Herrschers, sah versteckt aus irgendeiner Ecke verhüllte Frauengestalten hervorlugen und wäre beinahe mit einem eilfertigen Eunuchen, dessen dickbäuchige, pompöse Masse dem Lagerplatz zustrebte, zusammengestoßen.

Von Ngaundere aus, wo ich auch verschiedene Lebensmittel einkaufen konnte und die Hirserationen für meine Pferde erneuerte, durchquerte die Karawane in tagelangen, ermüdenden Märschen weite Hochweiden. Wir trafen mit den nomadisierenden Hirtenstämmen der Bororo zusammen. Diese auffallend hellen Menschen, groß, schlank und mit schmalen, edlen Gesichtszügen, trieben das viele Vieh – die Buckelrinder mit den langen Hörnern und ihre Ziegen – zu neuen Weideplätzen. Diese Nomaden gehörten noch zu den unberührtesten Stämmen Afrikas. Unbeeindruckt von der fortschreitenden Zivilisation galten ihre jahrhundertealten Sitten und Gebräuche nach wie vor. Sie wollten frei sein und wandern.

Ich strebte vorwärts, immer wieder eisige Bäche durchreitend, wobei mir das Wasser oft bis zu den Reitstiefeln aus Ziegenleder reichte. In den Dörfern trank ich frische, gute Kuhmilch und kaufte Papayas ein. Diese Melonenfrüchte wachsen auch in den Trockengebieten. Ihre richtige Größe und den Wohlgeschmack erreichen sie aber nur im Urwald, wo die Papageien die Samen übertragen.

Wir lagerten in der Nähe einer kleinen Siedlung. Die schwarzen Frauen brachten mir einen kindskopfgroßen festen Maniokbrei, das traditionelle „Fufu Kassala“, an meinen Feldtisch. Ich aß den Knödel mit gezuckerter Milch; er schmeckte mir über alle Maßen und war sehr sättigend. Die Träger erhielten den von ihnen gewünschten Hirsebrei in einer Gemüsesauce, die in Erdnußöl eingekocht war. Wir lebten wie die Götter.

Alles ging gut, und ich war froh, als wir in Tibati, am Südrand von Adamaua, ankamen.

Die weiße Bevölkerung bestand aus ganzen vier Köpfen, und ich wurde vom französischen Regierungsbeamten und seinen Nachbarn, den drei norwegischen Missionaren, überaus gastfreundlich empfangen.

Unweit von Tibati fließt der breite, stromschnellenreiche Djerem. Die weiten Grasebenen entlang der Ufer waren die bevorzugten Aufenthaltsgründe von Moorantilopen und Wasserböcken. Da ich einige Tage Rast machen wollte, nützte ich die Zeit, um das reizvolle Gebiet um den Fluß näher zu erkunden.

Ich ging in eine der bienenkorbartigen Strohhütten der Fischer und überredete einen Mann, dessen kleiner Wuchs an den eines Pygmäen erinnerte, mich zu einem kurzen Jagdzug zu begleiten. „Gazere" gehörte dem Stamm der Durus an. Er trug eine kurze Hose aus Baumwollstreifen von unnennbarer Farbe. Der Oberkörper war nackt. Auf seinem Wollschädel ruhte ein winziger Strohhut.

Wir gingen zusammen zu den mit kleinem Gehölz bewachsenen Sumpfwiesen. Aus dem Schlamm ragten einzelne schlanke, vom Wind gebogene Stämme der unechten Dattelpalme mit den hübschen, fiederförmigen Wedeln hervor. Gazere verhielt bei einer dieser Sumpfpalmen, erkletterte behend den Stamm und brachte mir eine an der Palmkrone angebrachte Kalebasse herunter, in die süßer Palmsaft geronnen war. Der noch unvergorene frische Palmwein schmeckte einfach wunderbar. Auch die vielen Fliegen, Ameisen und winzigen Käfer, die darin umherschwammen, konnten meine Freude an diesem Göttertrunk nicht trüben.

Wir hatten einen schönen Ansitzplatz auf die recht häufigen Moorantilopen gefunden. Die Sonne neigte sich bereits, und wir mußten nicht lange warten, da kamen auch schon von verschiedenen Seiten gleichzeitig einzelne dieser so grazilen Antilopen mit der leuchtend gelbbraunen Decke und der weißen Unterseite zur Äsung auf die Sumpfwiesen.

Die Moorantilope hat eine Schulterhöhe von ungefähr einhundertzehn Zentimetern und ein Gewicht von rund achtzig Kilogramm. Das Gehörn, das nur die Böcke tragen, ist geringelt, flach nach hinten und oben und dann aufwärts geschwungen. Alle Gehörne von ausgewachsenen Moorantilopen haben fast die gleiche Stärke; sie sind einander sehr ähnlich. Die weiblichen Tiere – ohne Hornzier – sind etwas kleiner. Als sich die Antilopen unserem Versteck näherten, ertönte ein paarmal ihr Angstruf, ein hohes Pfeifen. Ich beobachtete lange Zeit und überlegte mir einen Schuß, da ich nur einen Mann bei mir hatte und die Fischerhütten doch ziemlich entfernt lagen.

Die Moorantilopen sind reine Grasfresser. Sie lieben vor allem die junge, kurze Grasnarbe, die einige Wochen nach den Grasbränden wieder zu sprießen beginnt. Der mit Asche bedeckte Boden begann rasch wieder zu grünen. Ein unbeschreiblicher Duft lag über diesen Sumpfwiesen entlang des Djerem.

Knapp vor Einbruch der Dunkelheit schoß ich dann doch einen guten Moorantilopenbock. Wir schnitten nur das Haupt ab. Gazere mußte die Trophäe tragen. Den Bock selber verblendeten wir mit den Wedeln der Sumpfpalmen. Am nächsten Tag sollten sich die Fischer das Wildbret abholen.

Die schöne Decke der Moorantilope wird von den Stämmen des Kameruner Hinterlandes gerne zur Ausgestaltung ihrer Schlafstätten oder als Schlaffell direkt verwendet. Dolchscheiden, Köcher und viele andere Gebrauchsgegenstände werden mit dem Fell dieser Antilope überzogen.

Beim Aufbrechen eines Bockes fiel mir stets auf, daß sich die Eingeborenen um die Hülle der Brunftkugeln besonders rissen. Sie baten mich, den Hodensack ganz abschneiden zu dürfen, und ich bemerkte, daß – nachdem die Brunftkugeln entfernt waren und die Haut, mit Asche gefüllt, zum Trocknen aufgehängt worden war – der Hodensack den Schwarzen als Tabakbeutel diente.

Die Nacht umfing uns überraschend schnell. Gazere irrte umher; er fiel mit seiner geringen Last ständig hin und wollte dann seltsamerweise nicht mehr aufstehen und weitergehen. Auch ich hatte die Nase voll von diesem Umherlaufen. Ein Übernachten auf den Sumpfwiesen kam aber nicht in Frage. Ich hatte keine Streichhölzer mit, und auch Gazere konnte unter diesen Umständen gewiß kein Feuer entfachen. Die Moskitos begannen arg zu schwärmen und zu stechen. Es wurde beträchtlich kühl, und die Feuchtigkeit vom nahen Fluß kroch in meine kurzen Hosen. Auch das Khakihemd mit den großen Brusttaschen fühlte sich schon ganz durchweicht an. So trieb ich Gazere mit Gewalt auf und feuerte einige Patronen in den Nachthimmel als Signal für die Fischerleute ab. Vielleicht hörten sie die Schüsse...?

Gegen Mitternacht erblickten wir in der Ferne Feuerschein. Die Leute hatten uns also schon zu suchen begonnen. In ihren Händen trugen sie große ausgetrocknete Grasbüschel, die hell brannten und auf uns aufmerksam machen sollten. Wir waren gerettet und trafen bald mit den Eingeborenen zusammen, die uns zu ihren Hütten begleiteten. Die Schwarzen steckten zwischen ein paar Brocken aus Termitenhügeln kleine Flammen an, die meine Strohhütte erleuchteten und sie innen erwärmten. Auf dem harten Bett aus Palmrippen lag ein behagliches Fell. Ermüdet schlief ich ein.

Am nächsten Tag nahm ich mir einen anderen Mann als Fährtensucher. Wieder ging es die Sumpfwiesen entlang. Dann überquerten wir den Djerem in einem Baumstamm, der versteckt am Ufer gelegen hatte. Auch drüben gab es die gleichen ausgedehnten Sumpfwiesen mit den falschen Dattelpalmen und vereinzelten Büschen. Unsere lauschenden Ohren vernahmen das Prusten der auf- und untertauchenden Flußpferde. Wir schlichen in die Richtung, aus der die Geräusche kamen. Eine zehnköpfige Flußpferdherde trieb im Wasser. Als sie uns erkannt hatten, verschwanden die klobigen Schädel der Hippos in den Fluten. Wenige Minuten später tauchten sie an entfernter Stelle wieder auf.

Wir gingen weiter. Riesige Borassuspalmen ragten aus der kurzgebrannten Savanne, seltsam tönten die mächtigen Palmwedel im Wind. Die großen orangeroten Früchte in den Wipfeln waren noch nicht reif. Gerne werden sie dann von den Elefanten angenommen. Auch die Eingeborenen sammeln die heruntergefallenen reifen Früchte auf, um die grobfaserige, rötliche Schalenhaut auszulutschen. Eine etwas bittere Angelegenheit...

Den schönen Palmen folgte ein breiter, dichter Galeriewald, der sich viele Kilometer entlang des Ufers hinzog. Vorsichtig drangen wir in das verfilzte Gelände ein und entdeckten bald zahlreiche Rotbüffelfährten. – Diesmal traten wir rechtzeitig die Rückkehr zu den Hütten an. Ein Wasserbockrudel begegnete uns, an der Spitze trollte der Bulle. Beim Übersetzen des Djerem wären wir um ein Haar mit einem Flußpferd zusammengestoßen. Der Koloß tauchte unmittelbar vor unserem Baumstammkanu auf. Er war genauso erschrocken wie wir und brauste im Wasser, eine lange Kiellinie hinterlassend, davon.

Es war an der Zeit, nach Tibati zu den Pferden und den Trägern zurückzukehren. Die einzigartige wildreiche Landschaft ging mir nicht aus dem Sinn. Später einmal wollte ich für längere Zeit wieder hierher zurückkommen, um das Verhalten der Tiere näher zu erforschen.

Die zweihundert Kilometer bis Joko, einem Regierungsposten im Wuteland, legten wir in zehn Tagen zurück. Auch diese alte deutsche Festung ist erhalten geblieben.

Die Wute sind die eigentlichen Herren der Savanne. Sie sind sehr stolz, körperlich ausdauernd und tüchtig. Ihre Jäger waren mit allen Schlichen des Wildes vertraut. Ich habe immer wieder über ihren Aberglauben, ihre Furcht vor Dämonen und Geistern gestaunt. In den kleinen Dörfern traf ich auf Zauberpriester von unheimlichem Einfluß. Auch bei den Wute ist der Tod aus natürlicher Ursache unbekannt.

Dichte Ölpalmenwälder zeigten uns eine neue Vegetationszone an. Dazwischen lagen quadratkilometer große Wassertümpel, die von vielen Flußpferden bevölkert waren. Mit dem Feldstecher beobachtete ich eine Weile das Treiben dieser urtümlichen Kolosse, und es war gar nicht so einfach, einen alten, starken Bullen aus dem Getümmel herauszufinden. Aber dann gelang es mir doch, einen zwei Tonnen schweren Riesen mit einem Vollmantelgeschoß unter das Wasser zu bringen. Gespannt wartete ich auf das Auftauchen, das bei einem Hippo erst nach längerer Zeit erfolgt.

Erst nach einer guten halben Stunde kam das erlegte Flußpferd mit allen vieren voran an die Oberfläche. Da es vom Tümpelufer weit entfernt schwamm, mußten ein paar Schwarze ins Wasser steigen, um den schweren Tierkörper mit Lianen zu befestigen und ihn ans Land zu ziehen. Das war kein Spaziergang, denn auch die Krokodile gaben sich in diesen Gewässern ihr Stelldichein. So stand ich mit geladener Büchse am Ufer, um sofort gezielt Schüsse abgeben zu können, sollte es für meine Schwarzen unangenehm werden . . . Die Eingeborenen brachten aber schwimmend und ohne jeden Zwischenfall das Hippo ins seichte Wasser, und dann begann auch schon das große Schlachtfest. Mit Buschmessern und scharfen Dolchen

Bilder rechts: Oben: Für meinen Ritt vom Tschadsee zum Atlantik erstand ich ein ausdauerndes Bagirmi-Pony, dann konnte unsere Expedition aufbrechen *(unten)*.
Bilder umseitig: Links oben: Der Lamido herrschte als Despot über das Fulbezentrum Marua. – *Daneben:* Krieger aus dem Gefolge des Sultans, den auch bei seinen Ausfahrten stets die Leibgarde umgab *(unten)*.

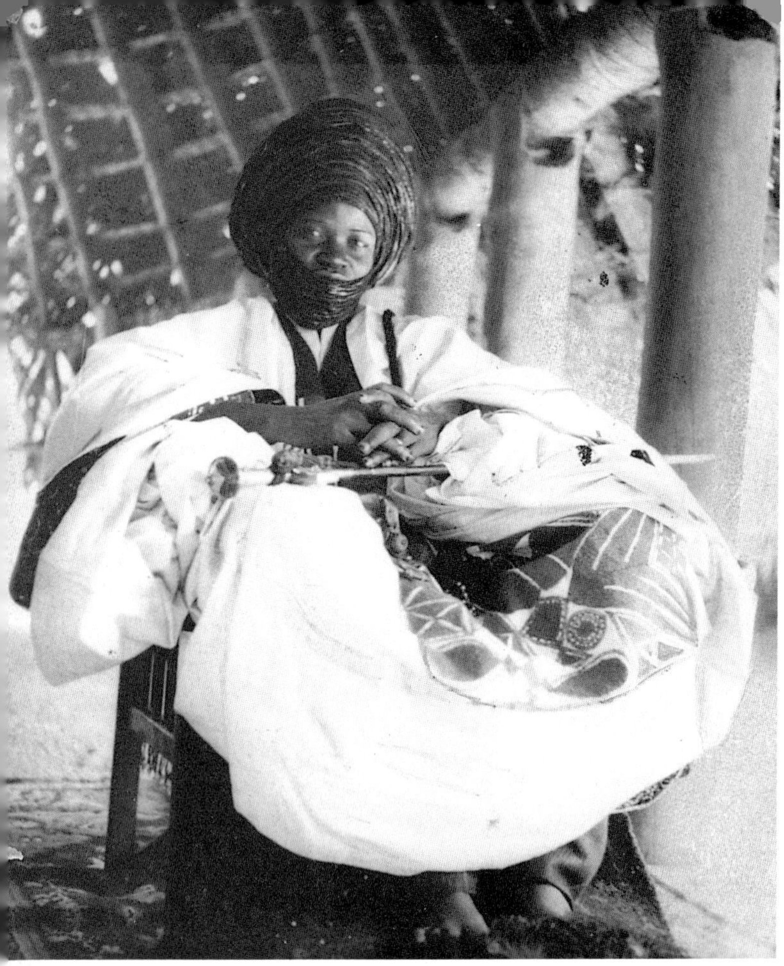

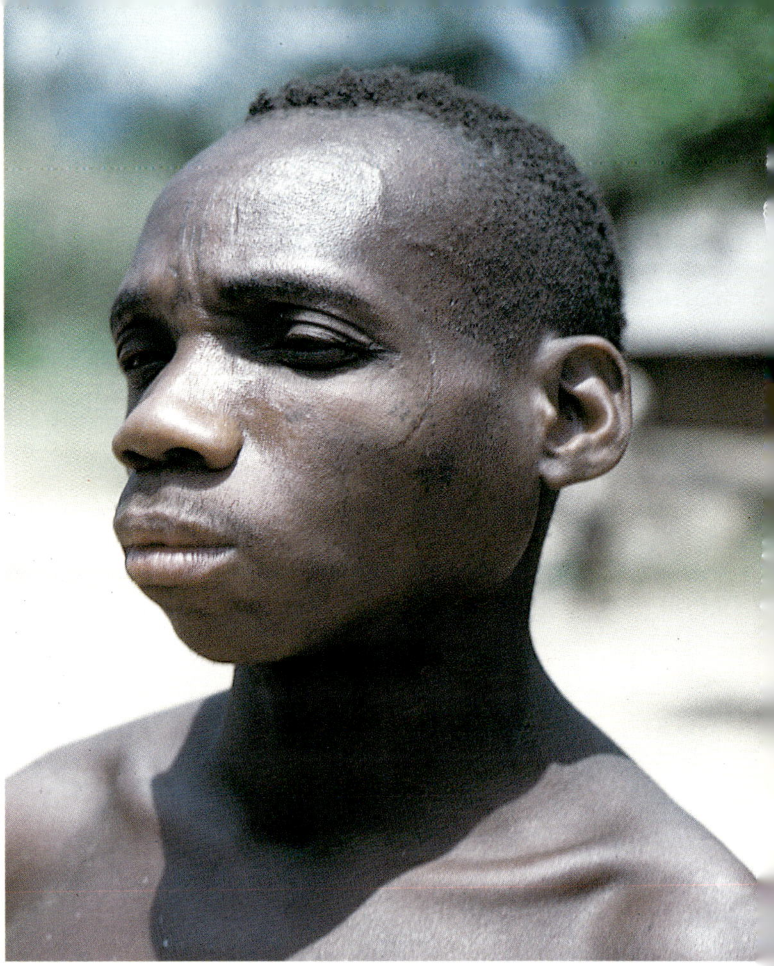

wurde die dicke Haut aufgeschnitten und das Flußpferd nach allen Regeln der Kunst auseinandergenommen. Nach vier Stunden waren nur mehr die Skelettknochen übriggeblieben. Zahllose Feuerstellen brannten die ganze Nacht hindurch. In der Luft lag beißender Rauch und der Geruch von verbranntem Fleisch.

Jeder der Leute hatte jetzt zusätzlich fünfzehn Kilogramm geräuchertes Flußpferdfleisch in Streifen zu schleppen, und so kamen wir in den folgenden Tagen nur langsam vorwärts. Die letzten Marschetappen führten uns über das Bamumland und das Bamilke-Grasland zur Küste. Ich trieb an, wechselte die Träger häufiger und verringerte die Anzahl der Rasttage. Das Gelände wurde wieder steiler, und der wegen der Regenzeit üppige Graswuchs überwucherte oft Roß und Reiter. Wir zogen in einem dichten Gräsermeer durch wogende Tunnels. Fliegen, Mücken und andere widerliche Insekten aller Art, Hitze und Nässe waren unsere Weggefährten.

Beharrlich schritten meine Träger aus, weder der Regen noch die pralle Tropensonne konnten ihnen etwas anhaben. Sie, die Kinder dieses Landes, waren stets fröhlich, zu Scherz und Gesang aufgelegt und ließen ihren „Massa" nie im Stich.

Wie sehr hatten wir die Küste ersehnt, und dennoch befiel mich tiefe Wehmut, als der letzte Tag im Busch immer näher rückte, sich meine Schwarzen frohgelaunt schön machten und ich meine Jagdwaffen und anderes, nun unnötiges Zeug in den Koffern verstaute. Im Triumph zog die lange Trägerkarawane wohlgeordnet auf der Plantage meines Freundes Felix Warner ein. Die Kisten, Säcke und Ballen, Häute, Schädel und Knochenzeug wurden in einem Wellblechmagazin untergebracht, und meine mitgebrachten Tiere kamen an die Kette. Nur die Pferde und die Hunde durften sich frei bewegen. Die Träger wurden ausbezahlt und zogen nach Hause in ihre Dörfer ins Bamumland.

Der nahe Manenguba, ein hoher Gebirgszug, war in Wolken gehüllt, als ich nach einigen Tagen der Ruhe allein in der Nacht in Richtung Küste nach Duala ritt. Ein gutes Stück Weg lag noch vor mir. Rechts und links der Straße riesige Bananenpflanzungen, und der Mondschein auf den einsamen Reiter . . . Nach viereinhalb Monaten hatte ich es zu Pferd geschafft, vom Tschadsee zum Atlantik zu gelangen.

Bild umseitig: Im feudal-autokraten Rei Buba gab es ein blühendes Gewerbe.
Bilder links: Oben links: Der Regenwald Südostkameruns wäre mir beinah zum Verhängnis geworden. – *Daneben:* Einer der beiden Pygmäen, die mein Leben retteten. – *Unten:* „Alle hockten auf dem Boden und beobachteten neugierig unser Tun . . ."

Rei Buba

Wie man annimmt, kamen vor rund zweihundert Jahren hamitische Reiterscharen aus dem Nordosten Afrikas bis zu den Rändern des äquatorialen Regenwalds und unterwarfen die Hackbau treibenden Sudanstämme. Sie brachten die Religion Mohammeds ins Land und gaben an die unterjochte Bevölkerung, mit der sie sich auch bald zu vermischen begannen, viel von ihrer eigenen Lebensart weiter. Reiche entstanden und vergingen. Lange Zeit unberührt von den vordringenden europäischen Kolonisatoren, die das Antlitz Afrikas wandelten, blieb das Land der Bubandjidda in Nordkamerun. Ein Statthalter aus dem Stamm der Fulbe hatte sich hier selbständig gemacht und regierte als grausamer Despot. Zur Stützung seiner Macht hatte er – wie es im Sudan üblich war – eine Beamtenhierarchie begründet.

Von der Außenwelt völlig abgeschlossen und tabu für jeden Fremden, erstreckte sich jenseits des Benue das Sultanat von Rei Buba mit etwa zweiunddreißigtausend Quadratkilometern Fläche und etwa fünfundfünfzigtausend Einwohnern. Rei Buba ist sowohl der Name des Sultanats als auch der des jeweiligen Herrschers.

Als Kamerun deutsch wurde, war der wegen seiner Grausamkeit in weiten Teilen Innerafrikas berüchtigte Buba Djemanah in der Macht. Zuvor hatte er seinen eigenen Vater erdrosseln und seine drei Brüder vergiften lassen. Von seinen hamitischen Vorfahren hatte er nur mehr wenig Blut in den Adern. Der deutsche Gouverneur von Kamerun beschnitt die Rechte des mächtigen Sultans kaum. Im Ersten Weltkrieg hielt Rei Buba zunächst zu den Deutschen und stellte für die kaiserliche Schutztruppe Lebensmittel und Hilfsträger zur Verfügung. Nachdem aber die Alliierten 1916 die Kolonie fast erobert hatten, fiel er den Deutschen in den Rücken. Als Dank dafür wurde ihm von den Franzosen die Unabhängigkeit seines Staates zugesichert.

Sein Sohn und Nachfolger, ein kluger, fortschrittlich gesinnter Mann, Sprößling einer der vielen Lieblingsfrauen seines Vaters, mußte sich nach dem Zweiten Weltkrieg innerhalb kurzer Zeit Einschränkungen seiner Herrschergewalt gefallen lassen. Die falsche Losung der Französischen Revolution – Freiheit, Gleichheit, Brüderlichkeit – machte auch vor den Mauern des Sultanats von Rei Buba nicht halt. Was der Herrscher an Rechten verlor, gewann sein Volk an segensreichen sozialen Neuerungen. Aber nur vordergründig, denn sobald die Zivilisation Jahr um Jahr mehr Fuß faßte, verdarb das Reich und damit seine Kultur.

Seit vielen Jahren reizte es mich, Rei Buba einen Besuch abzustatten. Viel Merkwürdiges hatte ich über das Sultanat und seinen Herrscher gehört. Man erzählte, daß er sein Reich nur selten verlasse und dabei jedesmal von einem Heerhaufen begleitet werde. Dann kämen Pomp und Prunk nach orientalischer Sitte zur höchsten Entfaltung. Bei solcher Gelegenheit eilten Untertanen Rei Buba voraus und streuten Erde des Bubandjidda-Landes auf seine Pfade. 1953 erhielt ich überraschend die Einwilligung des Herrschers, sein Land zu betreten und ihn in der Sultansstadt aufzusuchen. Tagelang mußte ich auf die Abgesandten des Despoten warten, der vom französischen Administrator in Garua von meinem Kommen unterrichtet worden war.

Am Mao Rei schlug ich mein Lager auf. Damals war die alte Trägerkarawane schon längst vom geländegängigen Landrover abgelöst worden. Zu beiden Seiten des Flusses wimmelte es von unzähligen Antilopen. Nachts meldeten Löwen. Binnen eines Monats hatte hier ein durch einen Pfeilschuß verwundeter Löwe sechs Menschen getötet. Krank und daher nicht mehr fähig, Wild zu schlagen, hatte er sich auf Menschenfleisch umgestellt. Nach Einbruch der Dunkelheit nächtigten Paviane auf den Bäumen in der Nähe unseres Lagers. Ihr aufgeregtes Bellen und Kreischen verriet uns, wenn sich die Löwen näherten. Am anderen Ufer, ein paar hundert Meter in der Buschsteppe entfernt, lag Bukuma, das erste kleine Dorf des Sultanats. Die Bewohner hatten von mir einen Brief mit Begrüßungsworten für ihren Herrscher erhalten. Läufer waren zu ihm unterwegs.

Die Löwenplage von Bukuma war sprichwörtlich. Wenige Tage vor meiner Ankunft hatten die Dorfleute mit ihren Giftpfeilen einen männlichen Löwen erlegt. Der Räuber hatte die gesamte Ansiedlung ständig in Unruhe gehalten und eine Anzahl weidender Ziegen geschlagen. Daraufhin schlossen sich die Männer zusammen, kreisten ihn ein und überschütteten ihn mit einem Pfeilhagel. Sein mächtiger Schädel hing am Fetischbaum inmitten anderer Wildknochen.

Am vierten Tag meines Aufenthalts am Grenzfluß nahten die Abgesandten des Sultans unter Flötenspiel und Trommeln. Sie setzten in einem Baumstammkanu über und kamen in mein Lager. An der Spitze von zwanzig halbnackten Schwarzen, die auf ihren Köpfen Tonkrüge und schwere Körbe trugen, marschierte ein mit einem weiten, buntbestickten Bubu bekleideter Vornehmer aus dem Hofstaat. Auf seinem Haupt saß ein roter Fes, um den ein weißer Turban geschlungen war. Über seine Schulter hing an einer roten Schnur mit langen, bunten Quasten ein Schwert mit Kreuzgriff. Bevor er auf mich zukam, streifte er seine Laufsandalen aus Büffelhaut von den Füßen; dann verneigte er sich tief und begrüßte mich in der Fulbesprache. Er überbrachte mir mit dem Gruß Mohammeds die Einladung seines Herrn, ihn in seiner Residenz zu besuchen.

Dann näherten sich die Haussklaven des Sultans – Angehörige unterworfener Stämme – und stellten in Reih und Glied Körbe voll Reis, Erdnüssen und Hirse vor mein Zelt. Andere brachten versiegelte Krüge mit Honig und Erdnußöl. Der Sultan hieß mich willkommen.

Mein Lager wurde abgebrochen. Ein Fährmann brachte mich über den breiten Fluß, anschließend wurde mir von einem schwerbewaffneten Krieger ein mit einem harten Fulbesattel ausgerüstetes Pferd zugeführt. Unter tiefen Verbeugungen übergab er mir den dunklen Hengst, ein edles Tier von Araber-Berber-Blut.

Unterwegs bemerkte ich, daß die Pferde der Reiter bei jeder Fütterung eine halbe Kalebasse „Kuno“ bekamen, ein leicht alkoholisches Getränk, das die meisten Stämme des Sudans schätzten und das bei den Tieren glänzendes Fell und Lebhaftigkeit bewirken soll.

Vom Grenzdorf kamen wir auf einem schmalen Pfad in gebrannte, kahle Steppe. Vor uns Reitern ging der Mann im Bubu, in der Hand sein Schwert, begleitet von einem Sklaven mit gebündelten Speeren auf dem Rücken. Hinter uns folgten die Gewehrträger und die Eingeborenen mit meinem Gepäck.

Gegen Abend änderte sich das Landschaftsbild. Die ersten Schwemmlandebenen tauchten auf. Sie waren mit zahlreichen Dumpalmen bestanden und mit schütterem, gelbem Gras bewachsen. Hinter einer weiten, offenen Fläche gelangten wir zu einem größeren Dorf, dessen Häuptling uns schon von weitem mit einer Anzahl Würdenträger zur Begrüßung entgegenkam. Auch er trug einen langen, wallenden Bubu mit Turban; seine Begleiter mit blauen phrygischen Mützen waren bis zu den Zähnen bewaffnet. Wenige Schritte vor unserer Karawane legten sie alle Speere, Bogen und Wurfmesser ab und verharrten in ehrfürchtiger Haltung, bis ich aus dem Sattel gesprungen war und auf sie zuging. Freundlich verneigten sich die Männer und riefen: „Njiwa Manga, Njiwa Manga!" – „Großer Elefant, weiser Elefant!"

Da der Elefant in Rei Buba – wie in allen orientalischen Ländern – als Sinnbild der Weisheit und Stärke gilt, stellte dieser Gruß eine besondere Ehrung dar.

Dann ging es in ein Dorf voll kleiner Rundhütten, die mit Mattenzäunen umgeben waren, damit sie vor neugierigen Blicken geschützt wurden. Für mich hatte man eine eigene Hütte errichtet. Ihr Boden war mit feinem Kies bestreut. Als ich eintrat, bemerkte ich einige Tonkrüge voll Wasser und verschiedene Kalebassen mit Eiern und Erdnüssen. Ein paar magere Hühner lagen mit gebundenen Füßen daneben . . .

Nach einer kühlen Nacht – ich fror trotz Pullover und Decken – stand ich um halb fünf Uhr früh auf. Draußen war es noch finster und kalt. Im ersten Morgenlicht schien der Himmel eintönig blaugrau. Es ging weiter. Stunde um Stunde saßen wir im Sattel. Die letzte Nacht vor unserem Ziel war noch frostiger. In unserem Lager brannten bis zum Morgen kleine Feuer, die die Kälte erträglicher machten. Ich hatte erst spät Schlaf gefunden und erhob mich nur ungern von meinem Feldbett, als mir mein Diener den Frühtee brachte. Unter einem trüben, bleiernen Himmel sah ich die Schwarzen mit ausgestreckten Händen bei den hochlodernden Feuern sitzen.

Je näher wir an die Hauptstadt herankamen, desto abwechslungsreicher wurde das Land. Die weiten Grasebenen wurden häufiger. Ihr Boden war dunkel, fast schwarz, feucht und streckenweise sumpfig. Der Graswuchs war zwei bis drei Meter hoch. Ein winziger Pfad führte uns durch das wogende Meer. Die Blütendolden des reifen Elefantengrases schlugen über unseren Köpfen zusammen.

Plötzlich sah ich in der Ferne Reiter auf uns zukommen. Es waren Späher, die unsere Ankunft melden sollten. Mit dem Feldstecher konnte ich erkennen, daß sie Eisenhelme trugen. Der Arnado – der Abgesandte des Sultans – erklärte mir, daß wir nur mehr zwei Stunden von Rei Buba entfernt wären.

Dann kam uns leichten Fußes ein Läufer entgegen. Er trug ein kurzes blaues Gewand, die Kleidung der Hörigen. In der rechten Hand hielt er ein Bündel Speere. Er flüsterte dem Arnado ein paar Worte zu und trat in gebückter Haltung vor mein Pferd. Auch er hatte mir Willkommensgrüße zu überbringen, machte kehrt und verschwand im Gräsermeer.

Die offene Gegend ließ dem Blick weiten Raum. In verschiedenen Richtungen konnte ich Heerhaufen sehen. Vereinzelten Reitern folgten ihre Knappen mit großen Speerbündeln auf den Rücken. Sie hatten Mühe, mit ihren Herren Schritt zu halten, und hingen sich einfach an die Roßschweife, wenn das Tempo zu rasch wurde. Alle waren sichtlich bemüht, eiligst in die Sultansstadt zu gelangen.

Auffällig war eine Gruppe, die besonders prunkvoll einherzog. Vor einem kostbar gekleideten Reiter mit Turban schritten Bläser und Paukenschläger. Neben ihm balancierte ein halbnackter, kräftig gebauter Eingeborener einen rotweiß gestreiften Sonnenschirm von riesigem Umfang, der einem europäischen Gartenschirm zum Verwechseln ähnlich sah.

Eine gute Stunde vor Sonnenuntergang verhielten wir unsere Pferde vor einer riesigen gebrannten Ebene mit einem großen, wasserführenden Tümpel, über dem eine Menge Wildenten kreisten. Ein paar hundert Meter dahinter erhoben sich jäh halbverfallene Lehmmauern und Euphorbienzäune: die alten Festungen der Stadt Rei Buba.

Die Parade begann. Unter wildem Geschrei galoppierte eine Kavalkade von Reitern in Kettenpanzern lanzenschwingend auf uns zu, parierte die sich wild aufbäumenden Rosse wenige Meter vor der Spitze unseres Zuges und ritt wieder davon. Andere Reiter brausten heran; von ihren Helmen wehten Straußenfedern. Dicht flockte der Staub, von den Hufen kleiner, flinker Pferde aufgewirbelt.

Vor den Toren der Sultansstadt hatten Speerträger und Bogenschützen in breiter Front Aufstellung genommen. Sie trugen mächtige Schilde aus Büffel- und Nashornhaut sowie aus den großen Ohren des Steppenelefanten. Die Rücken der Krieger schmückten prachtvolle Felle von Leoparden oder Seidenaffen, über denen mit Giftpfeilen gefüllte Köcher mit Lederfransen oder weißen Schweifen baumelten. Das wilde, verwegene Aussehen der bis zu den Zähnen bewaffneten Fußtruppen wurde noch durch zahlreiche Kriegsamulette und Jagdfetische aus Leder erhöht, die mit den Zähnen und Krallen von Raubkatzen verziert waren. Hinter den geordneten Reihen stand wie ein Wall die übrige Masse des Fußvolkes. Im Hintergrund drängten sich die Frauen, die den Kriegern gefolgt waren und sie jetzt mit lautem Trillern anfeuerten.

Die Reiterei erregte meine besondere Bewunderung. Mann und Pferd waren durch eine schwere, dicke Kapok- oder Baumwollfaserhülle gegen Lanzenstich, Pfeilschuß und Speerwurf gewappnet. Viele Muster dieser Wattepanzer in blauer oder weißer Farbe zeigten Dreiecke.

Wir hielten einen triumphalen Einzug. Von der Seite bedrängten uns die Tuben- und Posaunenbläser. Neben ihnen bearbeiteten wild aussehende Männer doppelseitige Felltrommeln. Der Lärm war fast unerträglich. Er vermischte sich mit den schrillen Tönen von Kriegshörnern, für die manche Pferdeantilope ihre Kopfzier hatte opfern müssen. Alles schrie und klirrte mit Waffen.

Dann geleitete man mich durch das Tor eines breiten Wachtturmes in die Sultansstadt. Lehmwände und schön geflochtene Mattenzäune aus Hirsestengeln säumten die breiten Gassen, hinter denen die Gehöfte der Edlen und des Volkes lagen.

In deren Innerem standen hohe Dattelpalmen und schattenspendende Tamarinden. Auf manchen hockten graue Fischreiher, Kronenkraniche und Ibisse. Als mich die Frauen erblickten, huschten sie durch die Eingänge in das Dunkel der Rundhütten. Kleinkinder liefen schreiend ihren Müttern nach. Hinter den Zäunen sah ich aus Brocken von Termitenhügeln errichtete Feuerstellen, kleine Speicher zum Aufbewahren von Hirse und riesige Tonkrüge, die als Wasserbehälter dienten.

Einige Frauen, die bei meinem Kommen nicht mehr rechtzeitig verschwinden hatten können, verbargen ihr Gesicht in ihren meist blau gefärbten Tüchern. Frauen sind auch in den Augen der Bubandjidda, wie in vielen anderen Gebieten Afrikas, gleichsam Menschen zweiter Ordnung. Sie dürfen ihre Blicke nicht zum Antlitz eines Fremden erheben.

Ich wurde zu einem kleinen, freien Platz inmitten der Stadt geleitet, wo neben einer Gruppe wilder Feigenbäume das Gästehaus des Sultans lag. Es bestand aus zwei Rundhütten, die durch einen länglichen, mit Matten nach allen Seiten geschützten Raum verbunden waren. Auffällig kunstvoll und geschickt war ihr Satteldach errichtet. Das Innere war mit weißem Kies bestreut und angenehm kühl. Ein Bett aus einem flachen Gestell aus Hirsestroh stand für mich als Ruhestätte bereit.

Somit hatte ich ein eigenes Reich zur Verfügung. Die beiden Hütten bildeten den Nächtigungsraum, die verbindende Mitte den Tagesraum. Hinter dem Gästehaus lag ein freier, mit hohen Zäunen umgebener Platz. Hier standen die Kochhütte, die Behausung für die Diener, der Baderaum und das bewußte „kleine Häuschen“ – eine winzige Strohhütte, in deren Zentrum sich ein Lehmhügel mit einem Loch auf der Kuppe befand. In einem Köcher an der Seite lagen mehrere leere Maiskolben, Toilettpapier „à la Afrika“ . . .

Auf einer buntbestickten Matte aus Hirsestroh befanden sich die Geschenke für mich ausgebreitet. Die Bastarbeiten waren von den Frauen des Sultans angefertigt worden. Ferner gab es handgeschmiedete Dolche in schönen Lederscheiden sowie Eingeborenenbögen in reichbefransten Köchern aus Antilopenhaut. Sie waren mit vergifteten Pfeilen gefüllt. Feinziselierte Reiterlanzen trugen am Schaft unterhalb des schmalen, langen Lanzenblattes Amulette mit eingenähten Koransprüchen.

In einem Hof erwarteten mich erstaunliche Mengen von Lebensmitteln. In Reih und Glied standen Krüge, Kalebassen, Schalen mit Honig, Öl, Reis, Erdnüssen, Kartoffeln, Papayas und Mangofrüchten. Dahinter lagen breite Schüsseln, voll mit in Fett schwimmenden Fleischstücken von Ziegen, sowie Kalebassen mir riesigen Hirseknödeln und Gefäße mit Erdnußölsauce, in die verschiedenes Grünzeug hineingeschnitten war.

Ich konnte mich über die Fülle von Geschenken kaum fassen. Mit einer derart großzügigen Gastfreudschaft hatte ich nicht gerechnet. Sie brachte mich in einige Verlegenheit, denn ich mußte mich nun auch erkenntlich zeigen und meinerseits dem schwarzen Fürsten einige Kostbarkeiten überbringen. Wohl lagen in meinem Tropenkoffer Seidentücher, Tennisschuhe, Toilettseifen, Kölnischwasser und andere Dinge bereit – aber würde dies angesichts der Fülle der vom Sultan empfangenen Gaben reichen?

Ich machte mich sofort an das Aussuchen meiner Geschenke, denn am nächsten Tag sollte der große Empfang stattfinden. Eben war ich dabei, meine Koffer zu durchwühlen, als ich vor dem Matteneingang ein Händeklatschen vernahm. Draußen stand ein in Seide gekleideter Hofbeamter, der sich als „Akham“ und „Malum“ vorstellte. Ein Akham ist ein Dolmetscher, ein Malum ein der Priestergilde angehörender Schriftgelehrter.

Der Mann, ein Vertrauter des Sultans, war gekommen, sich im Auftrag seines Herrn nach meinem Befinden und meinen Wünschen zu erkundigen. Aus seinem faltigen weißen Gewand holte er unvermutet drei Weckeruhren hervor und fragte mich nach der genauen Zeit. Es waren Uhren des Sultans, eine davon mit Leuchtziffern. Als ich die Uhren aufzog, erschien ein anderer Vornehmer und brachte ebenfalls drei Uhren, die ich regulieren sollte. Des Sultans Steckenpferd waren also Uhren.

Ich war müde und schlüpfte an diesem so ereignisreichen Tag bald unter das Moskitonetz. Ein Blick ins Freie überzeugte mich, daß die fünf Wächter, die gleich nach meiner Ankunft vor dem Eingang Platz genommen hatten, noch immer dort ausharrten. Sie hatten Schlafmatten ausgebreitet und sich auf ihnen in voller Kleidung zur Ruhe gelegt. Ihre Waffen lagen neben ihnen. Ich war also beschützt, aber auch bewacht...

Am anderen Morgen führte ein Wächter eine Anzahl halbnackter Frauen mit eigenartigen Helmfrisuren heran, die von neuem Lebensmittel, Früchte, Frischmilch und Eier brachten. Sie knieten vor mir nieder und warteten auf mein Zeichen, sich erheben zu dürfen. Ich teilte Münzen aus, die sie sofort unter ihren um den Leib geknüpften bunten Tüchern verschwinden ließen. Ich trank nur die Zebumilch und bewahrte die Früchte für die kommenden Tage auf. Bald darauf erschien der Dolmetscher, der gut französisch sprach und sich nach meinen Wünschen erkundigte.

Der Antrittsbesuch beim Sultan war für etwa halb elf Uhr vormittag angesetzt. Ich hatte mich bestens gekleidet und eine Menge kleiner Geschenke für meinen Gastgeber vorbereitet. Zwei Seidenschals, die ich in meinen Koffer fand, konnte ich leicht entbehren. Dazu legte ich noch viele Meter feinstes Tuch, mehrere Paare Leinenschuhe mit Kreppsohlen, ferner Armbänder, Ohrringe, Silberketten, starke Parfums und wohlriechende Seifen, wie die Orientalen sie lieben, sowie zwei Flaschen Tokaier. Zuletzt fand ich einen fast neuen Anzug – vielleicht ein brauchbares Geschenk für einen der Sultanssöhne.

Die Angehörigen mohammedanischer Stämme kleiden sich zwar nicht nach europäischer Art, und besonders die Vornehmen lieben wallende Gewänder, Bubus und Burnusse, aber ich nahm an, daß einer der Söhne des Herrschers bestimmt einmal in Frankreich studieren würde. Dann konnte er meinen Anzug zumindest für die Reise gebrauchen.

Zum Empfang ließ mich der Sultan von Rei Buba durch festlich gekleidete Vertraute abholen. Sie führten mich durch enge Gassen zu einem riesigen freien Platz, hinter dem sich etwa zehn Meter hohe Lehmmauern erhoben, in die zum Schutz gegen Eindringlinge Dornen eingelassen waren. Dahinter befand sich das Serail des Sultans, ein eigener Stadtteil. Den Eingang bildete ein auf mächtigen Holzpfeilern ruhender Wachtturm, vor dem gepanzerte Männer standen, Führer der Leibgarde, die Lobpreisungen auf den Sultan schrien. Immer wieder hörte ich die Worte: „Njiwa Manga, Njiwa Manga!“ Einige Krieger kauerten auf dem Erdboden und hielten Schnüre mit dicken Bernsteinperlen in ihren Händen. Damit leierten sie den Koran herunter.

Ich durchschritt das finstere Gewölbe der Wachtpforte und wurde durch ein Labyrinth von Gängen, Höfen und verschiedenen Hütten geführt. Wohin ich auch sah – überall schwer bewaffnete Männer. Endlich machten wir vor einem mit Ornamenten verzierten Lehmbau halt, der durch eine schwere eisenbeschlagene Holztür verschlossen war. Das übliche Spitzdach war besonders schön mit dickem Stroh gedeckt, auf dem überdies noch Flechtmatten lagen.

Im Halbdunkel dieser Hütte, deren braune, glattpolierte Wände wie glasiert glänzten und mit seltsamen Mustern reich verziert waren, saß der Sultan von Rei Buba auf einem Messingbett, auf dem ein silberbestickter Teppich lag: der Thron der Beherrscher des Bubandjiddalandes. Sein Vater hatte das Bett dereinst von Kaiser Wilhelm II. als Geschenk erhalten.

Der Sultan präsentierte sich ganz als orientalischer Herrscher. Schwerer Brokat mit Gold und Silber hüllte ihn ein. Sein unverkennbar negroides schwarzes Gesicht war bis unter die Augen mit einem Schleier, dem Litham, verhüllt. Sein Haupt krönte ein äußerst sorgsam gewickelter Turban aus weißem, weichem Musselin von mindestens fünfzehn Meter Länge. An den Füßen des Sultans bemerkte ich europäische Lackschuhe. Alle Wohlgerüche des Orients strömten mir entgegen.

Der Herrscher erhob sich ungezwungen und kam mir einige Schritte entgegen. Ich selber bin groß, aber Sultan Amadu überragte mich noch um mehr als Haupteslänge. Freundschaftlich schüttelten wir einander die Hände, und ich begrüßte ihn mit den Worten: „Djam-Djam, Sultan Baba, Manga Sultan, Njiwa Sultan, Allahreni, Allabarka, Lafiala; Njiwa Manga Sultan!"

Seitlich von mir kauerte auf dem Boden der Dolmetscher, das Gesicht zum Zeichen der Ehrfurcht von seinem Gebieter abgewandt. Der Sultan redete mit ihm auf duru. Mich bat der Übersetzer, französisch zu sprechen.

Buba Amadu, Sultan von Rei Buba, Beherrscher des Bubandjiddalandes, äußerte seine Freude, mich, den „großen, weißen Jäger aus dem fernen Land in Europa", in seinem Reich zu begrüßen. Ich wiederum bedankte mich mit vielen Worten und Gesten für die zahlreichen Geschenke, die ich von ihm erhalten hatte. Dann übergab ich meine Gaben einem vor der Hütte auf der Erde liegenden Haussklaven, der sie sofort wegtrug. Ich glaube, die Flaschen mit Wein bereiteten dem Sultan die größte Freude. Seine Augen leuchteten geradezu auf, als ich so nebenbei bemerkte, daß es sich selbstverständlich um Medizinalwein handle, den er als rechtgläubiger Moslem ohne Gewissensbisse trinken dürfe . . .

Der Dolmetscher fragte mich: „Der Sultan benötigt Kugelpatronen für seine Jäger. Haben Sie das Kaliber soundso?" Ich wußte genau, daß die französische Verwaltung die Abgabe von Munition an Eingeborene strengstens verboten hatte. Die Situation begann unangenehm zu werden. Ich antwortete daher ausweichend: „Mein Patronenvorrat geht zur Neige, und meine Jagdgewehre haben auch bestimmt ein anderes Kaliber."

Der Übersetzer gab sich damit nicht zufrieden und bohrte weiter: „Der Sultan hat Interesse an allen Arten von Kugelpatronen. Seine Leibgarde besitzt fünfzig Militärgewehre, die auch die Jäger des Herrschers benützen, um Wild für den Hof zu liefern."

Ich durfte keinesfalls auf diese Forderungen eingehen. Es war mir bekannt, daß die Eingeborenen aus allen möglichen Patronenhülsen Pulver entnahmen, um daraus die passende

Munition zu fertigen. Laufsprengungen und Verletzungen waren häufig die Folge. Glücklicherweise konnte ich das peinliche Fragespiel auf ein anderes Thema lenken, denn mir lag viel daran, das Bubandjiddaland weiter bereisen zu dürfen.

Am meisten interessierten mich die Nashornbestände. Der Reichtum an Rhinozerossen in Nordkamerun und im Tschadgebiet hatte sich nach dem Ersten Weltkrieg stark vermindert. Heute stehen sie als seltenes Großwild schon seit langem unter strengstem Schutz. Freundlich versprach mir der Sultan jegliche Hilfe.

Auf die von ihm erhaltenen Geschenke zurückkommend, fragte ich nach den Künstlern, die die schönen Teller, Hüte und Matten geflochten hatten. Es waren die Nebenfrauen des Sultans, lautete die Antwort. Dann wagte ich die Frage, wieviel Frauen er in seinem Harem habe. Die Miene des Fürsten verfinsterte sich; der Dolmetscher blinzelte mir zu und zupfte mich an der Hose. – Ich hatte gehört, daß Buba Amadu achthundert Frauen besitze, jede in ihrer eigenen Hütte im Sultansserail. Demnach sollte sich eine ganze Frauenstadt hinter den großen Lehmmauern befinden, deren Eingänge von alten Eunuchen bewacht waren. Die einundzwanzig Lieblingsfrauen des Sultans durften den Palast niemals verlassen, die anderen hingegen wurden auch zur Arbeit auf den Feldern herangezogen.

Diesmal hatte ich mich selber in Verlegenheit gebracht und begann daher über das Heer zu sprechen. Im Anschluß an meinen Besuch wollte mir der Sultan auf dem großen Platz vor dem Palast die alten Kampfspiele seiner Truppen zeigen.

Von Beamten und Sklaven umgeben, schritt der Fürst durch den Irrgarten der Höfe und Gänge zu dem großen Wachtturm an der Lehmmauer. Ich folgte ihm. Schon von weitem hörte ich das Geschrei der Krieger, übertönt vom Lärm der Hörner, Tuben und Trommeln.

Bläser und Paukenschläger kamen auf uns zu, an ihrer Spitze zwei Hofsänger in farbenfrohen Gewändern. Sie trugen Helme, die mit Kaurimuscheln und Straußenfedern geschmückt waren. Unter tollen Sprüngen schlugen sie auf allen zur Verfügung stehenden Instrumenten Akkorde an und sangen alte Heldenlieder auf langverstorbene Herrscher des Reiches. Ihre Gesänge verherrlichten den tapferen Heerführer Djemanah Buba, der das Reich gegründet und dem Emir von Jola getrotzt hatte, ihm keine Tribute ablieferte und die Abgesandten des Lamido von Garua köpfen ließ, als sie den Benue überschritten. Sie besangen aber vor allem die Stärke und Macht Buba Amadus und bewunderten seinen Reichtum an Frauen sowie seine Klugheit.

Nun marschierte das Heer in einzelnen Trupps auf. Lanzenschwingend galoppierten die Kettenpanzerreiter auf prächtigen Pferden auf uns zu. Die Gäule bäumten sich hoch auf, Schaum und Blut troff aus den Mäulern der flinken, buntgeschirrten und ebenfalls in Panzer gehüllten Rosse. Ein eindrucksvolles Bild!

Der Reiterei folgten Fußvolk und Bogenschützen mit herrlichen Leopardenfellen auf den Rücken, die Köcher mit Giftpfeilen prall gefüllt. Wild tanzten daran die weißen Kuhschwänze. Dann kamen die Speerträger. Mächtige Schilde aus Büffelhaut verdeckten die Gestalten zur Hälfte.

Das Defilee des Sultansheeres dauerte Minuten. Ich war wie geblendet von der Vielfalt der

Farben und Formen. Verwirrt nahm mein Ohr die wilden Schreie der Krieger auf, das Dröhnen der Trommeln, die hektischen Laute von Tuben und Hörnern sowie das helle Quietschen der Flöten. Immer schriller wurde der Lärm, immer bunter das Bild.

Ich stand in einem blütenweißen Tropenanzug in vorderster Reihe und fotografierte das Kriegsspiel. Glücklicherweise hatte ich eine zweite Leica dabei. Eine war mit Kodachrom-Farbfilm geladen, die andere mit Schwarzweißfilmen. Um die Spulen zu wechseln, raste ich mehrmals zur dunkelsten Ecke des Wachtturmes, immer in Angst, daß mir inzwischen packende Szenen verlorengehen könnten. Ich schuftete wie der sprichwörtlich rasende Reporter!

Endlich formierten sich die Krieger zu mehreren großen Gruppen. Die Speer- und Lanzenträger stellten sich gegeneinander auf und erhoben ihre Schilde mit den rasselnden Eisenblechgehängen. In der Rechten hielten sie die Speere wurfbereit. Es sah aus, als würden sic aufeinander losgehen wollen, aber es gab nur ein Scheingefecht. Die Bogenschützen mit dem Spannring am Mittelfinger rissen wie zum Spiel an den Sehnen der langen Holzbögen.

Schließlich wurden Kriegs- und Jagdtänze vorgeführt. Die bewaffneten Männer hatten sich in Kreisen aufgestellt; nun marschierten sie wiegenden Schrittes zur Begleitung von Trommeln und Hörnern. Ihre Bewegungen waren gemessen und dennoch voll Rhythmus. Die Hitze um die Mittagszeit war groß, und auf den schwarzen Gesichtern stand der Schweiß. Kein Wunder, denn die Gewandung der Männer war schwer und reichte ihnen oft über die halbe Wade. Aber keiner der Tänzer trug Sandalen. Alle waren barfuß, um ungehindert tanzen und springen zu können.

Viel von dem, was ich hier an Prunk und Pomp, an Kleidung und Waffen zu sehen bekam, hatte das blühende Handwerk dieses feudal-autokraten Großstaates selbst hergestellt. Eigenartig war, daß die Männer webten und strickten und die Frauen nur spannten. Die Handwerker waren in den verschiedensten Zünften zusammengeschlossen; jene der Färber und Schmiede standen in besonders hohem Ansehen.

Das viele Schauen, der Lärm, die rasch wechselnden bunten Bilder, Hitze und Staub hatten mich stark ermüdet. Ich freute mich jedoch sehr, daß es mir gelungen war, all die farbig belebten Szenen auf den Film zu bannen. So hatte ich eine große Anzahl völkerkundlich wertvoller Dokumente festhalten können.

Der Sultan ließ durch einen Beamten das Zeichen zur Beendigung der Kampfspiele geben. Die Menschenmassen verzogen sich. Ich dankte dem Herrscher des Bubandjiddalandes für das großartige Schauspiel, das er mir hatte vorführen lassen, und blieb noch einige Tage in Rei Buba, um das Leben und Treiben der Bevölkerung zu studieren; vor allem aber auch, um das in Kamerun schon damals so selten gewordene Nashorn zu beobachten.

Eines Tages, um die Mittagszeit, traf ich am Mao Bahultir ein, einem tiefeingeschnittenen Wasserlauf von acht bis zehn Metern Breite. Den Nachmittag über jagte ich auf kleinere Antilopen, und ich hatte Glück. – In der Nacht brannten im Lager die Feuer der Eingeborenen, die ich mitgenommen hatte. Die Fulbe saßen ringsum um die Holzroste und schmorten Wildfleisch, das ich für sie hatte erbeuten können. Ich schlief sehr unruhig. Das war ein schlechtes Zeichen, denn in Afrika hatte ich immer einen guten, wenn auch leichten Schlaf. Gegen Morgen plagten mich schwere Träume, Fieber und Schüttelfrost packten mich. Es war so kalt, daß ich nicht aus dem Feldbett wollte, aber sofort wurde ich wieder frisch, als mir ein Späher frische Spuren eines Nashornbullen meldete.

Der Anmarsch dauerte eine Stunde. Schließlich stieß ich auf die Fährte des Dickhäuters. Er war im Morgengrauen auf Nahrungssuche ausgezogen und hatte anschließend jene Gebiete aufgesucht, in denen die Brände schon vor längerer Zeit über Land gegangen waren. Hier hatten die Sträucher bereits saftige grüne Blätter, und die wilden Feigenbäume trugen reichlich Früchte.

Leider hatte das Rhinozeros einen zu großen Vorsprung. Es war in der Nähe eines großen Flusses in ein riesiges Gräsermeer eingezogen, in das wir ihm nicht folgen konnten, ohne unser Leben aufs Spiel zu setzen.

Die Morgen wurden immer prächtiger. Täglich erhob sich die Sonne blutrot auf dem bläulichen Himmel. Die Luft war von einer Klarheit und Reinheit, wie man sie nur im Dezember oder Januar bei Tagesanbruch erlebt. Die Kühle ließ mich frösteln. In den späteren Stunden wurde es dann heiß, die Sonne brannte unbarmherzig hernieder, und die Luft fing an zu flimmern.

In der Nähe des Mao Veimba fanden wir bald zahlreiche ausgetretene Nashornwechsel. Die Rhinos halten gerne ihre Pfade ein. Es wäre aber tödlicher Leichtsinn gewesen, auf einem dieser Trampelwege das Lager aufzuschlagen, wäre es auch noch so bequem gewesen. Nashörner sind sture und eigensinnige Tiere, die jedes Hindernis auf ihren Bahnen niederrennen. In diesen Einständen heimatete nur das Schwarze Nashorn. Sein weißer Vetter, das Breitmaulnashorn, ist vielleicht noch vereinzelt an der Grenze zum Sudan anzutreffen.

Wir mußten uns sehr vorsichtig bewegen. Das Gelände war außerordentlich unübersichtlich, und diese Dickhäuter sind jähzornige und unberechenbare Gesellen. Innerhalb von wenigen Tagen konnte ich in jener Gegend ungefähr dreißig Nashörner feststellen. Den Gesamtbestand im Bubandjiddaland schätzte ich auf etwa zweihundert Exemplare.

Am sichersten kann der Jäger auf eine Begegnung mit dem Nashorn am frühen Morgen und am späten Nachmittag rechnen; während der heißen Stunden zieht es in den Schatten des Dickichts. Die Beobachtung der Rhinos am Mao Veimba war äußerst schwierig und mit großen Strapazen verbunden. Das Gras war nicht überall niedergebrannt und an manchen Stellen ungemein dicht und bis zu vier Meter hoch. Sobald ich in früher Morgenstunde frische Nashornfährten im Sand bei einem Wasserlauf gefunden hatte, verfolgte ich sie bis zum hohen Gras, gelegentlich auch bis zum dichten Dornbusch. Ihnen noch weiter zu folgen, war nicht ratsam, denn eine Möglichkeit, in die Grastunnels notfalls auszuweichen, gab es nicht. Trotz der Sicherheit, die das Dickicht dem Nashorn bietet, ist es immer sehr vorsichtig und wird beim geringsten verdächtigen Geräusch hoch. Dann versucht es mit seinen kleinen Augen die Ursache des Geräuschs zu erkennen. Dabei wiegt es seinen Kopf mit dem gekrümmten Horn drohend hin und her und stürmt oft ohne besonderen Anlaß auf den vermeintlichen Gegner los. Rhinos haben auch Stammplätze, an denen sie ihre Losung absetzen und dann mit den Läufen auseinanderschlagen.

Einige Male war ich den Tieren knapp auf den Fersen; leider polterten sie jedoch ab, bevor ich sie zu Gesicht bekam. Nashörner führen ein sehr regelmäßiges Leben. In der Nacht verlassen sie den dichten Dornbusch und ziehen umher, um zu äsen. Sie lieben das junge Blätterwerk. Im trockenen Steppenboden stieß ich mehrmals auf Stellen, an denen sich Nashörner gewälzt hatten, um sich des Ungeziefers zu entledigen. Sie werden auch häufig von Kuhreihern begleitet, die ihnen die Schmarotzer vom Rücken absuchen. Diese Vögel warnen ihre Wirte durch plötzliches Aufflattern, noch ehe der Mensch sie bemerkt.

Einmal waren wir kurz nach Sonnenaufgang im Flußbett unterwegs und suchten von hier aus vergebens nach Fährten am Ufer. Erst als wir wieder landeinwärts zogen, wurden unsere Mühen belohnt. Kaum waren wir hundert Meter weit gekommen, als sich das hohe Gras bewegte und ein Rauschen und Brechen zu hören war. Das „Cilifori", wie das Nashorn in der Fulbesprache genannt wird, war auf Wanderschaft und kam von der Morgentränke zurück, um seinen Tageseinstand aufzusuchen.

Mein Begleiter mit dem Speer erkletterte einen Baum und hielt Ausschau. Im selben Augenblick trat ein mächtiges Nashorn, ein ausgewachsener Bulle, aus dem gelben Gras heraus. Ungefähr dreißig Meter von uns entfernt, zog er langsam vorbei. Mit einemmal blieb er wie angewurzelt stehen: etwas war ihm verdächtig vorgekommen. Rasch versuchte ich, einige Aufnahmen zu machen, aber die Lichtverhältnisse waren zu dieser frühen Stunde noch zu schlecht.

Der Bulle begann mit den Vorderläufen den Erdboden zu scharren und stieß ein seltsames Prusten aus. Das klobige Haupt hielt er gesenkt. Das erste Horn schätzte ich auf etwa vierzig Zentimeter, das zweite war nur gering. Ich war gespannt, wie sich das Ungetüm verhalten würde. Es war unruhig, scharrte in einemfort auf dem Boden, machte kehrt, entfernte sich, kam auf die alte Stelle zurück und nahm plötzlich Richtung gegen uns.

Die Lage wurde brenzlig. „Dilli Nazarra! Dilli Nazarra! Dilli djonta!" – „Lauf, Weißer! Lauf, Weißer! Lauf schnell!" Der Fährtensucher nahm an, das Nashorn würde gleich angreifen. Ich jedoch bemühte mich, den freistehenden Bullen in den Spiegel des Teleobjektivs zu bekommen, was mir nicht sofort gelang. Ein kurzer Blick nach hinten zeigte mir, daß der Schwarze schon das Weite gesucht und sich auf einen Baum verdrückt hatte. Im gleichen Augenblick raste das Nashorn auf mich zu. Ich schrie es an und rannte, was mich meine Füße trugen, zum nächstbesten Baum, der aber unter meiner Last umbrach, als ich an ihm emporkletterte. Im Handumdrehen landete ich wieder auf der Erde. Es war einer jener verkrüppelten angebrannten Steppenbäume gewesen, der meine Haut im Ernstfall auch nicht hätte retten können. Zum Glück überlegte es sich das Nashorn anders; wenige Meter vor mir machte es kehrt und galoppierte mit hocherhobenem Wedel in den Busch. Ich atmete etwas tiefer als sonst...

Auf dem Rückweg zum Grenzfluß begleitete mich wieder die Reiterei des Sultans. Noch einmal blickte ich auf die im frühen Morgenlicht liegenden Stadtmauern von Rei Buba zurück. Der Abschied fiel mir schwer. Lange noch hörte ich die Rufe der Krieger: „Njiwa Manga, Njiwa Manga!"

Ich beschloß, wiederzukommen.

Ein Jahr später führte ich ein Filmteam aus Wien durch die Sahara zum Tschadsee und weiter nach Rei Buba. Eine Ärztin, die sich auch anthropologische Aufgaben gestellt hatte, war mit dabei. Elio und Augusto Carniel waren die erfahrenen Kameraleute, und Dr. Albert Quendler, der Regisseur, hatte ein interessantes Drehbuch in der Tasche. Es sollte eine aufregende Liebesgeschichte werden . . .

Wieder wurde ich von Sultan Buba Amadu mit allen Ehren aufgenommen und samt meinen Leuten willkommen geheißen. Diesmal hatte ich für ihn besonders wertvolle Geschenke mitgebracht, darunter eine Kiste besten französischen Champagner, den er als Muselman allerdings wieder nur zu medizinischen Zwecken durch seine Herrscherkehle rinnen lassen durfte. Auch ein nagelneues Kofferradio hatte ich ihm geschenkt. Als Musik erklang, leuchteten die Augen des Sultans auf. Wie ein Kind freute er sich über die Töne aus dem Äther. Ich lächelte; zufällig brachte der Sender aus dem Kongo die Melodie vom „Dritten Mann" . . .

Mit dem Beginn der Filmarbeit tauchten auch schon die ersten Probleme auf. Es wurden zwei Hauptdarstellerinnen benötigt, denn alle Mitwirkenden sollten Eingeborene sein: die eine eine Bergheidin, die andere ein Fulbe-Mädchen aus Rei Buba. Zwischen beiden steht Omaru, mein Diener. Er war schon lange in meinen Diensten und sollte die Hauptrolle spielen. Ungemein anstellig, benahm er sich wie ein erfahrener Filmstar.

Das Drehbuch sah folgendes vor: Omaru, der arme Bergheide, hat zwischen dem orientalischen Prunk in der Stadt und der Einfachheit und Ungebundenheit seines gewohnten Lebens in den Felsbergen zu wählen. Er soll aus der kargen Wildnis der Mandaraberge hinab in die Steppe, zum Reich des Sultans Rei Buba, wandern. In der Heimat läßt er seine Verlobte zurück. Von der Größe und dem Reichtum der Sultansstadt, vom betriebsamen Markt und der Schönheit der Fulbefrauen überwältigt, kann er seine Eindrücke nicht vergessen und bleibt auch nach seiner Rückkehr ins heimatliche Bergdorf von dem Verlangen beherrscht, Mairama, die Tochter des mächtigen Heerführers Kaigama, zum Weib zu gewinnen. Sie hat ihn durch ihre Koketterie, ihr schillerndes Wesen, ihre verschwenderisch bunte Kleidung und durch ihre gemeinisvolle Reife betört. Er verläßt sein Dorf endgültig und kehrt nach Rei Buba zurück, wo er sich als reicher Fulbe eines fremden Stammes ausgibt und Mairamas Jawort erringt.

Mit orientalischem Prunk wird das Hochzeitsfest vorbereitet. Die Vornehmen des Sultans von Rei Buba versammeln sich, die Reiterscharen in ihren Rüstungen beginnen mit den Spielen. Unmengen von Hammeln werden geschlachtet, es gibt Hirsebrei und Hirsebier für alle, denn bei diesem Fest ist der Beutel des Sultans offen.

Mittlerweile ist die kleine Bergheidin Jindaray ihrem Geliebten in die Ebene gefolgt und hat sich an Mairama als Sklavin verkauft. Sie hofft, Omaru für sich wiederzugewinnen. Mairama durchschaut das Spiel und läßt sie im Serail auspeitschen. Omaru kommt dazu und erkennt im selben Augenblick, was ihn während seines gesamten Aufenthalts in Rei Buba bedrückt hat: die Sehnsucht nach seiner kleinen Jindaray und das Heimweh nach dem freien Leben in den Bergen. Er reißt Jindaray zu sich aufs Pferd und flüchtet mit ihr, verfolgt von den Wächtern und der Reiterei des Sultans.

Die wilde Jagd geht über die Savanne, über den Grenzfluß und durch die Steppe weiter bis zu einer Bergschlucht. Dort glückt es Omaru, die Verfolger zu täuschen. Das ihm vertraute Bergecho erscheint den Reitern des Sultans als ein Chor böser Geister. In abergläubischer Furcht kehren sie in die Ebene zurück. Omaru und Jindaray beginnen in ihrer Heimat Sulgo ein neues Leben.

Wir brauchten also eine Jindaray und eine Mairama. Aus diesem Grund hielten wir, gleich nachdem wir nach Rei Buba gekommen waren, nach hübschen Mädchen für den Film Ausschau. Die Stadtbewohner gehörten zu neunzig Prozent ehemals unterworfenen Völkern an: den Dama, Mono, Duru, Mbum und Lakka. Die Eroberer hatten sich längst mit ihren früheren Sklaven vermischt, so daß wir nur selten reine, hellhäutige Fulbe zu Gesicht bekamen. Selbst die jungen, blühenden Mädchen hatten nach europäischen Begriffen keine schönen Gesichtszüge und waren alles andere als fotogen. Die Frauen, die ich in den engen Gassen zwischen den Mattenzäunen erblickte, waren unhübsch. Sie hatten grobe, negroide Züge und massige Figuren. Die reifen Frauen waren abgearbeitet und ausgemergelt.

Der Regisseur aber hatte von den Hauptdarstellerinnen eine ganz bestimmte Vorstellung. Die eine sollte nicht nur jung und attraktiv wirken, sondern ihrer Rolle gemäß auch Liebreiz und Naivität ausströmen, Opferbereitschaft und Kindlichkeit auszudrücken imstand sein. Ihre Gegenspielerin mußte nicht weniger schön, vollerblüht, dazu noch kokett und raffiniert sein.

Wir wandten uns an die Dogari, die Abgeordneten des Sultans, und versprachen ihnen große Geschenke, wenn sie uns die geeigneten Frauen brächten. Außerdem mußte ich auch den Sultan bitten, denn er als Herr über Leben und Tod seiner Untertanen hatte das letzte Wort zu sprechen. Tag für Tag wurde uns von den Dogari eine ansehnliche Anzahl schwarzer Schönheiten präsentiert. Sie mochten den Einheimischen sehr begehrenswert erschienen sein – für unseren Film aber waren sie jedenfalls nicht die gesuchten Diven.

Erst nach Tagen kam eine junge, hübsche Frau, die dem Regisseur sofort für die Rolle der Tochter des Heerführers Kaigama passend erschien. Sie war in bunte, seidene Tücher gehüllt, hatte einen wohlgepflegten, dichten Haarschopf, der mühsam unter ein grelles Kopftuch gezwängt war, und wirkte sehr pfiffig.

Mairama war gefunden. Sie gehörte zu den begehrtesten „Debu Weih“, den „Fräulein ohne Mann“, der Stadt. Wir mußten mit ihrem sogenannten Bruder palavern, haben aber nie herausgefunden, ob er tatsächlich ihr leiblicher Bruder, ein Verwandter oder nur ein Freund der üppigen Schönheit war. Mit ihm schlossen wir den Handel ab, denn er behauptete, Rechte auf sie zu haben, und sie widersprach ihm darin auch nicht.

Er erhielt einige tausend Kolonialfranken in die Hand gedrückt und verschwand. Mairama selbst wurde nach Beendigung der Dreharbeiten mit bunten Tüchern, Parfüm, Tennisschuhen und Geldgeschenken belohnt, so daß auch sie nicht leer ausging.

Die Kameraleute begannen sofort mit ihr zu arbeiten. Mairamas Partner Omaru lebte sich von Tag zu Tag mehr in die Filmarbeit ein und half gleichzeitig dolmetschen. Die Eingeborenen von Rei Buba hatten freilich noch nie eine Normalfilmkamera gesehen und wußten auch nicht, was wir überhaupt bezweckten. Sie lachten und kicherten über unsere Handgriffe, über unseren Ärger und über die häufigen Verzweiflungsausbrüche. Der Regisseur mußte jede Szene erklären und vorspielen. Klappte es nicht, halfen wir uns mit Bitten, Versprechungen und schließlich mit der Drohung, dem Sultan von allem zu berichten. Tatsächlich waren wir auf den guten Willen dieser Menschen angewiesen und konnten nur versuchen, sie mit Milde dorthin zu bringen, wo wir sie haben wollten.

Jindaray entdeckte ich eines Tages durch Zufall. Sie hieß mit ihrem richtigen Namen Cultimi. Ich saß eben im Liegestuhl unter dem Schattenbaum und beobachtete das Leben und Treiben in den Gassen. „Jindaray" ging an mir vorüber; sie trug eine offensichtlich sehr schwere Holzlast auf dem Köpfchen. Das Mädchen fiel mir sogleich auf. Sie war hellhäutig, schlank und zart, hatte einen ebenmäßigen Körper mit prallen kleinen Brüsten, kindliche Gesichtszüge und eine natürliche Anmut – alle Eigenschaften, die wir so lange vergeblich gesucht hatten. Rasch sprang ich auf und trat auf sie zu. In der Fulbesprache beruhigte ich das verängstigte Kind und bat es, zu uns ins Gästehaus zu kommen. Ich wollte sie dem Regisseur vorstellen.

Dr. Quendler und Elio Carniel erkannten sofort, daß ich in ihr die ideale weibliche Hauptdarstellerin gefunden hatte. Jetzt wurde es wieder heikel: Wir wußten nämlich nicht so recht, wie wir dem Mädchen aus dem reichen Herrenvolk klarmachen sollten, daß es die Angehörige des von den Mohammedanern als ungläubig verachteten Heidenvolkes darstellen müsse.

Cultimi alias Jindaray berichtete, daß sie die einzige Frau eines schwarzen Händlers sei, der jedoch kein Untertan des Sultans war. Das komplizierte den Fall zusätzlich. Die Dogari schafften noch am selben Tag Cultimis Mann herbei, mit dem wir lange sprachen. Er stammte aus Marua, kannte die Weißen, war ein geriebener Geschäftsmann und der Typ des stark verschlagenen Eingeborenen, den die Zivilisation schon restlos verdorben hatte. Er war wohl der zur Zeit einzige Schwarze, der jemals einer Kinovorführung beigewohnt hatte, und seine Geldforderungen waren dementsprechend hoch, ja geradezu unverschämt. Trotz der Einwände der Dogari mußten wir schlußendlich nachgeben. Der abgefeimte Bursche konnte sich für Cultimi, die er uns für die nächsten Wochen einige Stunden täglich zur Filmarbeit überließ, gleich vier andere Weiber kaufen. Er bekam das Geld in schön gebündelten Hundert-Franc-Scheinen, dazu noch mehrere Dutzend Ziegen, einige Säcke Salz, Petroleum in Kanistern, Tücher und Stoffe. Damit gab er sich zufrieden.

Inmitten von saftigem Grün und unter bunter Blütenpracht fielen die Klappen. Szene für Szene wurde gedreht. Allerdings konnte die Kamera nur einige Stunden am Tag surren. Sahen wir am Morgen, daß Sonne und Wolkenbildung günstig waren, schickten wir Frau Dr. Löbel aus, um Mairama zu holen. Unser dunkelhäutiger Star war nicht leicht zu behandeln. Sie hatte ihre Mucken wie die meisten afrikanischen Frauen, ließ sich gern bitten und mußte immer herbeigeholt werden. Sinn und Zweck ihres Lebens war ihr Verkehr mit Männern, und diesem ging sie weiterhin nach. Ihr kleiner Wohnraum mit der primitiven Liegestatt aus Matten und Ziegenfellen, die von einem Moskitonetz aus grobem Linnen schützend abgedeckt war, war ganz darauf eingerichtet.

Eitel, wie Mairama war, kam sie nur sehr selten von selbst zu den Aufnahmen. Die Dogari mußten die notwendigen Statisten – Kinder, Volk, Krieger und Jäger – zusammentrommeln. Zum Teil waren diese Leute auf ihren Feldern außerhalb der Stadtmauern, und es dauerte immer geraume Zeit, bis sie sich zu kommen bequemten. Es gab etliche Hindernisse und Schwierigkeiten, bis sie endlich auf der Bildfläche erschienen.

Jung und alt half mit, die Kameraausrüstung und die großen Zinkblechspiegelblenden, die die Gesichter als einziges optisches Hilfsmittel beleben und aufhellen sollten, an Ort und Stelle zu schaffen. Meist konnten wir erst gegen Mittag mit der eigentlichen Dreharbeit beginnen, und bald waren die Schwarzen von der Hitze mehr erschöpft als unsere Kameraleute und der Regisseur.

Das Leben in Rei Buba war ruhig und friedlich. Nur einmal in der Woche wurde es überaus lebhaft: Dann kamen aus allen Teilen des Reiches die Eingeborenen auf dem Marktplatz zusammen und boten die Früchte ihrer Arbeit feil: winzige gezogene Bohnen, ungeschälte und geschälte Erdnüsse, weiße und rote Hirse, Süßkartoffeln, Maniok- und Yamwurzeln, dünne Peperonischoten, Ziegen, Hühner und verschiedene Gebrauchsgegenstände, wie Matten, Körbe und Kalebassen. Unweit des Marktes hatte sich ein Schmied niedergelassen. Sein Gehilfe bearbeitete den ganzen lieben Tag lang das Holzkohlenfeuer mit dem Blasbalg aus Antilopenhaut. Das glühende Eisen wurde gehämmert, gebogen und in die gewünschte Form gebracht. Er fertigte Speere und Widerhaken, breite Lanzenblätter, große und kleine Dolche sowie lange Fulbeschwerter mit dem typischen Kreuzgriff an.

Der Markt war das geeignete Umfeld für so manche Szene unseres Films. Omaru ist zum erstenmal aus den Mandarabergen nach Rei Buba gekommen; völlig verschüchtert, trachtet er für seine Erdnüsse und Hirse sieben Ziegen als Brautpreis für Jindaray einzuhandeln. Der arme halbnackte Bergheide wird von den reichen Fulbeherren und den hübschen Mädchen ausgelacht. Er ist scheu, verwirrt und trotzig und verschleudert schließlich die mitgebrachten Eßvorräte für eine billige Europäerhose.

Omaru erwies sich als scharfsinniger Bursche, der sich meist willig in die einzelnen Szenen

Bilder rechts: Oben: Nach langer Pirsch gelang es mir in Kamerun erstmals, den wenig bekannten Zwergelefanten zu erlegen. – *Unten:* Sorgfältigst gepflegte Jagdwaffen sind für das Überleben im Herzen des Schwarzen Kontinents unerläßlich.
Bild umseitig: Zur Jagd auf den Elefanten gehören eiserne Nerven.

einfügte, aber auch er machte es uns oft nicht leicht. Soviel Spaß ihm die späteren Verfolgungsszenen bereiteten, so schwer war er zu bewegen, in aller Öffentlichkeit den armen Bergheiden zu spielen. In seinen Augen war es für ihn – den klugen Diener seines weißen Herrn und die gewichtigste Persönlichkeit bei der Filmarbeit – äußerst peinlich, eine untergeordnete Rolle zu mimen. So etwas liegt eben nicht in der Mentalität der Schwarzen. Zum Glück hatte er sich im Verlauf des Filmes zu wandeln und sollte auf dem Höhepunkt als Fulbeherr im Bubu, mit Schwert und Gurt, in Rei Buba auftauchen. Als reicher Fulbe mußte er die indigoblaue Tobe mit der Waffe tragen.

Man glaube ja nicht, daß es ein Kinderspiel war, die Sachen für ihn einzukaufen. Die wenigen Händler, die in Streifen gewebte, baumwollene Stoffe führten, waren ihre Ware schon sehr bald nach Marktbeginn losgeworden. Wertloses europäisches Zeug wollten wir aber nicht verwenden, denn das Volk von Rei Buba trug allgemein selbstgesponnene und verarbeitete Baumwolle. Der Sultan besaß weite Baumwollfelder. Einmal jährlich wurde geerntet, und die Fasern wurden auf den Märkten feilgeboten. Mittels einer primitiven Spindel zogen die Frauen den Faden; die Männer verwoben dann das Gesponnene auf einfachen hölzernen Fußtrittwebstühlen in Streifen von fünf bis zehn Zentimetern Breite. Diese wurden in meterlangen Rollen auf den Markt gebracht und nach Armlängen verkauft. Das Zusammennähen der Baumwollbahnen zu Gewändern war ebenso wie das Färben und Besticken der Toben Männersache. Indigoblau wird von allen vom Islam beeinflußten Völkern des Westsudans bevorzugt. Jeder größere Ort hat seine Färber, die die Indigolösung in Lehmgruben bereithalten und die Stoffe je nach Bedarf damit behandeln.

Als wir endlich einen derartigen blauen Streifenstoff eingehandelt hatten, übergaben wir ihn einem der zahlreichen Schneider. Er sollte für unseren Filmhelden einen mächtigen Bubu nähen. Das ging nicht ohne Feilschen ab, denn von uns Weißen verlangte der „Dior von Rei Buba“ selbstverständlich den dreifachen Preis. Ein Schwert in schön gearbeiteter Lederscheide sowie den schmalen Dolch – das Geschenk der kleinen Jindaray an ihren Bräutigam Omaru – erstanden wir bei einem Schmied.

Die Hitze und die Eigenart der Lichtverhältnisse brachten weitere Erschwernisse. Das Tauschen des belichteten Films gegen das neue Material mußte unter einem Schattenbaum oder in einer Hütte vor sich gehen, die gegen das grelle Sonnenlicht schützte. Weder Kulissen noch erfahrene Statisten standen uns zur Verfügung, und wo das Wollen der Leute nicht reichte, mußten wir mit Tricks arbeiten, wie zum Beispiel bei der Grußszene:

Omaru ist reich und vornehm geworden und reitet durch Rei Buba. Alle, die ihn sehen,

Bild umseitig: Die Haut dieses „Phantoms des Urwalds“ gelangte später in das Naturkundemuseum von Berlin.
Bilder links: Oben: Meine Träger bei der Rast. – *Unten:* Dieses Dorf im Medsime-Urwald war Ausgangspunkt meiner strapazenreichen Pirsch auf den Bongo.

verneigen sich ehrfürchtig vor ihm. Nun wußten aber alle Bewohner der Stadt, daß Omaru unser Boy und keineswegs vornehm war. An der Tätowierung, an seiner Sprache und seinem Äußeren erkannten sie zudem, daß er Angehöriger eines Heidenstammes aus der Steppe um Marua war. Daher wären sie nie zu bewegen gewesen, ihn untertänig zu begrüßen.

Die Szene beginnt laut Drehbuch vor den hohen Lehmmauern, die den Sultanspalast vor den Blicken Neugieriger schützen. An diesen mittelhohen Mauern lungern den ganzen Tag über Männer aus der Stadt herum. Omaru hatte im neuen Bubu – mit dem großen Schwert und einem lederbestickten Strohhut – an ihnen vorbeizureiten. Sie sollten den künftigen Schwiegersohn des großen Heerführers Kaigama grüßen – also aufstehen und sich zur Erde neigen. Das war von den Mohammedanern zuviel verlangt! So ritt denn ich auf Omarus Pferd den Weg entlang; sie sprangen auf und verneigten sich vor dem Europäer, die Kamera aber erfaßte nur die Füße des Pferdes und mit ihnen die Menschen, wie sie sich vornüber warfen. Ich selbst hatte meine Beine am Sattel hoch aufgezogen, so daß man sie nicht sehen konnte. In einer zweiten Einstellung saß Omaru dann wirklich zu Pferd, und man sah ihn in der Ferne, Staub hinter sich aufwirbelnd, auf den Palast zureiten.

Besonders schwierig war es, Jindaray auf ein Pferd zu setzen. In der Stadt selbst war es sogar unmöglich: der Sultan erlaubte es einfach nicht. Eine Frau durfte nicht dem Manne gleich auf dem Rücken eines Pferdes sitzen. Das war gegen die guten Sitten. So konnten wir Jindaray nur außerhalb der Stadtmauern mit Omaru zu Pferd filmen.

Es war auch ungemein umständlich, genügend Filmmaterial aus Wien nach Garua gesandt zu erhalten. Der Zoll forderte Unsummen für die Herausgabe. Auch die belichteten Filme mußten so rasch als möglich wieder mit dem Flugzeug heimgesandt werden. Rei Buba ist vom Regierungsposten Garua, wo sich der nächste Flugplatz und ein Zollposten befinden, ziemlich weit entfernt. Dies ergab jedesmal einen beträchtlichen Zeitverlust und war dazu noch mühsam und unbequem. Tage und Wochen vergingen; unser auf drei Monate befristetes Aufenthaltsvisum für Französisch-Kamerun war beinahe abgelaufen. Im September wollte man uns in der Heimat zurück haben und erwartete für die Wintersaison den spielfertigen Film . . .

In unserem Drehbuch war eine größere Einstellung dem Gebet der mohammedanischen Gläubigen gewidmet, und es bedeutete keine einfache Aufgabe, dem Marabut die Erlaubnis für die Aufnahmen in der Moschee abzuringen. Wieder vergingen Tage, und manch andere Szene wurde gedreht, ehe der schwarze Priester endlich seine Einwilligung gab.

An einem anderen Tag stellte uns der Sultan zwanzig junge, buntgekleidete Frauen zur Verfügung, mit denen wir Tanzszenen drehen wollten. Als Entlohnung für die Filmarbeit hatten sich gewisse Tagessätze eingebürgert. An sich erhielten in Rei Buba Frauen – da sie in den Augen ihrer Gebieter ja nur Menschen zweiter Klasse waren – einen bedeutend geringeren Lohn als die Männer. Als die Weiber nun sahen, daß wir ihnen genausoviel gaben und überdies Geschenke verteilten, huldigten sie dem Tanz zum Klang der Felltrommeln mit seltener Leidenschaft und Hingabe. Dadurch hatten sie sich bald in Ekstase getanzt und achteten nicht mehr auf die Kamera.

Sie zeigten die verschiedensten kultischen Tänze, wie sie bei Erntefesten, Totenfeiern, beim Spiel und bei besonderen Anlässen gebräuchlich sind. Ein echter Farbenrausch! Die Frauen hielten einander eng umschlungen und schlugen mit ihren nackten Füßen den mit feinem Kies bestreuten Erdboden. Manche der Tänzerinnen trugen ihre in Tücher gewickelten Kinder auf dem Rücken. Es war ein seltsames Bild, die kleinen Mohrenköpfe beim Wirbeln der Schritte schlafend in den Rückentüchern der Mütter zu sehen.

Auch die Gesänge zu diesen Reigentänzen waren eigenartig und stimmungsvoll. Die üblichen monotonen Rhythmen fehlten; dafür gab es eine Vorsängerin, die mit heller Stimme begann und der der gesamte Chor mit sichtlichem Vergnügen nachsang. – So gelang es uns, unbekannte Eingeborenengesänge in der Duru-, Dama- oder Monosprache, zum Teil auch im Fulbe auf Tonband aufzunehmen.

Die Arbeit ging weiter. Omaru und Jindaray müssen im Film auf ihrer Flucht mit dem Kanu über den Grenzfluß. Ein Fährmann bringt sie ans andere Ufer und verlangt dafür einen Lohn. Aber beide sind arm und besitzen nichts. Die Situation wird bedrohlich. Der Fährmann entwendet Omarus Dolch; am gegenüberliegenden Ufer aber sind die Reiter angekommen und rufen nach dem Boot. Wehrlos sind die Liebenden der Gnade des Fährmanns ausgeliefert . . .

Ursprünglich wollten wir in dieser Szene den Fährmann des Sultans einsetzen. Er war eine markante, große Gestalt, aber derart wild und ungehobelt, daß es dem Regisseur nicht gelang, ihm zu erklären, worauf es ankam. Somit mußte ein Ersatzmann beschafft werden, der das Wesentliche der Rolle erfaßte. Kurz entschlossen nahm Dr. Quendler meinen Koch Albert. Diese Aufnahmen wurden ein Höhepunkt des Filmes, denn Albert konnte sein bis dahin schlummerndes Talent voll unter Beweis stellen. Sein Gesicht wurde zu einer undurchdringlichen Maske. Die fünf langen Tätowierungsnarben, die rechts und links über seine Wangen liefen, verliehen seinen gutmütigen Zügen etwas Finsteres. Die rollenden Augen, die drohenden Gebärden mußten den Zuschauern den Eindruck vermitteln, daß Omaru und Jindaray verloren seien.

Und dann beginnt der Fährmann unvermittelt zu lachen – erst breit, dann laut, glucksend, ansteckend. Es wirkt wie eine große Erlösung. Er verlangt keinen Lohn mehr. Omaru und Albert, der Fährmann, reichen einander die Hände und beginnen zu tanzen . . . Die Musik, die der Wiener Komponist Hanns Jelinek den fertigen Aufnahmen unterlegt hat, ist eher modern gehalten und paßt sich den Tanzschritten der Schwarzen an. Ihre Akkorde lösen die innere Spannung.

Schließlich waren bis Mitte Dezember an die zwanzigtausend Meter Agfacolor-Film von den Kameraleuten abgedreht und der Film selbst glücklich abgeschlossen worden. Er wurde in Österreich und Deutschland ein überaus großer Erfolg. Dr. Quendler, ein ausgezeichneter Regisseur, drehte später noch weitere Afrikafilme, aber „Omaru“ war zweifelsohne einer der Höhepunkte seiner künstlerischen Laufbahn.

Dreißig Jahre danach ... Wo einst mächtige Sultane herrschten, ist im neuen Afrika eine moderne Verwaltung an ihre Stelle getreten. Das alte Reich von Rei Buba ist zerfallen. Sultan Buba Amadu starb vor vielen Jahren. Sein Nachfolger ist Politiker nach europäischem Schnitt geworden. Sein Sitz befindet sich heute in Jaunde, der Hauptstadt Kameruns. Nur gelegentlich kommt er noch nach Rei Buba, obwohl er aus seinem Land nach wie vor reiche Einkommen bezieht. Rei Buba ist ebenfalls schon erschlossen, eine breite Straße führt in die ehemalige Despotenstadt. Die verfallenen Mauern können nun von den vielen Touristen bewundert werden ... Die Reiterei, das alte Kriegerheer, wurde längst aufgelöst. Wo früher stolze Reiter im Panzer in den Straßen ritten, brausen in der neuen Zeit Motorräder. Der alte Glanz ist verschwunden, die Wildparadiese wurden in einen Nationalpark umgewandelt. – So rasch kann Afrika sein Antlitz wechseln ...

Mit den Pygmäen auf Gorillajagd

Von der Küste Kameruns bis dreihundert Kilometer tief ins Hinterland hinein erstreckt sich der immergrüne, in Verbindung mit den Urwäldern des Kongolandes stehende tropische Regenwald. Ein Drittel Kameruns, etwa einhundertfünfzigtausend Quadratkilometer, ist Urwald. Neun Monate im Jahr dauert im Kameruner Waldland die Regenzeit; die Wochen von Juli bis Oktober sind die niederschlagreichsten. Auf Tage und Wochen kann dann um den 4.000 m hohen Kamerunberg die Sonne verhangen sein, und der unerbittlich gleichmäßige Regen wird nur von starkem Nebel abgelöst. Bei 98 Prozent Luftfeuchtigkeit wirken die geringen Temperaturunterschiede und die feuchtschwüle Hitze auf die Spannkraft eines Europäers außerordentlich drückend. Anfang und Ende der Regenzeit werden durch eine mehrwöchige Sturmperiode eingeleitet. Dann toben täglich heftige Gewitter über das Land.

Eine Folge der starken Niederschläge – sie betragen im Westen Kameruns sechs bis zehn Meter, sind im Südosten aber bei weitem geringer – und der Hitze ist die schier unerschöpfliche und überaus üppige Tropenvegetation. Es ist schwierig, den gewaltigen Eindruck zu beschreiben, den der von menschlicher Hand unberührte, jungfräuliche Urwald – wegen seiner Ursprünglichkeit auch primärer Urwald genannt – auf den Eindringling das erste Mal hinterläßt. Säulenartig ragen die Baumriesen, mit Stämmen von ungeheuren Durchmessern und seltsamen, riesigen Plankenwurzeln, empor. Fünfzig, sechzig und siebzig Meter hoch, erheben sie sich weit über das Urwalddach hinaus in den Himmel. Eigenartig folgen dann in unübersehbarer Fülle und reicher Mischung Laubbäume von fünfunddreißig, fünfundzwanzig und fünfzehn Metern, deren dichtes Blätterwerk nur selten einen Sonnenstrahl hindurchläßt. Tausenderlei Schmarotzerpflanzen wachsen in den Baumkronen, dicke Lianen hängen wirr zu Boden oder umschlingen, ähnlich den tötenden Würgefeigen, junge, aufstrebende Stämme.

Nur ein Riese wie der Elefant oder Zwerge wie die kleinen Waldland-Ducker können in diesem dichtverwobenen Pflanzenreich mühelos vorwärtskommen. Der von Menschenhand gerodete und nachgewachsene Urwald, der sogenannte Sekundärwald, ist noch dichter und unzugänglicher als der natürliche Regenwald.

Will man in dieses Dickicht eindringen, so muß man sich mit dem Haumesser den Weg durch das Unterholz bahnen. Nur Wildpfade, Wechsel aller Art, sowie die Schleichpfade der Pygmäen erleichtern dem Jäger das Pirschen. Die Jagd selbst ist schwierig und wenig ergiebig. Das düstere Licht und das Blätter- und Lianengestrüpp decken das Wild einzigartig gut; eine Ansprache ist selbst auf wenige Meter hin oft nicht möglich. Auch die atembeklemmende Treibhausluft behindert stark, und trotz moderner Waffen ist man als Jäger gefährlichem und wehrhaftem Großwild in vielen Fällen unterlegen. Ein scharfes, das Dickicht durchdringende Auge sowie ein gutes, jeden Laut deutendes Ohr sind für den Urwaldjäger von entscheidender und oft lebenswichtiger Bedeutung. Der Schuß muß auf wenige Meter abgegeben werden.

Nur wenige weiße Jäger suchten und suchen diesen äquatorialen Urwald auf: echt passionierte Jünger des Waidwerks und Spezialisten, die die Trophäen der Urwaldfauna erbeuten wollen. Hier gibt es keine Herdentiere oder größere Tiergesellschaften. Der typische Bewohner ist vor allem der mittelgroße, sehr wanderlustige Waldelefant, wegen seiner runden Ohren auch „Rundohrelefant" genannt. Im Südosten Kameruns heimatet auch eine reine Zwergform des Waldelefanten. In einem der nächsten Kapitel werde ich mich mit diesem Zwergelefanten eingehender beschäftigen.

Von den afrikanischen Wildrindern ist der Rotbüffel in seiner kleinsten Rasse da und dort im Urwald zu finden. Ein Zusammentreffen mit diesem kleinwüchsigen Tier, das zumeist einzeln oder in kleinen Trupps lebt, ist verhältnismäßig selten. Die Jagd auf den Rotbüffel ist wirklich sehr beschwerlich.

Die Großantilopen sind nur durch den Bongo, die maronenrote Streifenantilope, eine der begehrtesten und seltensten Trophäen, vertreten. Auch die Bongojagd zählt zu den anstrengendsten, und die Erfolgsaussichten sind in den Regenwäldern nur gering.

Der Situtunga, die große Sumpfantilope, ist in den Überschwemmungsgebieten der immergrünen Wälder wohl häufig anzutreffen, doch zu einem guten Schuß auf dieses scheue Wild gehört schon ein außergewöhnliches Waidmannsheil.

Von den großen Raubkatzen heimatet nur der Leopard im Waldland, ein unsteter Räuber, dem man nur durch reinen Zufall begegnet.

In kleineren Rotten durchzieht das Riesen-Waldschwein – die größte Wildschweinart Afrikas – den Kameruner Regenwald. Auch dieses Wild ist sehr scheu und nur selten vor die Büchse zu bekommen.

Häufig, wenngleich ebenfalls nur einzeln oder paarweise, beherbergt das Regenwaldgebiet jene Zwergantilopen und Ducker, die in allen Größen und Farbvarianten zu finden sind. Nur die Rufjagd kann eine Beute versprechen. Unter den Dutzenden dieser kleinen Vettern ist der größte und kräftigste der sogenannte Gelbrückenducker (*Cephalophus silvicultor*), ebenfalls eine seltene und begehrte Trophäe.

Seit der Mensch in den Urwald eingedrungen ist, wird auch der größte Menschenaffe, der Waldlandgorilla (*Gorilla gorilla diehli*), gejagt. Dieses „Phantom des Urwalds" zähle ich nicht zum eigentlich jagdbaren Wild, und seine Erlegung sollte ausschließlich auf wissenschaftliche Zwecke beschränkt bleiben. Aber selbst dann ist es meist nicht gerechtfertigt und auch nicht erforderlich, einen Waldlandgorilla zu töten.

Im Grund genommen sind die Gorillas harmlose Geschöpfe, und doch können alte, griesgrämige Einzelgänger zu sehr wehrhaften und angriffslustigen Gegnern werden. Die Eingeborenen verfolgten die Gorillas zu allen Zeiten stark, denn sie hassen sie als Schädiger ihrer Farmen, und außerdem verzehren sie ihr Fleisch mit wahrer Leidenschaft. Auch in ihrem Aberglauben spielt ein getöteter Gorilla eine große Rolle.

Alles Wild der afrikanischen Urwälder ist reines Tagwild, also nur bei Tag auf Nahrungssuche unterwegs. Nachts lagert es. Nur stark verfolgte Elefantentrupps ziehen auch bei Nacht. Im Verlauf der vielen Jahre, die ich im westafrikanischen Urwald zubrachte, schien mir die Jagd auf den Waldelefanten als das gefährlichste Waidwerk. Unendlich groß waren die Mühen, die man auf sich nehmen mußte, bis einer dieser Stoßzahnträger erlegt war.

Inmitten der großen Regenzeit hatte ich mein Jagdlager in der Nähe eines Pygmäen-Clans aufgeschlagen. Das einfache Zelt war zwischen zwei Bäumen mit Schnüren angebunden worden. Eine Gummimatratze, zwei Kamelhaardecken und ein kleines Kissen bildeten meine Schlafstatt. Wegen der vielen Tropenregen war mein Körper schon regelrecht ausgelaugt, denn meine Kleidung triefte ständig vor Nässe. Die Decken gaben angenehme Wärme. Im Südosten Kameruns waren die Urwaldnächte auch beträchtlich kühler, dafür aber nicht so unangenehm schwül wie im Westen des Tropenlandes.

Neben dem Zelt standen Feldtisch und Feldstuhl sowie ein kleines Gestell aus rasch abgeschlagenen Hölzern, das das Koch- und Eßgeschirr barg. Meine Koffer lagerten auf Klötzen daneben. Ihr Inhalt bestand aus verschiedenen Kleidungsstücken und Schuhwerk für den Urwald, einigen Konserven und Salz, ferner aus Patronen, Zündhölzern, etlichen Banknoten und noch mehr Hartgeld in kleinen Säckchen sowie dem Putzzeug für die Gewehre. Die mitgeführten Jagdwaffen lagen, gut eingeölt und verstaut, eigens in einem langen Gewehrkoffer.

Meine schwarzen Träger und Helfer, die mich zu den Pygmäen begleiteten, hatten für sich kleine Laubhütten aufgestellt. Von meinem Feldbett aus konnte ich die glimmende Glut und die kleinen Feuer der Eingeborenen in den Nachbarhütten sehen. Auch bei diesem schwatzhaften Volk trat langsam Ruhe ein. – Es mochte etwa Mitternacht sein, da begannen die Schwarzen wie üblich zu plaudern. Mich störte das nicht, und ich hörte es nur im Unterbewußtsein, denn solche Dinge war ich längst gewohnt.

Am Morgen gingen wir zur benachbarten Pygmäenfamilie, Angehörige des Babinga-Clans. Meine Schwarzen konnten sich mit ihnen einigermaßen verständigen, da die Urwaldzwerge öfter die Bantu zwischen Jokaduma und Molundu aufsuchten, um ihre Tauschgeschäfte zu erledigen. Wildfleisch, Elfenbein und Honig wurden gegen andere Lebensmittel, hauptsächlich aber gegen Buschmesser und Äxte eingehandelt. Oft wurden die Pygmäen dabei von den Schwarzen tüchtig übers Ohr gehauen, aber das tat nichts zur Sache.

Ich lebte mit dem Pygmäen einige Wochen zusammen, sie waren meine besten und sichersten Führer im Dom des Urwaldes. Unter den gedrungenen kleinen Männern mit ihren auffallend langen Händen, der breiten Nase und dem wenig entwickelten Haarwuchs gab es wahre Meister in der Fährtensuche.

Täglich ging es in den menschenleeren, von Tsetsefliegen verseuchten Urwald hinein. Das Viehzeug stach zu wie die Bremsen bei uns im Hochsommer. Drei Pygmäen mit ihren Stoßlanzen zogen an der Spitze. Die Führer trugen vor sich, zum Bauch gehalten, glosendes Holz, das kräftig rauchte. Es sollte vor den Tsetse schützen und gleichzeitig den Körper wärmen, denn die Urwaldzwerge sind gegen die Kühle der Morgennebel empfindlich.

Insgeheim hoffte ich immer auf ein Zusammentreffen mit dem Waldlandgorilla, der zu jener Zeit im Südosten des Mandatsgebiets doch recht häufig war. Fast jeden Tag vernahmen wir die Schreie, das Trommeln oder das Brechen der Äste, wenn ein Gorillatrupp im Unterholz dahinzog.

Zwar sind die Pygmäen mutige Elefantenjäger (Bomenjoks), aber vor einem Gorilla haben sie höllische Angst. Auf der Jagd nach den Dickhäutern tragen sie Amulette, Wildkatzenruten und Knöchelchen um den Hals. Damit fühlen sie sich vor einem Angriff sicher. Für eine Gorillajagd hingegen besitzen sie keine derartigen Fetische.

Ich hatte vom Kolonialministerium in Paris einen Erlaubnisschein für den Abschuß eines ausgewachsenen Gorillamannes zu wissenschaftlichen Zwecken. Colonel Bourgoin, der Generaljagdinspektor, war dort mein persönlicher Förderer. Jahre später erhielt ich die Erlaubnis, einen Junggorilla zu fangen und diesen einem Tiergarten zu übergeben.

Freilich stellte eine nahe Begegnung mit den Menschenaffen wegen ihrer großen Scheu, Hellhörigkeit und ihres guten Gesichts eine Seltenheit dar. Immerhin aber kannten die Pygmäenführer verschiedene Einstände von Gorillatrupps: in Sekundärwäldern mit äußerst schnellwüchsigen Schirmbäumen und anderen lichtbedürftigen Weichhölzern. Mehrere Male entdeckten wir die im Dickicht aufgebauten Schlafnester am Boden. Sie waren aber von den Gorillafamilien längst verlassen worden. Jungtiere errichten ihre Nester vorzugsweise in den Bäumen und sind so viel leichter auszumachen. Der Gorilla lebt meist im Familienverband. Ein starker Gorillamann ist Herr von zwei, drei Weibchen und einigen Jungen in verschiedenen Altersstufen. Weit und dumpf hallt es, wenn ein männlicher Gorilla auf seine Brust trommelt. Dieses Schlagen kann entweder der Verständigung dienen oder als Zeichen der Beunruhigung oder gar eines Mißvergnügens gelten.

Als ausgesprochene Pflanzenfresser, die nur einen Feind – den Menschen – kennen, ziehen die Gorillas knapp vor Tagesanbruch auf der Suche nach Früchten, säuerlichen Schoten und Pflanzenstengeln, deren Mark sie auslutschen, in immer andere Teile des primären oder sekundären Urwalds.

Eines Tages entdeckten wir in einer Schlucht eine Lehmlecke, die vom Wild wegen der Mineralsalze gerne aufgesucht wurde und in der die Pygmäen auch bald die frischen Fährtenabdrücke einer größeren Gorillafamilie fanden. Die übelriechende, große Losung der Menschenaffen griff sich noch warm an. Für die Urwaldzwerge war es nicht schwierig, die Spur zu halten. Meine Spannung wuchs, und ich hatte gar nicht bemerkt, daß ich mir beim Durchkriechen eines Dornendickichts mein Jagdhemd arg zerrissen hatte. Auch meinen Tropenhelm verlor ich einigemale in den Lianen, aber gerade im Urwald war das Tragen dieses Kopfschutzes besonders angenehm, da er doch manch überraschenden Schlag eines Zweiges im Buschwerk durch seine Korkeinlage parieren konnte.

Schon auf größere Entfernung verrieten sich die Gorillas durch ihren Lärm. Plötzlich stockte mir der Atem. Wie dumpfes Händeklatschen hallte es durch den einsamen Urwald. Der Gorillamann meldete seine Anwesenheit, indem er sich auf die mächtige Brust trommelte. Ein wilder, nervenzerreißender Schrei gellte durch den Blätterdom. Ein hastiges Brechen in der dunklen Wand vor uns – die Gorillafamilie ergriff die Flucht. Obwohl wir nur wenige Schritte entfernt waren, konnte ich die Tiere in diesem grünen Dschungel nicht ausmachen.

Nun war unser Plan rasch beschlossen: Wir wollten versuchen, das Gorillaweib von seinem Mann zu trennen und diesen dann zum Angriff zu reizen. Dies schien mir die beste Möglichkeit, zum Schuß zu kommen.

Verhältnismäßig rasch hatten wir die nun wieder friedlich äsenden Gorillas eingeholt. Vor uns, in der Blätterwand, hörten wir das Knacken der Äste, das Abreißen von Knospen und Früchten, dann wieder Verdauungsgeräusche, Rülpsen, hier und da einen kurzen Laut, ein zufriedenes Quietschen und Gebrumm. Und abermals erscholl plötzlich das hundertfache, mich immer wieder aufs äußerste erregende und faszinierende Trommeln – diese mysteriöse Verständigung und der Ausdruck heftiger Gemütsbewegung – des Riesenaffen.

Katzengleich sprangen die Pygmäen aus dem Gebüsch auf mich, den Jäger, zu. Hinter ihnen brach mit unbändig kräftigen Armen ein eisgrauer, uralter Gorillamann hervor. Deutlich war seine wutverzerrte Fratze mit dem hohen Kamm zu erkennen. Seine mächtige Hand mit dem unglaublich langen Oberarm trommelte auf den kahlen Brustkorb – einen Brustkorb von unvorstellbarer Stärke! Anfangs langsam, dumpf, dann immer schneller und schallender bearbeitete der Riese seine Brust. Dann war es still, unheimlich still. Der Urwald hatte den Gorilla wieder aufgenommen.

Wir lauschten, erblickten und hörten aber nichts! Wohin war das Ungetüm mit seiner Familie gezogen? Ein Jäger im Urwald muß sich mehr auf sein Ohr verlassen. Nach einigen Minuten vernahmen wir wieder die Geräusche der Menschenaffen. Behutsam schlichen wir vor. Jeder Muskel, jeder Nerv war auf das äußerste gespannt.

Das Gelände im Dickicht wurde etwas freier. Wir hatten mehr Aussicht und schreckten ordentlich zusammen, als das Gorillaweib überraschend und ganz nahe an uns vorbeieilte. Wir zuckten mit keiner Wimper und sanken leise in die Knie. Jeden Augenblick nun mußte sich der Gorillamann zeigen. Die beiden Pygmäen kauerten mit abwehrbereiten Stoßlanzen neben mir. Aber nichts rührte sich. Die Sekunden wurden zur Ewigkeit. Ich gab dem einen, recht verwegen aussehenden Pygmäen ein Zeichen, er solle den Gorillamann zum Angriff reizen. Er sah mich fragend an. Sein Gesicht wies eine merkwürdige Falte auf, es war fahl geworden. Das Kind des Urwalds hatte Angst. Ich boxte dem Babinga aufmunternd zwischen die Rippen... Kläglich, wimmernd entrang sich der Angstruf des Gorillaweibes den Lippen des Pygmäen. Seltsam klang dieser Ruf im toten Busch. Langsam stieg auch in mir das Grauen auf, fester umkrampfte ich den Repetierer. – Da, ein entsetzlicher Schrei, furchtbarer als ich je gedacht! Toben und Brüllen, Wüten! Die Äste splitterten, die Blätterwand schob sich jäh zur Seite, und hervor äugte der herausgeforderte Gorilla in seiner unbändigen Wut.

Ich war durch diesen einmaligen, grauenvollen Anblick wie gebannt und zauderte mit dem Schuß, was mir beinah zum Verderben wurde. Denn der Gorilla stürzte vor, halbaufrecht uns im Auge behaltend. Es schien, als käme er auf uns zu. Nun zog meine Hand automatisch das Züngel am Repetierer ab. Donnernd brach sich der Schuß im Blätterdom. Der Gorillamann schwenkte in langen Sprüngen ab und verschwand, unartikulierte Wutschreie ausstoßend, im Lianengewirr und Unterwuchs.

Das Ganze erschien mir wie ein Spuk. Hatte er meine Kugel? Würde sie ihn fällen? Da! Ein dumpfer Fall, ein Poltern, ein Schrei! Mein Herz krampfte sich zusammen. Schon sah ich im Geist den gewaltigen Menschenaffen auf feuchtem, dunklem Urwaldboden verendet...

Es ist auch in Afrika Pflicht des Jägers, krankem Wild Zeit zu lassen, ihm den Anblick seines Todfeinds zu ersparen und die Qualen nicht durch unnötige Flucht zu verlängern. So warteten wir eine halbe Stunde zu und eilten dann zum Anschuß, wo ich bald dunkle Schweißtropfen fand. Auf der Fluchtfährte wurden sie geringer, doch auf dem Platz, an dem der Gorilla im Dickicht zusammengebrochen war, fand ich keinen verendeten Riesen vor, wohl aber eine kleine Schweißlache, die mir anzeigte, daß das Ungeheuer schwerwund war. Die mit doppelter Vorsicht geführte Nachsuche zeitigte keinen Erfolg. Die Dunkelheit brach herein, und damit mußten wir von dem Gorilla ablassen.

Mühsam erreichten wir nach langem Marsch, schon in völliger Finsternis, die Pygmäenhorde. Obwohl es schon sehr spät war, wurde mir die Nacht dennoch lang. Immer wieder dachte ich über das ausgestandene Abenteuer nach. Die Pygmäen hatten zwei kleine Herdfeuer angesteckt und brieten die Keulen einer Zwergantilope. Wohlige Gerüche zogen gegen den Himmel. Die Flammen leuchteten grell in dunkler Nacht; riesige Urwaldbäume, Lianen und seltsames Gewächs traten aus dem Schatten hervor, während das anheimelnde Gezirp der Zikaden auf- und abschwoll.

Mein Boy dolmetschte mir die gutturalen Laute der Urwaldzwerge. Sie erzählten von ihren Jagdzügen auf den Waldelefanten, dem sie, mit allerhand Zaubermedizin ausgerüstet, mit der Stoßlanze zu Leibe rückten. Nicht alle Pygmäen sind Elefantenjäger, und nur ganz wenige wagen sich an einen Gorilla heran. Dem männlichen Gorilla gehen sie überhaupt aus dem Weg. Wenn, dann bejagen sie das schwächere und kleinere Gorillaweib oder die ungefährlichen Jungtiere.

Die Männer in der Pygmäenhorde stellten zumeist den Wildschweinen nach oder holten den Honig der Wildbienen aus den hohen Bäumen, indem sie die Völker ausräucherten und die vollen Waben zu Boden warfen. Die Frauen, ihre Kleinkinder stets im Tragegurt aus Antilopenhaut an der Seite, sammelten Buschfrüchte, eßbare Raupen und Termiten und fingen mit Netzen Fische in den Urwaldbächen. Einmal brachten sie mir eine Kalebasse mit einem guten Liter grünlichem Öl, das von gepreßten Termiten stammte. Ich verwendete es zum Kochen – es schmeckte nicht schlecht.

Die Pygmäenfrauen sind bedürfnislos wie die Männer, kennen keinen Schmuck und Tand wie andere schwarze Eingeborene und tragen nur den Schamschurz aus selbstgewalktem Rindenstoff als Kleidung. Ihre niedrigen und nur als Schlafstatt dienenden Laubhütten schlagen sie immer dort auf, wo sie jagen und sammeln. In den Windschirmen fand ich lediglich die Palmrippenpfeife, einige Blatthüllen, die als Gefäße dienten, und den wichtigen Grabstock vor. Sie besaßen unvorstellbar wenig zum Leben.

Pygmäen waren meine zuverlässigsten und treuesten Begleiter, die besten Jagdführer und Spurensucher. Sie sind unstet, stolz und arbeiten nicht. Keine Regierung kann sie erfassen oder wie die Schwarzen zur Arbeit in einem Dienstverhältnis anhalten. Sie zahlen keine Kopfsteuer, und die üblichen Jagdgesetze für Weiß und Schwarz gelten für sie nur auf dem

Papier. Kein Mensch kann sie kontrollieren. – Das Elfenbein der unerlaubt erbeuteten Elefanten stecken sie wie ihre Toten in hohle Bäume. Heimlich bringen sie dann die Stoßzähne den Bantunegern zum Tausch.

Ich war mit den Babingas bald befreundet und gewann sie durch kleine Geschenke. Als Jäger war ich ihnen außerdem sympathisch. Sie waren willig, weigerten sich aber, die geringste Last zu tragen, und hatten vor Schlägen die größte Angst. Eine böse Behandlung hätte sie sofort zum Verschwinden gebracht. Abgöttisch behüteten sie meine Gewehre. Nur diese wollten sie tragen und achteten peinlich darauf, daß kein Tropfen Wasser oder Schmutz in den Lauf kam. Ich war hier im Urwald völlig auf sie angewiesen, und hätten sie mich nur einmal im Stich gelassen, wäre ich aus dieser grünen Hölle nie wieder herausgekommen.

Am Morgen weckte mich der langgezogene Ruf des Regenvogels. Meine Kleidung war klamm vor Feuchtigkeit. Ich mußte den Gewehrlauf durchwischen und mich ein wenig am Feuer aufwärmen. Trotz des geringen Temperaturunterschieds zwischen Tag und Nacht fröstelte ich in der feuchten Morgenluft.

Noch in der Nacht hatten die Medizinmänner die riesigen hohlgeschlitzten Baumstammtrommeln bearbeitet. Monoton klang das Geklapper der Hölzer, weit hallend drangen die morseartigen dumpfen Töne in der Urwaldnacht. Jetzt waren die herbeigerufenen Pygmäen versammelt und standen mit ihren kleinen Hunden – richtigen semmelgelben Buschkötern mit Stehohren und Ringelschwänzchen – vor meinem Zelt.

Nach einigen Bissen von den Resten der Antilopenkeule zogen wir zur Nachsuche los. Leichter Nebel verringerte die Sicht. Das häßliche Gekreisch eines Nashornvogels, der mit wuchtigen Schwingenschlägen von Baumkrone zu Baumkrone flog, mischte sich mit den immer wiederkehrenden Rufen und dem Geplauder der Graupapageien.

Die Wundfährte des Gorillas war jetzt leicht zu halten. Die Hunde folgten jaulend in schnellem Tempo. Die Pygmäen rannten, und auch ich sprang wie verrückt durch den dichten Urwald, soweit dies möglich war. Keine halbe Stunde vom Anschuß entfernt, saß das riesenhafte Tier auf dem Erdboden und äugte auf uns Ankömmlinge. Sofort wurde der Gorilla hoch und stürmte vorwärts, machte aber gleich wieder kehrt, als ihn die Hunde ansprangen und verbellten. Er stützte sich auf seine kräftigen Hände. Wieder kam er auf, sein böser Blick drang durch Mark und Bein. Dann sprang er ein paar Schritte ab. Ich konnte den tödlichen Fangschuß nicht geben, denn einige Pygmäen hatten den Menschenaffen umringt und wollten ihre Lanzen werfen. Endlich griff sie der Gorilla wutentbrannt an und kam in meine Richtung. Das Gewehr hochreißen und abdrücken war eins! Der Gorilla fiel aufs Gesicht und war auf der Stelle tot. Die Kugel saß mitten im Herz.

Die Pygmäen tobten vor Freude, umliefen und umtanzten den Gorilla wild. Auch ich war ergriffen, als ich vor dem gefällten Ungetüm stand. Der Menschenaffe hatte vom Scheitel bis zur Sohle eine Höhe von zwei Metern, seine ausgebreiteten Arme hatten eine Spannweite von zweidreiviertel Metern, und das Gewicht schätzte ich auf etwa zweihundertachtzig Kilogramm.

Dann wurden Stangen abgeschlagen. Mit Lianen banden die Babinga den Koloß an die

Hölzer. Acht Männer trugen die schwere Last ins Lager des Pygmäen-Clans. Sofort wurde der tote Gorilla jetzt auch von den Weibern umringt, angespuckt und – Gift und Galle! – aufs ärgste beschimpft. Sie fürchteten den Herrn der Wildnis noch, als er schon nichts mehr anrichten konnte.

Den Bestand an Gorillas schätzte ich im Jahr 1938 in Kamerun auf drei- bis viertausend Tiere. In Jahren, in denen sie sich besonders stark vermehrten, konnten sie zur regelrechten Landplage werden, und nichts war vor ihnen sicher. In frechster Weise holten sich die Gorillas täglich ihren Tribut aus den Zuckerrohrfeldern und Maisäckern der Eingeborenen, wobei sie die arbeitenden Schwarzen durch ihr wildes Auftreten verscheuchten. Besonders die schönen Bananenpflanzungen litten unter den Riesenaffen.

Nun mußten meine Schwarzen den uralten Gorillamann abhäuten. Ich wollte die prächtige silbergraue Haut, die zwar stellenweise schon nackt und ohne Haare war, für das Naturhistorische Museum in Wien haben. Wie ein Luchs paßte ich auf, daß die scharfen Messer die wertvolle Decke nicht verletzten.

Einen großen Teil des Fleisches schenkte ich den Pygmäen. Die Sterne des Tropenhimmels blinkten durch die Baumriesen, und alle saßen wir im Kreis zusammen. Vor den Augen der neugierigen, aber auch ehrfurchtsvollen Menge sollte ich das von meinem Koch zubereitete Gorillaherz verzehren. Es schmeckte entsetzlich, aber ich schlang es hinunter. Groß war das Beifallgemurmel der Pygmäen und der Bantu.

Die Haut hatte ich auf ein Holzgestell aufspannen lassen und fest mit Asche bestrichen. Da es aber einige Tage nicht regnete und die Sonne schien, konnte sie rasch trocknen. Über Vermittlung von Prof. Dr. Lutz Heck vom Berliner Zoo wurde sie später nicht von Wien, sondern vom Naturkundemuseum in Berlin angekauft.

Ich blieb noch einige Tage bei meinem Babingavölkchen und verlebte mit ihm schöne Stunden. Im Lauf der Jahrzehnte hatte die pygmäische Urbevölkerung stark abgenommen. Heute nehmen sie, die ihr unstetes Jäger- und Sammlerleben zum Teil aufgegeben haben, wieder an Kopfzahl zu. Ihre Sitten und Gebräuche haben sich aber stark gewandelt. Sie tragen nun die gleiche Kleidung wie die Bantu der umliegenden Dörfer – wahrscheinlich auch ein Einfluß der Mission... Viele Pygmäen-Clans haben mit kleinen Lebensmittelfarmen begonnen; ihre Hütten stehen nahe den breiten Straßen, die nun das Waldland durchziehen.

Am Rand des Ituri-Waldes traf ich an der Grenze zu Uganda Jahre später einmal mit Pygmäen zusammen, die echte Wegelagerer und Räuber geworden waren. Die Kerle hielten mich bei einer Durchfahrt an und verlangten eine Summe Geldes. Mich beeindruckte das aber herzlich wenig, ich gab Gas und fuhr weiter. Diese „Zivilpygmäen“ schleuderten mir ihre Speere nach und warfen Steine. Auch im Urwald hatten sich jetzt „europäische Sitten“ eingebürgert...

Im Regenwald verirrt!

Es war jene Zeit, da ich viele Monate in den Regenwäldern Südostkameruns verbrachte. Die anstrengenden Tage waren zu Ende, und ich beschloß, von unserem Standlager in Njabessang am Ntem-Fluß in einem mehrtägigen Marsch durch unberührten Urwald nach dem benachbarten Spanisch-Muni vorzustoßen und den Atlantik zu erreichen. Jahrzehntelang war kein Weißer durch diesen Teil des Urwalds gezogen, den selbst die an seinem Rand lebenden Eingeborenen mieden. Ich hoffte, im Campo-Urwald gute Wildbeobachtungen machen zu können, und freute mich, ein mir unbekanntes Gebiet kennenzulernen. Meine persönliche Ausrüstung für den Marsch war gering: Sie bestand nur aus Tropendrilling, Fotoapparat, Einmannzelt, Gummimatratze, etwas Wäsche und Kleidung.

Es war schwierig, für diese Durchquerung des Campo-Urwalds Träger und einen Führer zu finden. Die Bewohner von Njabessang kannten die Gefahren und Schwierigkeiten eines Marsches durch die menschenleere Wildnis nur zu gut. Ich drückte dem Häuptling Geld in die Hand, und er sorgte schließlich dafür, daß sich einige Leute – mehr oder minder freiwillig – bereit erklärten, mit mir zu gehen.

Nachts regnete es in Strömen, und Tropengewitter waren an der Tagesordnung. Ich brach mit meinen stämmigen Trägern und dem schwarzen Koch Marcel auf. Hinter dem Ntumu-Dorf kamen wir nur langsam durch dichten Sekundärwald zum Njoh, den wir auf einer kleinen Bambusfähre überquerten. An der Spitze der Kolonne hieben zwei Männer mit ihren Pangas einen alten, längst verwucherten Eingeborenenpfad frei.

Auf kurze Entfernung sah ich vor mir einen Vogel mit geflecktem Gefieder über den Erdboden huschen und im Blätterwerk des Unterholzes verschwinden. Nur für den Bruchteil einer Sekunde hatte ich das Haubenperlhuhn des Urwalds zu sehen bekommen.

Als ich ihm nachschlich, wurden vor mir mehrere Perlhühner hoch, die sich auf Baumästen und Palmwedeln niederließen. Mit einem Schrotschuß gelang es mir, ein Exemplar zu erlegen. Leider hatte ich keine Möglichkeit, diese nicht alltägliche Jagdbeute zu präparieren, und konnte mich nur freuen, einen begehrten Braten geschossen zu haben. Das Haubenperlhuhn kommt im Urwald nicht überall vor; es ist bei weitem scheuer und seltener als das in manchen Steppengegenden in unzähligen Ketten lebende gewöhnliche Perlhuhn, von dem es sich durch die geringere Größe und ein leuchtendes, bläuliches Federkleid sowie durch ein schwarzes Federbüschel auf dem nackten, ebenfalls bläulichen Kopf unterscheidet.

Nicht lange darauf flatterten einige schwarze Wildhühner mit dunkelrotem Kranz um die Augen vor mir auf. Diese Art hatte ich noch niemals gesehen und war daher besonders interessiert, festzustellen, um welche Urwaldbewohner es sich wohl handelte. Die Eingeborenen erklärten mir, daß dieser Vogel in seinen Lebensgewohnheiten an den „nkang“, das Urwaldperlhuhn, erinnere. Sie nannten ihn „ekolonwem“ und erzählten, daß sie ihn manchmal in feinen Haarschlingen fingen.

Später hörte ich das zarte, feine Locken der schwarzen Vögel wieder, sah sie nach Perlhuhnart auffliegen und unter Gegacker in den Busch laufen. Ich folgte dieser Kette eine Weile, gespannt, ob es mir wohl gelingen würde, einen dieser vorsichtigen Waldvögel zu erlegen. Endlich rollte mein Schuß durch die Urwaldstille. Es handelte sich tatsächlich um das überaus seltene schwarze Urwaldperlhuhn, einen Vetter des Nkang. Es gelang mir, den Balg des Vogels zu konservieren und nach Hause zu bringen. Im „Haus der Natur" in Salzburg bildet diese Jagdbeute eine wertvolle Bereicherung der Sammlung seltener Wildvögel.

Am dritten Tag befanden wir uns schon im tiefen Primärwald, den zahlreiche Elefantenfährten kreuzten. Umgefallene Baumriesen, herabhängende Lianen von der Stärke eines Oberschenkels und die Vielfalt der Schmarotzergewächse gaben diesem düsteren Urwald ein besonderes Gepräge. Überall boten sich meinem Auge die Wunder der Tropen. Wohin ich auch blickte – der Kampf ums Dasein. Über allem vibrierte das Zirpen von Zikaden. Sonst herrschte Totenstille, nur hin und wieder durch den Schrei eines Graupapageis, durch das nasale Gekrächze des Nashornvogels oder den Ruf eines Affen unterbrochen.

Es ging gegen Mittag zu, als wir auf den ersten größeren Wasserlauf stießen. An seinem Ufer standen einige verfallene kleine Laubhütten. Im Inneren befanden sich Lagerstätten und primitive Gestelle. Es mochten Unterkünfte von Jägern und Sammlern gewesen sein, vielleicht auch der scheuen Pygmäen.

Während der Mittagsrast bereitete mir Marcel das Urwaldperlhuhn zu. Er warf es in einen Topf mit Wasser, goß reichlich rotes Palmöl darüber und ließ es bei starkem Feuer kochen, bis das Wasser verdampft war und das Perlhuhn im eigenen Saft und dem Öl schmorte. Dies ist die einfachste Art, um jedes frischgeschossene, harte und zähe Wildfleisch weich und schmackhaft zu machen. Ich erlernte sie einst von einem Burenjäger. Selbst der untüchtigste schwarze Koch kann da nichts verderben.

Nach kurzer Ruhe setzten wir unseren Weg fort. Das Urwaldgelände wurde ein wenig steinig und sehr hügelig. Es ging bergauf, bergab – eine eigenartige Landschaft. In tief eingeschnittenen Tälern rauschten klare Bäche über Geröll und Felsen. Jeder verlockte zum Lagern, aber wir mußten weiter. Die Zeit drängte. Stellenweise war es äußerst schwierig, vorwärtszukommen. Es gab aber auch andere Verzögerungen: Elefanten marschierten parallel mit uns durch das Dickicht, und einige Male hatte es den Anschein, als nähmen sie Richtung auf uns. Dann warfen die Träger die Lasten nieder und kletterten hurtig auf Lianen in die Baumkronen. Ich blieb ruhig stehen und wartete ab. Aber die Dickhäuter wichen uns stets aus.

Kurz vor Einbruch der Dunkelheit schlugen wir am Rand eines Wasserlaufs unser Nachtquartier auf. Meine Leute errichteten für sich Laubhütten. Ich streckte mich im Zelt zwischen Urwaldbäumen geruhsam auf der kleinen Gummimatratze meines Feldbettes aus, trank hin und wieder einen Schluck heißen Tees und begann, Eintragungen in mein Tagebuch zu machen. Alles war bisher programmgemäß verlaufen. Wir hatten gut dreißig Kilometer zurückgelegt. Sacht begann es zu regnen. Ich hatte die Zelttür offengelassen und konnte meine Begleiter um ein spärliches Feuer hocken sehen. Sie bereiteten sich aus Maniokmehl das obligate afrikanische Fu-Fu, einen blendendweißen, zum Schneiden harten Knödel von überdimensionaler Größe.

Schon lange vor Morgengrauen schwatzten und lärmten die Eingeborenen vor meinem Zelt. Plötzlich hörte ich sie aufspringen und aufgeregt umherrennen. Als ich hinausschaute, sah ich sie mit Feuerbränden in den Händen heftig auf den Boden schlagen. Ich war alles andere als entzückt, denn ich wußte sofort, was dies zu bedeuten hatte: Wanderameisen! Ausgerechnet durch unser Lager mußten sie ihren Weg nehmen...

Eine Begegnung mit diesen Quälgeistern ist recht unangenehm. Sie hängen sich an den Menschen, kriechen an ihm empor und schlagen ihre Beißzangen so fest in Kleidung und Fleisch, daß man ihren Leib in der Hand hält, will man sich von ihnen befreien. Der Kopf mit den Beißzangen muß dann eigens herausgeholt werden. Auch ich in meinem Zelt wurde von den Raubameisen überfallen. Um mich vor ihnen zu retten, legte ich mich in den Bach und wartete dort, bis meine Leute die Untiere mit Fackeln und durch Streuen von Asche gezwungen hatten, ihren Weg zu ändern.

Wieder lag ein langer Marschtag vor uns. Mehrere Tage lang waren wir dem mit unerbittlicher Gleichmäßigkeit herniederströmenden Regen ausgesetzt. An jedem Morgen war es meine erste Arbeit, den Schimmel von meinen Kleidern zu entfernen. Auch mußte ich jeden zweiten Tag mein Jagdgewehr einölen, denn Feuchtigkeit und Nässe verursachten leicht Rostnarben.

Aus Gründen der Beweglichkeit hatte ich nur wenig von meinen Lagervorräten mitgenommen. Bei diesem Gewaltmarsch hatte ich mich auf Fleischkost eingestellt, die uns der Urwald liefern sollte. Der Busch aber schien tot und wob dennoch unsichtbares, unheimliches Leben...

Nach stundenlangem Marsch kamen wir eines Nachmittags an einem kleinen Sumpf vorbei, zu dem von allen Seiten Spuren von Elefanten und Büffeln führten. Sie waren aber schon älter als einen Tag. Da ich am Abend Fleisch benötigte, befahl ich meinen Leuten weiterzumarschieren und am nächsten Bach zu lagern. Ich selbst begab mich mit einem Schwarzen auf die Jagd und schoß eine Zwergantilope am Ruf. Auf dem Rückweg ertönte plötzlich aus unmittelbarer Nähe markerschütterndes Geschrei und langanhaltendes Rauschen: eine Herde von Mandrillen zog knapp hinter Elefanten durch das Dickicht. Ich wollte die Tiere beobachten und eventuell einen alten Burschen für Museumszwecke herausholen. Höchstens eine halbe Stunde hatte ich dafür geplant. Zwei Schwarze gingen mit mir. Die Karawane hatte sich mittlerweile entfernt und begab sich zu dem von mir angegebenen Wasserlauf.

Eifrig machten wir uns daran, den Hundsaffen zu folgen. Nach etwa zehn Minuten hörten wir eine riesige Herde vor uns, die sich laut kreischend in den Bäumen und auf dem Boden vorwärts bewegte. Muttertiere trugen ihre Jungen huckepack, irgendwo in der Nähe rauften die Männer. Dumpfes Gebrüll drang an mein Ohr. Es verriet einige alte Herren, die mich besonders interessierten und mich verleiteten, tiefer in den Urwald einzudringen. Es war ein regelrechtes Gewimmel von Affen, und obgleich die Mandrille sonst eher scheu sind, fürchteten sie uns offensichtlich nicht. Sie wußten wohl aus Erfahrung, daß ihnen die

Urwaldbewohner mit Armbrust und Speer nicht viel anhaben konnten. Unser Abstand war nicht groß. Dennoch kam ich nicht zum Schuß, ließ mich aber durch das tiefe Gebrumm immer wieder verleiten, ihnen zu folgen. Wir sprangen und liefen, bereits atemlos, den Tieren nach, ohne einen der starken Kerle zu sichten. Noch einmal wollte ich einen Versuch wagen. Die Bande war einen mit Felsblöcken übersäten Hügel hinaufgezogen. Wir kamen immer näher an sie heran, der ersehnte ausgewachsene Mandrill war jedoch nicht dabei.

Im Urwald herrschte bedrückendes Halbdunkel. Durch das lange Laufen im hügeligen Gelände fühlte ich mich schon reichlich ausgepumpt. Verärgert beschloß ich, umzukehren. Unentwegt hörten wir die sich immer weiter entfernende Mandrillherde lärmen. Plötzlich sprang einer der beiden Schwarzen mit seinem Speer nach vor und hob ihn zum Wurf. Ich eilte hinter ihm her und erspähte eben noch ein graues Etwas, das den glatten Stamm eines Urwaldriesen emporkletterte. Ich schoß, überzeugt, daß es ein Mandrill sei. Der rasch hingeworfene Schuß ließ das graue Tier zusammenfahren, dann war es verschwunden. Die Schwarzen umkreisten den mächtigen Baum und erblickten im hohen Geäst einen krankgeschossenen Mandrill. Von unten gesehen, sah er klein aus, und ich dachte, ein jüngeres Tier beschossen zu haben. Nochmals legte ich an. Langsam fiel der Affe auf einen tieferen Ast, wo er in einer Gabel hängen blieb. Das war Pech.

Die Baumkrone begann bei etwa fünfzig Metern, und sein Stamm strebte kerzengerade zum Himmel. Immerhin hingen Lianen herunter, so daß einer der Schwarzen nach einigem Zaudern versuchte, an ihnen in die Krone hinaufzugelangen. Aufgeregt sah ich zu, wie er sich Meter um Meter auf der armdicken Liane wie an einem Seil emporarbeitete. Endlich war er oberhalb des Affen. Er zögerte dann, getraute sich nicht an das Tier heran. Ich rief ihm zu, es mit einem Fußtritt oder einem Stock aus der Astgabel herauszuschleudern. Aber der Schwarze tat nichts dergleichen. Unverrichteter Dinge kam er wieder herunter.

Für einen Fangschuß hing der Affe zu ungünstig in der Gabel; ein Ast verdeckte seinen Körper. Dennoch gab ich noch einmal einen Schrotschuß ab. Abermals kletterte der Schwarze in die Höhe. Noch immer vorsichtig, stieß er mit einem Stock an das nun verendete Tier.

Mit dumpfem Aufschlag landete es nun auf dem Boden. Kaum wagte ich, meinen Augen zu trauen: Ein uralter männlicher Mandrill von erstaunlicher Größe lag neben mir. Noch im Tod verriet sein Gesicht Bosheit und Wut. Seine Zähne waren stark abgenützt und zum Teil schon ausgefallen. Wir drehten ihn nach allen Seiten um. Diese Stummelschwanzaffen sind häßlich und doch auch wieder schön. Das einer Hundeschnauze ähnelnde Maul voll Furchen und Rillen hatte eine auffallende, türkisblaue Färbung. Das Hinterteil spielte in den Farben

Bild rechts: Dieser Bongo aus dem Medsime-Urwald ist heute noch eine der Sehenswürdigkeiten im Naturhistorischen Museum, Wien.
Bild umseitig: Bei den Bagielli-Pygmäen in der Urwaldhölle zwischen Edea und Eseka, Kamerun.

Rot, Blau und Gelb. Auch das graumelierte zottige Fell wies bei näherem Betrachten mehrere Tönungen auf.

Meine Begleiter banden die Beute mit zähen Lianen an einer Stange zum Abtransport fest. Wir mußten uns beeilen, wollten wir noch vor Einbruch der Dunkelheit unsere Leute im Lager erreichen. Im tropischen Afrika gibt es keine Dämmerung.

Meiner Erinnerung nach waren wir der Affenherde in genau östlicher Richtung in das Dickicht gefolgt und konnten nicht allzuweit von unserem Treffpunkt sein. Mir war klar, wie wir zu gehen hatten, also schritten wir tüchtig aus. Vor mir schwankte, mit dem Kopf nach unten, der Mandrill an der Stange.

Ab und zu schimmerten Buschwerk und Lichtungen durch die hohen Bäume. Wir glaubten, auf unseren früheren Pfad zu stoßen, doch es war eine Täuschung. Von jetzt an begannen die Schwarzen häufig Bögen zu schlagen, hielten sich aber immer an Elefantenwechsel, um Geländeschwierigkeiten auszuweichen, denn ihre Last war ziemlich schwer.

Fast liefen wir, soweit es möglich war. Von unseren Leuten war weit und breit nichts zu sehen. Langsam kam mir die Sache verdächtig vor, und ich fragte die beiden Burschen, ob sie die Richtung gut einhielten. Sie bejahten.

Es wurde dunkler und dunkler. Den Schwarzen rann der Schweiß über den Rücken. Die Angst hatte sie gepackt. Auch mir war nicht wohl in meiner Haut. Eine Nacht im Urwald konnte gefährlich werden. Ohne Moskitonetz waren wir den Schwärmen von Malariamücken erbarmungslos ausgeliefert. Malaria und Schwarzwasserfieber waren nicht ohne. Auch Raubameisen und Skorpione mußte man in Rechnung stellen. Eine Baumschlange fiel von einem Urwaldriesen vor uns ins Wasser. Deutlich hörte ich das Aufplatschen.

Jäh war es stockfinster. Plötzlich standen wir vor einem breiten, rauschenden Wasser. Wir hörten, wie es tosend über Felsen und Baumstämme stürzte. Zu sehen war nichts mehr. Aber zum Glück spürten unsere angespannten Nerven förmlich jedes Hindernis.

Die beiden Schwarzen rieten, im Wasserlauf direkt weiterzugehen, dann müßten wir unbedingt den Marschpfad kreuzen. Schritt für Schritt tasteten wir uns im Wasser vor. Oft stolperten wir in Löcher. Der Wasserlauf hatte viele Kehren und Wirbel, und mitunter wateten wir bis an den Bauch im Bach dahin. Es war entsetzlich. Für kaum vierhundert Meter benötigten wir fast eine Stunde. Man kann sich denken, daß ich nicht gerade in rosiger Stimmung war. Abwechselnd schimpfte ich über meine eigene Dummheit und über die der Schwarzen.

Bilder umseitig: „Von allen Wildtieren interessierten mich diese hochintelligenten, urweltlichen Riesen immer am meisten. Wo und wann ich konnte, lief ich den Elefanten nach, um sie zu beobachten und zu fotografieren . . .“
Bilder links: „Im offenen Grasland ist die Jagd auf den Dickhäuter wesentlich einfacher und auch erfolgreicher.“

Es gab keine Zweifel mehr: Wir mußten im Urwald übernachten. Und dies ohne Streichhölzer, in nassen Kleidern, ohne Decken und ohne etwas im Magen. Das Tragen des schweren Mandrills hatte die beiden Schwarzen zu sehr erschöpft. Auf allen vieren krochen wir an das Ufer, in ein Staudengewirr und Blätterdach.

Behutsam tasteten wir uns vor und versuchten, auf ein trockenes Plätzchen zu gelangen. Ich war nur ganz leicht bekleidet – Buschhemd, lange Hose, Tropenhelm und Leinenschuhe. Die Socken waren naß und voll Schlamm. Auch die Schwarzen hatten nur den üblichen „Laverlap", den Schamschurz, durch die Beine gezogen und ein zerrissenes Hemd am Körper. Auch sie besaßen nichts, womit sie rasch ein wärmendes Feuer hätten anfachen können.

Die alten schwarzen Jäger sind selbst im Regen Meister im Feuermachen. Meine halbzivilisierten Begleiter indes hatten die bewährte Methode verlernt, durch das Quirlen einer gewissen Holzart Funken zu entzünden.

Mittlerweile hatte der Regen wieder eingesetzt. Der tote Mandrill als Unterlage sollte mich vor der Bodenfeuchtigkeit schützen. Vereint lagen wir drei auf der nassen Erde und froren jämmerlich. Faulendes Holz phosphoreszierte schwach. Die Zeit verkroch unendlich langsam. An Schlaf war nicht zu denken. Moskitos stürzten sich auf uns und peinigten uns derart, daß sich unsere Hände ständig zur Abwehr bewegten. Der tote Affe war mein einziger Trost.

Die Nacht in dieser großen Wildnis wurde laut. Seltsame Töne und Rufe erklangen – Geräusche und Laute, die ich zuvor nie gehört hatte. Elefanten marschierten durch den nächtlichen Wald, und aus der Ferne klang das Trommeln von Gorillas . . .

Endlich kündete Affengekreisch den ersehnten Morgen an, und plötzlich war der Tag da. Zerschlagen, hungrig und mit müden Gliedern verließen wir beim ersten Licht unser Lager. Wieder ging es Stunden um Stunden den Wasserlauf entlang. Der nasse Tropendrilling, mein Jagdgewehr im Kaliber 12 x 12/9,3 x 74 R, das ich immer gern im Kameruner Urwald führte, wurde mir allmählich schwer, obwohl er nicht mehr als 3,5 Kilogramm wog. Beim Verlassen der Träger hatte ich knapp ein Dutzend Schrotpatronen eingesteckt. Die Hülsen waren vom vielen Regen feucht geworden. Dennoch gelang es mir im Lauf des Tages, einige Schüsse in die Luft abzugeben. Wir liefen, suchten und irrten weiter.

Nach vier Stunden Marsch hatten die beiden Schwarzen den Mandrill von der Stange genommen, um ihn zu zerteilen. Die Last war ihnen zu groß geworden. Einige Fleischstücke nahmen sie mit, der Rest blieb im Urwald zurück. Vom kapitalen Schädel mochte ich mich jedoch nicht trennen; ihn wenigstens wollte ich für ein Museum heimbringen. Notgedrungen aßen wir rohes Affenfleisch, um zumindest unsere Magennerven zu beruhigen.

Keine Menschenspur zeigte sich. Die Verzweiflung stieg. Die Schwarzen bekreuzigten sich in einemfort und sprachen vom Sterben. Sie waren bereits Christen und offenbar zu zivilisiert. Nie zuvor – bei keinem meiner Streifzüge durch den Urwald – waren mir derart unfähige Eingeborene als Führer begegnet. Ich hatte keinen Kompaß mit, Sonne oder Sterne waren aber wegen des dichten Blätterwuchses und des Regens oder Nebels nicht zu sehen.

Es war nur mehr eine Frage der Zeit, wie lange wir durchhalten würden. Fieber und Erschöpfung lassen nicht lange auf sich warten . . .

Mittlerweile hatte der Tropenregen aufgehört. Bei der Lauferei um unser Leben wurde uns etwas wärmer, und die nassen Kleider am Leib trockneten. Längst ging es in eine andere Richtung. Wir hofften, einen zweiten Wasserlauf zu finden. Die tief im Boden eingedrückten Elefantenfährten, die wir kreuzten, hatten sich mit Wasser gefüllt. So strauchelten wir im Gelände weiter, und eine zweite Nacht brach herein.

Unsere Hoffnung flackerte jäh auf, als wir auf einer Sandbank kaum erkennbare Umrisse zahlreicher Tritte bemerkten. Gebückt versuchten wir den Spuren zu folgen. Wild irrten unsere Blicke umher. Waren es unsere eigenen Fußspuren? Waren es...? Viel Zeit wurde vergeudet, bis wir erkannten, daß wir den Fährten eines Schimpansen gefolgt waren, der hier vor Tagen vorübergezogen sein mochte.

Diesmal hatten wir unsere Lagerstätte besser vorbereitet und uns am Boden eine dickere Unterlage hergerichtet. Dennoch klapperte ich vor Kälte. Ich legte mich zwischen die beiden Schwarzen und schmiegte mich eng an sie, um ihre Körperwärme zu spüren.

Von den Bäumen des Urwalds troff Wasser zur Erde. Schwärme von Graupapageien brausten durch die Luft, und Meerkatzen aller Art keckerten im Geäst der Urwaldriesen. Von neuem gab ich Signalschüsse ab. Nichts rührte sich. Nun war auch ich sicher, daß wir niemals wieder aus dieser grünen Hölle herausfinden würden.

Wie schon am vorangegangenen Tag, kennzeichneten wir unsere Wege durch Umknicken von Zweigen und stellten nach einigen Stunden tatsächlich fest, daß wir uns im Kreis bewegten. Der Urwald zeigte immer dasselbe Bild. Wieder befiel uns Hunger, aber es gab nichts mehr zu essen.

Wir wankten weiter. In der dritten Nacht hatte ich hohes Fieber. Phantasiegebilde und wilde Träume quälten und schreckten mich mehrmals im Schlaf. Ich hörte den hohlen Ton von Trommeln. „Man sucht uns!“ schrie ich laut auf. Aber es war nur das Rauschen des Wassers...

Im ersten Morgenlicht erblickte ich im Nebel die Umrisse eines Hügels. Wir wollten ihn ersteigen. Vielleicht konnte ich mich nach dem Zug der Vögel orientieren. Der vertraute Ruf des Helmbuschturakos, eines Klettervogels und Früchtefressers, drang zu uns herüber. Er bevorzugt samenreiche Sekundärwälder. Ob uns sein Flug die Richtung weisen konnte?

Meine Schwarzen warfen sich zu Boden. Kein Zureden half, sie wollten nicht mehr weiter. Plötzlich ein langgezogener Schrei. Affen, dachte ich und beachtete ihn kaum. Wieder der Schrei – und noch einmal! Ein inneres Gefühl ließ mich mein Gewehr packen. Ich schoß die letzte Patrone ab. Ich konnte es nicht fassen... Es waren menschliche Stimmen! Man rief uns, man suchte uns wirklich. – Da teilte sich der Busch, und mein treuer Marcel stand mit zwei Pygmäen vor uns. Sie hatten uns aufgespürt. Wir waren vor Freude sprachlos und überglücklich über die unerwartete Rettung.

Marcel trug sogar eine Wasserflasche unter dem Arm. Zwei Schwarze kamen nach und brachten Kochtöpfe mit Verpflegung mit. Die Pygmäen mit ihren langen Stoßlanzen umstanden mich und blickten neugierig auf den herabgekommenen Weißen, der gierig ein paar Bissen Fleisch verschlang.

Die Gewißheit, noch an diesem Tag in unserem Lager zu sein, verlieh uns neue Kräfte. Kurz vor Einbruch der Dunkelheit standen wir vor den kleinen Laubhütten und meinem Zelt nahe des Wasserlaufes. Erst jetzt fühlte ich mich dem Leben wiedergegeben.

Als wir nicht zum vereinbarten Treffpunkt zurückgekommen waren, hatte Marcel auf sein Kochgeschirr getrommelt, um Signal zu geben. Auch den ganzen nächsten Tag, bis das Email zersprungen war und der Topf Beulen hatte. Alles schrie und lärmte. Man wußte, daß wir uns verirrt hatten. Am Morgen des dritten Tages erschien ein kleiner Trupp Babinga, Pygmäen aus dem südlichen Kamerun. Die Urwaldzwerge waren durch die Trommelei neugierig geworden und hatten das kleine Lager aufgesucht. Mit meinem Koch Marcel waren sie dann losgezogen und hatten auch bald die umgeknickten Zweige gefunden. Das war unser Glück. Mit dem Buschmesser schnitt ich das Datum unserer Rettung in die glatte Rinde eines Urwaldriesen ein: „E. A. Z. 2. VII. 1952“.

Ein erquickendes Bad in meiner kleinen Badewanne aus Zinkblech, eine heiße Fleischbrühe und eine halbe Flasche Whisky – dann legte ich mich, in mehrere Decken gehüllt, auf mein geliebtes Feldbett. Ohne Unterbrechung schlief ich gut zwölf Stunden, dann war ich wieder frisch und munter und auch völlig gesund. Auch meine beiden schwarzen Gefährten hatten nichts abbekommen.

Zum Dank erhielten die Pygmäen von mir einen kleinen Sack Salz und zwei Buschmesser. So überraschend sie gekommen waren, so rasch verschwanden sie auch wieder im grünen Dunkel.

Wir setzten unseren Marsch fort. Immer wieder änderte die Landschaft ihren Charakter. Oft wurden wir durch starkes Lianengewirr behindert. Jene Träger, die ihre Lasten sonst am Kopf trugen, banden nun die Tropenkoffer und Segeltuchsäcke auf den Rücken, um so leichter durchs Dickicht zu gelangen.

Der kommende Morgen bedeckte den triefenden Urwald mit einer schweren Nebelschicht. Um fünf Uhr früh weckte ich meine Mannschaft. Ein schwarzer Diener brachte mir heißen Tee zum Feldbett. Ich wusch und rasierte mich auch unterwegs täglich. Das frugale Urwaldfrühstück bestand aus einer heißen Einbrennsuppe mit viel Zwiebeln und einem festen Schuß Maggi. Hier und da gab es auch gebratene Bananen. Die Schwarzen saßen um ihre kleinen Feuer und kauten Fleischstücke und Makabaknollen. Diese Kolokasia-Wurzelfrucht wird auf den Eingeborenenfarmen kultiviert, zählt zu den beliebtesten Speisen der Schwarzen und war für mich zeitweise ein vortrefflicher Ersatz für die Kartoffel.

Viele Fährten kreuzten wir – Rotbüffel, Pinselohrschweine, vereinzelt auch das schwarze Riesenwaldschwein –, aber Wild bekam ich keines zu Gesicht. Die Träger machten einfach zu viel Lärm. Oft sangen, aber immer schwätzten sie und waren guter Laune.

Endlich trat die Karawane aus dem Urwald heraus. Vor uns lag eine grellrote, nicht sehr breite Straße, an der rechts und links die Giebeldachhütten der Bantu standen. Als wir auf dieses Zeilendorf zugingen, empfing uns schon die Sonne, und ein paar wenige Eingeborene standen umher oder kamen aus den Hütten gelaufen. Die meisten Dorfbewohner arbeiteten zu dieser Tageszeit schon auf ihren Maniokfarmen. Ich befand mich noch auf französischem

Mandatsgebiet. Das Dorf umsäumten Orangen- und Zitronenbäume; eine dichte Bananenstaudenpflanzung lag am hinteren Ende der Siedlung.

Ein alter Mann begrüßte mich und stellte sich als Dorfchef vor. Ich bat um eine leere Hütte zum Übernachten und um genügend pflanzliche Nahrungsmittel sowie rotes Palmöl zur Verpflegung meiner Mannschaft. Wie üblich wurden mir einige Hühner gebracht, die mein Koch sogleich in Empfang nahm. In einer der Hütten sah ich eine Frau, wie sie soeben in einem Kochtopf Krebse sott. Die Franzosen nennen diese so schmackhaften Krustentiere aus den Flüssen der Kamerunküste „Crevetten“. Die ersten Entdecker des Landes, die Portugiesen, nannten die in großen Massen vorkommenden Tiere „Camerones“. Daher also kommt der Name „Kamerun“ als Bezeichnung für dieses üppige Tropenland.

Wir ruhten uns im Dorf aus. Die Leute brachten alles, was wir uns wünschten. Ich zahlte wieder mit den beliebten Lochmünzen, die die Eingeborenen gerne auf einer Schnur um die Hüfte tragen.

Die Straße – typisch roter Lateritboden – nach Campo war nicht weit. Campo war der südlichste französische Regierungsposten am Atlantischen Ozean. Der ins Meer mündende Ntem bildete die Grenze zu Spanisch-Guinea. Jenseits des Ufers lag Spanisch-Campo. Da wir jetzt in die Zivilisation zurückkehrten, hatte ich mich besser angezogen. Auch meine Träger kramten aus ihren auf den Traglasten aufgeschnürten Bündeln ihr „Feiertagsgewand“ heraus. In den spanischen Faktoreien kaufte ich billig verschiedene Konserven und scharfen Brandy ein. Ich mußte den spanischen Regierungsbeamten aufsuchen und meinen Paß vorzeigen. Dann ging es nach Französisch-Campo, wo ich im Rasthaus, einer großen Lehmhütte mit Veranda, meine Gepäckstücke abladen ließ. Ein paar Stühle, ein großer Tisch und ein gutes französisches Bett erwarteten mich.

Nun war es auch an der Zeit, meine Träger auszubezahlen. Gerade nach dieser so abenteuerlichen Reise, die mir beinahe zum Verhängnis geworden war, schuldete ich ihnen großen Dank. Unermüdlich hatten sie meine Lasten durch den Urwald getragen. Ich bezahlte sie dementsprechend fürstlich und entließ sie aus ihren Pflichten. Nur Marcel, der Koch, und ein Boy blieben bei mir zurück.

Abends lud mich Monsieur Darrigan, der französische Administrator, ein junger Korse, zum Essen ein. Ich hatte die Freude, in ihm einen vielseitig gebildeten und regen Menschen kennenzulernen, der mir während meines kurzen Aufenthalts nicht nur ein liebenswürdiger Gastgeber war, sondern mir auch half, wo er nur konnte. Auch er war sichtlich froh, wieder einmal ein neues weißes Gesicht zu sehen.

Die paar Tage auf dem sauberen, blumengeschmückten Regierungsposten vergingen viel zu rasch. Ein Lastwagen brachte mich in die Hauptstadt Jaunde...

Der Bongo wird mein

Wie das Okapi, war auch die größte aller afrikanischen Urwaldantilopen lange Zeit ein legendenumwobenes Wild. Heute weiß man, daß der Bongo gar nicht so selten ist, wie man so lange geglaubt hat. Forscher und Großwildjäger aus aller Herren Länder berichten von zahlreichen Decken des Okapi, die sie bei den Zwergstämmen des Iturilandes gesehen hatten. Während dem Okapi von den Pygmäen in Belgisch-Kongo mit Pfeil und Bogen nachgestellt wurde, erlegten sie den Bongo im Kameruner Urwald mit der Stoßlanze. Meinen Erkundigungen zufolge war es zwar recht selten, daß es den „Bomenjoks" (Elefantentötern) gelang, einen Bongo zu erlegen; eher fällt dieses Edelwild in Kamerun den Schlingen der Bantu zum Opfer. Hier und da bekommt man als Reisender in den Dörfern Südostkameruns zerschnittene Bongofelle zu Gesicht, die den Schwarzen vorzugsweise als Bespannung ihrer Liegestühle dienen.

Diese große Streifenantilope ist von Natur aus so vollkommen ausgerüstet und so ungeheuer vorsichtig und wachsam, daß sie zum Fabeltier wurde und den Nachstellungen der Jäger meist entgeht. Ihr Lebensraum sind die tropischen Regenwälder von Liberia bis zum Kongo im Westen und wenige Stellen in den Bambusbergwäldern Kenias im Osten. Überall bevorzugt sie das so verdammt schwer zu durchdringende Gelände.

Als erster weißer Jäger hatte der amerikanische Präsident Theodore Roosevelt 1909 einen Bongo erlegt, und es lassen sich all jene an den Fingern abzählen, denen es jemals geglückt ist, diese begehrteste Trophäe des afrikanischen Waldlandes mit eigener Hand zu erringen. Ich war insgesamt zehn Jahre in Kamerun und weiß, daß es in dieser Zeit nur dem berühmten französischen Jäger Dr. Gromier, dem Regierungsarzt Dr. Casteigh, ebenfalls Franzose, und mir als Österreicher gelungen ist, einen Bongo zur Strecke zu bringen. Von den Engländern Major Powel Cotton und seinem Führer Merfield kann ich das nicht genau sagen. Eingeborene, die den beiden als Jäger gedient hatten, gaben an, zwei Bongos eigenhändig mit den Reservegewehren ihrer englischen Jagdherrn erbeutet zu haben. In der Jagdliteratur wird das Erlegen dieser Antilope im westafrikanischen Urwald wegen der übermenschlichen Anstrengungen überhaupt häufig als ein Ding der Unmöglichkeit angegeben.

Die Urwälder, Savannen und Steppen zwischen Kongo und Tschadsee waren vor dem letzten Weltkrieg für lange Jahre mein Jagdgebiet. Ich betrachtete es als Angewohnheit meinerseits, die große Regenzeit über im Urwald zu jagen. Gern nahm ich die Unbilden des Klimas und der Witterung in Kauf, um eine Begegnung mit dem Bongo, dem „Unsichtbaren", zu erzwingen.

Volle neun Jahre blieben meine Bemühungen, auf dieses Wild zu Schuß zu kommen, vergebens. Wohl konnte ich mehrmals, allerdings nur in Südostkamerun, feststellen, wo sich der Bongo aufhielt, fand frische Fährten, hörte das edle Tier schemengleich durch den Urwald ziehen und sah die Stellen, an denen es geäst hatte. Aber niemals konnte ich es im schier mauerdichten Urwaldgelände auch nur einen einzigen Augenblick lang erspähen, geschweige denn einen Schuß anbringen.

In den Urwäldern am Pfad von Jokaduma nach Molundu, und zwar am Bumbafluß, am Djombibach und im Ngillilibusch am Dschah und dem Böckfluß, war ich schon nahe dran – unzählige, aber stets erfolglose Pirschen!

In diesen zum Teil noch unberührten Urwäldern traf ich Bongofährten besonders oft an den für den Jäger so reizvollen im Waldland eingesprengten Sumpfwiesen. Dort tritt diese prachtvolle Antilope gerne nächtens zur Äsung aus.

1937 konnte ich den Bongo überraschenderweise kaum sechs Marschstunden von Bertua entfernt gegen den Dumefluß und Njassi im Garibusch, einem Ausläufer des Kameruner Waldlandes, feststellen. Auch in den Urwäldern des Medsimelandes fährtete ich das rare Großwild an einem kleinen Bach an der Grenze vom Big Pol und Medsime-Urwald, ferner am Bumba nahe der kleinen Siedlung Mamalo, wo es mir zum erstenmal dann doch endlich nach heißen, entbehrungsreichen und wochenlangen Strapazen gelang, einen Bongobullen auf die Decke zu legen.

In der großen Regenzeit, im August des Jahres 1937, hatte ich also am Bumba mein Jagdlager aufgeschlagen. Meine letzte Hoffnung war das Medsimeland. Ich hatte vor, so lange im Urwald zu bleiben, bis eben ein Bongo zur Strecke käme.

Gleich an einem der ersten Jagdtage gelang es mir in Begleitung von zwei Pygmäen aus dem Clan bei Mamalo, eine ältere Bongofährte von einer kleinen Sumpfwiese an bis in schweres sekundäres Dickicht zu verfolgen. Dann war nichts mehr! Wochenlang traf ich auf keine einzige Fährte, obwohl ich täglich viele Stunden lang pirschte und weite Teile des Urwalds um den Bumba durchstreifte. Es war zum Verrücktwerden!

In den Medsimedörfern und bei den mir bekannten Pygmäenhorden gab ich den Auftrag, frische Bongofährten sofort zu melden. Schon wollte ich mein Standlager in die Urwälder von Lomie verlegen, als an einem regenschweren Morgen ein Pygmäe ins Lager gerannt kam und berichtete, vor wenigen Tagen zwei Bongos südlich des Bumba gefährtet zu haben.

Mit leichtem Zelt, einer eisernen Ration aus einigen Konserven und Reis sowie mit meinem Mannlicher-Schönauer 9,5 mm und einer Hammerleß-Doppelflinte Kal. 16 bewaffnet, zog ich mit einem Boy, der für die paar Tage auch den Koch machen mußte, ferner einem Medsime als Träger und Dolmetscher sowie drei Pygmäen los. Nach eineinhalb Tagen waren wir endlich in jener Gegend, wo mein Pygmäe die beiden Bongos gespürt hatte. An einem klaren Wasserlauf ließ ich ein schnelles Lager aufschlagen. Meine Eingeborenen bauten sich ihre landesüblichen „Bandas“ aus biegsamen Ästen, belegt mit breiten Blättern eines Sumpfgewächses. Dann sandte ich meine Leute nach den verschiedensten Richtungen zur Fährtensuche aus. Der Boy blieb im Lager zurück. Nach knapp zwei Stunden kam die überraschende Meldung, daß sie eine ziemlich frische Bongofährte gefunden hatten.

Die „Bomenjoks“ – sonst Meister in der Fährtenkunst – hatten schwere Arbeit, die Spuren zu halten, da es oft Widergänge gab, bei denen wir Stunden vertrödelten. Dreimal zogen wir im Kreis, kamen immer wieder auf die alte Fährte zurück und konnten die Fortsetzung nicht finden.

Auch ein größerer Gorillatrupp, der zufällig entlang unserer Bongofährte zog, hielt uns eine Weile auf. Das Brechen der Riesenaffen kam immer näher. Schon hörten wir das Lutschen und Aussaugen der Kadamunstengel und das laute Rülpsen. Weit hallten das Trommeln des Herrn der Affenfamilie und das Quietschen eines Gorillababys. Mit höherschlagenden Herzen lauschten wir diesen packenden Lauten der Wildnis.

Meine Pygmäen schienen eben keine Helden, denn mit ihren zum Stoß gesenkten Lanzen warteten sie, hinter mich gekauert, in einiger Erregung das Vorbeiziehen der Menschenaffen ab.

Wir setzten unsere Suche fort. Die schweren Wassertropfen, die von den dicken, dunkelgrünen, lederartigen Blättern der Urwaldbäume fielen, und das Glitzern des Regenwassers an den Lianen wurden durch die – wenn auch nur spärlich eindringenden Sonnenstrahlen – zum Verschwinden gebracht. Während es am Morgen angenehm kühl war, herrschte jetzt dumpfschwüle, von seltsamen Gerüchen modernder Pflanzen und Urwaldriesen durchtränkte Treibhausluft. Im primären jungfräulichen Urwald, unter dem hohen Blätterdach mit schwachem Unterwuchs, ging es sich herrlich leicht. Nur hier und da schnitten die Pygmäen vorsichtig und leise mit den breiten, haarscharfen Lanzenblättern hindernde Lianen durch. Wie immer kennzeichneten sie unsere Pirsch durch den Urwald durch häufiges Umknicken kleiner Äste und Stengel – ein verläßlicher Wegweiser.

Plötzlich kamen wir zu einem elendiglich schwer durchdringbaren Buschgelände. Die Bongofährten führten in diesen äußerst dichten und üppigen, mehrere Meter hohen Pflanzenwuchs hinein. Wir waren darauf gefaßt, denn solches Dickicht ist eben der Lieblingseinstand dieses Wildes.

Wir krochen auf allen vieren. Ich schob den ganzschäftigen Repetierer vor mich her. Ein Pygmäe vorab bog das Lianengewirr zur Seite und teilte die Büsche, so daß ich mit Kleidung, Tropenhelm und Waffen leichter durchschlüpfen konnte, ohne viel Geräusch zu verursachen. Der Erdboden war eine gärende, von schmächtigen, bleichen Kräutern bedeckte Masse. Giftige, übelriechende Pilze schossen aus dem Boden, und über allem lagen Wolken winzig kleiner Insekten, Mücken und Fliegen, in der stickigen Luft. Ich schwitzte Blut und Wasser. Mein Buschhemd war patschnaß, meine Hände und Knie waren von stacheligen Lianen arg zerschunden.

Mit einemmal verhielt der Pygmäe vor mir, lauschte und gab mir ein Zeichen. Jetzt hieß es so rasch als möglich vorwärtszukriechen – was leichter gesagt als getan war –, um die knapp vor uns ziehenden Bongoantilopen einzuholen und bei Sicht sofort zu schießen. Als alter

Bilder rechts: Die Buschmänner in Angola erwiesen sich mir gegenüber als äußerst hilfsbereites und liebenswertes Völkchen. Der Mann links oben raucht Hanf aus einem Antilopenhorn.
Bilder umseitig: Oben, links unten: Mit Senhor Ribeira auf Krokodiljagd am Kunene, Südostangola. – *Unten rechts:* João neben einem riesigen Termitenbau.

Buschläufer unternahm ich die menschenunmöglichsten Anstrengungen, und wir kamen bei gutem Wind fast unhörbar weiter. Jeden Augenblick hoffte ich, das heißbegehrte Fabeltier vor mir zu erblicken. Nichts von dem! Nur ab und zu vernahmen wir ein schwaches Knacken oder Brechen eines dürren Astes, ein Anstreifen des Gehörns des sich mit vorgestrecktem Windfang hindurchschiebenden Bongo. Dann war alles wieder ruhig. Die Urwaldstille wurde nur vom krächzenden Schrei eines Keulenhornvogels und dem „Kru-kru-kru-kokoko" des Helmbuschturakos unterbrochen. Vor uns türmten sich die langen Blattstengel von Kostus und Anommum auf, und plötzlich standen wir vor den schmutziggelben Fluten des stark angeschwollenen Bumba und machten lange Gesichter – denn die Fährte führte ins Wasser. Die Bongos hatten den Fluß durchschwommen und waren so vor unserer weiteren Nachstellung sicher.

Weit und breit gab es keinen großen, umgefallenen Baumstamm, den wir zum Übersetzen benutzen hätten können. Auch die Eingeborenen in den Medsimedörfern hatten keine Kanus oder nur unbrauchbare. So kehrten wir niedergeschlagen in unser Jagdlager zurück.

Viele Tage suchten wir in der näheren und weiteren Umgebung vergebens nach Bongofährten. So verging ein Monat, ein zweiter, und der dritte neigte sich schon seinem Ende zu. Alles Pirschen brachte kein Ergebnis. Entweder wir fanden überhaupt keine Fährten, oder es kam immer irgend etwas Unvorhergesehenes dazwischen, so daß wir wieder die Geleimten waren.

Ich erinnere mich noch sehr gut an einen heißen Jagdtag. Ein neuer Auftrieb, meine Begeisterung, das scheue Großwild doch noch zu strecken, steigerten sich langsam ins Unermeßliche.

Wir hatten unvermutet einen Trupp von acht Bongos frisch gefährtet, waren bald hinter ihnen, und ich hoffte, jeden Moment zum Schuß zu kommen, als plötzlich ein furchtbarer Regenguß herniederprasselte, dem kurz darauf grelle Blitze und schwerer Donner folgten. Es wurde so finster, daß wir die Hand kaum vor unseren Augen sehen konnten. Die Regenschauer wurden immer heftiger. Alles war binnen weniger Minuten überschwemmt. Kleine Wasserläufe wurden zu gefährlich rauschenden Fluten. Es war die Hölle los! Zitternd, völlig durchnäßt, verhielt ich. Das Wasser rann oben beim Hemd hinein und bei den Shorts heraus. Kaum, daß ich meine Büchse vor diesen Wassermassen schützen konnte. Die Pygmäen hatten sich einige Blätter über ihre Köpfe gestülpt. Es half alles nichts. Vor Kälte beutelnd, standen wir unter einem Baum. Es gab weder ein Vor noch ein Zurück. Wir konnten kein Feuer

Bilder umseitig: Oben: Der Naivashasee in Kenia ist ein Dorado für Ornithologen. – *Unten links:* Wolfgang Schenk mit einem Rekord-Buschbock. – *Daneben:* Mißtrauisch äugt die Moorantilope in meine Kamera.

Bilder links: Links unten: Am Westufer des 1888 von den Österreichern Teleki und Höhnel entdeckten Rudolfsees. – *Daneben:* Turkana mit Fischreuse. – *Oben:* Die rituellen Tänze der Turkana beeindrukken heute Touristen aus aller Welt.

anmachen und mußten das Fallen der Hochwasser abwarten. Wieder war uns der Bongotrupp in letzter Minute entkommen. Als die Sonne von neuem ihre Strahlen durch das Blätterdach sandte, fanden wir keine Fährte mehr.

Nach einigen Tagen beschloß ich erneut, mein Standlager zu wechseln und es jetzt in der Nähe des Dorfes Mayos aufzuschlagen. Dort wurden mir zwei Bongos gemeldet, die sich an den frischen Erdnußfarmen der Eingeborenen gütlich taten. Einen letzten Versuch wollte ich noch wagen. Ich konnte es trotz der vielen Fehlpirschen nicht lassen . . .

Den ganzen Vormittag liefen wir, ohne auch nur eine einzige Fährte zu finden. Gegen Mittag kam ein kräuselnder Wind auf, der uns die letzte Hoffnung nahm, auf Bongos anzukommen. Um nicht mit leeren Händen ins Lager zurückzukehren, versuchten wir es, wie schon so oft, mit der Rufjagd auf die Urwaldducker. Aber auch damit hatten wir keinen Erfolg. Der Urwald war wie verhext.

Ich ging mit einem der Pygmäen voraus, die anderen folgten uns. In langen Schritten, wegen der dauernden Mißerfolge recht unlustig, stapften wir auf dem kaum ausnehmbaren Pfad dem Lager zu. Ein leiser, bedeutsamer Pfiff ließ mich zusammenfahren . . .

Zwei Pygmäen hockten an einer Stelle und untersuchten eifrigst den Boden. Wir frohlockten: Wenige Minuten vor uns hatte ein einzelner Bongo das Dickicht passiert! Die Eindrücke der Schalen waren kaum zu sehen, doch den scharfen, kundigen Augen der Urwaldzwerge waren sie nicht entgangen. Alle Müdigkeit war vergessen, und unter Aufbietung aller Schleichkünste pirschten wir der frischen Fährte nach. Im Urwald herrschte jene lautlose, düstere Stille, die einen nahenden Tornado anzeigt. Eile tat not, jeden Augenblick konnte der Gewittersturm losfegen. Wenn der Regen einsetzt, ist der Bongo für uns verloren, dachte ich beklommen.

Ein Pygmäe an der Spitze hielt die Fährte, den Blick unverwandt zu Boden gerichtet. Ich folgte schußbereit, mit den Augen die nächste Umgebung des Buschgeländes absuchend. Knapp hinter mir befand sich meine große schwarze Dogge. Das kluge Tier wußte, worum es ging. Lautlos durchschlüpfte es Lianengewirr und Laubbusch. Mit etwas Abstand folgten die übrigen Pygmäen.

Nach wenigen Minuten erreichten wir eine kleine Anhöhe. Vor uns lag eine Talmulde mit dichtestem Unterwuchs. Eben überlegten wir einen Augenblick, in welche Richtung die Antilope gezogen sein mochte, als plötzlich unter uns ein kurzes Poltern und Prasseln anhob. Der Bongo, welcher im Gestrüpp offensichtlich zur kurzen Ruhe im Lager gewesen war, sprang flüchtig ab. Grell leuchteten die dicken weißen Streifen von der maronenroten Decke ab. Die Äste mit vorgestrecktem Äser und dem prachtvoll geschwungenen Gehörn mit den glashellen Spitzen beiseite schiebend, ging das edle Großwild in leichten Fluchten einem anderen Dickicht zu. Auf kaum zwanzig Schritt hielt es in der Flucht inne, verhoffte den Bruchteil einer Sekunde und erhielt von mir spitz von hinten einen Schnappschuß angetragen. Ich wagte vor Aufregung nicht zu atmen und war kreidebleich. Im Schall des Schusses war der Spuk verschwunden und der Bongo weg; ich hatte ihn mit der hingeworfenen Kugel wohl gefehlt. Ein ungewöhnlicher Zufall, dieses Zusammentreffen – und nun sollte ich nach all den Monaten und Jahren vergeblicher Pirsch wieder leer ausgehen?!

Was tun? überlegte ich blitzschnell. Eine Folge schien aussichtslos. Wenn aber der Bongo tatsächlich angeschweißt war, durften wir keine Zeit verlieren. Die ersten Windstöße als Vorboten eines schweren Regens setzten ein. Kurz entschlossen befahl ich meiner braven Hündin die Hetze. Bange Sekunden vergingen. Ich glaubte zu träumen – plötzlich heller und scharfer Hetzlaut! Die Hündin war am Bongo! Ein tiefes Glücksgefühl durchströmte mich. Noch fieberte ich vor Aufregung. Wird die Hündin den Bongo auch wirklich stellen können? lautete meine einzige Frage. Angestrengt lauschten wir. Die wilde Jagd ging weiter, immer Hetzlaut, immer weiter, dann näher. Und nun Standlaut. Standlaut!

Jetzt gab es kein Halten mehr. Ich stürzte vorwärts, warf mich ins Gestrüpp, fiel, raffte mich wieder auf, strauchelte, verlor den Tropenhelm, zerriß mir das Hemd in Fetzen, blutete aus der Nase, zerkratzte mir den ganzen Körper und stürmte nur immer vorwärts, vorwärts, als gelte es das Leben!

Von meinen Pygmäen war weit und breit nichts zu sehen. Wie vom Erdboden waren sie verschluckt. Der tiefe Urwald hallte vom Standlaut wider – herrlichste Musik für mein ausgepumptes Jägerherz! Ich orientierte mich nach dem Laut. Auf einmal tat sich vor mir ein Bild auf, das ich mein ganzes Leben lang nie vergessen werde: Ringsum war der Unterwuchs niedergetrampelt, und von Schweiß bedeckt, frei und aufrecht, Ausdruck urigster Kraft, stand der Bongo und wehrte mit seinen Gehörnspitzen die ihn umspringende, schwer keuchende Dogge ab. Sie bellte unentwegt und bannte die Antilope damit an den Platz.

Rasch hob ich das Gewehr zum tödlichen Fangschuß, aber es sank mir beinah aus den Händen: Wie aus dem Boden gewachsen, stand hinter dem Bongo einer der Zwerge, die wuchtige Stoßlanze zum Wurf bereit. Der Kerl zögerte, und ich konnte nicht schießen, ohne den Mann zu gefährden. Ich kochte innerlich. Wieder sah ich den Bongo verloren, denn er tat einen hohen Sprung, eine weite Flucht und war verschwunden, der Hund hinterher.

Wenige Schritte, dann wieder Standlaut. Ich warf mich nach und hatte für eine Sekunde den Bongo breit und frei. Im Knall fiel die herrliche Urwaldantilope. Waidmannsheil!

Atemlos trat ich näher, um nachzusehen, ob es ein Bulle war. Und tatsächlich, ich hatte ein männliches Stück erlegt!

Noch vor Aufregung zitternd, befühlte ich das gut gewundene Gehörn mit den rosafarbenen und doch sehr hellen Spitzen. Liebkosend streichelte ich die bunte Decke des gestreckten Wildes und gab dem Bongo nach heimischer Waidmannssitte einen schweißigen Bruch aus dem Laub eines Urwaldbaumes ins Geäse, benetzte den Schaft meines Karabiners (Mannlicher-Schönauer 9,5 mm) mit dem Schweiß meiner Beute und hielt ehrfürchtig und dankbar für das Phantom des Urwalds die Totenwacht. Meine brave Hündin lag neben mir.

In einiger Entfernung hockten meine Eingeborenen um das schon lodernde Feuer. Auch sie blickten ehrfurchtsvoll auf das wohl edelste Wild des mittelafrikanischen Urwalds. Hell leuchtete die rote Decke. Scharf traten die weißen Streifen an Flanke und Brust hervor.

Das Haupt mit den riesigen weißgeränderten Lauschern war dunkelbraun, mit einem weißen Halbmond unten, quer auf der Stirn, und zwei weißen Flecken an jedem Kiefer. Die sehnigen Läufe wiesen ebenfalls weiße Flecken auf, und aus der langen dunklen Rückenmähne mußte noch ein guter Antilopenbart herausgehen.

Aber unser Idyll dauerte nicht lange. Es begann in Strömen zu regnen. Dennoch fotografierte ich den Bongo von allen Seiten, auch mit meiner Hündin, die ja den Hauptanteil an dieser so schönen und aufregenden Jagd geleistet hatte. Ein Pygmäe hielt mir ein großes Blatt über Kopf und Kamera. Der Wassermassen wurde immer mehr, und wir mußten uns unter einen nahen Baum flüchten, wobei wir aber nur vom Regen in die Traufe kamen, denn hier fielen die großen Tropfen nur um so schwerer vom Geäst.

Als der Regen aufhörte, war schon tiefe Nacht. Meine Pygmäen versuchten, wieder Feuer zu machen. Lange wollte es ihnen nicht gelingen, endlich begann es zu schwelen und zu brennen. Wir hockten im Kreis, wärmten und trockneten uns. Über uns ein wundervoller sternenklarer Himmel. Und zum Abschluß dieses mir unvergeßlichen Jagdtages hallten in weiter Entfernung die Rufe und das Trommeln von Gorillas zu uns. Das Zirpen von Tausenden von Zikaden setzte ein, lauter und wieder abschwellend. Glühwürmchen schwirrten durch die Luft und begannen zu leuchten.

Am nächsten Morgen machten wir uns eilig ans Zerwirken. Zwei Pygmäen brachen den Bongo unter meiner Anleitung vorsichtig auf. Behutsam mußten Decke und Skelett ausgelöst werden. Ich fand nun den Sitz der Kugel: sie hatte die Keule schräg durchdrungen und war ins Gescheide eingedrungen. Kein Knochen war verletzt. Ohne Hund wäre die Beute sicher verloren gewesen.

Heißhungrig verschlangen die Pygmäen die Eingeweide. In Blätter gewickelt, warfen sie geronnenen Schweiß des Bongo in die glühende Asche, schmatzten und genossen ihre Mahlzeit sichtlich. Ich ließ mir über dem Feuer die Leber rösten. Das Wildbret selbst schmeckte mir weniger. „Lady“, meine Dogge, bekam das Herz des Bongo und andere leckere Happen.

Unterdessen ging ein Bote ins Standlager ab. Am Abend kamen der Boy und der Koch sowie die übrigen Schwarzen mit den allernotwendigsten Lasten, Lebensmitteln, Kleidung, meinem Feldbett und dem Zelt nach. Bald herrschte ein lustiges Lagerleben. Das Fleisch verteilte ich, und überall an den vielen kleinen Feuern bruzzelte und prasselte es.

Wie ein Habicht wachte ich tags darauf, daß die wertvolle Bongohaut beim Aus-der-Decke-Schlagen nicht aufs geringste verletzt wurde. Ich ließ einen freien Platz aushauen, ein Gestell errichten und spannte die Decke wegen des Luftzugs hoch auf. Im feuchtschwülen, regnerischen und düsteren Urwald ist das Trocknen der Haut keine einfache Aufgabe. Damit dies schneller vonstatten ging und die Schmeißfliegen ferngehalten wurden, ließ ich die Decke mit kalter Holzasche einreiben und vor Regengüssen durch ein Laubdach schützen.

Drei Tage dauerte es, bis die Bongohaut soweit trocken und für den Transport geeignet war. Dann brachen wir zurück ins Hauptlager auf. Nach einer guten Woche verließ ich dieses Urwaldgebiet wieder, da die Trockenzeit mittlerweile angebrochen war, und zog in die Savannen und Steppen Kameruns zu neuen Jagdtaten.

Der Bongo aus dem Medsime-Urwald befindet sich heute, von der Meisterhand Franz Walds präpariert, im Naturhistorischen Museum zu Wien. Es war dies das erste Exemplar, welches das Institut nach über fünfzigjährigem Bestehen erhielt, und stellt noch heute eine der Sehenswürdigkeiten dieses großen Museums dar, denn nur wenige zoologische Sammlungen der Welt besitzen den Bongo der westafrikanischen Form (*Boocercus euryceros Ogilby*).

Im Reich der Zwergelefanten

Genau vierzehn große Holzkisten mit Tierschädeln, Gehörnen, Fellen, Häuten und etlichen ethnologischen Objekten – alles, was sich in den letzten Monaten angesammelt hatte – übergab ich in Duala einer französischen Spedition zum Schifftransport nach Österreich. So verringerten sich meine Traglasten um einen beträchtlichen Teil, der mich auf meiner nächsten Fahrt sehr behindert hätte.

Ich nahm die „Mittellandbahn" von Duala nach Eseka, das etwa auf halbem Weg nach Jaunde, dem Sitz des damaligen Gouverneurs, liegt. 1908 begannen die Deutschen, diese wichtige Bahnverbindung, dreihundert Kilometer quer durch den Urwald, zu bauen. Leider machte der Erste Weltkrieg viele weitere Pläne zur Erschließung dieser reichen Kolonie zunichte.

Meine Bahnfracht war aber immer noch beachtlich, und das lange Ausladen meiner vielen Gepäckstücke verzögerte die fahrplanmäßige Abfahrt des Zuges in Eseka um eine geraume Weile. Zuallererst mußte ich zum Regierungsposten, um genügend Träger für eine mehrwöchige Safari in die Regenwälder zwischen Sanaga und Nyong zu bekommen. Ich mietete ein Zimmer in einem kleinen Hotel, das ein Franzose führte, und erledigte alles in Ruhe. Nach drei Tagen hatte ich es geschafft. Der französische Beamte verhandelte mit dem Häuptling der Bakoko, der mir dann willige und vor allem kräftige Männer zur Verfügung stellte. Wie immer wollten die Burschen aber nur die kleineren Lasten an sich nehmen; jeder drückte sich vor der schweren Munitionskiste.

Es ging los! Rodungen der Eingeborenen, die alle paar Jahre ihre Farmen verlegen, und Edelholzschläge lichteten anfangs den immergrünen Urwald. Mein Plan war, die Bagielli-Pygmäen aufzusuchen und den sagenumwobenen Zwergelefanten nachzuspüren. Von der Jagdinspektion hatte ich erfahren, daß sie vereinzelt südlich von Eseka gesehen worden sein sollten. Ich wollte diese kleinste Elefantenart beobachten und, wenn möglich, auch ein Exemplar für das „Haus der Natur" in Salzburg erbeuten.

Acht Tage schon waren wir auf glitschigen Urwaldpfaden unterwegs. Die Luftfeuchtigkeit betrug um die 80 Prozent. Der Himmel war grau und verhangen. Aus mächtigen dunklen Wolkenbänken ergossen sich die Regenschauer, und die Schwüle und Hitze setzten mir arg zu. Einzelne Baumriesen wuchsen bis zu sechzig Meter kerzengerade empor und bildeten ein dichtes Blätterdach. Nur schwer drang die Sonne zu Boden. Armdicke Lianen wanden sich lichtwärts, und Schmarotzerpflanzen (Epiphyten) saßen in den Astgabeln oder an der Rinde fest und hielten die Urwaldriesen umklammert. Wie lange Seile hingen die Luftwurzeln gespenstisch im Dämmerlicht.

Ein Schwarzer vorneweg schlug mit seinem Buschmesser die stark verwachsenen Eingeborenenpfade frei. In dieser Wirrnis trugen die Leute ihre Lasten auf den Rücken geschnallt, um besser vorwärtskommen zu können. Kaum zwölf Kilometer schafften wir am Tag. Mein Koch aus Eseka und der Diener mußten keine Lasten tragen. Der „Küchenchef“ trug lediglich die so überaus wichtige Petroleum-Sturmlaterne, und der Boy balancierte auf seinem Krauskopf eine kleine Korbflasche Nabao – ein guter portugiesischer Rotwein, bestens geeignet für die Tropen.

Lange vor Einbruch der Dunkelheit ließ ich ein Lager aufschlagen. Mit starken Schnüren befestigten wir mein Zelt zwischen den Bäumen – gerade das Feldbett, das Moskitonetz und drei Tropenkoffer hatten darin Platz. Feldstuhl und Tisch standen wenige Meter entfernt auf dem gesäuberten Boden. Die Schwarzen hatten ihre traditionellen Laubhütten errichtet, und bald erleuchteten zahlreiche kleine Feuer den Übergang vom Tag zur Nacht.

Noch während meine Mannschaft mit dem Lager beschäftigt war, lief ich mit einem Schwarzen den nahen Urwald ab. Wir versteckten uns hinter den großen Plankenwurzeln und lockten die Ducker an.

Schußbereit stand ich mit meinem Tropendrilling 12 x 12/9,3 x 74 mm zwischen den Bäumen. Von Zeit zu Zeit preßte mein Begleiter sein gespanntes „Niau-Niau“ durch die Nase. Durch das imitierte Angstgeschrei oft neugierig geworden, sprang uns einer der Urwaldducker an, und die kleinen Antilopen schlichen vorsichtig äugend auf mich zu.

Fast immer hatte ich Erfolg und konnte eines oder zwei dieser scheuen Geschöpfe erlegen. Der Koch gab dann Fleisch und Schlegel in einen großen Topf mit Wasser, Zwiebeln und Knoblauchzehen. Das ganze wurde mit Erdnuß- oder Sesamöl abgedeckt. Der Topf stand auf drei Steinen über starkem Feuer. Nach anderthalb Stunden war das Wasser verdampft und das Wildbret, durch und durch weich geworden, schmorte zuletzt im eigenen Saft. Dazu gab es Reis und den scharfen Pilli-Pilli als Würze.

Der Urwald zeigt sich niemals kahl. Immerfort welchseln die Bäume ihr Laub, und rasch sprießt das neue Grün. Eine Eigentümlichkeit des Regenwaldes ist die Stammblütigkeit. Oft sah ich Baumstämme, aus deren Rinde Früchte wuchsen. Eines Tages entdeckten meine Schwarzen zu ihrer großen Freude wilde Kolabäume, deren Schoten senkrecht von der Baumrinde abstanden und im Vorbeigehen leicht zu pflücken waren.

Je weiter wir in die Wildnis vordrangen, desto öfter begegneten wir flüchtenden Banden von Meerkatzen, die in den breiten schirmartigen Kronen der höchsten Bäume nach Früchten turnten. Hier und da schoß ich einige Affen aus fünfzig Metern Höhe herunter, denn ihr Fleisch war für meine Träger eine besondere Delikatesse. In den großen, ehernen Töpfen sahen die gargekochten Affenleiber für einen europäischen Magen aber nicht besonders verlockend aus ...

Stechlustige, wespenartige Fliegen überfielen uns und machten uns das Leben sauer. Abends belästigten uns auch noch die Moskitos. Treiberameisen, deren Krieger starke Beißzangen besitzen, marschierten in breiten Formationen durch den Urwald und zwangen uns mehrmals, unsere Richtung zu ändern.

Ununterbrochen drang der Lärm von Schimpansenhorden an mein Ohr. Bei der Rufjagd erschien mir einmal ein alter, großer Menschenaffe, der neugierig verhoffte. Kleine Baumhörnchen kletterten auf den Lianen auf und ab und flüchteten blitzschnell, wenn wir zu nahe kamen.

Eines Abends, beim Aufschlagen des Lagers, fing ein Eingeborener eine im Laub versteckte große Pantherschildkröte. Die Schwarzen machten kurzen Prozeß und aßen das schöne Tier auf.

Auf einem alten Elefantenpfad bemerkten wir plötzlich im Unterwuchs abgebrochene und umgebogene Zweige. Vor uns mußten Menschen gezogen sein! Unwillkürlich dachte ich an die Bagielli, die wir ja irgendwo in dieser Urwaldhölle zwischen Edea und Eseka zu finden hofften.

Schon am nächsten Tag entdeckten meine Träger zufällig einen dieser Zwerge, der hinter einem gefallenen Baumriesen auf Wild lauerte. Der Mann hatte Angst vor uns und wollte fliehen. Doch die Zurufe meiner Leute ließen ihn halten. Einer meiner Männer konnte sich mit ihm verständigen. Ich schenkte dem Pygmäen Salz und Tabak; dann schloß sich der Jäger unserem Zug an und führte uns zu seinem Clan.

Auf einer kleinen Lichtung lagen in kreisförmiger Anordnung sechs bienenkorbförmige Laubhütten. Einige Männer, durchschnittlich etwa 1,43 Meter groß, traten überrascht aus ihren Behausungen. Die meisten von ihnen hatten als Schutz Rindenstoff zwischen den Beinen durchgezogen, die anderen ein Meerkatzenfell. Die Frauen dieser Großfamilie waren zunächst sehr ängstlich, und es dauerte eine Weile, bis sie sich mit ihren nackten Kindern zeigten. Alle hockten auf dem Boden und beobachteten neugierig unser Tun. Wir lagerten etwa hundert Meter abseits an einem klaren Wasserlauf. Bevor wir uns niederließen, blickte ich noch in die Baumkronen, ob ich auch sicher sein konnte, daß uns nicht etwa bei aufkommendem Sturm herabfallende Früchte und morsche Äste erschlugen.

Ich sah den Bagiellifrauen bei ihrer Hausarbeit zu. Die für unsere Begriffe eher häßlichen Weiber mit den typisch ausgezehrten Brüsten waren nur etwa 1,35 Meter groß. Ihre Kleidung bestand aus einem Blätterbüschel, das mit einer Bastschnur befestigt war und täglich erneuert wurde. Keine von ihnen trug Schmuck. Die Männer hatten Amulette aus dem Fell einer Goldkatze um den Hals.

Aus einer Baumhöhle hatten sie ein Schuppentier gefangen, und in der heißen Asche rösteten sie den leckeren Braten. Einige Weiber schürten ständig die Glut. Das Fleisch eines solchen Pangolin (*Manis pentadactyla*) ist sehr hell und schmackhaft. Freilich muß man erst die großen geränderten Schuppen entfernen. Ich war viele Jahre kreuz und quer in Afrika unterwegs, konnte aber nur ein einziges Mal ein kleines Weißbauchschuppentier aus seinem Erdbau ausgraben. Angeblich soll ein Pangolin täglich bis zu 200 Gramm Insekten – Termiten und Ameisen – vertilgen.

Vor einer der Hütten waren Kinder eben im Begriff, einen etwa spannenlangen, braunen

Bilder rechts: „Der Schuß ... lockte eine Schar von Eingeborenen heran. Nachdem ich die Maße abgenommen und den toten Bullen fotografiert hatte, begann eine wahre Fleischorgie ..."
Bilder umseitig: Oben: „... Die Schwarzen öffneten sofort die Bauchhöhle des gefallenen Riesen ... und stritten sich um die so vitamin- und fettreichen Eingeweide, die sie zum Teil noch roh verschlangen ..." – *Unten:* Nachdem die afrikanischen Länder ihre Unabhängigkeit erlangt hatten und auch die Eingeborenen Waffen tragen durften, wurden Elefantenbullen und -kühe wahllos abgeknallt.

Käfer in die noch glosende Asche zu werfen. Als ich mich bückte, um besser sehen zu können, glaubte ich meinen Augen nicht zu trauen: ein Goliath, der größte Käfer unserer Erde und gewiß der schönste Afrikas, wurde eben zum Verzehr geröstet! Oft hatte ich von Eingeborenen in den Urwaldgebieten solche Käfer zum Kauf angeboten erhalten. Ich erstand sie auch manchmal, ließ sie aber später immer frei. Die dicken, fetten Maden dieses Riesenkäfers verspeisten die Eingeborenen stets roh und mit großem Appetit.

An einem anderen Feuer wieder erblickte ich in der heißen Asche einige Blätterrollen, in denen sich tote Eidechsen befanden.

Tagsüber zogen die Frauen in den Regenwald und sammelten allerlei Insekten und Kleintiere. Eine Schar nackter Kinder begleitete sie. Als Gegengeschenk für Salz und Tabak brachten mir die Bagielli in einem alten Flaschenkürbis goldgelben frischen Honig als „Morgengabe". Der Waldhonig, in dem allerdings noch Brut und tote Bienen schwammen, schmeckte einfach herrlich.

Diese extensiven Wildbeuter wechseln nach einer gewissen Zeit ihr Jagdgebiet und ihre Wohnplätze. Mit unglaublicher Geschicklichkeit errichten sie kompakte Windschirme, die vor den schweren Tropengewittern gut schützen. Pfeil und Bogen, hölzerne Armbrüste und Speere sind die einzigen Waffen auf ihrer täglichen Jagd zum Lebensunterhalt. Mit den Armbrüsten schießen sie vor allem Affen von den hohen Bäumen. Die Pfeilspitzen sind jeweils mit Strophanthusgift eingestrichen, einer schwarzen und sehr klebrigen Masse.

Eines Morgens rückten sie zur Netzjagd aus. Dazu bildeten sie einen Halbkreis und spannten weite Teile des Urwalds mit langen Flechtnetzen ab. Frauen und Kinder trieben das Wild in die Falle. Auf diese Weise erlegten die Pygmäen einige Zwergantilopen – mehrere kleine blaugraue und die etwas größeren rotbraunen Ducker – mit ihren Speeren. Der Erfolg war jedoch gering.

Ich pirschte mit drei Jägern im Regenwald. Die Zwergmänner mit ihren kurzen Beinen und dem auffällig langen Rumpf schritten gewaltig aus, und ich mußte mich sehr anstrengen, um mithalten zu können. Nach einigen Stunden kamen wir in ein weites Überschwemmungsgebiet.

Es dauerte nicht lange, und wir stießen auf die ersten Fährten von Zwergelefanten. Ein Trupp war wohl soeben durch einen unter Wasser stehenden Raphia-Palmsumpf gezogen. Ich mußte durch den Morast, kostete es, was es wolle! Ich versuchte, von einer Palme zur anderen zu springen, versank aber einige Male bis zu den Knien im Schlamm. Die Elefanten hatten etliche Stunden Vorsprung. Große Haufen von Losung, in denen schon die blauschimmernden Käfer umherkrochen, zeigten mir dies an.

Bilder umseitig: Ein Schuppentier, in heißer Asche geröstet, ist für die Bagielli ein Leckerbissen.
Bilder links: Oben: Pfeil und Bogen sowie Speere waren die einzigen Waffen der Pygmäen auf ihrer täglichen Jagd zum Lebensunterhalt. – *Unten:* Bagielli vor ihren Laubhüttenzelten.

Zu meiner großen Überraschung hatten die Pygmäen am Rand des Sumpfwaldes einen Einbaum als Kanu versteckt. Sofort unternahmen wir zu dritt eine Probefahrt. Ich saß in der Mitte, ein Pygmäe vorne, ein anderer hinten. Ich durfte mich kaum bewegen, denn dieser „Seelenverkäufer“ war alles andere als stabil...

Mächtige Baumriesen ragten vereinzelt aus dem schlammgrauen, ruhigen Wasser gegen den Himmel. Fischotter tauchten plötzlich vor unserem Kanu auf. Mit dem Schrot meines Drillings konnte ich einen großen, dunkelbraunen Kongoweißwangenotter erlegen. Diese Art besitzt weder Krallen noch Schwimmhäute. Das Fleisch des etwa 20 kg schweren Tieres schenkte ich meinen beiden Begleitern – eine dankbar entgegengenommene Zubuße für ihren Speisezettel.

Auch die seltene Otterspitzmaus (*Potamogale velox*) konnte ich im Schilfrohr beobachten. Die Eingeborenen stellen diesen Tieren wegen ihrer sehr begehrten Pelze eifrig nach. Sie werden von Händlern angekauft und dann weiter nach Europa verfrachtet.

In einer hohen Baumkrone saß ein *Papio duguera,* ein großer Pavian mit Stummelschwanz. Ich kam gut zu Schuß und konnte später Fell und Schädel dem „Haus der Natur“ in Salzburg als Rarität überbringen. – In großen Horden kletterten die Halsbandmangaben – sehr bunte Affen – auf dem aus dem Wasser ragenden abgestorbenen Baumgeäst umher. Auch Dianameerkatzen und die überall vorkommenden Weißnasenmeerkatzen trafen wir zuhauf an.

Unsere Kanufahrt war für mich erhebendes Naturschauspiel und unvergeßliches Erlebnis zugleich. Den Rückweg fanden wir leicht anhand der umgebrochenen Äste. Knapp vor Einbruch der Dunkelheit kehrten wir wieder zu unserem Pygmäenlager zurück.

Die Nacht war rabenschwarz, kein Sternenlicht durchdrang den Blätterdom. Seltsam wimmerndes Klagen tönte durch das sonst stille Tropendunkel. Im Scheinwerfer meiner Stablampe entdeckte ich die feurigen Augen eines Bären-Makis, des Patto.

Im Morgengrauen weckten mich das laute Gezeter der Meerkatzen und der Ruf des Regenvogels (oder „Sporenkuckucks“). Nach einem erquickenden heißen Tee und dem Frühstück aus dem Rest der Bananen, die der Koch in rotem Palmöl abgebraten hatte, marschierte ich wieder los. Die Bagielli verstanden mich nicht, und ich konnte mich nur nach ihren Gesten orientieren. Aber es klappte dennoch.

Nach einigen Stunden Pirsch trafen wir abermals auf frische Fährten der Zwergelefanten. Drei dieser seltenen Spezies brachen auf ihrer Nahrungssuche durch den immer stärker werdenden Unterwuchs und zogen langsam vor uns her. Gegen Mittag hatten sie sich plötzlich mit einer anderen Herde vereinigt. Der nasse Urwaldboden war mit zahlreichen Abdrücken bedeckt, die alle zu einem Nebenfluß des Nyong mitten auf eine große Sumpfwiese führten. Ein schmaler Wasserlauf schlängelte sich durch das niedrige Gras. Ich wollte trinken, spuckte aber das stark salzige Wasser rasch wieder aus.

Dieser versteckte Platz war ein Stelldichein der kleinsten Elefantenrasse Afrikas. Mein Jägerherz schlug um eine Oktave höher! Etwa zwanzig graue, mit Schlamm bedeckte und verkrustete Flecke schöpften mit ihren Rüsseln das gelbe Wasser wie mit einer Pumpe.

Vorsichtig schlich ich mit meinen Bagielli zu einer der dicht beieinanderstehenden Sumpfpalmen, die uns guten Sichtschutz boten. Der im Urwald sich ständig kräuselnde Wind hatte sich gelegt. Das Glück war auf unserer Seite!

Nacheinander kamen die kleinen Vettern des Waldelefanten zur Natronquelle. Der grandiose Anblick der Kühe mit ihren Jungtieren und der kaum größeren Bullen, deren Stoßzähne wie Stummel aus dem Maul standen, bannte mich derart, daß ich ganz vergaß, die schwere Büchse von der Schulter zu nehmen und zu entsichern. Diese wenigen Minuten dünkten mich wie eine Ewigkeit.

Jetzt entfernten sich die ersten zwergenhaften Dickhäuter, welche aber immerhin noch schätzungsweise zwei Tonnen auf die Waage brachten, und formierten sich zu einer Kette. Wie auf einer Schnur aufgefädelt, marschierten sie der Reihe nach ab. Der letzte der Herde, ein älterer Bulle, zeigte nur kurz seine Breitseite. Ich schoß sofort. Als der ohrenbetäubende Knall widerhallte, entstand für Sekunden Verwirrung unter den Elefanten. Sie stürmten wenige Meter vorwärts, bildeten einen Kreis, erhoben die Rüssel, um den Wind einzusaugen, und rasten dann von der Sumpfwiese in den nahen Urwald. Zur Strecke blieb der Bulle, der auf den Schuß mitten ins Gehirn aus meiner Repetierbüchse 9,5 mm blitzartig zusammengebrochen und verendet war. All dies spielte sich keine fünfzig Meter vor unseren Augen ab.

Die Pygmäen rannten zu dem toten Tier und hieben ihm sofort die borstige Schwanzquaste, den Wedel, ab. Triumphierend winkten sie mir mit den langen, drahtigen Haaren entgegen. Eigenartig berührt, freudig und wehmütig zugleich, stand ich vor der seltenen Trophäe.

Der ausgewachsene Bulle hatte eine Schulterhöhe von knapp zwei Metern. Seine dunkel gefärbten Stoßzähne ragten nur 30 cm aus dem kleinen, faltigen Schädel. Die Hufnagelzahl betrug 5/5, und die Backenzähne waren nur halb so groß wie beim großen Waldelefanten, der ausgewachsen durchschnittlich eine Schulterhöhe von 250 cm erreicht. Die runden Ohren ähneln einander, sind aber beim Zwergelefanten wesentlich kleiner.

Eine gute Stunde hielt ich die Totenwacht. Nochmals erlebte ich im Gedankenflug die überraschende Begegnung mit den kleinen Dickhäutern. Nur wenige Jäger hatten das Glück, mit Zwergelefanten zusammenzutreffen, und noch weit seltener gelang es, dieses umstrittene Großwild zu erbeuten. Der Elefantenjäger erhofft sich meist nur starke, gewichtige Stoßzähne und pardoniert daher den Zwergelefanten. Die schwarzen Eingeborenen und die Pygmäen, die seine Aufenthaltsorte gut kennen, fürchten diese kleine Rasse sehr, da sie als besonders angriffslustig gilt. Ein erlegter Zwergelefant wird daher von den Eingeborenen mit weitaus größerer Gier verzehrt als etwa ein großer Waldelefant.

Wir marschierten zum Lager zurück. Da sprang ein Bagielli zu einem niederen Gebüsch, riß den Bogen hervor und tötete mit seinem Giftpfeil ohne Zögern einen 20 kg schweren Riesenfrosch, den im Kameruner Urwald überaus seltenen *Rana Goliath,* den wohl größten Frosch unserer Erde. Das riesige Geschrei der mich begleitenden Pygmäen kündete ihren Leuten dieses seltene Waidmannsheil an: Der große Weiße hatte den so gefürchteten Zwergelefanten erlegt und ein Bagielle einen Riesenfrosch – beides ausgesprochene Leckerbissen für die gesamte Horde.

Schwerer Morgennebel lag tief über dem Urwald, als rund zwei Dutzend Menschen zur „roten Arbeit“ aufbrachen: Das Zerwirken des Elefanten begann. Die Weiber trugen auf den Rücken ihre kleinen Flechtkörbe. Sogar die Kinder trippelten in der Kolonne mit, soweit sie schon laufen konnten. Auch meine Träger ließen es sich nicht nehmen, das erlegte Tier zu bestaunen und große Fleischbrocken nach Hause zu schleppen.

Spät am Nachmittag war der Elefant zur Gänze aufgearbeitet. Nur das Becken und einige grobe Skelettknochen waren zurückgeblieben. Die Rippen, aus denen die Eingeborenen verschiedene Behelfsgegenstände schnitzten, wurden ebenso mitgeschleppt wie der kleine, aber schwere Schädel und die Röhrenknochen, aus denen sich die Pygmäen über dem Feuer schmatzend das reichliche Knochenfett angelten. Für unsereiner ist Elefantenfleisch absolut grobfaserig und hart, und das Fleisch von alten Bullen muß stundenlang gekocht werden, ehe es auch nur halbwegs genießbar wird.

Das Entfleischen des Schädels dauerte seine Zeit. Wohl gab es in der Nähe Ameisen aller Art, die das hätten besorgen können. Auch die bösartigen Treiberameisen fehlten nicht. Aber das richtige Säubern des Elefantenkopfes mußten schon meine Träger mit ihren scharfen Messern erledigen. Das Skelett ziert heute das „Haus der Natur“ und ist noch immer eine Rarität.

Das kleine Völkchen tanzte die halbe Nacht nach seinen Jagdriten und Zeremonien – ein ergreifendes Schauspiel.

Mir blieb noch eine Woche bei den Bagielli, die ich zu ausgiebigen Pirschgängen mit meinem Tropendrilling nutzen wollte. So konnte ich auf der Rufjagd meinen vierten Gelbrükkenducker erbeuten und schoß den seltenen Sumpfducker mit seiner typischen grellroten Decke.

Und wieder suchte ich den Überschwemmungswald mit seinen vielen vermoderten Riesenbäumen auf – ein reiches Vogelparadies, das seine Wasser vom Nyong bezieht. Nashornvögel flogen lärmend von Wipfel zu Wipfel, und die schönen, grüngefiederten Helmbuschturakos kletterten im dichten Strauchwerk. Graupapageien zeigten sich in kleinen Schwärmen. Ganz unvermutet traf ich auf einen Quastenstachler, und das kleine Urwaldstachelschwein kam mir gerade recht vor den Schrotlauf. Mein Koch tat sein Bestes, und der Nager mundete lecker.

Es war eben jene Zeit, da die Graupapageien in den hohen Bäumen ihre Jungen ausbrüteten. Ich staunte nicht schlecht, als die Pygmäen kurz vor meinem Abschied noch mit vierzehn gefangenen Papageien daherkamen und so mir nichts, dir nichts Lochmünzen, Salz und Tabak von mir haben wollten. Nun gut – was tat ich nicht alles für meine treuen Urwaldzwerge? Ich setzte die Vögel mit den prächtigen roten Schwanzfedern auf eine lange Stange nahe meinem Zelt und fütterte sie mit ihren Lieblingsfrüchten, die ich einfach von den Bäumen herunterschoß. Im Schwarm waren die jungen Papageien rasch zahm geworden.

Nur war es mir ein Rätsel, wie die Pygmäen die Vögel überhaupt hatten einfangen können. Es löste sich, als mir meine Träger erklärten, die Bagielle hätten die Nestbäume einfach mit ihren Beilen umgehauen. Der Großteil der Jungvögel überlebte den Sturz der Bäume, konnte aber noch nicht wegfliegen und war so eine leichte Beute der findigen Jäger. Später verfrachtete ich die Papageien in Käfige und sandte sie nach Österreich für den Tiergarten in Schönbrunn.

Mein endgültiger Abschied wurde groß mit Tanz gefeiert, und ich schenkte meinen kleinen Freunden alles, was ich von meiner Ausrüstung entbehren konnte. Schließlich waren sie wirklich brav gewesen und hatten immer alles für mich getan. Nur Traglasten wollten sie nie übernehmen, doch das ist verzeihlich.

Für den schweren Zwergelefantenschädel benötigte ich zwei zusätzliche Träger. Die Pygmäen brachten mich zu einem Pangwedorf, wo ich die beiden Männer bald fand. Lange Fußmärsche führten mich wieder in die Nähe der Zivilisation.

Einige Jahre später traf ich wieder mit Zwergelefanten zusammen, diesmal in Spanisch-Muni. Auch dort kam ich auf die kleinen, sagenumwobenen Dickhäuter zu Schuß. Immer wieder habe ich sie im Regenwald um den Ntem-Fluß gefährtet.

Der Lebensraum des Zwerg- und des Waldelefanten ist der gleiche. In der Nähe des Leopoldsees in Belgisch-Kongo wurde der Zwergelefant zu Beginn unseres Jahrhunderts zum erstenmal festgestellt. Seine Verbreitung ist weitaus größer, als man bisher annahm. Sein Vorkommen beschränkt sich vorwiegend auf menschenleere, schwer durchdringbare Gebiete. Im Urwaldgürtel Afrikas – Kamerun, Gabun, Mittelkongo und Elfenbeinküste – bevorzugt er vor allem wasserreiche Landstriche.

Elefanten – mein Lieblingswild

Als ich im August 1928 inmitten der großen Regenzeit als junger Mann zum erstenmal afrikanischen Boden und den Kameruner Urwald betrat, schätzten die britischen Wildbiologen den Elefantenbestand in Schwarzafrika auf über zwei Millionen.

Schon Jahre zuvor war die professionelle Elefantenjagd wegen der niedrigen Elfenbeinpreise so gut wie eingestellt worden. Nach dem Ersten Weltkrieg wurden jährlich höchstens 300 Dickhäuter geschossen.

Wegen ihrer langen Trächtigkeit von 22 bis 24 Monaten wirft eine Elefantenkuh nur alle vier Jahre. Somit können sich die Populationen nur langsam vermehren. Auch die Eingeborenen wilderten zur Zeit der deutschen Kolonialherrschaft nur wenig auf Elefanten. Die autochthonen Jägervölker besaßen damals nur ihre stammeseigenen Waffen, wie Pfeil und Bogen, Armbrüste, Speere und Lanzen. Damit ist aber Jagd auf Großwild nur in Einzelfällen möglich und sehr gefährlich. Die Eingeborenen verwendeten für ihre Pfeile und Speerspitzen Gift und erbeuteten so vorwiegend Kleinwild. Auch Haarschlingen und Schlagfallen waren in Gebrauch.

Nur die Pygmäen in den tiefen Urwäldern Zentralafrikas verfolgten die Elefanten gnadenlos. Sie trugen lange Stoßlanzen und glaubten sich durch tierische Amulette, die sie um den Hals trugen, vor tödlichen Gefahren geschützt. Die Urwaldzwerge versteckten in hohlen Bäumen das erbeutete Elfenbein und tauschten die Stoßzähne bei Gelegenheit mit Bantustämmen gegen Salz, Vegetabilien (Früchte, Knollen u. a.), Tabak und Eisenwerkzeuge.

In den dreißiger Jahren konnte ich – in der menschenleeren Wildnis unterwegs – die ersten kapitalen alten Elefantenbullen mit Stoßzahngewichten von 50 bis 60 kg fotografieren. Oft waren es unstete Wanderer und Einzelgänger, die meist schon vernarbte Kugeln in ihren Leibern trugen.

Erst nachdem die afrikanischen Länder unabhängig geworden waren, durften die Eingeborenen ebenfalls Feuerwaffen tragen. Wohl war die Zuteilung von Munition durch die Regierung nur gering, aber nun gingen die Schwarzen auf Elefantenjagd und schossen Bullen wie Kühe nieder. Elefantenfleisch war sehr begehrt. Das Elfenbein kauften die jungen Staaten billig an. Die Bestände wurden mehr und mehr dezimiert; die Wilderei nahm überhand.

Als dann noch die Preise für Elfenbein auf den Märkten in London und Hongkong phantastisch in die Höhe kletterten, war es um die Elefanten geschehen. Der illegale Abschuß eines dieser urigen Kolosse gewährte den Eingeborenen ein sorgloses Leben. Häufig gaben auch asiatische Händler ihre Aufträge an die Wilderer weiter. Nur selten konnten die Wildschutzbehörden die Missetäter fassen.

Oft fand ich Skelette von massakrierten Elefanten, denen die Stoßzähne einfach herausgehackt worden waren. Die immer frecher auftretenden Banden, welche manchmal auch aus den Nachbarländern eindrangen, besaßen zum Teil moderne Schnellfeuergewehre, und die schlecht bezahlten, unzureichend ausgerüsteten staatlichen Wildhüter waren machtlos.

Auch die ständige Zunahme der schwarzen Bevölkerung trieb die Elefanten zusehends in die Enge. Ihr Lebensraum wird von Jahr zu Jahr kleiner.

Trotz Flugzeug und Geländewagen, die Europäer und Jagdtouristen bald mitten ins Wildgebiet brachten, treffen diese am starken Rückgang der Dickhäuter die wenigste Schuld. Die Elefantenjagd war schon immer ein teures Vergnügen, das sich nur wenige leisten konnten. Außerdem wurde nie unwaidmännisch vorgegangen.

Auf diese Alarmzeichen hin wurde ein internationales Artenabkommen geschaffen. Ab 1990 sind die Elefanten in den meisten Jagdländern unter völligen Schutz gestellt. Der Elfenbeinhandel wurde untersagt.

Heute ziehen noch etwa 500.000 Dickhäuter in der Wildnis Afrikas ihre Pfade. In Simbabwe (Südrhodesien) gibt es noch größere Vorkommen, die aber auf den Farmen oft großen Schaden anrichten. Sie werden dann von den Wildhütern familienweise abgeschossen und dadurch in den Busch vertrieben.

Alte Elefantenbullen mit kapitalen Stoßzähnen sind heute selten geworden und kommen nur mehr in ganz unzugänglichen Landstrichen vor.

Alles in allem besteht die berechtigte Hoffnung, daß diese unsere größten Landsäuger in ihren angestammten Lebensräumen Afrikas künftigen Generationen erhalten bleiben.

Von allen Wildtieren interessierten mich diese hochintelligenten, urweltlichen Riesen immer am meisten. Wo und wann auch immer ich konnte, lief ich den Elefanten nach, um sie zu beobachten und zu fotografieren. Außerdem fertigte ich genaue Aufzeichnungen über ihre Verbreitungsgebiete an.

Meinen ersten Elefanten schoß ich 1933 im Alleingang unter dramatischen Umständen. Fünfzig Jahre später fiel mein letzter Dickhäuter. Nur wenige Stoßzähne konnte ich nach Hause bringen; die meisten verfielen den Jagdbehörden. Auch war ich oft gezwungen, das Elfenbein zu verkaufen, um meine ausgedehnten Reisen zu finanzieren.

In den insgesamt vierzig Jahren meines Aufenthalts in Afrika erlebte ich mit dem grauen Riesen eine Menge Abenteuer, und ich begegnete einer Anzahl verschiedener Rassen, die sich je nach dem Jagdland (West-, Zentral- oder Ostafrika; Urwald, Savanne oder Steppe) durch ihre Größe, durch die Form ihrer gewaltigen Ohren sowie durch das oft sehr unterschiedliche Stoßzahngewicht auszeichnen.

Die größten Elefanten – mit einer Schulterhöhe von fast vier Metern – traf ich in Angola an. Ihrem kleinsten Vertreter lief ich im Urwald Äquatorialafrikas nach. Er war bloß zwei Meter hoch. Als einem der wenigen Großwildjäger gelang es mir in Kamerun mehrmals, mit dem geheimnisvollen und wissenschaftlich noch immer umstrittenen Zwergelefanten zusammenzustoßen. Ich konnte Belegexemplare mit einer Rückenhöhe von 1,80 Metern, den typischen runden Ohren und den kleinen Stoßzähnen für das Museum erbeuten.

In den Urwäldern tragen die Elefanten rosafarbenes, gemasertes und hartes Elfenbein. Im Grasland hingegen sind die Stoßzähne leicht mit Rissen versehen und weich. Sie lassen sich relativ gut bearbeiten.

Will man im düsteren Blätter- und Lianengewirr des Regenwalds Elefanten jagen, bedarf dies großer Ausdauer. Die Jagd ist aufregend, und es gehören eiserne Nerven dazu. Nur wenige Waidmänner kriechen im Waldland dem grauen Riesen nach, um dann auf geringste Entfernung – oft sind es nur wenige Schritte – den sicheren Schuß abzugeben.

Im offenen Grasland und in den Baumsavannen ist die Jagd auf den Dickhäuter wesentlich einfacher und auch erfolgreicher.

Mein erster alter Elefantenbulle fiel in einem von Urwaldbergen umgebenen Sumpf in Zentralkamerun. Mit zwei schwarzen Fährtensuchern hatte ich rasch die frischen Abdrücke eines Einzelgängers eingeholt. Die letzten Meter ging ich allein im hohen Gras vor und erlegte den Riesen auf etwa dreißig Schritt mit einem Vollmantelgeschoß aus meinem alten Mannlicher-Schönauer 9,5. Die Kugel traf genau zwischen Auge und Ohr ins Gehirn, der 5.000 kg schwere Koloß fiel auf der Stelle um. – Von meinen beiden Begleitern ließ ich eine Grashütte als provisorisches Lager aufschlagen.

Der Schuß, der in der dünnen Luft weithin vernommen wurde, lockte eine Schar von Eingeborenen aus den Bergen heran. Nachdem ich die Maße abgenommen und den toten Bullen fotografiert hatte, begann eine wahre Fleischorgie. Die Schwarzen öffneten sofort die Bauchhöhle des gefallenen Riesen, krochen hinein und stritten sich um die so vitamin- und fettreichen Eingeweide, die sie zum Teil noch roh verschlangen. – Ein grauenhaftes Schauspiel, wie sich die vielen Männer und Weiber um einen Bissen Elefantenfleisch rauften!

Nach und nach kamen noch etliche Frauen mit ihren hohen Flechtkörben hinzu, um die schweren Fleischbrocken zu ihren Hütten zu tragen. Nach wenigen Stunden waren nur mehr die Skeletteile und der Schädel mit den Stoßzähnen übriggeblieben.

Jetzt arbeiteten die beiden Fährtensucher mit Buschmesser und Axt, um den Kopf zu entfleischen und das Elfenbein vorsichtig freizulegen. Die stinkenden Alveolen, die in den Stoßzähnen steckten, wurden erst später herausgezogen. Das Elfenbein verpackten wir in Gras.

Waren einmal keine Eingeborenen in der Nähe, plünderten Hyänen, Schakale, Aasgeier oder Marabus die Kadaver. Myriaden von Fliegen und ein penetranter Gestank zeigten immer den Tod eines der urweltlichen grauen Riesen in der afrikanischen Wildnis an.

Oft verspeiste ich Teile des viele Kilogramm schweren Elefantenrüssels – eine Delikatesse für die Eingeborenen. Er schmeckt etwa wie Rinderzunge. Dann werkte der Koch Stunden am Feuer, um den sehr muskulösen Rüssel in einem riesengroßen Gefäß mit Wasser weichzubekommen. Der Löffel in der Suppe blieb stecken...

Für eine Elefantenjagd sind schwere Doppelbüchsen die geeignetsten Waffen. Erst nach dem Zweiten Weltkrieg – ich erhielt 1950 als erster Österreicher eine Einreiseerlaubnis für das damalige Französisch-Äquatorialafrika – besaß ich eine sehr teure Doppelbüchse der Firma Holland & Holland in London im Spezialkaliber 500/465. Mit dieser Waffe verlor ich selbst bei schwierigsten Schüssen keinen Elefanten.

Nahe der Grenze zu Spanisch-Muni schlug ich eines Tages unmittelbar an den schmutziggelben Fluten des Ntem ein einfaches Jagdlager auf. Mein bequemes Einmannzelt war rasch zwischen Urwaldbäumen angebracht worden. Die schwarze Mannschaft schlief neben zwei die ganze Nacht über glosenden Feuern auf Holzrosten und Laub. Es regnete nicht, aber der starke Tau ließ am Morgen alles klatschnaß werden.

Wir fuhren in einem Semperit-Schlauchboot, das ich aus der Heimat mitgebracht hatte, den Fluß entlang. Drei Mann hatten genügend Platz. Der Ntem wälzte sich durch unberührten Urwald und zeigte uns die Ausstiege der Dickhäuter, die den Fluß durchquerten. Elefanten sind gute und schnelle Schwimmer. Wir liefen eine der zahlreichen, dicht bewaldeten Inseln an. Irgend etwas bewog mich, sie zu erkunden. Gebückt schlugen wir uns durch verfilztes Dickicht, als wir plötzlich eigentümliche Laute vernahmen. Drei Elefantenbullen hatten sich auf der kleinen Insel zur Ruhe eingestellt! Zwei von ihnen lagen am Boden, der dritte hielt stehend Wache.

Nachdem ich die weißblitzenden guten Stoßzähne erblickt hatte, schoß ich rasch. Ich traf die Lunge. Unter schrillen Trompetenstößen ergriffen die drei Elefanten die Flucht. Auch der Angeschweißte durchrann den Fluß und verschwand am anderen Ufer im Urwald.

Schnell folgte ich mit meinen Begleitern im Boot. Die flüchtenden Bullen wälzten eine breite Schneise in das Dickicht. Ich hinterher! Nach etwa dreihundert Metern lag der Elefant tot am zertrampelten Boden.

Einmal lief ich im regennassen Urwald einem Einzelgänger zwei Tage lang auf der gut sichtbaren Fährte nach. Ich hatte große Mühe, ihn einzuholen. Die Säulenabdrücke waren größer als mein Tropenhelm, und das ließ mich auf einen starken Stoßzahnträger hoffen. – Ich schlief mit den Schwarzen auf einem schnell zusammengerafften Laubbett. Wir durften kein Feuer anmachen. Der Rauch hätte uns unweigerlich verraten und den Elefanten zu noch größerer Eile angetrieben. So quälten uns die Moskitos entsetzlich. Wir nahmen es in Kauf.

Am nächsten Morgen fanden wir noch dampfende Losung und eine Menge winziger Fliegen. Der Einzelgänger konnte also nicht mehr weit entfernt sein. Plötzlich vernahmen wir das Brechen von Ästen und laute kullernde Geräusche. Tatsächlich, wir standen knapp vor dem Riesen, der sich eben mit dem Rüssel Früchte von einem Baum ins Maul schob. Der Alte äugte in unsere Richtung. Wir verhielten uns mäuschenstill. Elefanten sehen schlecht, wittern aber ausgezeichnet. Kein Windhauch verriet uns. Nun zeigte mir der Bulle seinen massigen Körper, und ich feuerte auf den Ohransatz. Noch im Schuß brach der Dickhäuter tot zusammen. Er trug ausgezeichnet schönes Elfenbein, und unsere Freude war groß. Die Mühen hatten sich gelohnt. – Leider litt ich Tage später wieder an einem bösen Malariaanfall.

In trauriger Erinnerung sind mir die Abschüsse jener Elefanten, die in die Stahldrahtschlingen von Wilderern getreten waren. Einmal fand ich einen jungen Bullen; er stand völlig abgemagert abseits einer Herde und fächelte sich hier und da mit seinen großen Ohren Kühlung zu. Im Feldstecher erkannte ich, daß dem armen Kerl der halbe Rüssel – sein empfindlichstes Organ – fehlte. Er hatte ihn sich in einer Falle abgeschnürt und war dem Tod geweiht. Ein gezielter Schuß befreite ihn von seinem furchtbaren Leiden.

Ein anderer Dickhäuter hatte einen abgeschnürten rechten Hinterlauf. Auch dieses schwerkranke Tier, dessen eitrige Fußwunde von tausenden Fliegen bedeckt war, erlöste ich durch eine Kugel ins Gehirn.

Etliche Elefanten erlegte ich mit dem Steyr-Mannlicher im Kaliber .458 Winch. Magn. Auf diese Großwildwaffe hatte ich ein vierfaches Zielfernrohr von Kahles montiert. Die schweren Vollmantelgeschoße ließen auch bei schlechteren Schüssen im hohen Gras keinen Elefanten weit flüchten. Sie brachen bald zusammen. Eine Nachsuche war meist nicht notwendig.

Als White Hunter in Ostafrika führte ich oft Jagdgäste auf wehrhaftes und angriffslustiges Wild. Zur Sicherheit schoß ich immer mit meiner bewährten Großwildbüchse mit. Ein angeschossener Dickhäuter mußte unbedingt fallen. Dafür war ich dem Jagdamt verantwortlich.

Von einem erlegten Elefanten wird heutzutage alles verwertet. Vor allem auf den Jagdfarmen in Simbabwe wird das Fleisch in Streifen geschnitten und zu dem bei Schwarz und Weiß überaus beliebten „Biltong" getrocknet.

Die Elefantenhaut wird gespalten und gegerbt. Koffer, Handtaschen, auch Westen und andere Kleidungsstücke werden daraus gefertigt. Aus den großen Ohren macht man gutes, dauerhaftes Schuhwerk.

Durch den Regenwald von Gabun

Der Zweite Weltkrieg war zu Ende gegangen. Nach zweijähriger Kriegsgefangenschaft kehrte ich aus Rußland wieder in die Heimat zurück und konnte meine erste Nachkriegsexpedition planen.

Mein Ziel war Gabun. Ein Jahr und einige Monate mehr sollte die Reise in die Urwälder dieser französischen Kolonie im westlichen Äquatorialafrika dauern. Endlich war es soweit. Franz Redermeier, ein junger Mann aus reichem Wiener Haus, wollte mich begleiten. Sein heißer Wunsch war es, das alte Afrika kennenzulernen. Wir hatten besonderes Glück, denn das Autohaus Hinteregger in Wien stellte uns großzügigerweise und kostenlos ein ganz neues Modell des Ford-Lastwagens zur Verfügung. Redermeier, ein geübter Fahrer, sollte ihn lenken.

Achtzehn Tage lang waren wir auf dem Ozeandampfer „General Leclerq“ von Bordeaux aus zur Hauptstadt Gabuns unterwegs, und Anfang September trafen wir wohlbehalten in Libreville ein. Gut ging's auch durch den Zoll. Für die Einfuhr unserer Jagdwaffen hatte ich keinerlei Gebühren zu bezahlen. Auch die Forst- und Jagdinspektion des französischen Gouvernements beriet uns über die Gefahren einer Fahrt quer durch den Regenwald sehr entgegenkommend.

Man stellte mir den sogenannten „Mittleren Jagdschein“ aus. Für 2.000 Francs hatte ich nun die Erlaubnis, einen Elefanten, ein Flußpferd, zehn Rotbüffel, eine Situtunga, einen Gelbrükken-Ducker sowie ungeschütztes Wild unbeschränkt zu erlegen. Wir waren restlos zufrieden!

In Libreville blieben uns noch zwei Tage Aufenthalt. Wir ließen es uns gutgehen und erledigten die allernotwendigsten Einkäufe. Dann zogen wir schwerbeladen mit unserem nagelneuen Ford los. Auf einer breiten, roterdigen Naturstraße fuhren wir – vorbei an einigen wenigen Zeilendörfern der Eingeborenen – in den immer menschenleerer werdenden Urwald ein.

Überraschende, trockene Tornados kündeten eine frühe Regenzeit an. Somit war Eile geboten, wollten wir noch rechtzeitig durch die nördliche Regenwaldzone auf die Allwetterstraßen Kameruns gelangen.

Am Komo, der in das Gabun-Ästuar mündet, wurde uns eine große, hölzerne Fähre zum Verhängnis. Die Pangwe-Fährleute hatten die Bretter zum Hinauffahren schlecht angelegt und hielten die Fähre nicht fest genug. Beim Anfahren blieb unser Ford hängen, und plötzlich begann die Fähre langsam, Zoll um Zoll, abzutreiben. Der große Wagen versank mit seiner Motorhaube bereits in den Fluten des Stromes. Binnen weniger Minuten drohte er zur Gänze im Wasser zu verschwinden. – „Himmel, Arsch und Zwirn!“ dachte ich laut. Geistesgegenwärtig montierte Franz unter Wasser die Batterie ab, und ich schrie die herumlungernden Schwarzen an, uns zu helfen. Gemeinsam schleppten wir rasch das viele Expeditionsgepäck aus dem versinkenden Auto heraus. Die Lage wurde von Minute zu Minute kritischer. Der halbe Wagen stand schon unter Wasser, als zufällig zwei Franzosen mit einem schweren GMC zur Fähre kamen. Mit einer starken Seilwinde konnten wir den Wagen noch in letzter Sekunde bergen. Den unverhofften Rettern war unser Dank gewiß, denn sonst wäre unsere Expedition gleich am Anfang gescheitert.

Drei Tage lang mußten wir die elektrischen Leitungen von der Sonne trocknen lassen – ein unwillkommener Aufenthalt. Wir schlugen ein provisorisches Lager auf; Franz checkte den Wagen durch und fischte im trüben Wasser – ohne Erfolg.

Schon setzten schwere Regengüsse ein. Meine Hoffnung, noch beizeiten die Grenze zu Kamerun zu erreichen, war zunichte. Die Urwaldstraße war bereits überschwemmt, und nur langsam kamen wir vorwärts. Im zweiten Gang schmierten wir durch den Schlamm. Alle Augenblicke mußten wir halten, um entwurzelte und umgestürzte Bäume mit Äxten und Buschmessern, so gut es ging, zu beseitigen. Schwere Stürme bogen die Urwaldriesen nieder. Kein einziges Fahrzeug begegnete uns.

Einige Male mußten wir in kleinen Dörfern nahe der Straße übernachten. Dann säuberten schwarze Frauen eine geräumige, viereckige Lehmhütte für uns, und wir hatten warmes, trockenes Quartier. Ich kaufte Hühner und Eier, und die Dorfleute brachten uns die köstlichen, erfrischenden Papayas, die wir mit dem Saft der winzigen, grünen afrikanischen Zitronen zum Frühstück löffelten.

Meiner Karte nach waren wir nicht weit von einem Regierungsposten entfernt. Gute hundert Kilometer ging es noch im Zickzackkurs im aufgeweichten roten Lehm durch die immergrüne Hölle. Franz meisterte den Ford großartig.

Der kleine Posten Mitzik, auf den wir stießen, war mir sehr willkommen. Endlich gab es eine Möglichkeit, tiefer in den Regenwald einzudringen. Der Chef – ein Franzose, der mit seiner weißen Frau am Ortsrand einen hübschen Bungalow bewohnte – versprach mir, Eingeborene als Träger zu beschaffen. Einen Tag lang mußten wir zuwarten, dann standen sechsundzwanzig Pangwe bereit, unsere Traglasten aufzunehmen. Die kräftigen, untersetzten Kerle trugen allerdings etwas finstere Mienen zur Schau. Sie hatten wenig Freude daran, mitten in der Regenzeit mit zwei Weißen quer durch die menschenleere Wildnis zu marschieren. Der Befehl des Regierungsbeamten ließ sie aber gehorchen. Außerdem bestand für sie gute Aussicht, durch unsere Jagden eine Menge Wildfleisch zu bekommen, und schließlich lockte auch der hohe Tageslohn. Fast ein Dutzend Weiber begleitete den Troß. Schwer bepackt schleppten sie in ihren hohen Körben Schlafmatten, Decken, Maismehl, Taroknollen und ihre Buschmesser.

Viele Stunden lang ging es durch sekundären Urwald, dessen dichter Unterwuchs ein rasches Vorwärtskommen unmöglich machte. Zwei Männer an der Spitze mußten mit ihren Buschmessern den Nachfolgenden mühsam einen Weg bahnen.

Ab und zu stießen wir auf alte Elefantenpfade und andere ausgetretene Wildwechsel, die den Trägern Erleichterung boten. Ein tief im Urwald gelegener großer Sumpf war unser Ziel. Gegen drei Uhr nachmittags ließ ich halten. Meine Leute säuberten einen guten Lagerplatz und errichteten rasch ihre Laubhütten. Ich selber führte ein Zelt mit Doppeldach mit, aber auch mir behagten die geräumigen und luftigen Laubhütten mehr, zumal sie vor dem ständigen Tropenregen gut Schutz boten.

Franz Redermeier beaufsichtigte die Arbeiten im Lager, während ich mit zwei Schwarzen auf Pirsch zog. Wir nützten die paar Stunden am Tag, an denen es nicht goß und so halbwegs trocken war. Die Pangwe verfügten über einen vortrefflichen Orientierungssinn. Sicherheitshalber knickten wir aber doch unterwegs immer wieder Zweige nieder, um den Rückweg leichter zu finden. Im dampfenden Urwaldboden sah ich unzählige Fährten, und mein Jägerherz schlug höher.

Überraschend kamen wir zu einer großen offenen Lehmmulde. Die mineralsalzhaltige Erde lockte das Wild von weit her an. Es dauerte auch nicht lange, und ich kam auf einen Keiler einer unvermutet auftauchenden Rotte Roter Pinselohrschweine *(Potamochoerus porcus)* zum Schuß.

Diese Wildschweinart kommt vorwiegend in den Urwäldern und Savannen Westäquatorialafrikas vor und ist sehr scheu und unstet. Immer Bogen schlagend, sichern die Tiere durch den wasserreichen Wald und sind nur schwer einzuholen.

Ich hatte besonderes Waidmannsheil. Das dunkle, ausgesprochen saftige Wildbret schätzte ich schon seit meinen ersten Jagden in Kamerun sehr. Trichinen hatte ich bei dieser auffallend bunten Wildschweinart niemals feststellen können. Im Gegensatz zum afrikanischen Warzenschwein der trockenen Landschaften frißt das Pinselohrschwein so ziemlich alles, was ihm unterkommt.

Nachdem ich den Keiler aufgebrochen hatte, trugen ihn die beiden Schwarzen auf einer langen Stange ins Lager. Unterwegs konnte ich durch einen nachgeahmten Angstschrei einen rotfarbigen Sumpfducker anlocken und ihn mit der Kugel auf nächste Distanz erlegen.

Meine Jagdbeute wurde von der gesamten Mannschaft mit großem Hallo begrüßt. Am Abend brannten Dutzende kleiner Feuer mitten im Urwald. Trotz der Nässe brennen afrikanische Hölzer wunderbar. Der Dauerregen läßt nur eine starke Rauchentwicklung zu, das Feuer brennt weiter. – Nachts vernahmen wir aus der Ferne das Trommeln von Gorillas.

Franz hatte zwar eine gute Repetierbüchse, eine Mauser 9,3 x 62, war aber kein leidenschaftlicher Jäger. Selten begleitete er mich zur Jagd.

Tags darauf war ich im Primärwald unterwegs. Ich folgte der Fährte eines Rotbüffels – vermutlich eines Einzelgängers –, der den Busch aufsuchte. Das Tier schlug zahlreiche Widergänge und marschierte unentwegt. In der schwülen Treibhausluft troff mir der Schweiß in die Augen. Ständig mußte ich meinen Tropenhelm abnehmen und kurze Rasten einlegen. – Die Jagd nach Rotbüffeln im Regenwald ist überaus hart und sehr gefährlich. Am späten Nachmittag hatten wir das Tier noch immer nicht eingeholt.

Mein Pangwe fand am Waldboden angebissene Früchte der Kadamomum-Staude. Wir sollten auf Gorillas stoßen. Ein leichtes Knacken und Rülpsen deutete auf eine große Familie, die mit Früchten beschäftigt war. Leise pirschten wir uns an. In dem undurchdringlichen Dickicht bekamen wir die Menschenaffen aber nicht zu Gesicht. Immer bewegten sie sich langsam vor uns her. Mit unterdrückter Erregung versteckte ich mich zwischen den Plankenwurzeln eines Urwaldriesen. Ich hörte die Gorillas schmatzen, und ein beißender Geruch kam auf uns zu. Ein kaum merkbarer Windhauch, wilde Schreie und tiefes Gebrumm: die Gorillafamilie flüchtete ungesehen weiter in den dichten Blättervorhang. Uns blieb nur noch der Rückzug.

Am Rand des ausgetretenen Pfades tötete mein Pangwe blitzschnell einen schlafenden, eingeringelten Python – ein Leckerbissen für meine Träger.

Immer tiefer drang unsere Kolonne in den Regenwald ein. Noch drei Tagesmärsche lag der große Sumpf entfernt. Der Tropenregen verstärkte sich und hielt den ganzen Tag an. Große dunkle Blätter waren der einzige Schutz gegen die wolkenbruchartigen Wassermassen. Tapfer, die schweren Gepäckstücke auf dem Rücken, stapften meine Schwarzen einem ungewissen Ziel entgegen. Sehr geschickt meisterten sie auch die schwierigsten Stellen, und nie kam einer zu Sturz. Franz und ich waren bis auf die Haut naß geworden.

Plötzlich standen weite Urwaldteile unter Wasser. Ein schmales Rinnsal war noch der bequemste Marschweg. Alle wateten wir bis zu den Knöcheln und Knien im Wasser. Die andauernde Nässe ließ mich frieren. Stundenlang ging es im Wasserlauf vorwärts. Erst am späten Nachmittag hörten die Regengüsse für ein paar Stunden auf. Rasch errichteten wir das Zelt.

Mein Diener bereitete mir in einer mitgeführten kleinen Sitzbadewanne heißes Wasser, so daß ich meine müden Glieder etwas aufwärmen konnte. In kräftigen Zügen trank ich eine halbe Flasche Whisky leer. Jetzt fühlte ich mich wieder wohler. – Nach ein paar Bissen Trockenfleisch schliefen wir alle ein.

Der neue Tag begann mit dem Gezeter einer Bande von Petauristaaffen, die im Geäst eines nahen Eisenholzbaums Früchte naschten. Offensichtlich waren sie über unsere Anwesenheit nicht sonderlich erfreut.

Wieder in einem Hochwald unterwegs, erwartete uns eine neue Überraschung. Als hätte sie der Urwaldboden ausgespuckt, standen kleine, gedrungene Gestalten hinter einer großen Pfahlwurzel: Pygmäen. Der Schreck stand ihnen ins Gesicht geschrieben, als sie unsere Kolonne entdeckten. Um ihre Furcht zu nehmen, teilte ich als Geschenk ein paar Hände voll Salz und schwarze Tabakzöpfe aus. Sofort entspannten sich die Mienen. Die mit einem Lendenschurz bekleideten Männer hielten Speere in ihren Händen, deren Spitzen und Widerhaken mit Blättern umwickelt waren. Die Frauen trugen ihre Kleinkinder in Tragfellen auf dem Rücken.

Ein älterer Mann stand abseits der Horde. Abgewandt verweigerte er das so begehrte Salz. Als ich ihn ansah, lief mir ein kalter Schauer durch Mark und Bein. Dieses Wesen hatte nichts Menschenähnliches mehr an sich. Der übergroße, kahle Kopf, über und über mit dunkelroten Wunden bedeckt, saß auf einem Körper, der nur aus einer widerlichen Masse dickflüssigen Eiters zu bestehen schien. Die blutunterlaufenen Augen in den tiefen Höhlen sahen mich böse an. Der Anblick dieses leprakranken Zwerges ließ mich aufs neue erschaudern. Seine Lippen waren zur Unkenntlichkeit verbildet, blau verschwollen und aufgeplatzt. Die halbzerfressene Nase ließ seine Gesichtszüge zur wilden Fratze eines gefährlichen Tieres werden.

Mitleidig betrachtete ich den Unglücklichen. Die Pygmäen zogen mit unserer Trägerschar weiter. Am nächsten Tag sollten wir den Sumpf erreichen – ein Wildparadies mitten im Regenwald.

Der Aussätzige hatte sich abgesondert. Die anderen Zwerge zeigten vor ihm keine Angst. Da wurde mir bewußt, daß der Leprakranke auch zwei Frauen hatte, eine ältere und ein ganz junges Ding mit schönem Gesicht und ebenmäßigem Körper. Sie trug ein Kind auf ihrem Rücken. Weder das Kind noch die beiden Frauen zeigten irgendeine Spur von dieser entsetzlichen Geißel der Tropen.

In Kamerun hatte ich vor Jahren einen Leprosen unter meinen Trägern. Der Mann wies das typische Löwengesicht und an beiden Händen abgefressene Finger auf. Er war ein guter Träger, immer fröhlich, und litt zu dieser Zeit keine Schmerzen. – Ich hatte nie Angst vor einer Ansteckung. Man muß nur ein Minimum an Hygiene einhalten können. Franz und ich nahmen zweimal wöchentlich Paludrin als Vorbeuge gegen Malaria. Auch die Pangwe baten mich am Abend häufig um die Tabletten. Männer wie Frauen wurden von Schüttelfrost befallen, waren aber anderntags stets wieder gesund.

Die vielen Regengüsse milderten das feuchtheiße Klima. Nach großen Strapazen gelangten wir endlich in den Sumpf von Mobun, ein ideales Gelände für Elefanten und Rotbüffel. Offene Sumpfflächen führten seichtes Wasser. Bülten von Gras und stacheligen Sträuchern vermischten sich mit abgestorbenen Bäumen. Weite Sicht ermöglichte eine gute Pirsch. Ich nahm zwei Pygmäen als tüchtige Fährtensucher mit. Aus einem Sumpfpalmenhain sprang ein Situtungabock hervor und flüchtete durch das aufspritzende Wasser. Ich war zu überrascht und kam nicht zum Schuß.

Rotbüffelfährten aus den frühen Morgenstunden führten in den Urwald hinein. Von weitem vernahmen wir das Planschen der Wildrinder im Schlamm. Näher herangekommen, ließ sie ein unsteter Wind davonstürmen.

Die Pygmäen führten uns zu einem kleinen, wohl natronhältigen Wasserlauf, denn etliche Wildfährten zogen aus verschiedenen Richtungen zu dem klaren Bach. Plötzlich erblickten sie einen einzelnen Rotbüffelbullen, der langsam dem Wasser zutrollte. Sofort warfen wir uns zu Boden und suchten in der Nässe irgendeine Deckung. Ich schoß mit meiner Mauser 10,75 x 68 dem Wildrind die Kugel spitz von vorne. Im Schuß riß es den Büffel um, er wurde aber rasch wieder hoch und bekam nun von der Seite die tödliche Kugel.

Wir staunten nicht schlecht, als wenig später ein etwa einjähriges Büffelkalb auftauchte. Es war dem Bullen nachgezogen, die Schüsse hatten es nicht gestört. Das Kalb marschierte geradewegs auf den gefallenen Büffel zu. Was sollten wir tun?

Ich wollte es mit Hilfe der Pygmäen fangen, aber die Zwerge begannen zu reden, und das Tier ergriff die Flucht. Ich war froh und schoß auch nicht hinterher.

Stunden später holten die Männer aus dem Lager die erlegte Beute. Die Nacht über brannten viele kleine Feuer, auf denen die besten Stücke brieten. Das Büffelfleisch war zwar außen verkohlt, im Innern aber blieb es zart und saftig. Die Pygmäen waren in Hochstimmung und schlugen sich ihre Wänste voll.

Nach einigen Tagen spürten wir drei Elefantenbullen auf. Die Dickhäuter marschierten langsam über die offenen Stellen der weiten Sumpfwiese. Bevor die grauen Riesen in den Urwald einziehen konnten, fing ich sie ab. Einer der drei besaß um ein Gutteil längere Stoßzähne. Ich gab ihm zwei Kugeln hinter das Blatt. Nach kurzer Flucht stürzte der Koloß in sich zusammen und war verendet. Seine beiden Gefährten stürmten unter schrillen Schreien ins nahe Blätterdickicht. Jetzt begann wieder ein Spektakel! Franz beeindruckte es um so mehr, als er so etwas noch nie zuvor erlebt hatte.

Die Pygmäen, meine Träger und ihre Weiber – alle kamen sie mit ihren Körben. Fast vier Stunden benötigten sie, bis das Tier aufgebrochen und zerteilt war. Wie immer nach einer Elefantenjagd, rauften sich die Eingeborenen um die Innereien. Ihre Körper waren mit Blut und Kot aus den Eingeweiden beschmutzt. Jeder versuchte, das Beste zu ergattern. Schreien, Lachen und das gierige Zusammenraffen des blutigen Fleisches boten eine makabre Szenerie.

Eines Abends herrschte eine seltsam friedliche Stimmung. Die letzten Sonnenstrahlen vergoldeten die bizarre Landschaft. Irgendwie ahnte ich etwas. Und wirklich – wir waren nicht weit im Sumpf, da erkannte ich die Schatten dunkler, massiger Wildkörper. Eine kleine Rotte der scheuen Riesenwaldschweine brach zwischen den Grasbülten hervor und suchte nach Sumpfzwiebeln. Ich riß den Mauser hoch und feuerte. Ein Pygmäe, der knapp neben mir stand, griff nach seinen Ohren. Der harte Knall des schweren Kalibers hatte ihm einen stechenden Schmerz verursacht. Das große schwarze Wildschwein lag in seiner Schweißlache verendet am nassen Boden.

Am vorletzten Tag gelang es mir noch, eine Situtunga-Antilope zu überlisten. Am frühen Morgen liefen wir in einer starken Nebelschicht auf Pirsch. Als plötzlich die Dunstfetzen verschwanden, stand auf etwa zweihundert Schritt ein starker Bock. Die Sumpfantilope äste vertraut zwischen den Sträuchern. Einer meiner Pygmäen packte mich an der Hand und zog mich zu einem abgestorbenen Baum vor. Ich konnte die Büchse auf dem Stamm gut anstreichen und wagte einen weiten Schuß. Der Aufschlag der Kugel am Wildkörper war deutlich zu vernehmen. Der Situtungabock raste ein paar Dutzend Meter in einer tiefen Flucht davon und brach zusammen.

Die Jagd im Sumpf war zu Ende. Nach etlichen anstrengenden Marschtagen erreichten wir wieder den Posten von Mitzik. Der Regenwald troff ununterbrochen. Die Pangwe palaverten wegen des Lohnes; sie wollten plötzlich mehr Geld haben, als mit dem französischen Beamten vereinbart worden war. Es blieb mir schließlich nichts anderes übrig, als den Burschen die verlangte Summe auszubezahlen. Sie hatten sich aber auch mehr als redlich geschlagen!

Bild rechts: Die Bagielli sahen zwar furchterregend aus, waren aber äußerst hilfsbereite Menschen.
Bilder umseitig: Oben: Von diesem Lager aus begaben wir uns auf die Suche nach dem sagenumwobenen Zwergelefanten. – *Unten:* Waidmannsheil! Bantu bestaunen den erlegten Dickhäuter, dessen Schädelskelett heute das „Haus der Natur“ in Salzburg ziert.

Unsere Pygmäen waren bald nach dem Verlassen des großen Sumpfes verschwunden. So überraschend sie aufgetaucht waren, so rasch hatte sie die grüne Urwaldhölle auf Nimmerwiedersehen verschluckt.

Nach etwa dreihundert Kilometern kamen wir an den Grenzposten Minvul. Wir hatten die Durchquerung des Regenwaldes ohne ernsthafte Schwierigkeiten geschafft! Franz Redermeier legte mit unserem Ford eine einmalige Leistung hin. Ich war glücklich über die schönen Trophäen.

Auf weitaus besseren Straßen fuhren wir durch den Urwald von Kamerun der Sonne entgegen . . .

Bilder umseitig: „Während meines langen Jägerlebens in Afrika habe ich nicht viele Löwen vor die Büchse bekommen. Mit der Kamera allerdings ‚schoß' ich eine ganze Menge . . ."
Bilder links: Oben: Eine Junge führende Löwin kann einem Großwildjäger nervenaufreibende Minuten bereiten . . . – *Unten:* Siesta.

Auf der Suche nach dem Großen Kudu

Unter den vielen Antilopen Afrikas zählt der Große Kudu (*Tragelaphus strepsiceros*) zu den schönsten und begehrtesten Trophäen. Sein hohes, korkenzieherartiges, gewundenes Gehörn ist ungemein dekorativ und verleiht diesem edlen, unserem Rothirsch ähnelndem Tier ein sehr wuchtiges Aussehen. Nur der männliche Kudu trägt eine Hornzier; das Rekordmaß beträgt 181,6 cm. In seiner Trophäe kann sich der Große Kudu als einzige aller Großantilopen mit der der Riesen-Elenantilope messen. Welcher der beiden die bessere ist, entscheidet ausschließlich der Geschmack. Trotz der (unaufgebrochen) etwa dreihundert Kilogramm Körpergewicht wirkt der Kudu ausgesprochen elegant. Die graufarbene Decke weist an beiden Seiten, je nach der geographischen Rasse, sechs bis acht markante weiße Streifen auf.

Das Vorkommen des Großen Kudu ist weitläufig. Allerdings tritt er in vielen Gegenden selten auf und bevorzugt eher die karge Felsbergwildnis. Die stärksten Gehörnträger gibt es in Südangola und Südwestafrika (heute Namibia), aber auch in Ostafrika sind gute Trophäen zu finden. Dort heimatet außerdem der Kleine Kudu (*Tragelaphus imberbis*), weit geringer im Körperbau und Gehörn, aber dennoch sehr attraktiv.

Ich jagte den Großen Kudu zum erstenmal 1951 in den Felsbergen des mittleren Tschad-Territoriums. Die Rasse dort trägt den Namen *Tragelaphus strepsiceros cottoni,* ist etwa 1,5 Meter am Widerrist hoch und hat etwas kürzere, weniger kräftigere Gehörne mit Durchschnittslängen von 1,25 Meter aufzuweisen. Die isolierten Bergmassive im Tschad- und Ubangi-Schari-Gebiet sind das nordwestlichste Verbreitungsgebiet dieser prächtigen Großantilope. In Kamerun fehlt sie; meine langjährigen Nachforschungen in der ehemals deutschen Musterkolonie blieben immer ohne Erfolg.

Die Fahrten und Streifzüge in der Wildnis des Tschads werde ich mein Leben lang nie vergessen. Aus der Literatur wußte ich, daß in den entlegenen Felsregionen zwischen Abou Deia und Melfi vereinzelt einige wenige Große Kudus hausten.

In den öden Bergzügen – weit abseits der großen Straßen – lag das kleine Dorf der heidnischen Schwarzen. In diesem halbwüstenhaften Gebiet fallen nur selten Niederschläge. Die Grasflur war zu gelbem Stroh verdorrt. Der karge Boden gab nur etwas Hirse, Bohnen und Erdnüsse zum Leben ab. Einige Zwergrinder gehörten mit zu dem geringen Eigentum dieser Bergheiden, die keine Jäger waren.

Die Nacht war unmenschlich heiß, und ich schlief draußen vor einer leergeräumten Kegeldachhütte. Kurz vor Sonnenaufgang, noch in der morgendlichen Kühle, war ich schon in den recht unwegsamen Steingründen auf der Suche nach dem so begehrten Großwild unterwegs.

Als Führer hatte ich einen halbnackten Eingeborenen, den aber bloß meine Münzen lockten. Von der Jagd verstand er nichts. Er kannte aber das trockene Baumgrasland so gut wie kein anderer. Mehrere Pirschgänge brachten uns bereits überraschende Begegnungen mit weiblichen Kudutrupps. Das ungehörnte Wild – kleiner als die männlichen Tiere – flüchtete mit großer Schnelligkeit. Nur für Sekunden sah ich das Wippen ihrer weißen Wedel und hörte das Keuchen der abgehenden Antilopen.

Der Große Kudu ist wohl alles andere als leicht zu erbeuten! Die Stunden des hohen Sonnenstandes machten das Pirschen und das Bergaufklettern zur Qual. Besonders mein bloßfüßiger schwarzer Führer litt unter dem brennend heißen Erdboden. Wiederholt konnten wir in den Felstälern noch frische Kudufährten ausmachen. Dieses scheue Wild ruht während der Tageshitze versteckt im spärlichen Schatten von Büschen und unbelaubten, schwarzrindigen Baumkrüppeln. Trotz größter Sorgfalt und Vorsicht auf unseren Pirschgängen hatten wir nach einer Woche noch immer keinen Erfolg. Die Großen Kudus waren zum Phantom geworden.

Ich hatte die Nase gestrichen voll und verlegte meinen Lagerplatz in ein benachbartes Heidendorf, wo ein eingeborener Jäger sein Zuhause hatte. Gleich beim ersten Streifzug hätte es beinah geklappt. In einem winzigen Tal fand der Schwarze im hohen gelbreifen Graswuchs die frischen Fährten eines Kudubullen. Wir folgten den leicht niedergestreiften Halmen. Der Bulle war allein unterwegs. Erstaunlich, wie der eingeborene Jäger den kaum sichtbaren Trittsiegeln der Antilope folgen konnte, die langsam in die felsigen Einstände hinaufzog. Ich lief mit geladener Waffe hinter dem Schwarzen die vielen Widergänge einher. Die Zunge hing mir zum Hals heraus; höllischer Durst plagte mich.

Das Gelände änderte sich, wurde übersichtlicher. Die Hänge mit ihren einzelnen belaubten, niederen Bäumen boten zwischen den bizarren Felsblöcken leichten Durchschlupf und verschachtelten sich in den höheren Lagen in verschiedene Plateaus mit Geröll und einer niederen Grasnarbe.

Der Schwarze hatte das Fell einer Moorantilope als Schamschurz durch die Beine gezogen, und an den Füßen trug er Sandalen aus Büffelhaut. Gegen die gleißende Sonne schützte ihn ein hutartiges Bastgeflecht.

Nach etwa einer Stunde warf sich mein Begleiter plötzlich zu Boden und gab mir durch Zeichen zu verstehen, sofort ebenfalls Deckung zu nehmen. Schräg über uns in den Felsen stand frei und regungslos ein mächtiger Kudubulle mit hochaufragendem Gehörn. Ein Anblick für Götter! Die Entfernung betrug dreihundert, vielleicht sogar vierhundert Meter. Es war weit, zu weit für einen sicheren Kugelschuß, aber ich dachte gar nicht ans Schießen. Der Eindruck, den dieses stolze Wild auf mich machte, war zu gewaltig.

Lange Minuten beobachtete ich den Kudu durch mein Glas. Die Umrisse gegen den Himmel, der in tiefer Bläue große weiße Haufenwolken zeigte, machten das Tier noch imposanter. Die dunkle Hals- und Nackenmähne wehte im Wind. Als sich der Bulle im Schatten einer Baumgruppe niedertat, krochen wir langsam vorwärts. Ich war in Schweiß gebadet, auch der Rücken des Schwarzen glänzte, und ich atmete den erdigen Geruch seiner Ausdünstungen.

Aber wieder ging es schief, und nur tiefe Baßlaute, ein Schrecken, ein Abpoltern zeigten uns die Flucht des vorsichtigen Bergwildes an. Vom Großen Kudu selbst war nichts mehr zu sehen . . .

In diesem recht einsamen Jagdrevier gab es aber doch eine nicht alltägliche Überraschung. Mein Jagdhelfer fand im gebrannten Gras Knochenreste eines verendeten Kudus. Löwen schlagen gerne Großantilopen, besonders einzelne Bullen fallen ihnen oft zum Opfer. Auch der Leopard ist im Felsbergland des Großen Kudus ein gefährlicher Feind. Deshalb nahm ich an, die verstreuten Knochen seien die Reste einer Raubkatzenmahlzeit. Doch dann fanden wir unweit das halbangesengte Gehörn. Es war verkämpft mit einem anderen. Zwei brunftige Bullen hatten wohl wie Hirsche miteinander gerauft, konnten – beide schwer verletzt – nicht mehr auseinander und waren so elendiglich zugrunde gegangen.

Kudus sind erstaunlicherweise kein so zähes Wild wie etwa Pferdeantilopen, Hartebeester oder Wasserböcke und vertragen die Kugel schlecht. Auch gehen sie bei Brunftkämpfen leicht an den Forkelstichen ein. In der Brunft – das erlebte ich später in Südangola – suchen die starken Bullen, die sonst einzelgehen, die Rudel auf. Dabei kommt es zu erbitterten Kämpfen mit Nebenbuhlern. Hier aber hatte sich ein Drama in der noch unverfälschten Natur abgespielt. Die ineinanderhängenden, teilweise schon von Dermesteslarven angefressenen Gehörne übergab ich später den Jagdbehörden als Kuriosum.

In einer offenen, halbkreisförmig von Felsmauern umgebenen Grasebene fand ich neuerlich zahlreiche Kudufährten. Die Antilopen kamen nachts regelmäßig in die Ebene zu einem kleinen Wasserloch hinunter. An und für sich überstehen sie die Trockenzeit recht gut ohne das kostbare Naß, und doch unternehmen sie weite Wanderungen, um gelegentlich zu schöpfen.

Eines Tages fand ich das Wasserloch von drei zugewanderten schwarzen Jägern besetzt. Die wilden Kerle – mit langen Bögen und Giftpfeilen – hatten sich eine gut getarnte Grashütte errichtet und lauerten ebenfalls auf Kudus – eine Tatsache, die mich allerdings nicht sonderlich froh stimmte . . .

Leichter Rauch verriet ihr Lager in einer Schlucht am Talausgang. Nach meinen morgendlichen Pirschen packte mich die Neugierde, und ich suchte sie auf. Es war den fast nackten Burschen gelungen, an der Tränke einen schöpfenden Leoparden mit ihren Giftpfeilen zu strecken. Mit Salz, entsprechendem klingendem Bakschisch und dem Versprechen auf reichlich Wildfleisch konnte ich einen der Jäger als neuen Begleiter und Fährtensucher gewinnen.

Die Eingeborenen aus dem einige Kilometer entfernten Dorf Bedi hatten sich nämlich nicht bewährt. Sie waren faul, unlustig, wollten jeden Abend in ihr Dorf zurück und kamen dann am Morgen auch zu spät zu den Pirschgängen. So war ich froh, einen „richtigen“ Wilden gefunden zu haben, der mir mit Rat und Tat zur Seite stand.

In jenen Tagen vor Beginn der Regenzeit erschlafften sowohl Mensch als auch Getier durch drückende Hitze und grellste Sonne. Der Himmel begann sich schon stark zu umwölken, aber nur heftige Wirbelstürme peitschten innerhalb weniger Minuten Sand und Staub der ausgedörrten Baumsteppe auf – kein Regen fiel. Aufgescheuchtes Wild, das laut in Fluchten abging, war uns gar nicht willkommen, denn jegliche Unruhe konnte die Kudus nur vergrämen. Auf unseren Streifzügen nach frischen, einholbaren Fährten hofften wir natürlich mit dem so überaus scheuen Wild zusammenzutreffen. Irgendwann mußte es klappen! Ich hielt mich an die alte Wahrheit: „Jäger unverdrossen, hat schon manches Wild geschossen . . .“

Dem neuen Fährtensucher entging nichts. – Hier hatten Kudus vor einigen Tagen kleine orangegelbe Wildfrüchte angenommen, welche in großer Zahl unter einer Baumkrone lagen, dort hatte ein Bulle im Schatten gelagert. Immer wieder gab es die verschiedensten Anzeichen ihres Vorkommens. Freilich überwogen die weiblichen Tiere; sie zogen in Rudeln und traten breite Wechsel in der leicht schwarzen Erde am Rand der Felshänge aus. Die weitaus stärkeren Fährten der Bullen waren gut erkennbar. Leider gelang es uns aber nicht, sie einzuholen. Sie waren zu alt, oder die Großantilope flüchtete sich in Einstände, die ihr völligen Schutz boten und jede Annäherung eines Menschen sofort verrieten.

Dann kam das erste schwere Tropengewitter, furchtbar in seiner Wucht. Die entfesselten Naturgewalten tobten sich aus. Blitze in den sonderbarsten Formen erhellten den schwarzen Nachthimmel. Der Donner grollte in den Bergwänden wider, ein kurzer, schwerer Regen tränkte das durstende Land. Ich war unterwegs gewesen, flüchtete mit den Eingeborenen unter einen überhängenden Felsbrocken und wartete – fröstelnd durch die jähe Abkühlung – das Ende ab.

Auch in Afrika ist das Wild nach einem schweren Regenguß gerne außerhalb seiner Einstände. Der erste Regen ließ meine Hoffung also wieder steigen. Vom Unterschlupf aus erspähte ich eine Herde Kuhantilopen, sah einen Schirrbock durchs Gelände wechseln und vernahm das Keckern der kleinen grünen Meerkatzen, die vielleicht irgendwo in den Felsen ein Stück Raubwild, wohl eine bunte Pardelkatze, entdeckt hatten.

Wir pirschten am Rand der Ebene die Felshänge entlang. Es dauerte gar nicht lange, und wir trafen wirklich auf die frischen Fährten zweier Kudubullen. Wir prüften den Luftzug und ließen größte Vorsicht walten. Die Eindrücke führten zu einer nahen Buschwaldparzelle. Da! Schlagartig ein arges Poltern – zwei starke Bullen sprangen keine hundert Meter vor uns ab. Jeder flüchtete in eine andere Richtung. Einem gelang es, in wenigen Sprüngen in den Felsen zu verschwinden, der andere nahm eine offene Fläche im Talkessel an, um den jenseitigen Hang zu erreichen. Das war sein Fehler! Seine Flucht lief in langsamen Troll aus. Auf ungefähr achtzig Schritt Entfernung riß ihn die schwere Kugel hoch. Der Bulle flüchtete wenige Meter weiter, dann begann er zu taumeln. Im Zielfernrohr sah ich roten Schweiß hinter dem Schulterblatt hervorquellen und über den großen Wildkörper rinnen.

Schließlich brach der Kudu verendend zusammen. Ganz langsam, voll innerlicher Freude, näherte ich mich der seltenen Beute. In tiefem Glücksgefühl durchkostete ich in den wenigen Minuten, bis ich das schöne hohe Gehörn dieses zentralafrikanischen Großen Kudus in Händen hielt, mein spannendes Jagderlebnis. Alle Mühen waren vergessen. Vor mir lag eines der prächtigsten Beutestücke Afrikas.

Das Kupferhohlspitzgeschoß aus meiner schnittigen Doppelbüchse 9,3 x 74 R hatte die Lunge des Kudubullen zerrissen und seinen raschen Tod herbeigeführt. Dem berühmten Buch von Rowland Ward, „Records of Big Game“, zufolge, war das Gehörn eine Rekordtrophäe!

Nachdem ich das Fleisch an die Eingeborenen verteilt und das Gehörn gereinigt hatte, reiste ich einige Tage später in die Hauptstadt der Tschadkolonie, Fort-Lamy, ab, um neue Abenteuer zu bestehen...

Eine aufregende Elefantenjagd im Kongo

Im Verlauf meiner abenteuerlichen Fahrt im Landrover von der West- zur Ostküste Afrikas im Jahr 1955 erkundete ich auch ausgiebig die Tierwelt im belgischen Kongo. Wochenlang jagte ich unweit des Albertsees im Grenzgebiet von Urwald und Savanne auf starke Büffel und gewaltige Stoßzahnträger. – Kampala war ein kleines Dorf im nordöstlichen Kongo (nicht zu verwechseln mit der modernen Hauptstadt Ugandas). Szangari hieß der dicke, alte Oberhäuptling. Er hatte in Kampala seine Residenz und beschwor mich bei meiner Durchfahrt, in seinem Dorf, das genau an der Abzweigung der Straße von Nioka nach Aru liegt, einige Tage zu verweilen, um einen der zahlreichen Elefanten zu erlegen.

Der Häuptling ließ sein „Büro“ – einige Rumpelkammern, die sich in einem kleinen, sonnengebrannten neuen Ziegelbau befanden – ausräumen und stellte mir, dem „großen Weißen“, ein angenehmes Quartier zur Verfügung. Sogar ein Glasfenster war eingemauert, und ein Vorbau spendete Schutz vor Sonne und Regen. Damals war es bitter kalt. Es goß in Strömen, und ich war froh, nicht draußen in meinem Zelt schlafen zu müssen.

Den ganzen Abend lang, bis es endgültig dunkel wurde, lief ich mit François, einem schwarzen Fährtensucher, auf der Suche nach einem starken Elefantenbullen im Busch umher. François war auch der Leibjäger des Oberhäuptlings; er hatte mit den Dickhäutern schon reiche Erfahrung gesammelt, durfte sogar die schwere belgische Repetierbüchse Kaliber .375 Magn. seines Herrn und Gebieters tragen und war mächtig stolz darauf. Glücklicherweise hatte Szangari damals nur wenige oder gar keine Patronen zur Hand, so daß das Wild die Wochen zuvor in Ruhe blieb. Später konnte ich selber sehen, daß die Elefantenbullen tatsächlich bis in die unmittelbare Nähe des Eingeborenendorfes herankamen.

Wie in Französisch-Äquatorialafrika, so war es auch im belgischen Kongo üblich, daß das Gouvernement verdienten Eingeborenen hier und da die Erlaubnis zum Tragen von Gewehren mit gezogenen Läufen erteilte. In weiser Voraussicht war aber die Zuteilung von Munition sehr karg bemessen, denn auch die vernünftigsten Eingeborenen können in ihrer Gier nach Fleisch und Geld zu den ärgsten Wildvernichtern werden. Wahllos wurde oft alles, was vor die Büchse kam, zusammengeknallt, weibliches und junges Wild wie die Muttertiere selber, woraus sich gute Geschäfte machen ließen. Diese Unsitte hat sich vielfach bis heute nicht geändert, und es ist hoch an der Zeit, daß Jagd und Wild in Afrika in harmonischen Einklang gebracht werden.

François und zwei mit ihren Speeren bewaffnete Walendu begleiteten mich. Die meist mit übermannshohem Elefantengras bewachsene Hochebene – ein fast bergiges Gelände mit scharf eingeschnittenen und gelichteten Waldparzellen – erwies sich für den Jäger als besonders reizvoll. Die zahlreichen riesigen Felsblöcke, auf Kuppen und Hängen verstreut, boten dem Pirschenden gute Aussicht. Sie zogen eigenartigerweise sowohl Büffel als auch Elefanten an, die sie als Auslug benutzten, um eine mögliche Gefahr schon von weitem erkennen zu können. Dieses Hochland ist aber eines der schwierigsten Jagdgelände, vor allem dann, wenn das schilfartige Riesengras nicht niedergebrannt ist. Tagtäglich war ich damals meine acht, zehn und zwölf Stunden auf den Elefantenfährten marschiert und hatte Anmarschwege von zwei bis vier Stunden hinter mich zu legen. François war ein hervorragender Spurenleser, mutig und unverdrossen. Fast jedesmal kam ich erschöpft in mein Lager zurück, nahm schnell ein Bad und ging dann – sauber umgezogen – zu meinen weißen Freunden, die in der Nähe eine große Plantage besaßen, wo ich mich von den Strapazen erholte.

Wir liefen weit, trafen dann und wann mit Büffeltrupps und auch größeren Herden zusammen und fanden immer wieder frische Fährten von einzelnen Elefanten. Nach den Abdrücken im weichen Boden mußte es sich um wahre Kolosse handeln. Auch kleinere Gruppen zogen über die Savanne; sie sammelten sich an Stellen, die ihnen zusagten. Mehrmals hatten wir nach Stunden die Elefanten knapp vor uns, meist im ärgsten Dickicht eines Galeriewaldes. Sie gingen und gingen, ästen kaum und schienen äußerst vorsichtig und unstet. Betrug die Sicht im Gräsermeer oft nur wenige Meter, so war sie im Urwald häufig noch schlechter. Das Blätterdach und das Lianengewirr verbargen die grauen Riesen, die sich trotz ihres Gewichts von etwa sechs Tonnen fast lautlos ihre Bahn brachen.

Freilich war ich wegen der vielen ergebnislosen Pirschen entmutigt und zeigte mich dem Oberhäuptling nicht sonderlich freundlich, da ich insgeheim vermutete, er hätte mich angeführt. Öfter wäre ich auf gute Büffelbullen zu Schuß gekommen, vermied es jedoch immer, den Finger krumm zu machen, um die Elefanten nicht zu vergrämen. Daß in dieser Gegend beachtliche Stoßzahnträger ihre Wechsel zogen, erkannte ich an den Malbäumen, die bis vier Meter hoch mit Dreck und Lehm beschmiert waren, und an den abgerissenen Rinden. Mächtige Baumriesen waren von den Elefanten spielerisch entwurzelt worden und lagen kreuz und quer im Gelände umher.

Wo immer ich auf Eingeborene stieß und nach Elefanten fragte, zeigte man mir an der Speerlänge die Größe der Stoßzähne, die die Dickhäuter hier tragen sollten. All diese Anzeichen und mein Ehrgeiz hielten meine Passion und meine Ausdauer wach. Ich wollte eben einen guten Bullen strecken und ließ nicht nach. Das Wetter änderte sich täglich. Schwere Gewitter entluden sich, dann folgten zwei, drei Tage Sonnenschein, und so währte es immerfort. In den meisten Fällen ging es aber naß her. Schon am Morgen ließ die Pirsch im hohen Gras Kleider und Gewehre triefen. Kam dann die Sonne durch, meinte sie es gut und trocknete alles wieder rasch.

In meinem Tagebuch habe ich festgehalten, daß ich am 7. Februar 1955 das Morgengrauen verschlief. Ich wollte einfach nicht aus den Federn. François pochte um etwa sechs Uhr früh an die Tür und rief mir zu, daß ein Elefantentrupp noch am Vortag ganz in der Nähe des Dorfes gefährtet worden sei, und ich solle schnell kommen. Sofort rasierte ich mich, schlüpfte in die Klamotten und nahm einen Imbiß zu mir; dann war ich auch schon fertig zum Abmarsch. Ich schulterte die schwere Elefantenbüchse .500/465 und die Doppelläufige 9,3 x 74 R mit vierfachem Zielfernrohr. In der Hosentasche hatte ich zur Aufpulverung und Verpflegung für den ganzen Tag einige Stück Zucker und eine der winzigen Zitronen. Ich trug lange Hosen und

Leinengamaschen, die in dem schwierigen Grasgelände vor Kratzern und Verletzungen einigermaßen schützten.

Kurz vor sieben schon stapfte das kleine Häuflein Menschen im taunassen Gräsermeer. François, mit Speer und Buschmesser bewaffnet, führte uns an, ein Bursche aus dem Dorfe trug das Reservegewehr (9,3), und ein dritter Schwarzer hatte die Jagdtasche, die Leica und den 8 x 30 Feldstecher. Wir schlugen um die Hütten mehrere Bogen, krochen und zwängten uns durch Schluchten und Wald und erkletterten einige Hänge. Manchmal konnten wir auch einen alten Elefantenpfad benutzen und kamen so etwas besser voran.

Nach zwei Stunden standen wir auf einem kleinen, mit Felsplatten und Blöcken bedeckten Bergrücken. Von den Steintrümmern aus hatten wir einen wunderbaren Ausblick über das weite Land und sahen die Ausläufer des Ituri-Waldes, die Heimat des Okapis. In Luftlinie gerechnet, waren wir gar nicht weit von Szangaris entfernt, nur einige Höhenzüge trennten uns vom Standlager. Ich hatte soeben den Feldstecher ergriffen, als François aufgeregt auf mich zukam und mir das heißersehnte Wort „Tembo" zuflüsterte . . . Die Elefanten waren da! Hurtig stiegen wir gemeinsam auf den Nachbarfelsen und trauten unseren Augen nicht.

Unvergeßlich! Auf dem dritten gegenüberliegenden Hang, etwa sechshundert Meter entfernt, standen drei starke Elefantenbullen mit wahrhaft gewaltigem Elfenbein, beleuchtet vom hellen Licht der immer höher steigenden Sonne. Die drei alten Herren hatten sich im hohen Gras eingestellt und ruhten im Stehen. Zwei von ihnen waren von mittelhohen Bäumen voll knallroter Früchte gedeckt. Spielend erhoben sich manchmal ihre Rüssel, um an der Rinde zu knabbern oder einen kleineren Ast abzubrechen. Der dritte Bulle war gute dreißig Meter von seinen Nachbarn entfernt, er stand etwas tiefer. Einige Minuten lang schweifte mein Blick durch das Glas, und ich beobachtete das Verhalten der Dickhäuter genau. Die gewaltigen Tiere ließen sich nach durchwanderter Nacht behaglich in der Morgensonne trocknen, sie waren völlig vertraut und fühlten sich sicher. Jedes Heben der Schädel zeigte mir das herrliche Elfenbein. Die außerordentlich dicken Stoßzähne waren nur gering geschwungen und mit Sicherheit eineinhalb Meter lang und mindestens vierzig Kilogramm schwer. Es waren packende Minuten für mich – ein Anblick, der jedes Jägerherz höher schlagen ließ!

Trotz des guten Feldstechers konnte ich den wirklich besten Elefantenbullen nur schwer ausmachen. Ich konnte mich nicht entscheiden. Schließlich entdeckte ich fast am Fuß des Hanges noch einen jüngeren Bullen und – versteckt im Gras – allem Anschein nach eine Elefantenkuh. Oder war es noch ein weiterer männlicher Grauer?

Meine Augen wanderten von einem Dickhäuter zum andern. Ich konnte mich von diesen urigen Bildern kaum trennen, aber es galt, rasch zu handeln. Gewiß wollten die grauen Riesen bald weiterziehen. Mit einem Säckchen, in das feinste Holzasche eingenäht war, überprüfte ich den Wind. Ich trug es, an einer Schnur befestigt, in der Hemdtasche, holte es sachte hervor und klopfte darauf. Nach der wegschwebenden Asche zu urteilen, war Vorsicht geboten. Ich entschloß mich, einen großen Bogen zu schlagen und die Beute in den Schilfgrastunnels anzupirschen. Die Zeit war vorgeschritten, und ich wollte nicht riskieren, daß sich die Elefanten zur Mittagsruhe eine noch bessere Deckungsmöglichkeit suchten. Das hätte ich mir nie verziehen.

Von der nächsten Höhe aus konnten wir die Bullen nicht mehr sehen. Einer meiner schwarzen Kerle erkletterte einen Baum; auch er konnte die Tiere nicht mehr erspähen. Waren sie tatsächlich schon weitergezogen? Dann wäre der Teufel mit im Spiel gewesen! Ich beriet mich mit François. Er meinte, daß die Elefanten mit Sicherheit den dritten Hang annehmen würden. Dort kannte er alte Suhlen und Lehmlecken, die das gesamte Großwild in dieser Gegend immer gern aufsuchte.

Also – nichts wie dorthin! Unterwegs wurden zweimal Büffel vor uns hoch, die sich ebenfalls in diesem entsetzlich dichten Gräserfeld eingestellt hatten. Jedesmal zuckten wir zusammen, wenn die wuchtigen Wildrinder wenige Meter vor uns abprasselten und kurz darauf verhofften, um sich über den unbekannten Feind zu orientieren.

Im Urwald nahmen uns Kühle und tiefer Schatten auf. Wir rutschten und kletterten durch Dickicht und Dornen, Lianen und faulendes Holz. Der glitschige Boden ließ uns immer wieder ausgleiten. Es ging bergauf und bergab auf Flächen, die von tief eingedrückten Elefantenfährten übersät waren, sowie über sumpfige Stellen, an denen wir bis zu den Knien einsanken. Wie in jedem Gelände, so waren auch hier meine Eingeborenen Meister im Überwinden von Hindernissen und im raschen Ausschreiten. Bei meinen weißen Freunden in Afrika war ich wegen meiner großen Schritte und als unermüdlicher Läufer auf der Pirsch in Busch und Feld bekannt, aber hier mußte ich mich wieder plagen, um nicht hinter den Schwarzen nachzuhinken. Ich war verschwitzt, und meine Kleider waren durch Dreck und unzählige Insekten versaut. Ameisen begannen uns zu zwicken. Sie fielen von oben hinter den Kragen und hefteten sich mit ihren großen Beißwerkzeugen an den Beinen fest.

Hier hoffte François, die Elefanten bald zu vernehmen. Wir bezogen an einem günstigen Platz oberhalb von Wasser und Sumpf unseren Beobachtungsposten und horchten in den Urwald. Die beiden anderen Schwarzen hatten auf Geheiß von François weiterzuschleichen. Es schien mir, als wollte er sie als seine persönlichen Jagdgefährten noch weiter ausbilden. Sie hatten nach frischen Fährten zu suchen und auf jedes Geräusch zu achten. Eine geschlagene Stunde lang verharrten wir in Spannung und Schweigen. Hin und wieder öffnete ich die schwere Expreß und sah die Läufe durch, ob nicht etwa Wassertropfen oder Erde hineingefallen wären, wischte die Büchse außen ab und liebkoste das wertvolle Gewehr. Manchmal ließen uns verdächtige Laute aufhorchen und glauben, die Elefanten wären schon auf dem Weg zu uns. Ich ergriff den Kolben fester, doch nichts rührte sich.

Endlich kamen die beiden Walendu zurück. Sie schwiegen, und in ihren Gesichtern konnte ich lesen, daß sie die Elefanten nicht gefunden hatten. Wertvolle Zeit war verlorengegangen.

Eilends marschierten wir weiter aus dem Wald, hinauf in die Sonne und wieder in die stickige Luft des Gräserdickichts. Abermals begann das Spiel von neuem. Die Suche nach den Dickhäutern war in diesem elenden, verfilzten Gelände eine Qual sondergleichen. Jede Bewegung war gefährlich, jeder Schritt konnte eine Überraschung bringen. Ein sicherer Schuß war nur auf allernächste Entfernung möglich. Kein Zweifel: es wäre mir bedeutend lieber gewesen, einen Elefanten im Urwalddickicht zu stellen, als hier, im hohen Sisango, dem alten, ungebrannten Gras. Im Urwald hätte es auch wenigstens eine – wenn auch nur moralische – Deckung für den Schützen gegeben, sei es ein Baum oder nur ein Busch. Sollte ich aber hier, in diesem Stengelgewirr wie in einem regelrechten Schilfwald, auf etwa zehn Meter plötzlich auf einen der Elefanten treffen, konnte nur ein Stoßgebet helfen.

François arbeitete wie ein Spürhund. Er suchte alle Wechsel auf, auf denen es sich besser ging, blieb stehen, kehrte wieder um, überprüfte eine seitliche Fährte, die ihm neu erschien, und schuftete so leise als möglich, um den Weg zu bahnen. Da, nach längerem Hin und Her, fanden wir tatsächlich die frischen Trittsiegel unserer drei Bullen. Elefanten ziehen, wenn sie es eilig haben und nicht gerade äsen, immer im Gänsemarsch. So auch in diesem Fall. Ich glaubte, nicht richtig zu hören, als wir von einer Anhöhe aus unvermutet die Kolosse unter uns im Gras vernahmen. Vorsichtig und doch rasch schlichen wir nach. Der Wind war gut. Doch Sekunden später hatten wir ihn im Nacken; er sprang um, und es war kein Verlaß mehr auf diese Pirschhilfe. Guter Wind ist auf einer Elefantenjagd aber allemal das Wichtigste und unerläßlich für die Sicherheit beim Nahkampf.

Unsere Bullen hatten sich jetzt an den Rand des Urwalds begeben. Ich war etwas erleichtert, hatte mich aber zu früh gefreut, denn dieser Teil war mit unvorstellbar dichtem Buschwerk durchsetzt, und ich glaubte jede Sekunde, hier mit den grauen Riesen zusammenzutreffen. Aber wie und wohin dann schießen? Selbst auf ein paar Meter war da nichts zu sehen oder genau anzusprechen. Immer dann, wenn wir glaubten, das Großwild sei nahe, übernahm ich die Führungsspitze. Die Spannung wuchs und war trügerisch. Die Dickhäuter hatten sich durch den Urwald einen Weg zur Talsohle gebahnt und badeten im schlammigen Wasser. Deutlich vernahmen wir sie. Leises Plätschern, Glucksen und kurzes, knappes Brechen verrieten, daß die tonnenschweren Leiber vor uns ihre Wanderung vorübergehend unterbrochen hatten. Abermals schlug der Wind ein paarmal um. Also hieß es nicht der Fährte nachziehen, sondern diese umschlagen, um den stärksten Bullen so rasch als möglich vor die Büchse zu bekommen. Zuvor aber mußte ich erst einmal alle Dickhäuter vor Augen haben und den größten aussuchen...

Allein sprang ich vor. Besser gesagt – ich balancierte von einem Bein auf das andere, um nicht auf ein Holz zu treten oder mich in den Lianen zu verhaspeln. So war ich bis auf wenige Meter an die wehrhaften Kolosse herangekommen. Vor mir hörte ich ein leises Gurgeln.

Jeden Augenblick mußte der Riese auftauchen. Schon hob ich die schwere Büchse, da – ein kurzes Tosen, ein Lärm, als würde der Wald über uns zusammenbrechen... Und dann wieder Ruhe. – Die Elefanten waren fort. Der Wind hatte uns einen Streich gespielt und uns verraten.

Die Eingeborenen waren mir nachgekommen. Alle blickten einander mit verärgerten Gesichtern an. Dann setzte ich mich auf einen umgefallenen Baumstamm und rastete ein paar Minuten. Nach der kurzen Verschnaufpause erklommen wir den Hang, den die Elefanten hinaufgerast waren. Sie hatten eine breite Bahn ausgetreten; dicke Lianen lagen wie Zwirnfäden zerrissen auf dem Boden, das hohe Buschwerk war umgekämmt, und der eine oder andere Baum starrte uns zersplittert oder halb entwurzelt entgegen.

Eigentlich glaubte ich nicht mehr daran, auf sie zu stoßen, denn normalerweise gehen die Dickhäuter, wenn ihnen der Wind den Geruch des Menschen zugetragen hat, viele Kilometer, ehe sie wieder ruhig werden. Aber das letzte Wort war noch nicht gesprochen; das Verhalten der Tiere konnte von vielen anderen Umständen abhängen – von der Häufigkeit der Bejagung, ob es sich um Einzelgänger oder um ganze Trupps, um jüngere oder ältere, erfahrene Tiere handelte und vielem mehr.

Ich aber beschloß fürs erste einmal, ins Lager zurückzukehren und dann am nächsten Tag wieder den Bullen nachzustellen. Mißmutig schritt ich voran. Da kamen die drei Elefanten nochmals zum Vorschein: etwa sechzig Meter über uns erkletterten sie den letzten Teil der Anhöhe. Der eine von ihnen stellte sich auf einen Felsblock, hob den Rüssel und windete – ein fast unheimliches Bild. Ruhig standen die Kolosse da, als schienen sie auf etwas zu warten. Aber wahrscheinlich wollten sie nur sichern, das Dickicht abhorchen und abwittern, bevor sie sich nach dort zurückzogen.

Wieder packte mich der Jagdeifer, und ich schnellte vor, um näher heranzukommen. Prinzipiell schoß ich mit der Expreß auf wehrhaftes Großwild höchstens auf fünfzig Meter, keinesfalls weiter, denn die Kugel sollte und mußte auch richtig sitzen – und das war bei der Masse eines Elefanten gar nicht einfach. Da mußte man sich in der Anatomie der Tiere schon auskennen und dem Riesen nahe sein, um auch wirklich jene Stelle zu treffen, an der das Geschoß absolut tödlich ist.

Ich kämpfte mich etwa dreißig Meter vor. Es war schwierig und vor allem zeitraubend, und ich sah eben noch, wie die Grauen auf der andern Seite langsam verschwanden. Wieder rannte ich nach, diesmal zusammen mit den drei Eingeborenen. François drängelte mich, unter allen Umständen zu schießen. Der gute Kerl wollte Fleisch und natürlich auch das Trinkgeld, das ihm bei einem Erfolg meinerseits blühte. Aber noch war es nicht soweit . . .

Auf der Höhe angelangt, rief mich der Hauptfährtensucher zu sich. Er hatte den Felsblock erstiegen, auf dem zuvor der Elefant gestanden war. Ich nahm sofort an, er hätte die Dickhäuter gesichtet, rannte einem der anderen Schwarzen nach und – sah nichts! François war wütend. Die Elefanten waren unter uns vorbeigezogen, und er meinte, daß ich leicht hätte schießen können. Ich wollte es nicht glauben – und glaube es auch heute noch nicht.

Von unserem erhöhten Platz aus konnten wir die Bullen lange Zeit beobachten. Einmal langsamer, dann wieder rascher strebten sie den Hang hinunter. Ich sah nur mehr die drei großen Bullen, die beiden anderen Elefanten hatten sich wohl während der Flucht aus dem Schlammbad von ihren älteren Gefährten getrennt und waren andere Wege gegangen. Mich interessierten sie nicht mehr.

Mittlerweile hatten die drei dort unten den Wald durchquert und bewegten sich schon wieder auf dem gegenüberliegenden nächsten Anstieg. Mit dem Glas konnte ich die alten Burschen noch so lange verfolgen, bis sie auf dem Bergkamm im hohen Gras völlig untertauchten.

Es half alles nichts – wir mußten nach. Die Richtung, in der sich die Elefanten bewegten, ging gegen das Dorf zu. Sie schlugen also Kreise. Bergab, Wald und Sumpf, bergauf im hohen

Gras, selten einen weiteren Ausblick, Hitze, Durst, Hunger – alles war zu ertragen, nur zum Schuß mußte ich kommen. Das stand fest.

Allmählich war ich ausgepumpt. Es war Nachmittag geworden. François ließ nicht locker. Man sah dem kleinen Kerl seine Kraft nicht an; immer hielt er die Spitze und marschierte zielstrebig auf jenen Teil des Kammes zu, der mit Felsplatten und Blöcken übersät war. Da könne man weit sehen, meinte er, und hier stellten sich auch gern Büffel und Elefanten ein. Dort wollten wir weitersuchen.

Oft waren diese ausgedehnten Felsplatten steil und recht glatt, und ich mußte auf allen vieren hinaufklettern und auf meine gute Büchse immer besonders achtgeben. François war wieder vor mir und, kaum zu glauben: er hatte die Elefanten nochmals entdecken können! Wie die Wahnsinnigen liefen und sprangen wir den Kamm entlang, auf und zwischen den Felsen, immer weiter, weiter! Die anderen Schwarzen blieben zurück. François hatte mein Reservegewehr übernommen. Wir liefen gebückt und möglichst leise. Der Schweiß verklebte mir die Augen und brannte ekelhaft. Aber was soll's – wir mußten es schaffen, an die Elefanten heranzukommen. Der Augenblick war da, ich sah es François an.

Über die Felsen ging es in einen kleinen lichten Wald. Unter uns gähnte eine zwanzig Meter hohe Wand. Nicht weit von ihr entfernt standen die drei grauen Riesen Rücken an Rücken und fächelten mit ihren großen Ohren. Es waren schlaue Burschen – alte, gewitzte Elefanten, die vielleicht auch schon so manche Kugel im Leib hatten. Nach jeder Richtung hin hatten sie sich gesichert, und immer wieder hoben sie die Rüssel, um den Wind zu prüfen. Sie gaben einander Deckung. Die heiße Sonne und das Laufen hatten auch ihnen zugesetzt. Im Vertrauen auf ihre Kraft, auf ihren Instinkt und vielleicht auf ihr Alter und ihre Erfahrung waren sie nicht weitergezogen, sondern hatten hier, unter der Felswand, den ihnen am sichersten scheinenden und auch angenehmsten Einstand gewählt.

Ich nahm den Feldstecher hoch und visierte jeden der Bullen an. Ein Schuß auf den mir am nächsten stehenden, etwa fünfzig Meter weit, wäre zu wagen gewesen. Er hätte am Ohransatz sitzen müssen. Aber es war doch zu unsicher. Ich zögerte und kroch dann allein den Ausläufer der Wand hinunter. Die Sekunden wurden zur Ewigkeit. Ich war ruhig, aber am Ende meiner Kräfte.

Ich fand einen Termitenhügel, kletterte hinauf und sah vor mir auf etwa fünfzehn Meter die mächtigen Stoßzähne glänzen. Der Elefant schlackerte mit den Ohren; immerzu prüfte er den Wind mit dem Rüssel. Es war hoch an der Zeit. Ich nahm die Expreß auf und schoß. Im Feuer brach der Bulle zusammen, wälzte sich zur Seite, kollerte buchstäblich einige Meter in eine breite Rinne und versuchte wieder hochzuwerden. Noch ein Schuß – er rührte sich nicht mehr. Die beiden anderen Dickhäuter waren knapp an mir vorbeigerast. Ich bemerkte sie kaum, hörte sie nur. Mein Sinnen und Trachten galt allein dem Grauen vor mir auf dem Boden. Roter, dunkelroter Schweiß tröpfelte ihm aus den beiden kleinen Löchern am Ohransatz. Er röchelte noch; ein Fangschuß erlöste ihn. Ich war für dieses außerordentliche Waidmannsheil unsagbar dankbar!

An Ort und Stelle schlug ich mein Lager auf. Noch vor Einbruch der Dunkelheit waren

Scharen von Eingeborenen zur Beute gekommen. Meine Diener brachten mir Essen, Zelt und Feldbett. Ich schlief wenige Meter von dem toten Bullen entfernt. Am anderen Morgen fotografierte ich ihn und das Schauspiel des Aufbrechens. Zunächst war nur ein Dutzend von mir bestellter Schwarzer daran, den Koloß zu zerwirken. Aber dann, als die Bauchhöhle offen lag, waren die Menschenmassen nicht mehr zu halten – eine Fleischorgie, die kein Ende nehmen wollte! Sie standen mitten im blutverschmierten Inneren des Elefanten und rauften sich um die besten Bissen des Gescheides.

Millionen von Fliegen und Käfern umsurrten den Platz. Wegen des Gestanks mußte ich mein Lager zweimal verlegen. Ich bin in Afrika an manches gewöhnt, aber der Wind war hartnäckig und blies mir die verschiedensten Gerüche zum Feldbett.

Nachts loderten die Lagerfeuer der Eingeborenen zum Himmel – ein schönes und mir im Lauf der Jahre liebgewordenes Bild. Ich verblieb drei Tage an diesem Ort. Vom Elefanten war kaum etwas übriggeblieben: ein paar Knochen, Rippen vom Brustkorb und das Becken lagen nackt. Aasgeier, Schmarotzermilane und Marabus warteten in respektvoller Entfernung, bis die Menschen den weiten, zertrampelten, von Schweiß besudelten Platz verließen. Auch sie erhofften sich etwas von meiner Beute.

Der mächtige Schädel wurde auf mein Geheiß hin roh skelettiert. Ich wagte es nicht, die prachtvollen Stoßzähne, die nicht die geringsten Risse oder Sprünge aufwiesen, aus der Knochenmasse heraushacken zu lassen, sondern wartete drei Tage, und selbst dann gingen sie noch nicht heraus. Vorsichtig half mir François mit seiner Axt bei dieser heiklen Arbeit. Zentimeter um Zentimeter wurden die Knochen mit dem schweren Beil zertrümmert und die Stoßzähne nach und nach freigelegt. Endlich war es soweit, daß wir sie mit Hilfe einiger Eingeborener unbeschädigt bergen konnten. Als ich sie vor mir liegen hatte, war meine Freude groß: zusammen wogen sie fast einhundert Kilogramm und waren – konvex gemessen – genau zwei Meter und fünfzehn Zentimeter lang.

Nach diesem gelungenen und schönen Jagdabenteuer brachen wir das Elefantenlager ab, und ich übersiedelte wieder zu meinen schwarzen Freunden in Szangaris Dorf.

In Angola

Angola, die ehemalige portugiesische Überseeprovinz im südlichen Afrika, war bislang noch unbekanntes Neuland für mich. Die faszinierende Tierwelt lockte mich aber zu sehr, und nach einem längeren Ostafrikaaufenthalt beschloß ich, die Kolonie aufzusuchen, das Land zu erkunden und dort zu jagen. Eingehend studierte ich die wenige deutsche Literatur über Angola und informierte mich über den großen Kolonialbesitz Portugals. Dazu kam noch, daß ich im Verlauf eines Heimaturlaubes in Wien durch Zufall den Botschafter Portugals kennenlernte. Dieser sehr freundliche Herr übergab mir wertvolle und wichtige Empfehlungen für die Behörden in Angola. Alles lief bestens.

Im Jahr 1956 schiffte ich mich in Hamburg auf dem Woermann-Frachter „Svealand" ein. Außer mir befand sich nur ein einziger Passagier an Bord, ein junger Schweizer. Mein bewährter Landrover samt Ausrüstung war unter Deck verstaut worden. Das Schiff sollte alle größeren Häfen an der Westküste Afrikas anlaufen, um tropische Produkte zu laden.

In kurzen Abständen heulte das Nebelhorn auf. Dem tagelangen Sturm in der Biskaya folgte ein bißchen Sonne; die Wellen glätteten sich. Dann aber brach dichter Nebel ein.

Ich hatte Glück: Unser Schiff lief auch Oporto an, eine der interessantesten und schönsten Städte Portugals. Den ganzen Tag über hatte ich Zeit für einen unvergeßlichen Bummel durch die engen, dunklen Gäßchen der Altstadt. Bunte Märkte, farbenfrohe Menschen, flutender Autoverkehr – und über allem der Atem einer tausendjährigen Geschichte.

Und dann Lissabon, die „Stadt der sieben Hügel" und kosmopolitischer Mittelpunkt Portugals. Vielleicht verdient sie ihren Beinamen eher als Rom, denn ständig geht es bergauf und bergab. In keiner anderen Stadt hatte ich je so viele Zahnradbahnen gesehen. Unser Schiff lag übers Wochenende im Hafen. Ein Vertreter der österreichischen Gesandtschaft holte mich ab. Auch von ihm erhielt ich Empfehlungsschreiben. Nicht nur bei Tag zeigte die Stadt am Tejo Schönheit, Farbe und Licht, auch ihr pulsierender Rhythmus bei Nacht war mitreißend, und viel zu rasch verging in Lissabon die Zeit. Bald war Portugal nur mehr ein Streifen am Horizont...

Es war der 10. Oktober 1956, der 35. Tag seit Beginn meiner Seereise. Die „Svealand" hatte ihren schweren Anker außerhalb des Hafens von Luanda auf den Meeresgrund hinabgelassen. Außer uns warteten noch zwei andere Schiffe auf ihre Einfahrt.

Die Vollmondnacht war angenehm frisch. Rechts von uns lag eine kleine Landzunge, deren Palmen sich im Nachtwind wiegten. Ich schlief nur wenig. Meine Gedanken kreisten ständig um ein Thema: meine neue Expedition. Ich erhoffte mir viel von Angola, dem Land mit den ausgedehnten Trockensteppen und der vielgestaltigen Tierwelt. Äquatorialer Regenwald und südafrikanische Halbwüste treffen hier einander. Meine Ausrüstung hatte ich für acht Monate Wildnis berechnet.

Mein erster Besuch galt dem portugiesischen obersten Jagdamt in Angola, das von Dr. Abel

Prattas geleitet wurde, einem international bekannten Wildschützer. Ich bat unter anderem auch um Erlaubnis, das Reservat der Riesen-Rappenantilopen aufsuchen zu dürfen. Das Vorkommen dieser Großantilope war ausschließlich auf die Parklandschaft Zentralangolas beschränkt. Etwa zweihundert Exemplare lebten hier Mitte der fünfziger Jahre, sie zählten mit zum seltensten Wild Afrikas. Müßig zu erwähnen, daß die Trophäe dieser Antilopenart außerordentlich begehrt war. Deshalb wurden Abschüsse auch nur in den seltensten Fällen – alle paar Jahre einmal an prominente Jäger – vergeben. Ein spanischer Großwildjäger, der steinreiche Graf Eduardo de Yebes, hatte 1949 den Weltrekord der „Royal Sable“, wie die Riesen-Rappenantilope von den Engländern genannt wird, mit einer Hornlänge von 164,78 cm erbeutet.

Mir gegenüber zeigte sich der oberste Jagdchef aber ausgesprochen reserviert. Trotz der vielen Empfehlungsschreiben willigte er nur sehr zögernd ein, und ich mußte mich verpflichten, einen portugiesischen Wildhüter auf meine eigene Rechnung in das Wildreservat bei Malange mitzunehmen. Den Großen Jagdschein erhielt ich jedoch, ohne Gebühren entrichten zu müssen. Duplikate an Trophäen sollte ich einem Museum in Angola überlassen.

Auch die Einfuhr meiner vier Jagdgewehre, die von den Zollbehörden nach meiner Ankunft versiegelt und aufbewahrt worden waren, stieß auf ungeahnte Hindernisse. Stets große Freundlichkeit, stets ein höfliches Lächeln und stets die Worte: „Patienca, armangia!“ – „Geduld, morgen!“

Ganze drei Wochen mußte ich mich in Luanda in einem teuren Hotel einmieten, bis mir endlich Gewehre und Munition ausgehändigt wurden. Aus welchem Grund der Zoll die Jagdwaffen so lange zurückhielt, erfuhr ich nie.

So wurden mir die Tage lang. Bald aber hatte ich österreichische und portugiesische Freunde gefunden, die mir die große, pulsierende Hafenstadt zeigten. Auch der wohlhabende Vertreter der Deutschen Afrikalinien, ein gutaussehender Portugiese, und seine hübsche blonde Frau, eine Deutsche, nahmen sich meiner an.

Ihr schwarzer Koch mußte eigens für mich das portugiesische Nationalgericht „Bacaljao“ zubereiten: Stockfisch, in viel Olivenöl gebraten. Abends folgte dann eine Einladung in eines der typischen ländlichen portugiesischen Lokale, in dem der Nationaltanz „Fado“ vorgeführt wurde. Rasch hatte man mich als deutschsprechenden Ausländer erkannt, und die Musiker, dunkelhäutige Mulatten, stellten ihre Klänge sofort auf „Wiener Walzer“ um. So tanzte ich in einer subtropischen Nacht mit der Gattin meines Gastgebers ein paar Runden des Donauwalzers . . .

Ein anderes Ehepaar, der Wiener Ing. Spitzy, Auswanderer und reich gewordener Unternehmer in Luanda, zeigte mir mit seiner Frau die reizvolle Umgebung der Stadt. Wir fuhren mit dem Auto die Küste entlang und genossen die kühle Meeresluft.

Die große Stadt hatte sich rasch entwickelt. Von den mehreren hunderttausend Einwohnern besaßen mehr als 60.000 Farbige das portugiesische Bürgerrecht. Jeder Einheimische, der sich zu einer christlichen Religionsgemeinschaft bekannte und des Lesens und Schreibens kundig war, konnte ohne Schwierigkeiten die portugiesische Staatsbürgerschaft erwerben. Er war dann den Weißen in seinen Rechten und Pflichten völlig gleichgestellt. Mulatten und Schwarze, in ihrer Mehrzahl Angehörige oder Abkömmlinge der großen Völkerfamilie der Bantu, hatten gute Stellungen in Wirtschaft und Verwaltung inne.

Das gesunde Hochlandklima bewog viele Menschen, aus Portugal auszuwandern und hier in Angola seßhaft zu werden. Auch einige deutsche Adlige kauften Ländereien und begannen mit ertragreichen Kaffee- und Sisalplantagen.

Meine neuen Freunde in Luanda halfen mir auch, einen brauchbaren Schwarzen als Fahrer für meinen Landrover zu finden. Das war gar nicht so einfach, denn man fand hier kaum einen schwarzen Wagenlenker. Dieser Beruf blieb fast zur Gänze den Weißen vorbehalten. Ich aber bevorzugte einen Eingeborenen, denn er mußte mir auf der langen Reise auch Diener sein und Küchendienste leisten. Allerdings hoffte ich, unterwegs Hilfskräfte aufnehmen zu können.

Bei einer Fahrt im Busch lenkte ich nie selbst. Ich mußte für Wildbeobachtungen und Aufzeichnungen frei sein und benötigte die Hände für meine beiden Leicas und die 16 mm-Filmkamera von Bell & Howell.

Schließlich wählte ich von den beiden Bewerbern den kraftstrotzenden Chioko-Mann als Fahrer aus. João sprach die meisten Idiome Angolas und beherrschte auch das „Umbundu“, die am weitesten verbreitete Umgangssprache.

Endlich ging es in rascher Fahrt auf guten, breiten Naturstraßen durch eine dicht bevölkerte, weite Savannenlandschaft. Wir fuhren an einigen Plantagen vorbei und kamen auf Umwegen – plötzlich hatten starke Regenfälle eingesetzt – zum Rio Cuanza. Der Fluß führte bereits Hochwasser, und die Fähre war ausgefallen. So blieb uns nur die Umkehr in Richtung Hochland. Nach mehr als hundert Kilometern Umweg erreichten wir endlich doch Malange, die große Provinzstadt auf dem Planalto, der Hochebene von Angola.

Links und rechts der asphaltierten Straßen massive Europäerbauten und Bankette mit kräftig violett blühenden Bougainvilleen, hübsche Villen im Landhausstil inmitten bunter Gärten – das waren die gepflegten Wohnsitze der Weißen. Überall Neonbeleuchtung. Malange machte sich gut.

Ich bezog ein schönes kleines Balkonzimmer im „Hotel Tourismo“. Meine 24 verschiedenen Kollis konnte ich freilich nicht alle im Hotelzimmer unterbringen. Die zahlreichen Gepäckstücke landeten in einem alten Stiegenaufgang, der schnell zum Magazin umgerüstet worden war. Nur Kleidung, Wäsche und Schreibzeug hatte ich im Zimmer, ebenso Kameras, Geld und Reisepaß. Die teuren Jagdwaffen, das Zielfernrohr und die beiden Feldstecher blieben in

Bilder rechts: Unser komfortables Lager im Lac Mburo-Jagdreservat, Uganda, war Ausgangspunkt für zahlreiche Löwenpirschen.
Bilder umseitig: Oben: Die Hände der Toror-Hills in Karamoja, Nordostuganda, waren ein ausgesprochen gutes Jagdgebiet. – *Unten:* Die Moorantilopen, auch „Uganda Kobs“ genannt, zeigten vor uns nicht viel Scheu.

einem stabilen Tropenkoffer im Stiegenhaus, wohlgesichert durch doppelte Vorhängeschlösser.

Das Essen mundete mir ausgezeichnet, und bald war ich wieder frisch. Der Fahrer erhielt Geld, so daß er sich in der Nähe ebenfalls eine Unterkunft mit Verpflegung besorgen konnte. Erst um Mitternacht kam der Straßenverkehr zum Erliegen...

Wir suchten die erste Shell-Tankstelle auf; unsere Benzinvorräte mußten ergänzt werden. Öl wurde gewechselt und der Landrover abgeschmiert. Dann betrat ich Punkt neun Uhr morgens das Regierungsgebäude in Malange. Der weiße Postenchef empfing mich zwar freundlich, hatte aber nicht die geringste Ahnung, wo die prächtigen Riesen-Rappenantilopen in seinem Distrikt vorkamen. Er verwies mich an einen alten Wildhüter. Senhor Tobias Chat de Susa, ein heller Mulatte, machte auf mich vom ersten Augenblick an einen sehr sympathischen Eindruck. Er erhielt den Auftrag, mich etwa dreihundert Kilometer Richtung Südosten zu begleiten. Das Wildreservat lag zwischen Rio Cuanza und Rio Luando.

Zu diesem Zweck stellte die Regierung einen uralten, klapprigen Landrover zur Verfügung. Senhor Chats sonstige Ausrüstung für die Safari bestand aus einer geflochtenen, bunten Schlafmatte, einer großen Wasserflasche, einigen Konserven und einem verrosteten Repetiergewehr unbestimmbaren Kalibers. In einem Sack verstaut lagen ein kleiner Aluminiumkochtopf und blaue Reservekleidung. Senhor Chat – Ordnung mußte sein – hatte noch einen schwarzen Polizisten in seinem Geländewagen mitgenommen. Der Mann trug einen alten deutschen Militärkarabiner, hatte aber keine Munition dazu.

Der „Fiscal de Caca" fuhr mir in seinem Landrover zum Posten Gagandala voraus, wo wir übernachteten. Am nächsten Tag wurde die Straße verlassen, und auf einem schmalen, roterdigen Pfad ging es tief in die Wildnis der Buschsavanne bis zu einem kleinen Eingeborenendorf. Eigentlich waren es nur ein paar Strohhütten inmitten von Mopanewäldern. Durch die Regenfälle war das Baumgrasland üppig grün geworden. Hier, nur wenige Kilometer von der Grenze zum Wildreservat entfernt, blieben unsere Fahrzeuge und der Großteil der Ausrüstung zurück. In diesem Gelände konnten wir mit den Autos ohnehin nicht weiterkommen.

Für Senhor Chats Polizisten war es nicht schwierig, innerhalb kürzester Zeit zwei Dutzend Eingeborene als Helfer herbeizuschaffen, die uns die notwendigsten Lasten auf ihren Köpfen in das dichtbewaldete Gebiet trugen. Sie wurden dafür von mir bezahlt und verpflegt. Zwar befanden wir uns noch in einem Hochland, doch war die Hitze recht groß und die Luft feucht. Die ersten tropischen Gewitter waren schon vorüber. Sie kündeten mit Sicherheit die Regenzeit an.

Bild umseitig: Im Urwaldgebiet des Ntem-Flusses, an der Grenze zu Spanisch-Muni, gelang es mir, diesen Waldelefanten zur Strecke zu bringen.
Bild links: Durch Elefanten verursachter Baumschaden.

João schlug demnach mein Feldbett im Freien auf, und ich schlief auf einer leicht aufgeblasenen Gummimatratze, über die ein weißes Leintuch gezogen war. Die Moskitonetze brauchten wir nicht aufzuspannen. Glücklicherweise fehlten hier diese Plagegeister. Alle übrigen Leute hatten in meiner Nähe ihre Schlafmatten ausgebreitet. Von weitem ertönte das Geheul von Schakalen.

Am taufrischen Morgen bereitete mein Fahrer zum erstenmal ein richtiges Frühstück zu. Joãos Petroleumherd trat nun in den Mittelpunkt aller leiblichen Interessen. Senhor Chat und ich saßen zusammen. Er war auch in der nächsten Zeit mein Gast. Auf unseren Feldstühlen hatten wir es uns an meinem aufklappbaren Tisch gemütlich gemacht. Der Polizist und João verpflegten sich nach Landesart. Beide hockten am Boden und holten sich mit den Fingern die Fleischstücke aus einer dunklen Soße.

Da nicht genug Männer aufzutreiben waren, mußten auch einige kräftige Weiber aushelfen. Im Gänsemarsch zog die Kolonne vier Stunden durch eine Parklandschaft bis zu einem Wasserlauf an der Reservatsgrenze. Gleich ging ich mit einem Eingeborenen auf Pirsch. Ich hoffte, ein Stück Wild zur Versorgung meiner Träger erlegen zu können. Fährten gab es zur Genüge. Mit ein wenig Glück kam ich bald auf einen weiblichen Wasserbock zu Schuß. Die Nacht verbrachten wir wieder außerhalb des Wildschutzgebietes der Riesen-Rappenantilopen. Über den Feuern bruzzelte das in Streifen geschnittene Wildbret. Für die nächsten Tage legten wir einigen Vorrat zurück.

Vor Überschreiten der Grenze verstaute ich die Holland & Holland in meinem langen Tropenkoffer. Jetzt mußten Feldstecher und Kameras griffbereit sein. Kaum waren wir eine Stunde marschiert, da entdeckte Senhor Chat in einem lichten Buschwald ein Rudel von zwölf weiblichen Riesen-Rappenantilopen. Hocherfreut beobachtete ich im zehnfachen Trinovid die massigen, kastanienbraun gefärbten Leiber. Die weiblichen Großantilopen tragen kürzere, nicht so weit nach hinten gekrümmte Hörner. Einige Kälber mit ihrer gelblichbraunen Decke glänzten im Sonnenlicht. Nur undeutlich konnte ich ihre Gesichtszeichnung erkennen. Das Rudel äste vertraut. Senhor Chat und ich krochen vorsichtig an das herrliche Wild heran.

Mein Herz klopfte mir bis zum Hals herauf, mein Puls flog, und der Schweiß trat mir aus allen Poren, als ich teils gebückt, teils auf allen vieren im Schutz von Strauchwerk und Bäumen rund hundert Meter an das Rudel herangekommen war. Aber dann hatten die Tiere uns bemerkt und verhofften gegen uns. Dennoch gelang es mir noch, das schwere Doppelprofilstativ aufzubauen, die Leica mit dem 40 cm-Telyt von der Schulter zu holen und das Wild in den Spiegelkasten zu bekommen. Keine Sekunde zu früh, denn schon prasselte das Rudel in wilder Flucht durch die Büsche. Rasch wie ein Spuk ging alles vorbei. Dennoch war ich sehr froh. Ich hatte etwas gesehen und erlebt, was bisher nur wenigen Menschen vergönnt gewesen war.

Langsam zogen wir uns zurück. Ein neuer Wasserlauf lud zum Verweilen ein. Die Tage waren trocken, und es genügte ein einfaches, rasches Lager. Ich befahl den Eingeborenen, ruhig zu sein, und versprach ihnen viele Münzen, wenn sie sich von diesem Platz im Wald nicht entfernten. Dann pirschte ich mit dem Mulatten weiter. Das Gelände wechselte stark. Meist gingen wir durch lichten Busch.

Eine Stunde und mehr verrann. Plötzlich hatten wir einen kohlschwarzen, kräftigen Bullen, wahrscheinlich einen Einzelgänger, vor uns. Die Riesen-Rappenantilope trug ein unvorstellbar langes, säbelartig gekrümmtes Gehörn. Im dunklen Gesicht fielen mir sofort die großen Lichter auf. Eine gut entwickelte Nacken- und Schulterpartie, lange schmale Ohren ohne Haarbüschel und die typische schwarze Decke kontrastierten gut zur weißen Bauchseite. Ich schätzte das Körpergewicht dieses alten Herrn auf etwa dreihundert Kilogramm. Der Bulle äste von einem verkrüppelten Baum die lederartigen Blätter und scharrte einige Male kräftig mit seinen Läufen auf dem Boden. Kurz darauf war er unsern Blicken entschwunden.

An einer Salzpfanne erspähten wir ein neues Rudel. Unter den weiblichen Tieren befand sich ein schwarzer Bulle, der seine Schar laufend umzog und die Antilopen auf diese Weise zusammenhielt. Gierig leckten sie an der roten, salzigen Erde.

In den nächsten Tagen hatten wir noch einige schöne Begegnungen mit diesen seltenen Großantilopen. Aber immer wieder brausten sie ab, sobald sie uns Menschen wahrnahmen. Staubwolken aufwirbelnd, verschwanden sie im dichten Gelände. Dann wieder überraschten wir sie in einer Grasmulde ruhig lagernd. Alte, schwarze Bullen rieben ihre langen Hörner minutenlang an dicken Bäumen.

Blitzschläge und vielleicht auch durch Unachtsamkeit entstandene Feuer vernichteten alljährlich den stellenweise hohen, gelben Graswuchs. Wo nun junges Grün sproß, waren die Lieblingsplätze der Antilopen. Am vorletzten Tag erlebte ich noch ein außergewöhnliches Schauspiel, einen Zweikampf von wütenden, etwa gleichstarken Bullen. Wild rannten sie mit ihren mächtigen Hörnern gegeneinander, knieten nieder und suchten den Gegner durch Rammen zum Aufgeben zu zwingen. Schnaubende Laute ließen ihre große Erregung erkennen. – Dieses Erlebnis war wohl ein Höhepunkt auf meiner Angolasafari.

Riesen-Rappenantilopen zeigen an und für sich wenig Angst, denn außer dem Menschen kennen sie keine Feinde. Nur selten wagt sich ein Löwe an ein ausgewachsenes, gesundes Tier. Auch bei kopfloser Flucht preschen diese Großantilopen geschlossen ab.

Wieviel Menschen wissen überhaupt um das Vorhandensein einer Riesenform der Rappenantilope (*Hippotragus niger variani*) in Afrika? Gewiß nur wenige: Zoologen, vielleicht auch einige Jäger, denen die mächtige Trophäe ein unerreichbares Ziel bedeutet. Interessant ist auch, daß die Riesen-Rappenantilope in der deutschen Kolonialliteratur der früheren Jahre eher kaum erwähnt wurde. Und nur in wenigen englischen Jagdbüchern über Afrika wird von einer erfolgreichen Jagd auf sie berichtet.

Jeder, der auf Rappenantilopen (*Hippotragus niger niger*) in Ostafrika, im Kongogebiet oder in Angola und Rhodesien gepirscht hat, wird außer einer guten Trophäe eine dauernde Erinnerung an dieses prächtige, stolze Wild mit nach Hause bringen. Nun, die Riesenform der Rappenantilope ähnelt dem gewöhnlichen Typus sehr, dennoch zählt sie zu den größten Seltenheiten. Ihre Gestalt ist etwas größer; sie wirkt besonders bei alten Bullen noch imposanter. Das Gehörn ist beinah doppelt so stark wie jenes der gewöhnlichen Rappenantilope – es ist überhaupt das mächtigste aller Gehörne der Antilopengruppe.

Der Richtigkeit halber hätte ich all diese Sätze in der Vergangenheitsform schreiben müssen, denn nach der „Befreiung“ Angolas aus der Kolonialherrschaft wurden die noch geringen Bestände der Riesen-Rappenantilope von einer ungezügelten Soldateska völlig ausgerottet. Das heißt: In Afrika gibt es diese herrlichste aller Antilopen heute nicht mehr!

Unsere zurückgelassenen Landrover mitsamt der restlichen Ausrüstung waren in der Wildnis unversehrt geblieben. Um meine schwarzen Helfer, die Vimbundu-Leute, noch zusätzlich zu belohnen, wollte ich auf der Rückkehr eines der häufigen Gnus erbeuten.

Diesen Vorsatz hätte ich lieber bleibenlassen sollen, denn nur in zäher Ausdauer gelang es mir schließlich doch, einen alten Bullen aus einem Trupp herauszuholen. So ein Weißbart-Gnu ist plump und kräftig gebaut. Es wog an die zweihundertfünfzig Kilogramm. Somit konnten die braven Burschen und ihre Weiber in Fleisch schwelgen. Auch der schwarze Polizist packte ein beachtliches Bündel Wildbret für seine große Familie in Malange zusammen. Senhor Chat freute sich über das Aufgeld, das ich den beiden zusätzlich zu ihrem Monatslohn aushändigte, ebensosehr. Ich sehe ihn heute noch vor mir: Hohe Gummistiefel, blauer Overall, Tropenhelm – mit einem Wort: der originellste und liebenswürdigste Wildhüter Angolas!

Mein Geldsäckel schwand dahin. Noch lag eine lange Zeit vor mir. Wieder vergingen Tage auf der Fahrt in den weit entfernten Mossamedes-Distrikt. Die Nächte verbrachte ich hinter den Palisadenzäunen befestigter Dörfer. Alle Stämme zeigten sich sehr gastfreundlich. Die schweren Arbeiten wurden von den Hackbau treibenden Männern verrichtet. Sie rodeten das Land und errichteten Zäune zum Schutz gegen das Wild. Die für unsere Begriffe wenig attraktiven Frauen töpferten, machten Flechtarbeiten, halfen ihren Männern auf den Feldern und mußten oft von weither Wasser und Feuerholz holen. Die zahlreichen Kinder, vor allem die Mädchen, halfen ihren Müttern. Die Jungen übten sich mit Pfeil und Bogen. Sie erlegten Rohrratten, Stachelschweine und gelegentlich sogar kleine Raubkatzen, die in die Hühnerställe einzudringen suchten. Diesen Kindern Afrikas gelang es mühelos, das Wild auf kürzeste Distanz anzugehen und es zu töten. Die erwachsenen Männer trugen fast allesamt alte Vorderladergewehre.

Eines Nachts überraschte mich der unerwartete Besuch eines einzelnen Leoparden. Antilopenkeulen, auf nahen Ästen aufgehängt, hatten die bunte, schön gefleckte Pardelkatze angelockt. Ihr grauenvoller Schrei weckte mich aus tiefem Schlaf. Rasch war ich auf den Beinen. Der starke Strahl meiner großen Stablampe blendete kurz die aufblitzenden grünen Lichter. Mit einem Satz war die Raubkatze verschwunden.

Allein mit meinen schwarzen Begleitern fuhr ich weiter über Stock und Stein. Unterwegs, an markanten Punkten unweit der Flüsse in breiten Tälern oder im hügeligen Gelände mit fruchtbarem, jungvulkanischem Boden, traf ich öfters auf portugiesische Siedler und Kaufleute. Plötzlich streikte meine Lichtmaschine. Meine einzige Sorge war, möglichst wenig anhalten zu müssen, denn jeder neue Start hätte die Batterie mehr geschwächt. Ich war gezwungen, in die nächste Garage zu fahren. Nova Lisbôa, Provinzhauptstadt und die nächste Stadt überhaupt weit und breit, war aber immerhin sechshundert Kilometer entfernt. Das konnte nicht gutgehen! Als ich wenige Kilometer davor Silva Porto erreichte, war die Batterie völlig im Eimer. Zum Glück gab es aber auch hier schon einen Mechaniker, der alles reparieren konnte und den Landrover einem gründlichen Service unterzog.

Die Batterie wurde wieder aufgeladen, Haupttank und Benzinkanister wurden vollgefüllt, so daß ich genügend Treibstoff für einen Aktionsradius von 1.000 km zur Verfügung hatte. Damit war für die nächste Zeit in der Wildnis wieder vorgesorgt.

In Nova Lisbôa, früher Huambo, hatte ich die große Freude, einen sehr berühmten Landsmann aus meiner Heimatstadt Mödling zu treffen. Professor Dr. Gerlacher, der nach dem Krieg vor den Russen aus Österreich hatte flüchten müssen, verwaltete hier, in dieser Stadt in der Provinz Beguella, das größte veterinärmedizinische Laboratorium Angolas. Auch als Krebsforscher war er weltberühmt. Der international bekannte Gelehrte lud mich in seinen Bungalow ein. In langen, interessanten Gesprächen über das große Land erzählte er mir über die Buschmänner im tiefsten Süden Angolas sowie über die reichen Wildvorkommen in der Provinz Cubango im äußersten Südosten der Kolonie. Das war freilich Wasser auf meine Mühlen . . .

Bald änderte sich das Landschaftsbild. Dürre und Hitze nahmen zu. In den vielen Trockenwäldern ragten riesige Termitenbauten himmelwärts. Während der kurzen Fahrpausen bemühte sich João, die Termiten, die eben Hochzeitsflug hatten, aus den verschiedenen Löchern der gelben Lehmbauten herauszuholen. Er riß ihnen die Flügel aus und aß dann die dicken, fetten Insekten roh mit dem Ausdruck vollster Zufriedenheit. Seine Welt war völlig in Ordnung.

„Senhor, wollen Sie nicht versuchen? Termiten sind sehr gut!“ Grinsend stand mein Fahrer vor mir, die Hand voll mit diesen prallen Delikatessen. Wohl habe ich schon in früheren Zeiten geröstete Termiten verspeist, und ich muß sagen, sie schmeckten nicht einmal so schlecht, etwa wie Spanferkelhaut. Aber lebende? Mein Gesicht wurde doch etwas länger, und ich winkte João dankend ab.

Für die Nacht stellten wir unter einem Leberwurstbaum (*Kigelia africana*) das kleine Zelt auf. Mein Feldbett paßte gerade in den niederen Raum. Gegen Morgen riß ein Sturmwind die mehrere Kilogramm schweren, rüsselförmigen Früchte herunter. Krachend fielen die grauen, ungenießbaren Würste auf das Zeltdach. Hätte ich im Freien übernachtet, wären mir einige Beulen sicher gewesen!

Als ich nach Tagesanbruch ein schnelles Frühstück zu mir nahm, kroch mir plötzlich eine grüne Schlange über den Rücken. Instinktiv schlug ich mit der Hand nach hinten. Die Schlange war aber längst geflüchtet. Leider konnte ich nicht feststellen, ob es sich um eine Giftschlange gehandelt hatte. Unterm Strich war es mir jedenfalls lieber, daß sie fort war.

In Sa da Bandaira, dem letzten großen Ort vor der einsamen Wüste, genoß ich in einer „Poussada“ – wir würden sagen: einem Landgasthof – noch einmal ein richtiges Essen:

schwarze Bohnen mit reichlich saftigen Fleischstücken. Der Besitzer, ein sauberer Mulatte, hatte sichtlich Freude an meinem großen Appetit. Hier besorgte ich zusätzlich einen Sack voll gutem Speisesalz. Sollte ich wirklich eine Horde von Buschmännern treffen, brauchte ich ja Geschenke.

Wieder mußten die Benzinvorräte ergänzt werden, denn die nächste Etappe bis zum Okawango-Fluß war zweieinhalbtausend Kilometer lang. Es ging in das Grenzgebiet von Südwestafrika und Nordrhodesien. Noch ahnte ich nicht, welche Schwierigkeiten, Entbehrungen und Strapazen mich erwarten sollten ...

In einer klaren Nacht ließ ich João durchfahren. Der helle Mond tauchte die Trockensteppe in phantastisches Licht. Aus einem nahen Buschwald krachte und splitterte es in den Bäumen. Ein graues Heer von riesigen Elefantenleibern bahnte sich seinen Weg. Die Kolosse marschierten zum Wasser.

João, mein schwarzer Fahrer, war kein besonderer Held. Er fürchtete sich nicht nur vor den Dickhäutern erbärmlich, sondern hatte auch vor großen Raubkatzen riesige Angst. Am ganzen Leib zitternd, drückte er den Gashebel durch, so daß der Landrover aufheulte und vorwärts sprang. Es waren dies die ersten Elefanten, die ich in Angola zu Gesicht bekam. Diese gewaltigen Riesen, die hier eine Rückenhöhe von dreieinhalb Metern und ein Gewicht bis zu sechstausend Kilogramm erreichen, ließen überall ihre Visitenkarte zurück: mächtige Fußabdrücke und hohe Haufen von Exkrementen. Die Angola-Rasse wies aber schlechte, rissige und dicke Stoßzähne auf. – Herr Fenikövi, ein sehr reicher Ungar und Grundbesitzer in Angola, schoß im Süden des Landes einen Elefantenbullen mit den stärksten bekannten Körpermaßen. Seine Rückenhöhe betrug über vier Meter! Mehrere Spezialisten gemeinsam stellten ein Ganzkörperpräparat auf, das später ins Smithsonian-Institut (USA) kam.

In der Halbwüste trafen wir auf eine größere Nomadensiedlung der Vajo. Sie besaßen viel Vieh und befanden sich die meiste Zeit des Jahres auf weiten Wanderungen zu besseren Weideplätzen. João konnte mit den Dorfleuten reden und berichtete mir von einer Buschmannhorde, die zur Zeit nur wenige Stunden entfernt ihren Lagerplatz hatte.

Der Augenblick, vor dem ich mich so gefürchtet hatte, war plötzlich gekommen. Gelände, Hitze, Sandboden und Trockenheit gestatteten selbst meinem hervorragend geländegängigen Wagen die Weiterfahrt nicht mehr. Ich mußte ihn mit einem Teil des Gepäcks unbewacht in der Wildnis zurücklassen. Jedes Vorwärtskommen mit dem Landrover war ausgeschlossen. Da fand ich bei den Vajos seltsame Holzschlitten, vor die sie einfach Zugochsen spannten. Für die Sandwüste eigneten sie sich vorzüglich. So beschloß ich, zwei solcher Schlitten samt Ochsen für eine Woche zu mieten. Bald war ich mit dem Häuptling handelseins: Er wollte unbedingt einige Schrotpatronen von mir haben.

Sechs Zugochsen – zähe, willige und schwere Tiere mit langen Hörnern – wurden unter ein Holzjoch gespannt. Eine lange, eiserne Kette diente als Strang. Leicht glitten die Holzkufen über den Sand. Wohl hätten drei schwarze Ochsenknechte für die sechs Tiere genügt, aber zur Vorsicht hatte ich drei weitere Hilfskräfte angeworben, dazu zwei Führer und einen Fährtensucher. So zählte unsere kleine Expedition elf Mann.

Während das Gespann angeschirrt wurde, lief ich mit einem Eingeborenen pirschend durch die mit wenigen niedrigen Sträuchern besetzte Halbwüste. Weitab entdeckten wir ein Rudel Springböcke – jene grazilen, grell gefärbten Antilopen, die in alten Zeiten Südafrika und Angola zu Tausenden bevölkert hatten. Ich schoß einen guten Bock heraus. Mein Begleiter schleppte ihn sofort ins Dorf. Gut siebzig Pfund Fleisch kamen an seine Stammesbrüder zur Verteilung.

Ausrüstung, Lebensmittel, Wasservorräte, Säcke mit Maismehl und Ballen mit Heu und Stroh für die Tiere waren verladen. Jedes Paar Ochsen wurde von einem Schwarzen betreut, der die Zugrinder auch anfeuern mußte.

Das Gelände, durch welches wir nun zogen, war völlig eben und offen. Die Grasnarbe war ausgedörrt, und nur in weiter Entfernung zeigte sich ab und zu dichtere Vegetation. Unsere Marschleistung betrug durchschnittlich fünfzehn Kilometer am Tag. Mühevoll und langsam trotteten die Ochsen durch den knöcheltiefen Sand, immer aufs neue durch Peitschenknallen angetrieben. Die Hitze hatte ihren Höhepunkt erreicht, und die Sonne brannte erbarmungslos auf Mensch und Tier hernieder. Nur schwer konnte ich mich auf den Beinen halten; ich wankte und fiel bei einer kurzen Rast erschöpft zu Boden. Meine aufgesprungenen Lippen suchte ich mit einem feuchten Taschentuch zu schützen. Aber noch immer waren keine Buschmänner zu sehen!

Erst am vierten Tag dieses entsetzlichen Marsches tauchten in der Ferne, einer Fata Morgana gleich, die ersten menschlichen Spuren in dieser Wüstenei auf: primitive Windschirme, kleine Hütten aus Ästen und dann Fußabdrücke im Sand. In der Ferne leuchtete Feuerschein auf. Der schweigende Marsch zum Wohnsitz der Buschmannhorde erschien mir endlos. Noch vor dem nächsten Morgengrauen erreichten wir todmüde den Lagerplatz.

Unsere Ankunft trieb die einzelnen Buschmannfamilien zusammen. Ohne Furcht liefen uns die Leute entgegen, lebhaft in ihrer eigenartigen Sprache schnatternd, die nur aus Schnalzlauten und Klicken zu bestehen schien. Ihre strohgelbe Farbe, die faltenreiche, schlaffe Haut und das dünn gekrauste Haar sind die typischen Merkmale dieser Ureinwohner im südlichen Afrika. Der Körperbau der Frauen ist durch ausgeprägte Fettsteiße (*Steatopygie*) gekennzeichnet. – Während uns die Männer neugierig umstanden und das Abladen der Holzschlitten beobachteten, brachten ihre Frauen einige Tschama-Melonen. Diese Wildfrucht gedeiht in der Halbwüste überall und enthält viel Wasser. Um das Wild nicht zu verscheuchen, lagern die Buschmänner oft weit abseits der wenigen Wasserstellen.

Ich rief meinen Koch und ließ das mitgebrachte Salz austeilen. João schüttete es kleinweise in die Hände der Männlein und Weiblein. Auch einige Zöpfe Tabak schenkte ich her. Schließlich waren mehr als dreißig Leute um unser Lager versammelt. Schön leuchteten ihre Moletsas-Ketten mit aufgereihten, durchbohrten Straußeneierschalen, die sie um die Hälse trugen. – Ich kann es heute nicht mehr mit Bestimmtheit sagen, aber wahrscheinlich gehörten diese Familien dem Stamm der Gei Ku an, der vor allem in Südangola umherzog. Um 1960 sollen in diesem Raum noch insgesamt etwa 4.000 Buschmänner gelebt haben.

Meine Schwarzen versuchten lebhaft, den Buschmännern in der Umbundusprache meine

Wünsche vorzutragen. Bald war Freundschaft geschlossen, und ich ging mit den jungen Männern der Horde zu den Hütten, wo nun auch die Kinder aus den niederen Eingängen hervorlugten. Sehr hellhäutig, hatten sie wie die Erwachsenen schon stark hervortretende Jochbeine, abgeplattete Nasenrücken und tiefliegende, schräggestellte Augen. Ihr Körper war ganz unregelmäßig mit einem blauschwarzen Pflanzensaft angeschmiert. Bald sollte ich merken, daß „Waschen" bei den Buschmännern unüblich ist.

João bereitete meine Lagerstätte. Das geöffnete Zelt wurde wie eine breite Plane auf vier Holzstangen hochgespannt, so daß mein Feldbett vor den Sonnenstrahlen einigermaßen geschützt stand. Meine Mannschaft stellte sich Äste zusammen, die mit belaubten Zweigen und Gras abgedeckt wurden. Die schon recht abgemagerten Zugochsen ließen wir laufen. Sie hielten sich ohnehin instinktiv immer in unserer Nähe auf. Ziemlich abgekämpft legten wir uns schlafen.

Ich war ein willkommener Gast geworden, und die Männer hatten nichts dagegen, daß ich einige Tage bleiben und mit ihnen gemeinsam Wild beobachten und jagen wollte. Schon am nächsten Tag verbrachte ich meine Zeit inmitten der Buschleute, kroch in eine der einfachen Behausungen und setzte mich in eine Erdkuhle als Lagerstätte. Die Männer rauchten aus hohlen Antilopenhörnern ein undefinierbares Kraut. Später wußte ich, daß es wilder Hanf gewesen war.

Fleisch ist die Hauptnahrung der Buschmänner. Sie sind hervorragende Jäger, die das Wild totlaufen, das heißt, es zu Tode hetzen. Zwei Burschen brachten mir das Bogenschießen bei. Ihre Pfeilspitzen aus Wildknochen waren mit einem rasch tötenden Schlangengift eingestrichen. Die Frauen sorgten für die vegetabilische Nahrung. Sie sammelten allerlei Wurzeln, Zwiebeln, Knollen und Beeren. Zum Ausgraben benutzten sie Grabstöcke, die durch einen Ringstein beschwert waren. Auch kleine Tiere – Heuschrecken, Ameisen, Skorpione, Eidechsen und Frösche – standen auf dem Speiseplan und wurden gierig verzehrt. Oft konnte ich die Kinder beobachten, wie sie mittels Grashalmen kleine Wasservorräte, die sich in den Ästen angesammelt hatten, heraussaugten. Wasser ist in diesen Gegenden kostbarer als alles andere. In ihren Hütten versteckten die Frauen Straußeneierschalen, die sie mit klarem Wasser gefüllt hatten.

Die Sinnesorgane der Buschmänner sind für das so karge Leben in wüstenhafter Wildnis bestens ausgebildet. Ihre Marsch- und Laufleistungen waren erstaunlich. Als Bekleidung wurde ein Wildfell getragen, das als dreizipfeliger Lendenschurz durch die Scham gezogen wurde. Auch die Frauen hatten solche Schurze um den Leib.

Wenige Tage später war ich schon früh am Morgen mit zwei Buschmännern zu einem

Bild rechts: 1951 gelang es mir erstmals, den Großen Kudu zu erlegen.
Bild umseitig: Diese mit Zugochsen bespannten Holzschlitten brachten mich 1956 zu den Buschmännern Angolas.

Streifzug unterwegs. Die Kühle war jetzt, gegen vier Uhr früh, beträchtlich. Aber bald wurde mir warm. Das Marschtempo meiner Begleiter – sehniger, aber kaum über einen Meter fünfundvierzig großer Jäger – wurde mir geradezu unheimlich. Ich war es gewohnt, in Afrika mit meinen schwarzen Fährtensuchern auf der Wildfolge zu laufen. Mit den Buschmännern legte ich acht bis zehn Kilometer in der Stunde zurück. Das war mir allerdings nur in den ersten Stunden möglich, bevor die große Hitze kam. Dann konnte ich ihr Tempo nicht mehr mithalten, und sie mußten sich meiner „Europäergeschwindigkeit" anpassen.

Im Verlaufe unseres Streifzugs stießen wir auf zahlreiche Wildfährten. Gut zeichneten sich die großen Trittsiegel der Oryx und die Fährtenabdrücke der Springböcke im Sandboden ab. Das Wild war aber ziemlich scheu und ließ uns nicht nahe herankommen. Mit viel Mühe gelang es uns, einen Trupp der großen Oryx einzuholen. Auf zweihundertfünfzig Schritt mußte ich schießen. Mit dem Zielfernrohr hatte ich eben noch Glück. Eine Oryxkuh mit den typisch langen Spießen stürzte im Feuer zusammen. Jetzt hatten wir für einige Tage genug Wildbret.

Meine Begleiter brachen das Tier mit ihren Dolchen auf und genossen an Ort und Stelle noch roh Teile der Eingeweide. Dann wurde die Beute mit Astwerk und Blättern zugedeckt, um die Aasgeier und Marabus – die Gesundheitspolizei der Steppe – abzuhalten. Einer der Buschmänner lief ins Lager zurück, mit dem anderen pirschte ich weiter.

Während der größten Mittagshitze schliefen wir unter einem Dornbusch auf dem Boden. Insekten und Fliegen ließen mir aber keine Ruhe. So war ich heilfroh, als wir wieder aufbrachen. Auf dem Marsch verhielt mein gelbhäutiger Führer öfter bei stärkeren Bäumen und suchte in den Astlöchern nach Wasser. In langen Zügen saugte er mit einem Halm das kostbare Naß.

Am schwierigsten war es, unsere Zugochsen mit genügend Wasser zu versorgen. Ungefähr zwei Kilometer von den Hütten der Buschmänner entfernt, entdeckte ich ein Trockenflußbett. Das durchwechselnde Wild – Elefanten und Nashörner – hatte hier mehrfach seine Spuren hinterlassen und ohne Erfolg nach Wasser gegraben.

Erst meinen kleinen Freunden gelang dies. Mit Hilfe dünner, zusammengesteckter Röhrchen saugten sie das Wasser aus den viele Meter tiefen Löchern hoch. Andere schöpften mit augehöhlten Wildfrüchten das nachsickernde Wasser und füllten es in Kalebassen. Eine sehr beschwerliche Arbeit! Verständlich, daß mich die Tränke für meine Zugochsen unter diesen Umständen eine Menge Salz kostete.

Noch einmal saß ich mit diesen höflichen und hilfsbereiten Menschen, diesen treuen Jagdgefährten und ausgezeichneten Spurensuchern um das Lagerfeuer zusammen. Erst jetzt merkte ich, wie lieb ich sie in den wenigen Tagen gewonnen hatte.

Der Abschied fiel mir schwer. Die große Pfeife aus dem Horn einer Elenantilope ging von

Bild umseitig: Kleine Hütten aus Ästen waren die Behausungen der Buschmänner.
Bilder links: Oben: Der stille Naivashasee in Kenia verlockte mich oft zum Angeln. – *Unten:* Dieses Riesenwaldschwein war eine meiner schönsten Jagdbeuten aus den Aberdare-Bergen.

Mund zu Mund. Jeder zog mit einem feierlichen, tiefen Zug den Hanfrauch in seine Brust und ließ ihn dann langsam durch die Nase entweichen – alte Männer, junge Frauen, drahtige Krieger und sogar kleine Kinder. Auch ich war bald in eine dichte Rauchwolke gehüllt. Ein leises Kichern machte die Runde. – Ob ich etwas falsch gemacht hatte?

Dann tanzten die Buschleute nach ihren alten Jagdriten und dankten mir auf diese Weise für meinen Besuch. Allmählich war das Feuer niedergebrannt. Langsam stand ich auf und ging zu meinem Lager. Eine letzte Nacht und noch ein paar Stunden Schlaf vor meinem frühen Aufbruch . . .

Um eine Anzahl wertvoller Bilder und einen Dokumentarfilm reicher, marschierte ich mit dem Holzschlittengespann zu unserem Ausgangspunkt zurück. Oft noch denke ich an dieses interessante Völkchen, das mir soviel Lebensweisheit schenken konnte.

In flottem Tempo ging es mit dem Landrover in scharfer Richtung nach Südosten. Endlich sollte ich in die noch reichen Jagdgründe kommen. Die Nähe des breiten Cubango-Flusses bewirkte eine völlige Änderung der Vegetation und des Landschaftsbildes: Dichter Graswuchs, mit Büschen untersetzt, eine Menge hoher Bäume und das wellige Gelände ließen mich einen wahren Wildreichtum erwarten.

Im äußersten Zipfel Angolas, nahe der Grenze zu Rhodesien, lag der Einmann-Posten Mucosso. Der Portugiese dort überschüttete mich mit einem gewaltigen Wortschwall. Lange Monate hindurch hatte er kein fremdes weißes Antlitz auf seiner Station gesehen. Er war über meinen Besuch hocherfreut. Leider sprach er nur portugiesisch. João, der auch einigermaßen englisch konnte, mußte also dolmetschen.

Wild jeglicher Art sollte sich in Flußnähe reichlich tummeln. Neben der Jagd riet mir der Postenchef, doch auch die Sportangelei auf den kämpferischen Tigerfisch (*Hydrocyon lineatus*) zu versuchen. Der Cubango war voll davon.

Ein kleines Palisadendorf der Wahumbe – ein Stamm, der stark mit Hereroblut vermischt ist – eignete sich gut für einen kurzen Aufenthalt. Wenige Meter entfernt wälzte sich der große Fluß ruhig dahin. Hier wollte ich mein Petri Heil versuchen.

Schon seit frühester Jugend war ich ein begeisterter Sportfischer. Später, in Afrika, führte ich auf meinen verschiedensten Safaris auch immer eine gute Anglerausrüstung mit. Auf einer mittelschweren Spinnrute montierte ich die schwedische Stationärrolle von Abu. Die 0,35 mm-Nylonschnur wurde mit französischen Meps bestückt. Wegen der Raubfischart benutzte ich ein Vorfach aus Stahldraht.

Jeder Wurf vom Ufer aus war ein Biß. Lange und schwer mußte ich kämpfen, um die so beißlustigen Tigerfische herauszudrillen. „Gute Beute, João, nicht wahr?“ – „Ja, Senhor, sehr gute Beute!“ – Staunend betrachtete mein Fahrer das Ergebnis von einer halben Stunde Fischerei im Cubango. Drei große Tigerfische in so kurzer Zeit – das war schon ganz ordentlich!

Im Cubango auf der Angolaseite – im benachbarten Südwestafrika heißt der Fluß Okawango – erreichen die Tigerfische ein Gewicht von einem halben bis zu fünf Kilogramm. Ihr nadelspitzes Gebiß ist nicht ungefährlich. Beim Eindrillen sprangen diese Räuber aus dem Wasser wild in die Luft, rissen einige Male die verschiedensten Blinker und Spinner aus ihrem Maul und verschwanden gesund und munter wieder in den Fluten. So verbrachte ich erregende Stunden am Fluß.

Beim Auslösen eines FZ-Blinkers faßte João einmal den kiloschweren Tigerfisch so unvorsichtig von vorne an, daß er den Schwarzen blitzschnell und kräftig in die Daumenspitze biß. Wehleidigkeit ist eine hervorstechende Eigenschaft vieler Eingeborener. Der Fahrer jammerte wie ein kleines Kind und meldete sich krank. So fischte ich die nächsten Tage eben allein und verschenkte meine Beute an die Wahumbeleute, die sich sehr darüber freuten. Tigerfische sind voller Gräten, und das Fleisch trieft von Fett. Für unsere Geschmäcker sind sie nicht *die* Delikatesse schlechthin.

In den Sumpfwiesen jagte ich die rote Litschi-Moorantilope. Sie zählt ebenfalls zum typischen Wild Angolas, ist aber nirgends recht häufig. Dem Körperbau, der Farbe und der Gehörnform nach ähnelt sie etwas der in Afrikas Grasländern sehr weitverbreiteten Adenota, der gewöhnlichen Moor- und Grasantilope. Ganze Herden und auch Einzelgänger ästen ziemlich vertraut inmitten der buckellosen Rinder der Wahumbe.

Unerwartet tauchten zwei wohlausgerüstete portugiesische Jäger in dieser einsamen Wildnis auf. Selbstverständlich begrüßten wir einander. Die Ankömmlinge sprachen ein gutes Französisch. Jeder ging dann aber für sich auf Jagd. Bald hatten die beiden fremden Jäger je eine starke Antilope erbeutet. Mir gelang es nur schwer, zwischen den Kühen einen leider etwas schwachen Litschibock herauszuschießen. Ein Wahumbehirte schleppte meine Beute zum Landrover. Ein etwas unangenehmes Gefühl überkam mich, als die beiden Portugiesen die Wildbahn ohne ein Wort wieder verließen. Grußlos waren sie verschwunden. Vielleicht ärgerten sie sich über mein Waidmannsheil. Das schwache Gehörn blieb mein einziger Litschibock, war aber doch ein schöner Beleg in meiner großen Sammlung von Antilopentrophäen.

Auf der Jagd nach Impalas begegnete ich zahlreichen Gnufährten. Die Angola-Impalas konnte ich verschiedentlich feststellen. In ihrem Körperbau waren sie etwas schwächer als ihre ostafrikanischen Vettern. Ihr Gehörn – gering ausgelegt – bildete keine besondere Trophäe. Wegen ihres schmackhaften Wildbrets schoß ich aber dennoch zwei Stück.

Bei hohem Sonnenstand traf ich in einem Mopanewald auf eine im Schatten liegende Herde von Weißbartgnus. Diese plumpen Antilopen mit ihrem rinderhaften Aussehen nennen die Buren „Wildebeester“. Gedeckt kroch ich bei gutem Wind auf etwa vierzig Schritt an die großen, kräftigen Paarhufer heran und beobachtete eine Weile die in lockerem Verband ruhenden Gnus.

Unter den vielen weiblichen Tieren konnte ich mit dem Glas auch einen bedeutend starken Bullen ausmachen. Sein Gehörn war an der Basis wulstartig verbreitert, seitwärts gestellt, lief schwach nach unten, dann nach oben und war innen und hinten leicht gebogen. Nun wartete ich, bis der Gnubulle hoch wurde. Schweißperlen liefen mir von der Stirn über die Augen, und es dauerte lange, bis sich der alte Herr grunzend erhob. Eben wollte ich den Finger krumm machen, als der Bulle einzelne Kühe umkreiste und unter explosivem Schnauben einige Bocksprünge vollführte, so daß ich glaubte, der Teufel sitze ihm im Genick. Das Geschehen fesselte mich für Sekunden, und ich vergaß zu schießen. Mittlerweile erhob sich ein regelrechter Wald von Gehörnen. Die Gnus formierten sich zu einer nacheinander ziehenden, langen Kolonne. Mein Bulle bewegte sich am hinteren Ende. Ich gab Feuer und ließ die Kugel fliegen. Das 19 Gramm-Geschoß fällte das etwa dreihundert Kilogramm schwere Wild wie mit einem Schlag. Die übrige Herde stürmte in großen Sätzen davon.

Die Decke des erlegten Gnus war recht groß und attraktiv, düster schiefergrau und mit einem Aalstrich am Rücken. Ich ließ sie gut einsalzen, um sie konservieren zu können. Das Fleisch verteilte ich wieder an die Eingeborenen.

Immer wieder stieß ich auf Ansammlungen von Marabus. Langsam stolzierten diese mächtigen Vögel mit ihren engen Beinen über die weiten Grasfelder oder standen gelangweilt mit vollen Kröpfen an einem der Tümpel.

Dann bekam ich den großen grauen Riesenkranich ins Blickfeld meines Feldstechers, eine Angola-Abart des Sattelstorches. Und sogar den herrlichen weißköpfigen Schreiseeadler, der in anderen Teilen Afrikas häufig ist, im Südosten Angolas aber nur sehr selten vorkommt, sah ich.

Ganz überrascht, erblickte ich auf gut fünfhundert Meter Entfernung die Umrisse mehrerer starker Tiere. Die Sonne hatte ihren Weg über den Horizont noch nicht angetreten, und selbst mit dem Glas konnte ich daher das Wild nicht ansprechen. Meine Fährtensucher meinten zuerst, es wären Eingeborenenrinder. Dann glaubte ich, daß es der Farbe nach Wasserbockantilopen sein müßten. Der hochsteigende Sonnenball zeigte mir schließlich ganz deutlich, daß es sich um ein Rudel Rappenantilopen handelte – gewöhnliche, aber schöne Rappenantilopen.

Ein einzelner, starker Bulle äste etwas abseits des Rudels; die weiblichen Tiere und hellen Jungtiere standen ziemlich nahe beisammen. Ich ließ meine Schwarzen zurück, schärfte ihnen ein, nicht aus der Deckung zu gehen, und pirschte mich – durch Baumgruppen getarnt – an die Antilopen heran. Hundertzwanzig Meter mochte der letzte Dornbusch von der Herde entfernt gewesen sein, und dazwischen lag ganz offenes Gelände. Während ich noch am Überlegen war, nahm das Rudel in meine Richtung Witterung auf.

Der einzelne Bulle war leider am weitesten entfernt. Sollte ich es wagen? Ich legte meine 375 Magnum mit dem Zielfernrohr an einem Ast auf, und in dem Augenblick, da sich der Bulle trollte, schoß ich schräg von der Seite. Die Kugel riß ihn um, er ging aber noch einmal hoch und tat sich nach ein paar Schritten endgültig nieder. Sein stark geringeltes Gehörn war 102 cm lang.

Auf meinen Schuß hin donnerten die gewaltigen Leiber der anderen imposanten Rappenantilopen mit ihrem säbelartig nach rückwärts geschwungenen Gehörn über die verbrannte Wiese. Rasch hatte sie das Dickicht aufgenommen.

Eines Morgens fand ich, gesellig in einer großen Herde, die durch ihren abfallenden Rücken und außerordentlich langen Schädel gekennzeichneten Kuhantilopen, die „Hartebeester". Sie waren in Angola wegen der unkontrollierten Jagd schon recht selten geworden. Ich hatte einen der Bullen im Korn. Das Tier zeichnete aber nur schwach auf meine Kugel. In seiner Flucht erblickte ich hinter dem Schulterblatt hervorquellendes Blut. Der Bulle schweißte jetzt stark, ging noch an die zweihundert Schritt, dann brach er zusammen und verendete langsam. Eben dieser Schußhärte wegen erhielt diese Antilopenart von den Buren den Namen „Hartebeester". Ihr scharfbogiges, nach oben und hinten gezogenes Gehörn ist nicht besonders begehrenswert. Die gelblichbraune Decke hat an den Läufen schwarze Abzeichen. Das Wildbret ähnelt dem Fleisch unserer Hausrinder und schmeckt recht gut. – In Kamerun jagte ich oft auf eine größere einheimische Art, die *Bubalis major.*

Wieder war ich kurz nach der ersten Tagesdämmerung unterwegs. Nach eineinhalbstündigem Marsch fanden wir die frischen Fährten einer Kaffernbüffelherde, die in der Nacht zum Fluß gezogen war. Die Kaffernbüffel Südostangolas waren unstete Wanderer, denn die eingeborenen Jäger verfolgten die großen schwarzen Wildrinder Tag und Nacht.

Im niederen Gras hingen wir den Spuren nach. Die Herde war geschlossen marschiert und hatte sich einen breiten Pfad ausgetreten. So war die Verfolgung einfach. Aber die Büffel, die ihren Weg zuerst schnurgerade in die Trockensteppe hinaus genommen hatten, änderten nun die Richtung, schlugen immer mehr Bogen und suchten dichteres Gelände auf, so daß wir jeden Augenblick damit rechnen mußten, auf sie zu stoßen. Von mehreren Seiten kamen neue Spuren zur Hauptspur hinzu; neue Trupps waren auf unsere Herde zugelaufen, die selber schon, unseren Schätzungen nach, mehr als hundert Stück zählen mußte.

Fährtenabdrücke besonderer Stärke deuteten auf alte Kaffernbüffelbullen. Die beiden Fährtensucher, kleine und hagere Kuangari-Leute, hatten es nicht leicht, die vielen Widergänge zu halten, und wir verloren viel Zeit. Dann ging es wieder im Laufschritt weiter. Das Gelände war ungemein abwechslungsreich. Offene Savannen wechselten mit dichtem Dornbusch und lichtem Trockenwald. Sehen konnten wir nichts, um so gespannter aber lauschte das Ohr auf jeden Laut.

In raschem Tempo folgte ich meinen Kuangari-Männern, die vor mir herliefen. Nach einigen hundert Metern erblickte ich vorne im Dickicht zwei oder drei dunkle, riesige Schatten. Ich selber stand noch im grellen Licht der afrikanischen Sonne. Ein schwacher Windhauch ließ die Tiere abpoltern. Wir sprangen nach. Auf einer offenen Anhöhe stand die mehr als hundertköpfige Büffelschar dicht vereint und äugte in unsere Richtung – ein überwältigendes Bild! Vorsichtig gelang es uns, einen Bogen um die Herde zu schlagen. Nochmals flüchtete der Pulk, große Staubwolken aufwirbelnd.

Vor der Masse dieser gigantischen Leiber stand ein mächtiger, dunkler Bulle mit ausladendem Gehörn, dessen breite Muffeln das Haupt wie einen Helm bedeckten. Sekunden später verdeckte ihn ein weibliches Rind. Erregt wartete ich zu und umklammerte mein Lieblingsgewehr, die H. & H., mit beiden Händen. Im Magazin befanden sich vier Patronen mit Vollmantelgeschoßen. Eine fünfte Patrone steckte schußbereit im Lauf.

Mir fiel auf, daß die riesige Herde kaum Jungtiere bei sich hatte. Der achtstündige Marsch und die aufregende Verfolgung, die große Hitze und der Hunger machten sich bemerkbar. Seit den frühen Morgenstunden waren kein Bissen Brot und kein Tropfen Wasser über meine Lippen gekommen. Jetzt erst merkte ich, wie ausgepumpt ich war.

Für einen Augenblick wurde der Bulle wieder frei und äugte halb spitz zu mir. Ich feuerte sogleich. Noch im Knall brach die fast tausend Kilogramm schwere Masse ins Knie, riß sich wieder auf und stürmte, den rechten Vorderlauf schonend, den übrigen flüchtenden Kaffernbüffeln nach. Jetzt war guter Rat teuer! Wie sollten wir aus den Hunderten von Hufabdrücken die des angeschossenen Büffels herausfinden? Die Kuangari fanden einzelne dunkle Schweißtropfen. Vorsichtig suchten wir nach. Dann hörte die Spur auf. Noch über eine Stunde folgten wir unentwegt dem breiten Fluchtpfad der Büffelherde.

Und jetzt ereignete sich etwas, das ich nicht vorausberechnen konnte, obwohl ich ähnliches schon mehrmals im Tschadgebiet oder bei der Jagd auf Sudanbüffel erlebt hatte. In wilder Flucht schwenkten etwa zwanzig Büffel von der Herde ab und stürmten aus dem Gestrüpp an unserer Seite auf uns los! Im ersten Augenblick hielt ich es für einen Angriff, aber wahrscheinlich war es doch nur – wie in früheren Fällen – kopflose Flucht, hervorgerufen durch meinen Schuß.

Die Situation wurde unangenehm. Ich hatte keine Lust, mich zertrampeln zu lassen. Sofort nahmen wir Deckung. Längst hatte ich den Repetierer nachgeladen. Ich war sehr ruhig und zielte auf den nächsten anrennenden Bullen. Die starke Kugel warf ihn auf der Stelle um. Kaum hörbar ertönte der langgezogene Todesschrei. Sofort änderten seine Gefährten die Richtung und verschwanden bald im dichtverwachsenen Gelände. Ich hatte wieder einmal Glück gehabt!

Der tote Bulle war zwar ausgewachsen, aber noch jung. Leider handelte es sich nicht um den von mir angeschossenen alten Leitbullen. Etwas enttäuscht griff ich ins Gehörn. Vorne war es noch nicht ganz zugewachsen.

Mit einem scharfen Messer schnitt einer der Kuangari die Bauchdecke auf. Riesige Eingeweide quollen hervor. Gierig stürzten sich die Eingeborenen auf das vitaminreiche Gescheide. Sie schnitten sich Teile davon ab und aßen sie wie üblich roh und mit großer Befriedigung. Mir jedoch war das Haupt wichtig. Das Abtrennen vom dicken Nacken dauerte seine Zeit. Ein Schwarzer schleppte die mir wertvolle Trophäe, der andere band sich mit Lianen Fleisch und Innereien über die Schulter. Der Rest sollte später abgeholt werden. Knapp vor Einbruch der Dunkelheit erreichten wir unser Lager.

Riesige Schwärme von Abdimstörchen bevölkerten das offene Grasland. Ihr metallisch glänzendes Gefieder ließ sie schon von weitem erkennen. Nach den übers Land gegangenen Grasbränden fanden diese kleinen Störche zahllose tote Insekten zur reichlichen Nahrung.

Und im Geäst der umherliegenden Baumleichen warteten die bunt gefärbten Gabelracken auf ihre Beute. Weithin leuchteten ihre ultramarinblauen Flügeldecken.

Heiser schnarrende Töne erregten meine Aufmerksamkeit. Von den in Afrika vorkommenden vielen Frankolinarten fand ich in Angola nur das Rotflügelfrankolin, einen kleinen Wildvogel – ähnlich unserem Rebhuhn – von rötlichbrauner Farbe. Paarweise liefen sie in den Morgen- und Abendstunden die Eingeborenenpfade entlang und suchten nach Futter. Zur abwechslungsreichen Ergänzung meiner Buschküche benutzte ich auch auf dieser Safari in Angola meine führige amerikanische Bock-Büchsflinte im Kal. 36/22 long rifle Magn. und erlegte mit ihr etliches Wildgeflügel.

Ein Ellipsenwasserbock, der in Flußnähe sein Rudel suchte, lief mir vor die Büchse. Er war das einzige Stück dieser Art, das ich erlegen konnte. – Als ich einem stark ausgetretenen Wildwechsel folgte, liefen mich im Gänsemarsch einige Zebras an. Vor Schreck riß es den Leithengst im scharfen Winkel herum. Das Dutzend Tigerpferde rannte in rasender Flucht davon. Ihre Streifen sind in Angola nicht reinweiß, sondern haben einen auffälligen gelblichen Unterton. Gleich darauf erschien ein weiterer männlicher Wasserbock auf der Bildfläche. Auch er kam in die Küche.

Mit dem Landrover ging es entlang des Rio Cubango weiter nach Osten. An der Grenze zu Südwestafrika zog sich ein guter Pfad. Auf der gegenüberliegenden Seite sah ich einige blendendweiße Kolonialhäuser aufleuchten. Interessiert blickte ich auf meine Karte. Es mußte sich um den südwestafrikanischen Grenzposten Rundu handeln. Schnell war unser Schlauchboot aufgeblasen, und João ruderte mich mühsam den Cubango – oder jetzt besser Okawango – hinüber.

Der dortige Regierungskommissar, ein Bure, empfing mich sichtlich neugierig. Das wichtige Ausweisdokument, mein österreichischer Paß, den ich auf allen portugiesischen Posten vorweisen mußte, interessierte ihn überhaupt nicht. Mit drei anderen Buren – einem Arzt, dem Postmeister und seinem Assistenten – lud er mich zu einem kühlen Drink ein. In den letzten Wochen unterwegs in der Wildnis hatte ich nur Wasser getrunken. Meine Glasflaschen hatte ich, gut mit Baumwollstreifen umwickelt, außen am Geländewagen hängen, so daß der Inhalt durch den Fahrtwind immer gut gekühlt war. Meine guten Portugieser Rotweine waren längst alle. – So kippte ich mit großem Behagen den mir angebotenen Whisky hinunter...

Farbenprächtige Gärten mit kurzgehaltenem englischem Rasen umgaben die Häuser der Beamten. Schwarze schleppten täglich Wasser herbei; so konnte auch in diesem dürren Land ein Blumenteppich hervorgezaubert werden. Alles grünte und blühte. Ich kaufte billig schmackhafte südafrikanische Obstkonserven und Kartoffeln. Der Kommissar half mir auch, ein Benzin-Barrel ans gegenüberliegende Angola-Ufer schaffen zu lassen, wo ich meinen Landrover abgestellt hatte.

Etliche Kilometer von Rundu wieder entfernt, legten wir einige Tage Zwischenrast ein. Im Freien stellte João Feldtisch und -stuhl auf, daneben in der Reihe die Tropenkoffer mit ihrer gut verschließbaren Gummidichtung. Termiten fehlten hier. Den massiven Koffern hätten sie aber nichts anhaben können. So verbrachten wir die Nacht unter einem helleuchtenden Himmel. Es war bitter kalt, und ich schlief unter zwei dicken Kamelhaardecken. Auch Moskitos gab es keine.

Jeden Morgen tauchte neben meiner Schlafstelle ein „Sekretär", ein Kranichvogel, auf, und einmal konnte ich beobachten, wie er einer Kobra den Garaus machte. Dabei ging er sehr geschickt vor. Dieser seltsame Raubvogel besitzt einen großen Rumpf, der ähnlich dem des Storches von langen, stelzenartigen Ständern getragen wird. Seine Flügeldecken sind blaugrau, das übrige Gefieder eher gelblichbraun. Auf dem Hinterkopf trägt er einen langen Schopf, so daß er wie ein Schreiber mit einer Feder hinterm Ohr aussieht. Dieses charakteristische Erscheinungsbild trug ihm auch seinen Namen ein.

Nun, dieser „Sekretär" griff die Kobra seitlich an und ließ dabei die langen Flügel als Schild gespreizt herabhängen. Stieß die Schlange wütend zu, dann fuhr er wie ein gewandter Fechter mit seinem scharfen Schnabel auf die Kobra zu und packte sie am Kragen. – Gern beobachtete ich den Vogel, wie er nach lebender Beute suchte.

In einer klaren Nacht hörte ich weitab das Rauschen des Kunene. Wir waren an die Grenze in den südöstlichen Winkel Angolas gelangt. Nahe des stark eingeschnittenen Flusses ließ ich mich auf einem kleinen Hügel nieder. Wir hatten schöne Rundumsicht, und alles war bestens. Den Landrover entluden wir zum Teil, damit seine starke Federung und die Bereifung nicht bei längerem Aufenthalt litten.

Ein ungewöhnliches Geräusch ließ mich die Ohren spitzen. Ein fernes Summen, das immer näher kam . . . Kein Zweifel – Motorengeräusch! Ein Auto in dieser Wildnis? Tatsächlich! Und es nahm sogar Kurs auf mein Lager. Aus der Führerkabine des großen Lastwagens stürzte mir ein kleiner, sehniger Mann entgegen und fiel mir beinah um den Hals.

„Sind Sie es wirklich, Senhor Zwilling? Welch ein Zufall, daß ich Sie hier treffe!"

Im ersten Augenblick stand ich etwas verdutzt da. Aber dann ging mir bald ein Licht auf, wo ich diesen braungebrannten Portugiesen schon gesehen hatte.

„Senhor Ribeira? Das ist ja wirklich eine große Überraschung!"

Jetzt war die Erinnerung wieder da. Wir hatten einander vor Monaten in Luanda gesehen. Wie klein ist doch die Welt! Seit Beginn der Trockenzeit befand er sich mit seinem

Bilder rechts: Meine erste Expedition nach dem Zweiten Weltkrieg führte mich nach Gabun. Gleich zu Beginn des Unternehmens rutschte unser LKW von der Fähre, die uns über den Komo bringen sollte. *Bilder umseitig: Oben links:* Einige Male mußten wir wegen der schweren Regenfälle in kleinen Dörfern an der Straße übernachten. – *Daneben:* Auf unseren Pirschzügen waren Rinnsale oft der „bequemste" Marschweg. – *Unten:* Das Rote Pinselohrschwein lieferte ein ausgesprochen saftiges Wildbret.

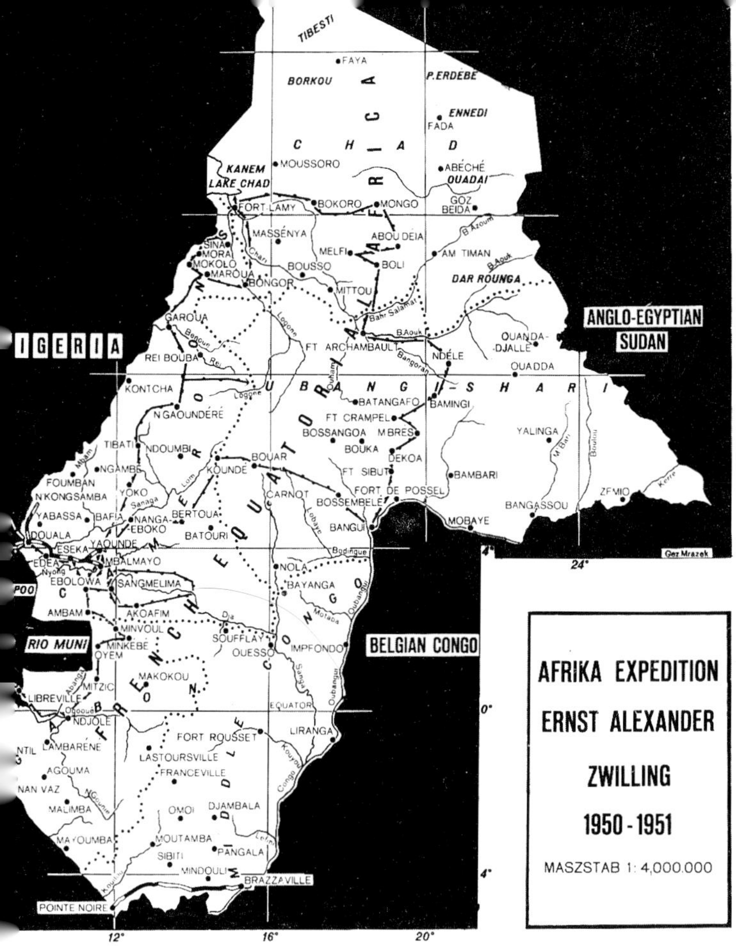
AFRIKA EXPEDITION
ERNST ALEXANDER
ZWILLING
1950 - 1951
MASZSTAB 1: 4,000.000
TIBESTI
BORKOU
CHAD
KANEM
LAKE CHAD
FORT LAMY
ANGLO-EGYPTIAN SUDAN
DAR ROUNGA
UBANGI-SHARI
FRENCH EQUATORIAL AFRICA
MIDDLE CONGO
BELGIAN CONGO
RIO MUNI
LIBREVILLE
BRAZZAVILLE
POINTE NOIRE
BANGUI
EQUATOR
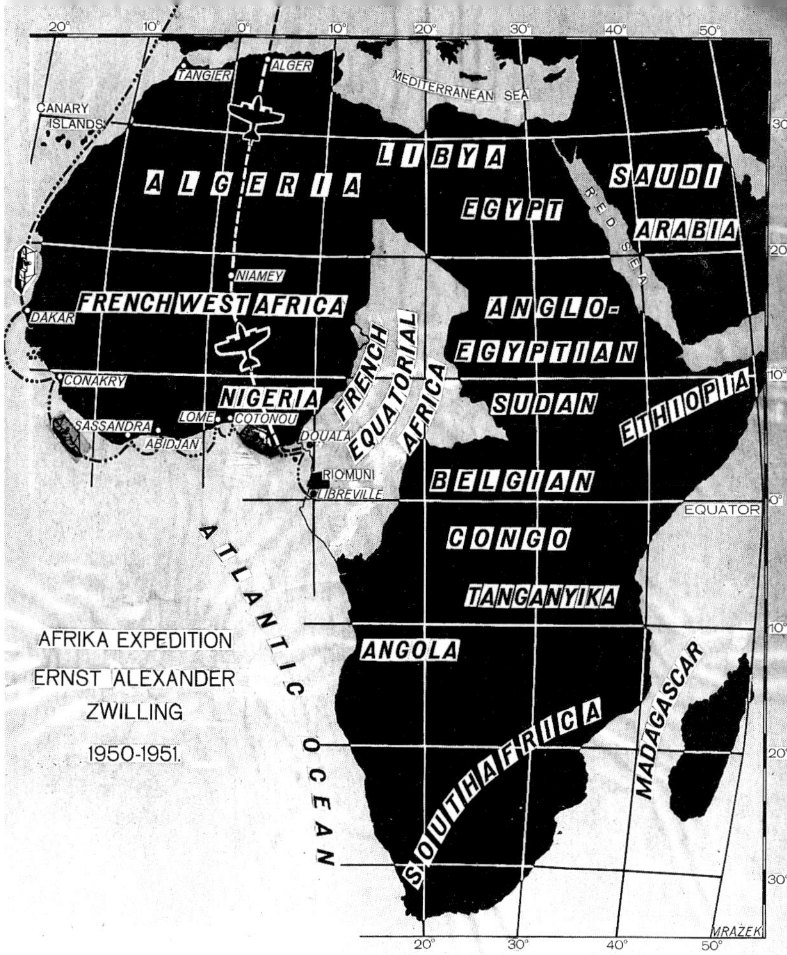
AFRIKA EXPEDITION
ERNST ALEXANDER
ZWILLING
1950-1951.
CANARY ISLANDS
TANGIER
ALGER
MEDITERRANEAN SEA
ALGERIA
LIBYA
EGYPT
SAUDI ARABIA
RED SEA
NIAMEY
DAKAR
FRENCH WEST AFRICA
ANGLO-EGYPTIAN SUDAN
CONAKRY
NIGERIA
FRENCH EQUATORIAL AFRICA
SASSANDRA
ABIDJAN
LOME
COTONOU
DOUALA
ETHIOPIA
RIOMUNI
LIBREVILLE
BELGIAN CONGO
EQUATOR
TANGANYIKA
ATLANTIC OCEAN
ANGOLA
MADAGASCAR
SOUTHAFRICA
MRAŽEK

vierzehnjährigen Sohn unterwegs auf Krokodiljagd. In ihrem Viertonner kauerten noch zwei Eingeborene als ständige Helfer der beiden Ribeiras. Ein Motorboot war ebenfalls auf der Ladefläche verstaut.

Ich lud die beiden Portugiesen zum gedeckten Tisch ein, und wir gaben uns den köstlichen südafrikanischen Konserven hin. Senhor Ribeira erzählte lange und packend von seinen Abenteuern mit den gefährlichen Echsen. Jagend wanderte er von einem Gewässer zum nächsten. Zahlreiche eingesalzene und schon getrocknete Krokodilhäute lagen auf seinem Wagen gestapelt.

In der kommenden Nacht wollten wir gemeinsam jagen. Wir sahen zu, wie die Schwarzen das schwere Motorboot mit dem Johnson-Motor zu Wasser brachten. Es wurde an einem Uferbaum vertäut und für die Jagd bereit gemacht. Senhor Ribeira und sein Sohn trugen kleinkalibrige Repetierer und kräftige Bootshaken zum Harpunieren.

Wie ein dunkles Tuch lag die Nacht über dem ruhig dahinfließenden Gewässer. Einige Sterne schienen, aber die schwarzen Uferbänke schluckten viel von ihrem Licht. Im Heck des Bootes saß Affonso; sein Vater selbst stand vorne im Bug, das Gewehr schußbereit in der Hand. Ich kauerte zwischen den beiden schwarzen Helfern in der Bootsmitte, neugierig, wie das Spiel nun ausgehen würde...

Der starke Scheinwerfer des Motorboots glitt das Ufer auf und ab. Bäume und Büschel leuchteten in seinem Lichtkegel auf und versanken wieder im Dunkel der Nacht.

Plötzlich ein leiser, kurzer Schrei! Ich sah ein rotes Leuchten vor uns, vom Uferrand her. Die Augen eines Krokodils, die das Scheinwerferlicht reflektierten! Vollgas! Der Motor brüllte auf, und das Boot schoß auf das Ufer zu. Immer näher kamen wir der Echse, die durch unseren Lärm offensichtlich gar nicht gestört wurde.

Auf einmal war es gespenstig ruhig. Senhor Ribeira stellte Motor und Scheinwerfer ab, und wir saßen in tiefer Dunkelheit im Boot. Jetzt leuchtete die Kopflaterne an seinem Stirnband auf und brachte die roten Augen vor uns wieder zum Glimmen. Lautlos trieb unser Boot auf das Krokodil zu. Dann bellte ein Schuß durch die Nacht. Auf vier Meter Entfernung drang die Kugel zwischen den beiden Augen ins Gehirn der Echse. Oder war sie im Knochenpanzer steckengeblieben?

Das tödlich getroffene Krokodil tobte wie rasend. Wasser schäumte auf, und ein harter Schwanzschlag kerbte unsere Bordwand ein. Da waren auch schon unsere Schwarzen zur Stelle. Wuchtig schlugen sie ihre Bootshaken in den Rücken der Echse, zogen sie an den

Bilder umseitig: Oben links: Neugierig beobachten die jungen Karamojong-Krieger unser Treiben. – *Daneben:* Mein erster Kleiner Kudu steht heute als Ganzkörperpräparat im Afrika-Museum zu Bad Deutsch-Altenburg, NÖ. – *Unten:* Wer würde es dem kleinen, murmeltierartigen Klippschliefer ansehen, daß er dem Körperbau nach dem Elefanten nahesteht?
Bild links: Ein Stück altes Afrika: Krieger der Karamojong mit ihren sonderbaren Haarmasken.

Bordrand und zertrümmerten ihr mit schweren Keulen den Schädel. Mit vereinten Kräften wälzten wir das Krokodil ins Boot hinein. – Dies war die erste, aber keineswegs die letzte Beute in jener Nacht.

Denn da hatte Affonso schon die nächsten roten Lichter entdeckt... Senhor Ribeira steuerte noch vier Stunden flußaufwärts und -abwärts entlang der Uferseiten. Sechs weitere ausgewachsene Krokodile fielen in dieser Nacht seinen gezielten Schüssen zum Opfer. Immer mehr füllte sich unser Boot mit den stinkenden Kadavern. Keine sehr angenehme Sache, in stockdunkler Nacht zwischen den feuchten Leibern toter Krokodile zu sitzen... Zwei der knorrigen Echsen waren noch nicht richtig verendet. Diese gepanzerten Räuber haben ein überaus zähes Leben! Trotz ihrer schweren Wunden erwachten sie noch einmal zum Leben, fauchten wütend und versuchten, uns mit ihren kräftigen Schwänzen zu treffen. Noch einige Lanzenstöße in die dicke Hornhaut – dann war es endgültig aus...

Am nächsten Morgen begann das Ausziehen der Krokodilhäute – eine überaus mühevolle Arbeit. Die Leiber wurden mit scharfen Messern erst einmal in zwei Hälften gespalten. Die Oberseite – der sogenannte „Hornback“ mit dem ausgeprägten Kamm – wurde von der dünnen, wertvolleren Bauchseite getrennt. Dann wurden die Häute fest mit grobem Salz eingerieben.

Senhor Ribeira machte mit seinen Krokodiljagden gutes Geld. Die Häute standen im Preis hoch, auch wenn sie manchmal kleine Hornstellen aufwiesen, die beim Gerben später Löcher ergaben.

Die einst so gefürchteten Krokodile, welche vor allem in den afrikanischen Gewässern viele Menschenopfer gefordert haben, sind heute, in unserer volltechnisierten Zeit, zu einem großen Teil ausgerottet. Zwar versuchen die neuen („demokratischen“) afrikanischen Jagdämter, die Krokodile durch strenge Gesetze vor dem völligen Aussterben zu retten; ob es ihnen tatsächlich gelingt, wage ich angesichts dieses politischen Durcheinanders allerdings zu bezweifeln. Denn heutzutage darf auch jeder Eingeborene Feuerwaffen tragen. Mit den Speeren allein war die Jagd früher nicht sehr ergiebig und oft nur ein harter Verteidigungskampf den riesigen Echsen gegenüber, die sich häufig auf Menschenfleisch „spezialisiert“ hatten.

Es war wirklich unglaublich, was im Magen eine Krokodils alles Platz fand! Senhor Ribeira erzählte die seltsamsten Geschichten. Aus den Bäuchen der erlegten Tiere hatte er schon Antilopenknochen herausgeschnitten, ferner Fußringe und Armreifen sowie manches Kleidungsstück von Eingeborenen. Diese Bestien sind ungeheuer heimtückisch. Schon manche schwarze Frau kam vom Wasserholen am Fluß nicht mehr zurück. Die Riesenechsen ziehen ihre Beute unter Wasser und verbergen sie dort, bis sie zu faulen beginnt, denn sie sind – trotz ihrer scharfen Gebisse – reine Aasfresser.

Kurz vor den Weihnachtsfeiertagen des Jahres 1956 befand ich mich in einer trostlosen Steppe mit stark rissigem Boden unterwegs. Kalte Winde peitschten vom Morgen bis zum

Abend über den einsamen Landstrich. Eben hatten wir ein sandiges Flußbett durchquert, und der Landrover quälte sich die steile Uferböschung hinauf. Plötzlich bockte er und begann langsam nach rückwärts zu rollen. Auch die Bremsen versagten. Mein guter João verlor den Kopf. Jedenfalls brachte er nicht mehr die Ruhe auf, das Lenkrad gerade zu lassen, sondern begann wie ein Wilder daran herumzudrehen. Das Ergebnis war absehbar: der schwerbeladene Landrover stürzte mitsamt seinen Insassen um! Sofort floß das Benzin aus. Uns war Gott sei Dank nichts passiert, doch der gesamte Wageninhalt war wild durcheinander gebeutelt, und die Säcke mit dem Salz waren gerissen. Das Fahrzeug selbst hatte ebenfalls nichts abbekommen. Das nannte ich Glück im Unglück.

Da standen wir nun mutterseelenallein in der Einöde um unseren Landrover, der seine Räder klagend in die Luft streckte. Unsere Lage war nicht eben beneidenswert. Keine einzige Fußspur irgendeines Eingeborenen, kein Wild weit und breit. Was sollte ich tun? Wenn die Karte stimmte, war der nächste kleine Polizeiposten siebzig Kilometer von uns entfernt...

Ein undefinierbares Gefühl beschlich mich. Auch João schlotterte vor Angst. Sein sonst dunkles Gesicht war aschfahl geworden. Neben dem umgekippten Auto bauten wir uns eine primitive Lagerstatt auf. So vergingen in dieser gottverlassenen Wildnis meine wohl einsamsten Weihnachten. – Immer wieder versuchten wir, den Geländewagen hochzubekommen, aber unsere Kräfte reichten einfach nicht. Es war zum Verzweifeln. Ein Windsturm verwehte auch unsere Fußspuren...

Unsere große Hoffnung waren Nomaden, die auf ihrem Marsch vielleicht hier vorbeikommen und uns finden würden. Tagsüber gingen wir getrennt stundenlang in verschiedene Richtungen, um Hilfe zu suchen. Markante Punkte, die wir hinterließen, sollten uns vor noch Schlimmerem bewahren. Ohne sie hätten wir uns zu leicht verirren können.

Allmählich wurde mir bewußt, daß wir verloren waren. Um nicht sinnlos Munition zu verschwenden, verzichtete ich auf Signalschüsse. Zum Glück hatten wir in den Kisten noch reichlich Verpflegung. Auch Trinkwasser war für Wochen vorhanden.

Da zauberte mir eine Fata Morgana eine Gruppe von Eingeborenen, die Rinder vor sich hertrieben, vor meine Augen... João und ich schrien um die Wette und fuchtelten mit den Händen. Schließlich ergriff ich die Doppelflinte und schoß zweimal in die Luft. Tatsächlich! Es waren Menschen und Vieh – keine Sinnestäuschung!

Neugierig liefen die wilden, mit alten Gewehren bewaffneten Eingeborenen auf unsere Unfallstelle zu. Heftig gestikulierend gelang es João, die Hirten vom Stamm der Mushimba zum umgestürzten Auto zu bringen. Jetzt erst verstanden sie, was wir wollten. Rasch hatte ich einen Sack Salz als Einstandsgeschenk verteilt. Obwohl João ihren Dialekt nicht verstand, konnte er den Mushimba dennoch klar machen, daß wir vom nächsten Regierungsposten dringend Hilfe benötigten. Lange palaverten die Männer untereinander, dann marschierten sie los. Wieder vergingen einige Tage bangen Wartens. Die Trostlosigkeit der Lage zerrte an meinen Nerven. Schließlich sprach ich kein Wort mehr mit João.

Dann, eines Mittags, traf unverhofft die Rettung ein. Der Postenchef der etwa hundertachtzig Kilometer entfernten Station Ocucua kam zufällig durch diese Gegend. Sein Landrover besaß vorne eine Seilwinde. Zwei schwarze Polizisten begleiteten ihren Chef. An der Unglücksstelle reagierte er rasch: Ein paar kräftige Ohrfeigen für João, und in wenigen Minuten wurde mein Geländewagen mit Hilfe der Seilwinde wieder auf die Räder gestellt. Der portugiesische Beamte füllte auch noch Benzin nach, und die Polizisten halfen João, die Gepäckstücke wieder aufzuladen. Meine Dankbarkeit war übergroß. Ich schenkte dem Postenchef mein zweites Fernglas, einen 8 x 30 Feldstecher. Noch am selben Tag brausten wir aus dieser Einöde ab.

Hundertfünfzig Kilometer weiter entdeckte ich in einem welligen Gelände mit vielen Dornbüschen zu meiner Freude einige Kudufährten. Angola und Südwestafrika weisen die stärksten Gehörnträger dieser Großantilopen auf. Somit gab es neuerlichen Halt.

Auf meinem ersten Pirschgang traf ich auf ein Eingeborenendorf. Zwei Männer wollten mich einige Tage auf der Jagd begleiten. Eines Abends war ich mit einem der beiden Mucosso allein auf der Suche im Dornbusch, wo wir einen stark aufgesuchten Äsungsplatz fanden. Meiner Meinung nach konnte nur ein Ansitz zum Erfolg führen, und ich wartete geduldig hinter einem Baum. Neben mir kauerte der Fährtensucher am Boden und schlief bald ein. Unheimliche Stille herrschte. Feurig stand die Sonne zwischen Tag und Nacht. Bald mußte völlige Dunkelheit hereinbrechen. Der Schwarze schnarchte in Intervallen...

Ich glaubte, nicht richtig zu sehen! Da bewegte sich ein riesiger Körper langsam aus dem vor mir liegenden Busch. Wie aus dem Boden gewachsen, trat ein mächtiger Kudubulle einen Schritt vor. Mein Herz pochte laut. Die Geräusche des schnarchenden Schwarzen konnten das herrliche Großwild jeden Augenblick abspringen lassen.

Aber ich hatte seltenes Glück. Der Kudubulle sicherte in eine andere Richtung. In einer Hand hielt ich meine Waffe, wagte mich aber sekundenlang nicht zu rühren. Zoll für Zoll schob sich der Kudu aus seinem Versteck. Ich mußte rasch handeln. Jäh riß ich die Holland & Holland hoch. Das Tag- und Nacht-Abkommen im vierfachen Zielfernrohr war ruhig hinter dem Vorderteil des mächtigen grauen Wildkörpers eingesetzt. Der harte Knall vermengte sich mit dem Feuerstrahl. Tödlich getroffen bäumte sich der Kudu auf und raste in die Dunkelheit. Erschrocken sprang der Schwarze auf.

Die Augen an die Finsternis gewöhnt, tastete ich mich ruhig vorwärts. Plötzlich stand ich vor dem toten Kudu. Lang ausgestreckt lag er da. Ergriffen befühlte ich das schön geschraubte Gehörn – wahrlich eine begehrte Trophäe! Tief beglückt stolperte ich mit dem Mucosso in der pechschwarzen Nacht zum abgestellten Landrover. Als wir die Eingeborenenhütten erreichten, rannte sogleich die gesamte Einwohnerschaft herbei, fragte und schwatzte auf uns ein. Als sie von der Strecke erfuhren, erkletterte sofort ein Dutzend Schwarzer den Wagen. Gemeinsam wollten sie noch in der Nacht – wegen der Hyänen – die schwere Beute ins Dorf bringen. Ich erlaubte aber nur einigen, mitzufahren. Es war eine Schinderei sondergleichen, den Bullen im Landrover unterzubringen, aber wir schafften es. Der Tag war hart gewesen, ich warf mich aufs Bett und schlief einen traumlosen Schlaf. Am nächsten Morgen war Fleischverteilung: Wieder die bekannte Rauferei um die besten Bissen. Und wie die Weiber keifen konnten, als sie ihren Männern das „leckere" Gescheide entreißen wollten...

Die Wochen und Monate vergingen allzu rasch. So vieles hatte ich gesehen und erlebt. Und doch mußte auch wieder einmal Schluß sein. Nun ging es im Eiltempo zum nächsten großen Atlantikhafen im Süden Angolas, nach Lobito. Am Rückweg, tief in der Wildnis, bekam ich in einer hellen Vollmondnacht noch einen letzten Besuch von acht riesigen Elefanten. Langsam zogen sie in einer Kette an meinem Feldbett vorbei und fächelten mit ihren großen Ohren. Der Wind stand günstig, und die Dickhäuter hatten mich gar nicht entdeckt. Die Bullen trugen kurze, dicke Stoßzähne. Wegen der hohen Gebühren reizte mich aber kein Schuß, und der nächtliche Spuk zog ruhig vorüber.

Groß war meine Überraschung in Lobito, denn der deutsche Frachter, „meine Svealand“, lag eben im Hafen, so als hätte sie schon auf mich gewartet. Die notwendigen Behördenwege und die Zollformalitäten für die Ausfuhr meiner schönen Trophäen und Sammelstücke waren überraschend schnell erledigt. João, meinen treuen Fahrer, nahm ich mit an Bord; in Luanda sollte er sich wieder ausschiffen. Der Abschied von ihm fiel mir besonders schwer, und ich bezahlte und beschenkte ihn reichlich. „Also, sieh zu, João, daß du gut zu deiner Frau heimkommst!“ rief ich ihm zu. Noch einmal drückte ich ihm die Hand, dann verließ er das Schiff. Ich sah ihm nach, bis ihn das geschäftige Treiben am Pier von Luanda meinen Blicken entzog...

Schon glitt mein Schiff aus dem Hafen und gewann Fahrt auf hoher See. Wieder stand mir eine lange Seereise bis Hamburg bevor. Kapitän und Mannschaft kannte ich ja schon von der Herreise, und so vergingen die Tage und Nächte mit Erzählen angenehm rasch. Auch mußte ich mir jetzt schon Gedanken machen, wie ich meine nächste Reise nach Ostafrika finanzieren sollte. Meine Angolasafari hatte viel Geld verschlungen, und deshalb machte ich mir bereits erste Notizen für ein neues Buch und für Vorträge, die ich in der Heimat halten wollte, um meine ausgebrannte Brieftasche wieder etwas zu beleben...

Die „East African Professional Hunters Association" in Nairobi

Noch in der alten Kolonie Kenia, dem klassischen Jagdland, hatte sich nach dem Ersten Weltkrieg aus einer Gruppe ansässiger Großwildjäger eine Vereinigung britischer Jagdführer gebildet, und im Jahr 1920 entstand daraus die weltbekannte „East African Professional Hunters Association" in Nairobi. Ihre Mitglieder rekrutierten sich vor allem aus Engländern sowie einigen wenigen wildkundigen Norwegern und Dänen. Erst Jahre später, nach dem Zweiten Weltkrieg, wurden auch Österreicher aufgenommen. Prinz Alfi Auersperg war einige Jahre lang sogar Präsident der „EAPHA".

Kein anderer Berufsstand in Afrika war in Kürze von einem derartigen Mythos umgeben wie jener der Professional Hunters in Kenia. Die weißen Großwildjäger hatten im Lauf der Jahrzehnte in zahlreichen Jagdsafaris auf gefährliches Wild ihre Tatkraft und ihren Mut vielfach unter Beweis gestellt. Eine ihrer Hauptaufgaben waren auch damals schon die Erhaltung und der Schutz der mannigfaltigen ostafrikanischen Tierwelt. Einige große Safarifirmen verfügten ständig über hochqualifizierte weiße Berufsjäger.

Mit der Zeit aber wurden der privaten Professional Hunters, die ihre eigenen Ausrüster (outfitters) waren, immer mehr, denn in den fünfziger und zu Beginn der sechziger Jahre begann ein echter Boom auf Großwildsafaris. Dies brachte in der Folge wieder strengere Jagdbestimmungen mit sich. Ohne Aufsicht eines Professional Hunters durften keine privaten Jagdsafaris mehr durchgeführt werden. Dieses Gesetz wurde auch in den französischen Afrikakolonien übernommen. Eine der wenigen Ausnahmen bildete Kamerun.

In früheren Zeiten, als noch keine Straßen gebaut waren und der Geländewagen noch unbekannt war, dauerte so eine mit langen Trägerkolonnen durchgeführte Expedition viele Monate. Als dann der Schwarze Erdteil nach und nach erschlossen worden war, war eine „Safari" in zwei bis vier Wochen „erledigt". Dennoch blieb der Aufwand bedeutend. Die Safariteilnehmer mußten tief in die Taschen greifen, konnten dafür aber auch eine bunte Palette bester Jagdtrophäen ihr eigen nennen. Der Professional Hunter plante und organisierte jede Safari; er war für die Einhaltung der Jagdgesetze und der strengen Wildschutzbestimmungen der Kolonialregierung voll verantwortlich. Er half auch dem Jagdgast beim Ansprechen des Wildes, suchte die schönsten Trophäen aus und schoß notfalls bei angreifendem Großwild auch mit. Unangenehme, gefährliche Nachsuchen hatte er allein zu übernehmen, denn er durfte keinesfalls durch Leichtsinn das Leben des ihm anvertrauten Gastes gefährden.

Der Wahlspruch der „East African Professional Hunters Association" lautete: „Nec timor, nec temeritas!" – „Weder Furcht noch Unbesonnenheit!" Damit man in diese berühmte und exklusive Organisation aufgenommen wurde, mußten drei honorige Bürger Zeugnis geben. Auch eine Probezeit wurde den Aspiranten abverlangt.

Die vielen Anschaffungen und die aufwendige Repräsentation machten diesen Beruf zu einem ausgesprochen kostspieligen. Ein selbständiger „Outfitter" mußte die hohen Kosten für Fahrzeuge, Lagerausrüstung, Elefantenbüchse und andere, für den Busch notwendige Dinge in Eigenregie tragen können. Die verantwortungsvolle Tätigkeit eines Professional Hunters erforderte auch eine gute Allgemeinbildung, ein überdurchschnittliches Wissen in Zoologie, Botanik, Völkerkunde und darüber hinaus einige Sprachkenntnisse sowie Erfahrung in Erster Hilfe. Korrektheit und Selbstbeherrschung, die im Tropenklima jedem Menschen schwerfallen, gehörten zu den Selbstverständlichkeiten. Auch der Umgang mit der schwarzen Mannschaft mußte ein menschlicher sein.

Je nach den Wünschen des Klienten buchte der Professional Hunter beim Jagdamt in Nairobi im voraus die Jagdblocks. Er holte den Gast vom Flughafen ab und mußte ihn nach Ende der Safari wieder dorthin bringen.

Noch heute sind einige Wildschutzgebiete in Innerafrika nach diesen tapferen weißen Großwildjägern benannt, die fast alle ihr Grab irgendwo in der Wildnis gefunden haben.

Man mußte auch ein guter Gesellschafter sein und zu den Safarigästen ein kameradschaftliches Verhältnis pflegen können. Am Lagerfeuer hatte man für gute Stimmung zu sorgen, meist wurde aus dem großen Erfahrungsschatz erzählt. Nicht selten kam es so zu Freundschaften und verschworenen Gemeinschaften, die ein Leben lang währten.

Jeder Professional Hunter war ein Meister im Improvisieren, denn auch der älteste Geländewagen durfte einen in der Wildnis nicht im Stich lassen. Alles sollte selbst repariert werden können. Sogar die Buschküche war zu leiten. Gewiß war und ist der schwarze Koch auf Safari noch immer einer der wichtigsten Männer, aber Allroundkenntnisse im Kochen durften nicht fehlen, und man mußte auch Gourmet sein.

Die modernen Safaris auf die „Großen Fünf" – Elefant, Büffel, Nashorn, Löwe und Leopard – sind ohne Zweifel allemal noch abenteuerlich, auch wenn sich die Bequemlichkeit und der Luxus unserer Zeit nicht verleugnen lassen.

Nach meiner Übersiedlung von West- nach Ostafrika wurde ich als voll lizenzierter Professional Hunter in die Berufsjägervereinigung in Nairobi aufgenommen und jährlich registriert. Wir hatten genug zu tun, denn die „Invasion" der Jagdtouristen, die plötzlich in den sechziger Jahren einsetzte, beschäftigte mich und meine Kameraden auf Jahre hinaus gut. Gleichharte Burschen waren die „Guides de chasses" in den französischen Territorien. Auch sie arbeiteten unter glühender Tropensonne schwer und trotzten allen Gefahren.

Die „demokratischen" Regierungen Tansanias und des Sudan wollten die weißen Berufsjäger später durch „afrikanische Hunter", geschulte Eingeborene, ersetzen. Dieses Vorhaben geriet aber schon nach kurzer Zeit zu einem Debakel. Heute arbeiten in diesen Ländern längst wieder weiße Großwildjäger.

Weiße, die in Kenia ansässig waren, genossen den großen Vorzug, allein, ohne Professional Hunter, auf Jagd gehen zu dürfen. Allerdings mußten sie dem Jagdamt in Nairobi ihre diesbezügliche Erfahrung nachweisen können. Die Lizenz für einen „Residenten" war spottbillig, und man konnte in einem angeforderten Jagdblock waidwerken, wann immer man

Lust hatte. Aber nicht in jedem Block war es möglich, die „Großen Fünf“ zur Strecke zu bringen.

Im benachbarten Uganda waren die guten Jagdreservate nur Jägern aus dem Ausland vorbehalten. Einheimische Weiße durften lediglich in zweitklassigen Wildbahnen jagen.

Überraschend verbot die Regierung der jungen Republik Kenia in den siebziger Jahren das Jagen zur Gänze – die schwarze Mehrheit im Parlament wollte offensichtlich ihre Macht demonstrieren. Dadurch wurden viele Firmen in den Konkurs getrieben. Die „EAPHA“ mußte sich über Nacht auflösen. Auch die zahlreichen Souvenirgeschäfte und die beiden großen Präparationsfirmen von Rowland Ward und Zimmermann wurden arbeitslos; es durften keine Wildfelle und kunsthandwerklichen Gegenstände aus Elfenbein mehr verkauft werden.

Viele Professional Hunters mußten sich nun neue Jobs suchen; sie gingen nach Rhodesien, Südafrika, Botswana oder in andere Länder. – Mittlerweile hat sich das Jagdverbot insofern wieder gelockert, als zumindest Flugwild erlegt werden darf. Außerdem haben die Farmer in Kenia – mit besonderer Erlaubnis der Regierung –, das Recht, Wild abzuschießen, welches Schaden verursacht. Regierung und Reiseunternehmen versuchen nun immer mehr, den Besuch der großartigen Nationalparks zu fördern.

Damals hatte ich in den heißen Landstrichen am Tanafluß im Nordosten von Kenia wirklich schöne und aufregende Jagderlebnisse. Das Gebiet um Garissa war wegen seiner großen Elefantenbestände jahrzehntelang berühmt.

Unser Lager befand sich an einer Flußkrümmung mit schöner Aussicht auf den ganzjährig wasserführenden Tana. Die Gegend war menschenleer. Gemeinsam mit meinem prominenten Jagdgast unternahm ich mit dem Landrover ausgedehnte Fahrten in die Dornbuschsteppe, um nach frischen Fährten zu suchen. In der morgendlichen Dunkelheit brachen wir auf und durchstreiften dann zu Fuß das Gelände. Die Kühle des anbrechenden Tages tat uns wohl, und wir schritten fest aus. Mein Gast – ein erfahrener Waidmann – hatte seine junge Begleiterin mit, die eine 16 mm-Kamera führte und das Geschehen außerordentlich geschickt auf einen Farbfilm bannte.

Unsere Begegnungen mit Wild waren in dieser Trockensteppe aber gar nicht so häufig, als man hätte meinen können. Nur ab und zu stießen wir auf Impalas, deren männliche Tiere allerdings ein besonders starkes Gehörn aufwiesen, später auch auf kleine Trupps von Grevy-Zebras, die sich aber ebenfalls sehr scheu zeigten.

Gut acht Tage waren vergangen. Die Hitze hatte noch zugenommen, und die Luft flimmerte zum Gotterbarmen. Zum Teil war die Steppe offen und von vielen Elefantenfährten durchzogen, die zur Tränke an den Fluß führten. Es handelte sich aber hauptsächlich um Elefantenkühe mit jungen Bullen. Auf den Pfaden ging es sich zwar wesentlich leichter, doch hatte uns das ständige Laufen in der mörderischen Hitze müde und verdrossen gemacht. Wir kehrten zu unserem Ausgangspunkt zurück und hielten nach einer guten Mahlzeit ein ordentliches Mittagsschläfchen, um so gestärkt am Nachmittag neue Erkundungsfahrten zu unternehmen.

Inmitten dieser Einöde trafen wir überraschend mit einigen eingeborenen Honigsuchern zusammen. Ich versprach den Leutchen Geld, falls sie uns einen besseren Stoßzahnträger melden würden. Je nach dem Gewicht des Elfenbeins sollten sie eine Anzahl von Kenia-Schilling als Geschenk erhalten.

Wenige Tage später waren wir wieder in Ufernähe unterwegs. Zufällig traf ich nochmals einen der Honigsammler, und prompt erzählte er mir von zwei starken Elefanten. An einer Stocklänge deutete er die mächtig herausragenden Zähne an.

Wohl hatte der Schwarze die Bullen schon am frühen Morgen gesehen, doch sein Bericht ließ uns alle Abgespanntheit vergessen. Mit zwei Fährtensuchern – ganz ausgezeichneten Burschen, die mich schon jahrelang auf Safaris begleitet hatten – zogen wir los. Der auf seinen Lohn erpichte Honigsucher ging mit uns. Nach zwei Stunden – die Sonne begann sich schon allmählich zu neigen – fanden wir tatsächlich die Spuren der Elefanten. Überall lag zerkautes Dorngestrüpp, das sich noch frisch anfühlte. Ein weiterer Kilometer – dann hörten wir schon das untrügliche Knacken im Gebüsch. Kurz darauf sahen wir bei gutem Wind die beiden Bullen unter ihren Schattenbäumen friedlich äsen. Sie standen weit auseinander, und das Elfenbein blitzte in der Sonne . . .

Einer mußte fallen! Der Graf schoß mit seiner schweren Rigby im Kal. 416 dem Alten aufs Herz. Gleichzeitig gab ich aus meiner Holland & Holland Feuer. Der Elefant zeichnete aber kaum und stürmte davon. Sein Gefährte verschwand in die andere Richtung. Gemeinsam mit den Eingeborenen verfolgten wir die Fluchtfährte. Wir fanden etwas Schweiß, dunkle Flekken. Der wunde Bulle konnte also nicht weit sein!

Seit dem Frühstück hatten wir nichts mehr getrunken, und der Durst begann uns zu quälen. Dornen zerrissen unsere Kleider. Es war uns völlig gleichgültig – das Jagdfieber hatte uns gepackt.

Die erste Stunde verging ohne Erfolg. Wo nur konnten die beiden Kugeln sitzen? Ich hatte einen derartigen Fall noch nie erlebt und auf einen Schuß aus dieser schweren Büchse immer meine Beute bekommen. Der Schweiß blieb aus, doch die Trittsiegel waren im harten Steppenboden weiterhin deutlich sichtbar. Langsam begann sich das Licht zu verändern. Die grelle Hitze hatte aufgehört, und die zweite Stunde der Folge war um. – Da erblickten wir plötzlich, kaum vierzig Meter vor uns, den langsam ziehenden Elefanten. Wieder schossen wir, und der Koloß stand still und rührte sich nicht!

Ich lief mit meiner 465er nach vorne, um aus nächster Nähe den Fangschuß geben zu können. In diesem Augenblick schoß auch der Graf mit seinem Reservegewehr – einer Brennecke mit 6fachem Zeiss – dem Elefanten mit Vollmantelgeschoßen aufs Haupt. Ich hörte die Kugeln pfeifen und duckte mich. Dann sah ich, wie der Graue mit einem Gehirnschuß in sich zusammenbrach und verendete.

Unsere Freude über die respektablen vierzig Kilogramm Elfenbein je Stoßzahn kannte keine Grenzen. Die Fußsohlen dieses uralten Riesen waren schon total zerschlissen und zerfurcht, und die langen Schwanzhaare des Wedels waren ausgesprochen dicht und stark.

Es war schon spät geworden; Hunger und Durst meldeten sich wieder. Dennoch blieben wir noch eine gute halbe Stunde bei dem toten Elefanten sitzen und erlebten im Geist noch einmal diesen Nervenkitzel nach. Am nächsten Morgen rückten wir mit einem Trupp unserer schwarzen Jagdgefährten zum Zerwirken der Beute aus und fanden im Leib des Elefanten noch etliche Bleikugeln vor, die sich schon verkapselt hatten. Der Alte hatte in seinem Leben wohl schon etliche Male von Wilderern Schüsse abbekommen, und nur dadurch konnten wir uns jetzt seine Härte und Zähigkeit erklären.

Abenteuer in den Aberdare-Bergen

Einige Wochen lang hatte ich keine Safarigäste und konnte die Zeit nutzen, um in der Bergwildnis der Aberdare Ranges seltenes Wild zu beobachten und auch zu jagen.

Von Kampala aus telefonierte ich mit meinem Bekannten Wolfgang Schenk und lud ihn zu einer Erkundungsfahrt ein. Er war Chefpräparator bei Zimmermann, und mit ihm hatte ich – sollte es sich ergeben – den Spezialisten für etwaige Trophäen . . .

Wir wollten uns am Naivashasee treffen, der wunderschön im Rift Valley liegt und von Vulkanbergen umgeben ist. Das alte britische Farmland reichte bis an die Ufer des besonders für Ornithologen sehr interessanten und überaus fischreichen Süßwassersees heran. Ich nahm im Lake-Hotel unmittelbar am Seeufer Quartier und erwartete meinen Kameraden, der bald eintreffen mußte.

Um mir die Zeit zu verkürzen, fuhr ich noch im Morgengrauen mit einem Motorboot zum Angeln. Still lag der Naivashasee vor meinen Augen. Zahllose blaublütige Seerosen bedeckten weite Teile der Wasserfläche. Ein Heer von schwarzen Bleßhühnern schwamm auf Nahrungssuche umher. Winzige Teichhühner und die bunten Jacanas liefen eilfertig auf den großen Blättern der Seerosen, während Pelikane zu Dutzenden auf dürren Bäumen und Ästen hockten, die aus dem Wasser ragten. Einzelne Riesenreiher, Kormorane und verschiedene Wildenten flogen auf, als ich zum anderen Ufer steuerte, wo ich die besseren Fischgründe vermutete.

Mit der leichten Spinngerte hatte ich keine fünf Würfe getan, da biß es auch schon, und nach kurzem Kampf konnte ich einen beachtlichen schwarzen Barsch eindrillen. Dieser gefräßige Räuber wird im Naivashasee bis zu sechs Kilogramm schwer und nimmt Spinner oder Blinker, Meps oder kleine Holzwobbler gerne an. – Auch Tilapias, die in Afrika weitverbreiteten Allesfresser, gingen leicht an den Haken.

Wolfgang Schenk hatte tatsächlich von seiner Firma Urlaub bekommen und traf mit seinem Wagen noch am Nachmittag im Hotel ein. Meine zwei Landrover samt Anhänger standen schon für die gemeinsame Safari bereit. Wolfgang übernahm das ältere Fahrzeug und hielt, da er die Straße nach Kinangop gut kannte, die Spitze. Bald kamen wir auf einen ausgefahrenen schlechten Pfad, der ins Aberdare-Gebirge führte. Dazu regnete es fürchterlich, und es wurde immer kälter, je höher wir mit den Geländewagen stiegen. Schließlich hörte der schon verwachsene Weg überhaupt auf; er war seinerzeit von den Kolonialtruppen zur Verfolgung der Mau-Mau in die Bergwildnis gehauen und seither nicht mehr gepflegt worden.

Zwischen alten Zedern ließ ich auf einer Lichtung unseren Lagerplatz errichten. Graue Flechten hingen weit von den Bäumen. Shilla und Mukene, unsere beiden eingeborenen Begleiter, kannten sich in diesem wilden Land bestens aus. Sie schlugen an geeigneter Stelle unsere Schlafzelte auf und errichteten eine kleine Grashütte mit einem Dach aus dünnen Bambusstangen. Hier konnten wir, vor der rauhen Witterung geschützt, unsere Mahlzeiten halten. Deutlich sahen wir Tage später bei klarer Sicht den unserem Lager gegenüberliegenden Mount Kenya.

Wir befanden uns auf etwa 2300 Meter Höhe. Den Zedernwäldern, die von kleineren Hochmooren unterbrochen waren, schloß sich eine Bambusregion an, dann folgten Podocarpus, Senecien und Lobelien in weiten Flächen. Um unser Lager herum führten zahlreiche Wildwechsel in den mit hohen Stauden, allerlei Pflanzen und Farnen bewachsenen Berg.

Jeder von uns pirschte auf eigene Faust. Wolfgang hatte Shilla als Führer und ich den Wakamba Mukene mit seinem großen Buschmesser. – Elefanten, Kaffernbüffel und Nashörner zogen ihre Spuren. Wir mußten sehr auf der Hut sein, denn eine unvermittelte Begegnung mit diesem wehrhaften Großwild konnte sehr unliebsame Folgen haben.

In einer Schlucht rauschte ein klarer Gebirgsbach. Hier entdeckte Mukene Bongofährten und Buschböcke. Colobusaffen turnten in den Baumkronen. Die Zeichnung der ausgewachsenen Busch- oder Schirrböcke, die in anderen Teilen Afrikas beheimatet sind, ist rotbraun mit heller Streifung. Hier, im Aberdare, wirkten die Buschböcke fast dunkel, hatten starke Gehörne und waren auch gewichtsmäßig größer.

In dem dichten Berggelände wimmelte es geradezu von ihnen. Nirgendwo sonst in Afrika hatte ich dieses scheue Wild, das nur sehr ungern auf Lichtungen austritt, in solchen Massen erlebt. Innerhalb von drei Tagen konnte ich mit Hilfe von Mukene zwei gute Tiere erlegen. Wolfgang Schenk schoß sogar einen Rekord-Buschbock. – Ich war meinem Freund tags zuvor begegnet und mußte bei diesem Bock passen, da ich schon meine zwei erlaubten Trophäen hatte. So ließ ich ihm den Vortritt. Shilla war auf jener Pirsch, auf der wir das kapitale Gehörn erblickten, bei mir gewesen und hatte sich das Dickicht gut gemerkt, in dem dieser schöne Bock seinen bevorzugten Einstand hatte.

Mein Sinnen und Trachten galt aber vor allem dem scheuen und eher seltenen, erst 1911 entdeckten Riesenwaldschwein, dem größten Wildschwein Afrikas überhaupt. Wohl hatte ich vor Jahren in der Kameruner Savanne ein Paar dieser schwarzen Riesenwaldschweine erlegen können, doch der ostafrikanischen Art (*Hylochorus meinertzhageni Thomas*) war ich noch nicht begegnet.

So lief ich von früh bis spät unverdrossen im Bergwald umher. Oft konnte ich nur stolpern oder kriechen und mußte durch den Blätterbusch schlüpfen. Stellenweise war das Gelände auch wieder lichter. Die starken Morgennebel hielten den tropischen Höhenwald ungemein üppig. Koniferen, Podocarpus und Juniperus, eine Wacholderart, bedeckten die in die Höhe strebenden Stämme wie Moos. Es war ein reiner Blumengarten – drei bis vier Meter hohe Stauden von Vernonie und Malven erschwerten das Vorwärtskommen. Dann wieder behinderten dichte, hohe Bambusbestände, die nur auf Elefanten- und Nashornwechseln durchdringbar waren. Die Dickhäuter stiegen hoch in die Bergwälder hinauf.

Es mußte so kommen: Einmal überraschte uns auf dem schmalen Pfad im Bambuswald doch ein Trupp von Elefanten. Auf meinen Schuß in den Himmel hin prasselten die grauen Riesen aber zum Glück unter großem Getöse ab und ließen uns ungeschoren. Das ganze Szenario spielte sich nur wenige Meter von uns ab. Und dann stießen wir auf ein in den Malvenstauden schlafendes Nashorn, das ebenfalls prustend sein Heil in der Flucht suchte und in der uns entgegengesetzten Richtung fortstürmte.

Die ständige Gefahr eines Zusammentreffens mit Großwild zerrte an den Nerven. Die Dickhäuter waren für den Jäger tabu. Auch einen Kaffernbüffel konnte ich einige Minuten lang beobachten, wie er durch einen Zedernwald zog und direkt in eine Waldschlucht zur Tränke an einen Tümpel marschierte. Aus einem Bergwald trat ein Rudel Wasserböcke auf den offenen Moorgrund aus. Ich behelligte sie nicht, denn wir hatten an den Buschböcken für uns und die schwarze Mannschaft genügend Wildbret im Lager.

Eines Abends, knapp vor dem Dunkelwerden – wir waren schon auf dem Heimweg und vom Umherlaufen ziemlich müde, stand plötzlich ein einzelner Büffelbulle vor uns im Busch. Er äugte unverwandt auf uns und rührte sich nicht. Langsam gingen wir in die Knie. Im schwindenden Büchsenlicht genoß ich dieses urige Bild in der Einsamkeit des Tropenwalds. Da zischte mir Mukene etwas zu. Er wandte sein Gesicht vom Büffel ab, in eine andere Richtung. Mein jahrelang in der Wildnis geschärfter Instinkt ließ mich ahnen, daß es sich um etwas Besonderes handeln mußte. Blitzartig drehte ich mich um und sah einen anderen riesenhaften Wildkörper im Erdboden brechen. Ein Gedanke durchzuckte mich: ein Riesenwaldschwein! Rasch hob ich die Holland & Holland und feuerte. Trotz der Dunkelheit spürte ich, daß das mächtige Wild zusammensackte und hinter ihm noch andere, gleichstarke Tiere die Flucht ergriffen.

In diesen atemberaubenden Sekunden vergaß ich auf den Kaffernbüffel völlig. Auf den Knall und den Feuerstrahl hin hatte er sich herumgeworfen und war, alles niederbrechend, durch den Unterwuchs davongestoben.

Es war schon völlig finster, als ich mich mit zitterndem Herzen in Begleitung Mukenes zu der vermutlichen Stelle vortastete, an der das Riesenwaldschwein gefallen war. Ich atmete erst befreit auf, als ich mit meinen Füßen an den schweren Körper der uralten Bache stieß. Ich war überglücklich.

Mukene sprach über das tote Riesenwaldschwein seine Zauberformeln und strich mit seinen langen Händen beschwörend über die borstige Mähne des begehrten Wildes. Kein Leopard, keine Hyäne oder sonstigen Räuber sollten dieses wertvolle Stück anschneiden oder gar verschleppen können! Sicherheitshalber steckte ich Papier ins Gebrech der Bache, um sie so zu verwittern.

Noch in der Nacht gingen wir zu unserem Lagerplatz zurück. Es war ein böses Vorwärtskommen in dem unebenen, lichtlosen Gelände. Alle Augenblicke wurde irgendein Wild vor uns flüchtig. Im Lager gab es ein großes Hallo, und alle waren über unseren Erfolg begeistert, vor allem auch deshalb, da wir unverletzt ankamen. Es hätte ja auch leicht anders ausgehen können . . .

Zur Zeit unseres Aufenthalts in den Aberdare-Bergen war es verhältnismäßig trocken gewesen. Nur der Morgentau hatte Schuhe und Khakihosen naß gemacht. Die geringen Niederschläge dürften die Riesenwaldschweine wohl veranlaßt haben, die nur schwer zugänglichen nassen Schluchten zu verlassen. Nur so konnte ich mir erklären, weshalb auf unseren doch so zahlreichen Pirschen ein Zusammentreffen mit den Rotten nicht öfter möglich war.

Am frühen Morgen war ich mit einigen Schwarzen wieder unterwegs. Über den Wolken leuchtete silbern die höchste Erhebung des Mount Kenya. Ein prächtiger Anblick! Dann stand ich klopfenden Herzens vor meiner Beute. Sie war unversehrt geblieben. Mukenes Zauber hatte doch geholfen. Mit meiner Leica machte ich einige schöne Aufnahmen von diesem urtümlichen Riesenwaldschwein, und Freund Wolfgang nahm die Maße für die spätere Vollpräparierung. Das Riesenwaldschwein wurde später im Museum von Bad Deutsch-Altenburg als Ganzkörperpräparat aufgestellt.

Das Tier war rund zweihundert Kilogramm schwer. Die Schulterhöhe betrug einen Meter. Auffallend waren die schwammigen Unteraugenwülste der Bache und die dicken, kurzen Waffen.

Seltsamerweise fand ich im Bergdschungel nirgendwo Wühlstellen. Die Riesenwaldschweine bevorzugen heruntergefallene Baumfrüchte, Beeren, Blätter, Gras und Kräuter und dann erst Wurzeln. Sie sind hauptsächlich in der Dunkelheit unterwegs.

Wir blieben noch vierzehn Tage in den Aberdare-Bergen, und ich fand noch einige Tunnels in den Stauden – typische Wechsel dieser größten Wildschweine Afrikas. Die klaren, mondhellen Nächte wurden immer kälter. Morgens war in den Waschschüsseln Eis, und die Boys mußten heißes Wasser zum Waschen und Rasieren bringen.

Am vorletzten Abend pirschte ich mit Wolfgang Schenk noch einmal gemeinsam zwischen den Malvenstauden. Mit einemmal wurde es im Pflanzengewirr lebendig: Eine Rotte Riesenwaldschweine befand sich auf der Wanderung. Ich freute mich über diese zufällige Begegnung sehr; sie ließ mir auch den Abschied von den Bergen leichter werden...

Zum geheimnisvollen Rudolfsee

Jahrelang war ich in der Wildnis Ostafrikas unterwegs gewesen. Aber mein Plan einer Erkundungsfahrt zum Rudolfsee scheiterte zunächst, da weite Teile des nördlichen Kenia und die karge Landschaft um den langgestreckten See selbst wegen Unruhen unter den dort lebenden Stämmen, wegen räuberischer Eindringlinge aus Somalia und wegen des unwegsamen Geländes mit seinen unpassierbaren Trockenflüssen gesperrt waren. Zwei Anfragen an das Gouvernement Ende der fünfziger Jahre wurden abschlägig beschieden. Erst Mitte 1960 erhielt ich aus Nairobi die Erlaubnis, mit zwei Geländefahrzeugen zu den Ufern des Rudolfsees vorstoßen zu dürfen.

Zu dieser Safari benötigte ich einen Gefährten. Durch Zufall lernte ich in Kampala den polnischen Grafen Krasicki, eine echte Abenteurernatur, kennen. Ehemals Offizier, hatte er aus Reiselust Ostafrika aufgesucht. Da wir einander sehr ähnlich waren, wurden wir bald Freunde. Zwei fahrtüchtige Landrover mit Anhängern standen mir zur Verfügung, und so kam mir Graf Krasicki als Helfer und Lenker des zweiten Wagens sehr gelegen. In Kampala kaufte ich genügend Konserven, Gemüse und frisches Obst. Anfang Juni starteten wir, schwer beladen mit Benzinfässern und Wasservorräten, in Begleitung von vier Eingeborenen.

Über das Karamoja-Bergland führte uns der Weg plötzlich in eine heiße Tiefebene zur kenianischen Grenze. Halbnackte Polizisten – mit Lanzen bewaffnete Turkana – kontrollierten unsere Einreisepapiere. Nachdem wir an einem Trockenfluß in der Wildnis übernachtet hatten, erreichten wir auf einem schmalen Pfad den auf einer Anhöhe in der Halbwüste gelegenen befestigten Militärposten Lodwar. Ein schwarzer Trompeter signalisierte die Ankunft unserer beiden Fahrzeuge. In Serpentinen fuhren wir zum Plateau hinauf, wo uns ein Sergeant ein Gästehaus zuwies. Da es Mittagszeit war, mußten wir eine Zeitlang warten, bis wir dem britischen Captain unsere Aufwartung machen konnten, denn überall in Afrika gelten die Ruhestunden um die Tagesmitte gleichsam als heilig.

Um 15 Uhr empfing uns der weiße Offizier freundlich. Er war sehr erstaunt, als wir ihm erzählten, daß wir durch unbekanntes Land zum Rudolfsee vorstoßen wollten. Anhand von Karten versuchte er, uns die kürzeste Strecke durch kaum berührte Wildnis bis zu den Ufern des Sees zu veranschaulichen.

Der von einem Briten entdeckte und nach ihm benannte Ferguson-Golf war unser Ziel. Angehörige der Kolonialarmee waren vor Jahren auf nun verwucherten Pfaden bis ans Westufer des Sees vorgestoßen. Die Kolonialregierung trug sich mit dem Gedanken, in naher Zukunft einen weißen Offizier an den Ferguson-Golf zu entsenden, der den dort ansässigen Turkana bessere Fischfangmethoden beibringen sollte. An diesen Pfad, der zahlreiche sandige Trockenflüsse überquerte, hatten wir uns zu halten.

Sand und Steine, spärlich mit niedrigem Dornengestrüpp und Sanseverien durchsetzt, begleiteten uns die nächsten Tage. Mit dem Geländegang konnten wir die ersten sandigen

Trockenbetten nur langsam passieren. Ein-, zweimal mußten wir die Gepäckstücke abladen und die Schaufeln zu Hilfe nehmen. Kilometer um Kilometer, genau auf den kaum sichtbaren Weg achtend, legten wir in geringem Tempo zurück. Ich selbst hielt die Spitze, und dutzendemal mußte einer der Schwarzen aussteigen und die Fahrspur im dicht verwachsenen Gelände erkunden. Kein Wild begegnete uns. Einige Fährten stammten aus der Regenzeit und waren schwer auszunehmen. Menschliche Siedlungen fehlten völlig.

Steinige, mit Sukkulenten bewachsene Berghänge änderten das Bild der Landschaft. Schließlich gelangten wir zu einem mehrere hundert Meter breiten Trockenfluß, der selbst für die Geländegänge ein äußerst schwieriges Hindernis darstellte. Zunächst versuchte ich mit meinem Landrover durchzukommen. Graf Krasicki und alle schwarzen Helfer schoben an. Das Fahrzeug bahnte sich im Sand Schritt für Schritt den Weg, sank tief ein, blieb stecken. Am Ufer schnitten wir Sträucher und legten sie unter die Räder. Es dauerte vier Stunden, bis wir mit beiden Fahrzeugen endlich am anderen – festen – Ufer waren. Dort übernachteten wir. Der grelle Schein der Gaslichtbrenner lockte jede Menge kleiner und größerer Skorpione zu unserem Feldtisch. Es war unheimlich. Am nächsten Morgen fand ich einen winzigkleinen von ihnen in der Brotkruste verkrochen...

Tags darauf wurde der Weg wüstenhafter und noch schwieriger. Plötzlich tauchten verwilderte Dromedare auf. Sie waren sich selbst überlassen worden und weideten. Wenig später stießen wir auf eine kleine Rundhütte aus Zweigen. Sie war menschenleer, doch in ihrem Innern hingen verzierte Flaschenkürbisse zum Aufbewahren von Flüssigkeiten.

Vulkanartige Gesteinsmassen, basaltische Lava und Tuffdecken nahmen unsere Reifen übermäßig in Anspruch. Doch der überraschende Feuchtigkeitsgehalt der Luft, den wir mit Genuß wahrnahmen, zeigte uns an, daß wir uns unserem heißersehnten Ziel näherten. Dann begann eine kräftige Brise zu wehen, und die ersten falschen Dattelpalmen waren zu sehen. Bald bildeten sie dichte Wälder, die uns zu Umfahrungen zwangen.

Endlich waren wir am Ziel unserer langen Fahrt: Vor uns lag das flache westliche Ufer des Rudolfsees. Wir machten halt und versuchten das Wasser zu trinken, doch es schmeckte salzig. Die dunkle, bewegte Fläche dieses abflußlosen innerafrikanischen Binnensees, der rund 300 km lang, bis zu 60 km breit, aber nur 4 m tief ist, half unseren von Sonne und Hitze strapazierten Augen, sich langsam zu erholen. Graf Krasicki und ich genossen den Anblick. Auch unsere braven Schwarzen staunten über die weiten Wassermassen. Am Ufer wimmelte es von kleinen Wasservögeln, und Scharen rosaroter Flamingos ließen sich blicken. Unter heiseren Schreien flogen sie hin und her oder stolzierten auf ihren langen Beinen im Wasser, ständig auf der Suche nach Kerbtieren.

Bild rechts: Die Begegnung mit einem Nashorn war für mich jedesmal ein Ereignis besonderer Art. Ich hatte das Gefühl, in der Urwelt zu sein.
Bilder umseitig: Oben: Spitzmaulnashörner. – *Unten:* Breitmaulnashörner.

Unter den breiten Fächern der Palmen schlugen die Schwarzen unsere beiden Feldbetten auf. Der sandige Boden war voll von abgefallenen Palmrippen und mußte erst gesäubert werden, wobei sie auf eine flüchtende Schlange stießen. Heißer Tee erfrischte uns; wir teilten ihn mit unseren Begleitern, die sich ängstlich in unserer Nähe aufhielten. Ein sternenklarer Himmel lag über uns, und in der Nacht verstärkte sich der Wind zu einem Sturm, der die Palmwedel rauschen und uns lange nicht einschlafen ließ.

Vor mehr als hundert Jahren hatten zwei wagemutige Männer der österreich-ungarischen Monarchie – Graf Samuel Teleki und sein Gefährte, der Linienschiffsleutnant Ritter von Höhnel – vom gegenüberliegenden Ostufer aus die dunklen Fluten dieses Sees zum erstenmal erblickt. Ihre Forschungs- und Jagdexpedition hatte 1888 an der Küste Kenias begonnen und mehr als drei Monate gedauert. Damals mußten Hunderte von Eingeborenenträgern die zahlreichen Lasten in harten Tagesmärschen durch eine unbekannte Wildnis voller Gefahren schleppen. Aus Sicherheitsgründen hatten die beiden Forscher eine kleine, gut bewaffnete Schar schwarzer Soldaten in ihrem Gefolge. Um die vielen Eingeborenen – und sich selbst – verpflegen zu können, mußten die beiden Jäger täglich einige Stück Großwild, meist Elefanten und Nashörner, erlegen. Dem von ihnen entdeckten See gaben Teleki und Höhnel zu Ehren des österreichischen Thronfolgers den Namen „Rudolfsee". Die neue Republik Kenia hat ihn in „Turkanasee" umgetauft, nach jenem nilotohamitischen Volk, das am Ost- und Westufer des Sees Fischerei betreibt und primitiv in Rundhütten haust. Die Turkana halten auch kleine Rinder, Ziegen und Schafe; sie waren lange Zeit unabhängig und wegen ihrer Raubzüge zu den Nachbarstämmen berüchtigt. Einst Nomaden, sind sie allmählich seßhaft geworden.

Am folgenden Tag marschierten der Graf und ich mit einem unserer Boys etwa fünf Kilometer zu Fuß zum Ferguson-Golf, in dessen Nähe wir eine größere Turkanasiedlung fanden. Unsere Ankunft erweckte Staunen. Bald sammelten sich Hunderte von Männern, Frauen und Kindern, die – mit Federn in den Haaren und viel Perlschmuck um die Hälser – unter Geschrei im Tanzschritt zu unserer Begrüßung kamen. Die Frauen hatten riesige Gehäuse einer afrikanischen Achatschneckenart umgehängt, wahrscheinlich als Totems. Die Menge wog hin und her und wirbelte viel Staub auf. Ich hatte eine Leica mit und machte Aufnahmen von der Begrüßungszeremonie. Aber die Geschenke – Tabakzöpfe und ein großer Sack Salz – befanden sich leider in den Landrovers am Lagerplatz.

Ein würdiger alter Mann – wohl der Häuptling – kam aus der Menge auf mich zu und bot mir seine Hand. In der Unterlippe trug er einen dicken Metallknopf als Schmuck. Da unser schwarzer Boy die Sprache der Turkana nicht verstand, versuchte ich den Eingeborenen durch

Bilder umseitig: Oben: Die Jagd auf Strauße ist sehr anstrengend, denn diese urweltlichen Laufvögel entwickeln ungeahnte Geschwindigkeiten. – *Unten:* Eine Gruppe der recht scheuen Grevy-Zebras.
Bilder links: Oben: Ein prächtiger Mähnenlöwe. – *Unten:* Familienzwist.

Gesten klarzumachen, daß ich am nächsten Tag mit dem Landrover kommen und die Geschenke überreichen würde. Dies wurde akzeptiert, und allmählich zogen wir uns wieder zurück, vorbei an den kleinen Rundhütten, vor denen Ziegen im Sand lagen. Unterwegs sah ich mehrere Löcher im Boden, durch die sich die Eingeborenen mit Süßwasser versorgten.

Die Erkundungsfahrt mit Graf Krasicki zum Westufer des Rudolfsees ging nach einem Monat gut zu Ende. Reich mit Film- und Fotomaterial sowie mit völkerkundlichen Objekten beladen, fuhren wir auf den gleichen Pfaden nach Kampala, Uganda, zurück.

Jahre später, schon im „modernen" Afrika, war ich der erste, der eine größere Gruppe von Touristen in fünf VW-Bussen zum Rudolfsee führte. Wieder starteten wir von Kampala aus, und in vier Tagen ging es über Lodwar zum Ferguson-Golf am Westufer. Hier hatte mittlerweile der oben erwähnte weiße Fischereioffizier mit seiner jungen Gattin Quartier genommen und unterrichtete die Turkana in rationellem Fischfang. Der Rudolfsee zählt nämlich zu den reichsten Fischwässern Afrikas, und in seinem Brackwasser haben viele Arten, etwa der Nilbarsch, wahre Riesenformen entwickelt. Kleinflugzeuge bringen heute begeisterte Sportfischer in einem Dreistundenflug zum Anglerklub der kenianischen Regierung.

An dieser Fotosafari zu den Gestaden des Westufers nahmen auch der ehemalige österreichische Sozialminister Proksch und seine Gattin teil. Auch damals führten die Turkana ihre rituellen Tänze auf und hinterließen bei allen Safariteilnehmern ungemein nachhaltige Eindrücke.

Kurze Zeit später fuhr ich mit einer anderen Gästegruppe zur neu ausgebauten Oase Eye-Springs rund 30 km südlich des Ferguson-Golfs – ein paradiesisches Fleckchen Erde mit einer herrlichen Süßwasserquelle inmitten von Palmenhainen. Die Safariteilnehmer wurden in Holzhäusern, etwa zehn Meter vom Seeufer entfernt, untergebracht und konnten ohne Gefahr schwimmen. Wir unternahmen Motorbootfahrten zu den Krokodilinseln, wo Hunderte der großen Echsen in der Sonne am Sandstrand schliefen. Zu Beginn des Ausflugs war das Wasser spiegelglatt, doch der Rudolfsee kann auch sehr stürmisch sein, denn am Abend, nach dem Besuch der Inseln, hatten wir mit hohen Wogen zu kämpfen. Doch die ausgezeichneten Fischgerichte, die uns im Haupthaus von Eye-Springs serviert wurden, ließen uns die gefährliche Rückfahrt rasch vergessen; in der würzigen Seeluft mundeten sie einfach großartig. Diese Eye-Springs-Safari zeigte den Rudolfsee von seiner schönsten Seite!

Nach 15 Monaten startete ich von Nairobi aus die erste Safari zu dem mir noch unbekannten Ostufer. Mittlerweile war der Rudolfsee eine Touristenattraktion ersten Ranges geworden. Zahlreiche Reisebüros in Nairobi boten mehrtägige Safaris dorthin an. Nicht nur passionierte Fischer, sondern auch Touristen aus aller Welt wollten die pittoreske Landschaft um den See kennenlernen. Inzwischen waren die Pfade, die durch Wüsten, Geröll und an Vulkanbergen vorbei führten, verbreitert und verbessert worden. Ich brachte meine Kamerajäger in den jetzt zugänglichen Northern-Frontier-District nach Marsabit. Diese schwach bevölkerte Berglandschaft liegt inmitten einer weiten Halbwüste. Ein Teil der mit tropischem Wald umgebenen Berge, ein Wildparadies inmitten unberührter Wildnis, war zum Nationalpark erklärt worden.

Ich brachte die Safariteilnehmer auf ein Hochplateau. Unter uns lag der vom ehemals berühmten amerikanischen Filmehepaar Osa und Martin Johnson entdeckte Paradiessee. Auf der Suche nach dem Großen Kudu durchstreiften wir die Bergwälder, trafen mit Elefanten zusammen, die zum Paradiessee zur Tränke kamen, und übernachteten in einer kleinen Lodge. Dieser Teil Kenias war wegen der Shiftagefahr jahrelang gesperrt gewesen. Die Shifta waren räuberische Somali, die viele Eingeborene getötet hatten. Zum Großteil handelte es sich um Scharen von Nationalisten, die Gebiete Nordkenias für ihr Land beanspruchten. Nach etlichen militärischen Auseinandersetzungen konnte die Shiftagefahr gebannt und dieser Landstrich für Touristen wieder freigegeben werden.

Marsabit galt auch als die Heimat des berühmtesten Elefanten von Kenia, der drei Meter lange Stoßzähne mit einem Elfenbeingewicht von insgesamt 155 kg trug! „Ahmed", wie der alte Bulle von der obersten Wildschutzbehörde getauft worden war, stand unter dem „persönlichen Schutz" des Staatspräsidenten Jomo Kenyatta und war ein unsteter Wanderer, dessen Einstände die Jagdbehörden gut kannten. Zwei Jahre später ging er an Altersschwäche ein. Der Chefpräparator der weltberühmten Firma Zimmermann, mein Freund Wolfgang Schenk, hat „Ahmed" kunstvoll als Ganzkörperpräparat für das Museum in Nairobi erhalten.

Eine Quelle nahe der kleinen Eingeborenensiedlung von Marsabit, deren Wasser mit Holzeimern heraufgeschafft wurde, bekam ständigen Besuch von den mit den Turkana verwandten, wild aussehenden Angehörigen des Gabbra-Stammes und ihren Buckelrinderherden. Auf der Weiterfahrt begegneten wir einigen Kamelkarawanen der Rendile, die im Gebiet des Rudolfsees heimaten. Nach langer, teils sandiger, teils steiniger Fahrt gelangten unsere VW-Busse endlich nach North Horr, einer kleinen Turkanasiedlung mit einer katholischen Missionsstation. Und es dauerte noch viele heiße und staubige Stunden, bis wir endlich in Loiyangalani, einer Oase in der von Vulkanbergen umgebenen Wüste, eintrafen. In diesem Turkanaort mit seiner heißen Quelle hatte die kenianische Regierung ein größeres Camp mit Hotelbetrieb errichtet, das ungefähr 10 km vom Ostufer des Rudolfsees entfernt liegt.

Auf einer gegenüberliegenden Insel lebte das seltsame Fischervolk der El Molo, Afrikas kleinster Stamm mit nur ein paar hundert Köpfen. Diese Eingeborenen hausten auf der sonnendurchglühten Insel in armseligen niedrigen Strohhütten und zogen täglich mit ihren Einbäumen zum Fischfang aus. Alle Versuche der Regierung, die El Molo an Land seßhaft zu machen, waren bislang gescheitert. – Schließlich soll nicht unerwähnt bleiben, daß der berühmte Paläontologe und Vorgeschichtler Richard Leakey hier, am Ostufer des Rudolfsees, jahrmillionenalte menschliche Knochen gefunden hat.

1976 war ich das letzte Mal am Ostufer des Rudolfsees. Diese Safari habe ich nicht in guter Erinnerung, denn schwere Sandstürme unterwegs bereiteten uns größte Schwierigkeiten, und einer der VW-Busse blieb auf der Strecke. Kein Wunder also, daß es unter den Teilnehmern – ganz im Gegensatz zu sonstigen Safaris – viel Streit und Zank gab und ich schließlich wieder froh war, in Nairobi das Flugzeug in die Heimat besteigen zu können...

Löwen!

In Europa und in der Heimat ist die Meinung weitverbreitet, daß in Afrika gleichsam hinter jedem Busch eine der großen Raubkatzen lauern müsse. Dem ist aber in Wirklichkeit beileibe nicht so.

Hermann von Wissmann, der erste Gouverneur von Deutsch-Ostafrika und berühmter Afrikadurchquerer, hatte während seines vieljährigen Aufenthalts sämtliches ostafrikanisches Wild erjagt – einen Löwen aber konnte er nicht zur Strecke bringen. Heute ist wohl der Reichtum an großen Raubkatzen in manchen Teilen Afrikas, vor allem dort, wo sie völligen Schutz genießen, beträchtlich gestiegen, gleichzeitig aber sind sie wieder aus anderen Gegenden infolge der fortschreitenden Erschließung und Besiedlung verschwunden. In Französisch-Afrika und Belgisch-Kongo war der Abschuß von Löwen lange Zeit frei gewesen. Dennoch wurden nur wenige erlegt. Nur durch Zufall kamen Jäger zu dieser Beute, denn der Löwe meidet den tropischen Regenwald. Auch in den Savannenländern mit ihrem hohen Graswuchs ist er nur sporadisch anzutreffen. Seine bevorzugten Aufenthaltsgründe sind die Trockensteppen, da diese den größten Wildreichtum aufweisen. Ostafrika, vor allem Tansania, ist heute das löwenreichste Gebiet des Dunklen Kontinents. Nur dort sind auch Schwarzmähnenlöwen anzutreffen.

In der Savanne und in der Steppe Kameruns sind die Löwen nie zahlreich gewesen; ein Zusammentreffen mit ihnen war eine Seltenheit. Erst als der Tourismus in Westafrika einsetzte und Kamerun mit seinen vielen Eingeborenenstämmen, seinen mannigfaltigen Vegetationszonen und seinem Wildreichtum mit dem Flugzeug leicht erreichbar wurde, bekam die oberste Jagdbehörde Angst um die wenigen Löwen. Sie wurden jahrelang völlig geschützt und erst 1983 wieder vereinzelt zur Jagd freigegeben.

Die Jagd auf Löwen unterscheidet sich von der auf anderes Großwild sehr wesentlich. Die Beute wird nur selten „erlaufen", indem man stundenlang ihren Spuren folgt, oder auf der Pirsch erlegt – jenem heimlichen Streifen durch das Gelände, in dem man auf ein zufälliges Zusammentreffen hofft. Vielmehr werden Löwen „geködert". In einem Gebiet, in dem man sie vermutet, werden Köder ausgelegt. Schleppen mit geschossenen Antilopen oder Zebras sind nicht in allen Jagdländern erlaubt. Am frühesten Morgen ist die große, gelbe Raubkatze dann mit größter Wahrscheinlichkeit bei den Ködern anzutreffen.

Im Verlauf meines langen Jägerlebens in Afrika habe ich nicht viele Löwen vor die Büchse bekommen. Mit der Kamera allerdings „schoß" ich eine ganze Menge. Fast drei Jahre schon durchstreifte ich das riesige tropische Kamerun, bis auch ich durch Zufall einen Löwen erbeuten konnte.

Ngodeni ist der klingende Eingeborenenname für drei Gehöfte, die am wasserführenden

Logonthina-Flüßchen im nordöstlichen Kamerun lagen. In einer der Lehmburgen hatte ich mein einfaches Lager aufgeschlagen. Feldbett, Koffer, Kisten und andere Traglasten wurden darin untergebracht. Meine Karawanenleute teilten sich auf die anderen Behausungen auf. Einige der Träger säuberten sich einen Platz unter einer ausladenden, schattenspendenden Tamarinde zurecht. Riesige Schoten – Früchte dieses afrikanischen Steppenbaumes – lagen auf dem Erdboden. Sie behinderten uns kaum, um so mehr aber die zahlreichen Dornen, die sich versteckt unter den winzigen Blättern befanden und sehr unangenehm stachen.

Die sengende Sonne der großen Trockenzeit lastete über einer Landschaft, die mich durch ihre Vielfalt an Pflanzen und Bäumen sofort begeisterte. Die Steppe mit ihren weiten, offenen Flächen und dem niederen Graswuchs bot den Tieren gute Tummelplätze und barg für meine Jagdleidenschaft ungeahnte Überraschungen, die ich bald erleben sollte.

In diesem kleinen Tierparadies – einer Gegend, die äußerst selten von Weißen betreten wurde – wimmelte es nur so von Warzenschweinen und Wasserböcken, wenngleich auch anderes Wild hier – aber doch heimlicher – hauste.

Kurz vor Sonnenaufgang, der klare Morgen war noch angenehm frisch, durchwanderte ich mit einem der wenigen schwarzen Bewohner von Ngodeni als Führer den Busch. Der Mann war Mohammedaner und trug lässig seine aus Baumwollstreifen zusammengefügten Kleider. Seine Waffen waren ein kurzer Speer – die Spitze mit Widerhaken – und das übliche Messer, das er in einer Scheide aus Antilopenhaut um die Hüfte gegurtet hatte. Ich ging hinter ihm, den Mannlicher-Schönauer 7,62 x 63 mm mit Zielfernrohr geschultert und einen Jagdspeer, der zum Anstreichen dienen sollte, in den Händen. Obwohl wir recht zwanglos und aufrecht ohne besondere Deckung marschierten, stieß ich auf Schritt und Tritt auf irgendein Wild. Die Tiere zeigten sich wohl deshalb so vertraut, da in dieser Gegend fast nicht gejagt wurde. Ich kam aus dem Staunen nicht heraus.

Warzenschweine, die überall im Grasland tagaktiv sind, ließen sich bei der Nahrungsaufnahme kaum stören. Auf ihren Vorderläufen knieend, brachen sie den harten Erdboden. Meist waren es Familienrotten aus Keiler, Sau und Jungtieren, die, wenn wir ihnen doch allzunahe kamen, grunzten und mit hocherhobenem Pürzel einige Meter weiter flüchteten. Ich nahm einzelne ältere Keiler aufs Korn, und sie fielen im Feuer. – Nach einer Stunde, noch ehe die Sonne höher am Himmel stand und die Hitze unerträglich wurde, lagen bereits sechs dieser betagten Burschen mit den scharfkantigen Waffen in ihrem spärlichen Haarkleid im Feld.

Die mörderische Hitze ließ das Wild plötzlich verschwinden. Auch uns trieb es zu den kühlen Behausungen von Ngodeni zurück. Meine Träger aber scheuten die Sonnenglut nicht. Sie eilten in den lichten Busch, um die erlegten Warzenschweine einzusammeln und sie jeweils zu zweit – ein Tier auf eine Stange gebunden – nach Hause zu tragen. Unter dem Schatten der Tamarinde flackerten alsbald die kleinen Feuer, und der Brandgeruch von frischem Fleisch zog bis in den dunklen, kühlen Raum hinein, in dem ich auf meinem Feldbett zu schlafen versuchte. Obwohl Mohammedaner ja sonst kein Schweinefleisch essen, verzehrten meine Leute im Lager das recht trockene, ganz weiße Fleisch dieser so häufigen Wildschweinart ohne Hemmungen.

Am späteren Nachmittag – das Thermometer zeigte im Schatten immer noch mehr als 40 Grad Celsius – war ich wieder unterwegs. So vielem Wild in so kurzer Zeit zu begegnen: dieses Schauspiel wollte ich mir nicht entgehen lassen und pirschte los. Auf nahe Distanz erlegte ich bald einen starken Wasserbock, dessen Gehörnlänge rekordverdächtig war. Im gleichen Augenblick, als der große Bulle fiel, erhob sich neben ihm aus einem kleinen Dickicht eine alte Fleckenhyäne, äugte zu uns und bekam von mir stracks die Kugel. Über diesen Schuß war mein Fulbe-Mann aber weniger erfreut, denn er wollte das für ihn unreine Tier nicht anrühren.

Im Abendlicht der blutrot untergehenden Sonne lief mich ein besonders starker Warzenschweinkeiler an, den ich ebenso rasch erlegte. Die Hauer ragten fast eine Unterarmlänge aus dem Schädel. Ich sah das Rekordgewaff sofort; nie zuvor hatte ich ein solches Stück erbeutet. – Abends um sechs brach die Finsternis ein, und wir liefen nach Ngodeni zurück, damit der Wasserbock noch rechtzeitig heimgebracht werden konnte. Dieses Wildbret aß ich nämlich besonders gern. Den kapitalen Warzenschweinkeiler ließen wir über Nacht in der Wildnis liegen.

Noch früher als tags zuvor war ich mit drei Helfern draußen, um den Keiler zu holen – eine reine Routineangelegenheit, denn die Eingeborenen mit ihrem Fleischhunger finden ein zurückgelassenes Wild fast immer. Dies gilt im übrigen für alle Gegenden Afrikas. Um so größer war mein Erstaunen, als wir die Stelle, an der der Keiler zusammengebrochen war, leer fanden. Eingetrockneter Schweiß verriet aber, daß wir richtig waren, doch das Warzenschwein war verschwunden. Dafür entdeckten wir eine Schleifspur, die einige Meter in ein nahes, dornenbewehrtes Gestrüpp führte. In mir zuckte der Gedanke auf: Eine Raubkatze hatte meine Beute verschleppt! Und dem war wirklich so. Der Keiler lag angeschnitten im Dickicht. Plötzlich grollte es auch schon aus dem nahen Buschwerk, und ein einzelner männlicher Löwe stand keine zwanzig Schritt vor mir. Vorsichtshalber hatte ich den Repetierer schon entsichert und zielte kurz auf die schräg zu mir stehende Großkatze. Im Schuß warf es den Löwen hoch – er verschwand schwerkrank hinter dürren Sträuchern. Sekunden später tauchte der Gelbe wieder auf und erhielt von mir die tödliche Kugel. – Ich verwendete damals vor dem Krieg ein Teilmantel-, ein Torpedogeschoß mit Aluminiumspitze der Hirtenberger Patronenfabrik.

Wundgeschossene Löwen stellen sich sofort immer im ärgsten Dickicht ein, und der Verfolger ist auf der Nachsuche auf das höchste gefährdet, denn der Sprung des gereizten Löwen erfolgt blitzartig und schnell. Nur selten verfehlt er sein Opfer, das einen solchen überraschenden Angriff kaum mit einer sicheren Kugel abstoppen kann. – Wieviele weiße Jäger haben durch Löwen, meist durch Blutvergiftung, schon ihr Leben lassen müssen! Heute sind tragische Unfälle mit Löwen selten geworden, denn der Jagdgast ist durch seinen Professional Hunter auf einer Safari geschützt, und die nötigen lebensrettenden Medikamente sind rascher zur Hand als früher.

Viele Jahre später weilte ich auf der Fahrt zum Tschadsee im Schari-Uferwald, auf der rechten Seite des das ganze Jahr über wasserführenden, breiten Steppenflusses. Wieder suchte ich das große, versumpfte Binnenmeer zu erreichen. In einer Schua-Siedlung berichtete man mir, daß zur Zeit Löwen argen Schaden anrichteten. Die gelben Raubkatzen schlugen die kleinen, mageren Buckelrinder mit großer Dreistigkeit. Die Schua – viehzüchtende Araber mit negroidem Einschlag – bevölkern weite Teile der Tschadsee-Niederung. Sie konnten sich gegen diese häufigen, unliebsamen und gefürchteten Raubkatzen kaum wehren.

Jede ihrer kreisrunden Grashütten war durch einen Knüppelzaun gesichert. In den Hütten selbst waren nachts mit den Menschen Kälber und Ziegen untergebracht; das Großvieh wurde in einen Dornverhau eingepfercht. Die Fliegenplage war entsetzlich, und nachts heulten die Hunde mit den Hyänen und Schakalen um die Wette. Alle diese Widrigkeiten aber waren in meinen Augen gegen die Großartigkeit der Landschaft gering.

Da ich im Schari-Uferwald ohnehin die Verbreitung der verschiedensten Wildarten erforschen wollte, blieb ich für einige Tage bei den recht gastfreien Leuten. Schon in der ersten Nacht vernahm ich starkes Löwengebrüll. Sie umschlichen das Dorf! Am Morgen fand ich die Fährtenabdrücke zweier ausgewachsener Löwen, die nach „Opfertieren" gesucht hatten. Die großen, gelben Raubkatzen legen auf der Nahrungssuche in einer Nacht oft bis zu zwanzig Kilometer zurück. Meist tun sich mehrere Löwinnen zusammen, um gemeinsam zu jagen. Der männliche Löwe ist bequemer. Gewiß hilft er mit, vor allem aber durch die Gewalt seiner Stimme. Er ist weniger angriffslustig als das weibliche Tier. Eine alte Jägerregel besagt daher, bei einem Zusammentreffen mit Löwen zuerst die gefährlichere Löwin zu strecken. Sie versucht nämlich häufig, den toten Gefährten zu rächen.

Die beiden Räuber hatten zeitig in der Früh gemeldet und bald nach Sonnenaufgang verschwiegen. Ein Schua entschloß sich anderntags freiwillig, mich durch das unbekannte Gelände zu führen. Beim ersten Morgenlicht waren wir unterwegs. Es war noch angenehm kühl. Kein Lüftchen regte sich. Langsam marschierten wir um das recht verstreut liegende Dorf. In den Hütten aus Holzstangen und Hirsestroh schlief noch alles.

Plötzlich ertönte aus einem nahen Gebüsch der mächtige Schrei eines Löwen, und gleich darauf erblickte ich auch schon das Löwenpaar, das uns Menschen sofort eräugt hatte. Die beiden Großkatzen, eine mit etwas geringerer Mähne, entfernten sich gemächlich. So leise wie möglich schlichen wir nach. Die Löwen hatten uns ständig in Sicht, flüchteten aber nicht. Der Abstand zwischen uns blieb immer der gleiche. Es war wie ein Fangenspiel. In dem Augenblick aber, da die beiden Löwen für Sekunden innehielten und sich umdrehten, um uns zu beobachten, hatte ich schon den Mauser 10,75 x 63 mm mit vierfachem Zielfernrohr – ein Gewehr, das ich Ende des Krieges von Prof. Dr. Bernatzik in Wien gekauft hatte – an den Jagdspeer angestrichen und schoß dem einen Löwen auf ungefähr sechzig Meter in den Träger. Das Tier fiel auf der Stelle um und war durch die Kugel in die Wirbelsäule sofort verendet.

Nun bestand die große Gefahr, daß die Löwin angreifen würde. Ich wartete einige Minuten im Anschlag, doch sie hatte sich geduckt und rührte sich nicht vom Fleck. Nach einer Weile verschwand sie im höheren Gras. Vorsichtig gingen wir auf den gefallenen Löwen zu.

Der Schua lief ins nahe Dorf, und bald tauchten Hunderte von Männern, Frauen und Kindern auf, die alle den verfluchten Viehräuber sehen wollten, wie er tot dalag. Die Leute waren erregt und beschimpften den Löwen nach allen Regeln der Kunst. Vier Männer banden ihn dann an eine lange Stange und trugen ihn im Triumph ins Dorf.

Ich saß daneben, als die Eingeborenen meine Beute aus der Decke schlugen, gab Anleitungen und paßte auf, daß die Arbeit auch sofort erledigt wurde, denn sonst wäre das Löwenfell der Hitze wegen verdorben. Da ich nur wenig Salz zur Verfügung hatte, ließ ich die noch feuchte Decke gut mit ausgekühlter Holzasche bestreichen. Der Löwenschädel wurde in einem großen Tongefäß ausgekocht. Die mächtigen Fangzähne rieb ich rohskelettiert mit Fett ein, damit sie nicht so leicht zerspringen konnten. Später schenkte ich diesen Löwen vom Tschad einem österreichischen Museum.

Im Schari-Uferwald lebten neben den Wasserböcken, Schirrböcken und Warzenschweinen auch vereinzelt Rotbüffel, die sich aber besonders selten zeigten. Dort schoß ich auch das so scheue Erdferkel und das Stachelschwein. Von den Eingeborenen am Spieß zubereitet, schmeckten beide vorzüglich. Jedenfalls war in dieser Gegend an Wildbret für die Küche kein Mangel.

Anfang der fünfziger Jahre hielt ich mich im südlichen Tschad-Territorium auf, um auf den Salamatbüffel, das gewaltigste Wildrind Westäquatorialafrikas, zu jagen. Infolge der trockenen Jahreszeit und der hohen Temperaturen untertags genügte eine unter einem großen Baum aufgespannte Plane als Sonnenschutz. Das Feldbett mit dem so wichtigen Moskitonetz stand, von meinen Blechkoffern und der notwendigen Ausrüstung umringt, auf diesem einfachen, aber luftigen Lagerplatz. Es war herrlich, im Freien in der menschenleeren Wildnis zu hausen. Gefährlich schienen mir nur die Moskitos, und die Feuer meiner schwarzen Begleiter sollten die wilden Tiere vor einem nächtlichen Besuch abhalten.

Eines Spätnachmittags vernahm ich nicht weit in der Baumsteppe einen Löwen melden. Sofort war ich auf den Beinen und eilte mit zwei Fährtensuchern in jene Richtung, aus der seine Stimme erklungen war. Ich wollte den Löwen unbedingt einholen, denn es war mir wichtig, zu erkunden, ob die Löwen am Tschad alle mähnenlos waren oder ob doch einzelne Exemplare eine solch auffallende und imposante Kopfzier trugen. Wenn ja, wollte ich ihn schießen, denn auf dem Großen Jagdschein für den Tschad hatte ich noch einen Löwen frei.

In der Ferne dröhnte das Löwengebrüll. Außer Atem hasteten wir über eine baumarme Steppe mit kurzem Gras dahin. Vor Wochen waren Brände übers Land gezogen. Die niedere Bodennarbe zeigte das erste Grün. Weiter, immer weiter entfernten wir uns vom Lagerplatz. Es war angenehm, die Temperatur sank, und keine Müdigkeit kam auf. Mit einemmal ging die Sonne unter, damit schwand aber auch die Möglichkeit, mit den Großkatzen zusammenzutreffen, auf Null. Schweren Herzens beschloß ich, in der einbrechenden Finsternis umzukehren. Ein ausgetrockneter Wasserlauf sollte uns die Richtung zu unserem Lager weisen. Wir folgten ihm. Die Eingeborenen, deren Ortssinn ich vertraute, marschierten vor mir. Die Zeit verrann

– aber weit und breit waren keine Lichter des Lagers zu sehen... Wegen der Dunkelheit konnten wir auch unser rasches Tempo nicht mehr halten. Die ersten Stimmen der Nacht erklangen. Der Ruf der Schakale und das seltsame laute Gelächter von Hyänen gaben mir die Gewißheit, daß wir in die falsche Richtung zogen. Ich ließ die Fährtensucher anhalten. Ärgerlich hörte ich, daß sie sich nicht mehr auskannten und auch gar nicht mehr wußten, wo sich unser Lager befand. Es war zwei Stunden vor Mitternacht geworden. Wir hatten uns total verirrt!

Plötzlich vernahmen wir das laute Poltern einer offensichtlich neben uns ziehenden Elefantenherde. Löwen konzertierten von mehreren Seiten in der mond- und sternenlosen Nacht. Ich wütete innerlich über unser Geschick und beschloß, bei der nächsten Baumgruppe zu lagern. Bestimmt waren wir im Kreis herumgelaufen, und es bestand jetzt keine Aussicht, den guten Lagerplatz zu finden. Viel wichtiger erschien mir, der unzähligen Moskitos und der wilden Tiere wegen ein großes Feuer anzumachen.

Glücklicherweise konnten die beiden Sarra noch mit Feuersteinen und Eisen, die sie zum Rauchen bei sich trugen, umgehen. Sie gehörten im übrigen einem Stamm an, dessen Frauen sich mit riesengroßen Holztellern in den durchbohrten Lippen „verschönern“. Holz lag genug umher, und zusammen mit dürrem Gras gab es einen hellen, aber schwelend rauchigen Brand. Die Moskitos, die schon längst blutrünstig über uns hergefallen waren, hatten wir bald vertrieben. Höher loderten die Flammen in die stockfinstere Steppennacht. Plötzlich ertönte der Schrei eines männlichen Löwen aus unmittelbarer Nähe. Weiches Grollen einer Löwin folgte. Sie rief ihre Jungen, und ich war überzeugt, daß die gelbe Familie soeben auf Raub ausging.

In ihrer Angst erkletterten die Eingeborenen rasch einige laublose Bäume, deren Zwergwuchs sie aber vor den angriffslustigen Raubkatzen kaum geschützt hätte. Auch die Elefanten, die sich vorübergehend etwas entfernt hatten, trompeteten wieder ganz aus der Nähe. Die mißliche Lage vertrieb jedes Hungergefühl, dafür waren unsere Gaumen um so trockener und ausgedörrt – der Durst war schlimm. Langsam, ganz langsam nur verging diese Tropennacht. Ich saß an einen Baum gekauert nahe beim Feuer und hatte mein geladenes Gewehr zwischen den Beinen. Als ein heller Streifen am Himmel den Anbruch des Tages verkündete, hörten die Stimmen der Wildnis abrupt auf. Unausgeschlafen, durstig und jetzt auch schon hungrig zogen wir los. Mit sicherem Instinkt fanden die Schwarzen nun, bei Tageslicht, unseren Lagerplatz. Man hatte uns bereits vermißt...

Ein anderes Mal überraschte ich einen Löwen, dessen Mähne fast blond seinen Schädel umrahmte, beim Verspeisen eines alten Wasserbocks. Als ich näher kam, flüchtete er in kurzen Sprüngen in ein Dickicht. Ich wußte, daß er wiederkommen würde.

Die Bauchhöhle des Wasserbocks und Teile der Hinterläufe waren schon angefressen. Den Rest der Löwenmahlzeit ließ ich von meinen schwarzen Begleitern auf einen Baum hängen. Dicke Trauben von Schmeißfliegen schwirrten uns entgegen; das Fleisch stank fürchterlich.

Die Burschen schlugen mit ihren Buschmessern einen der niedrigen Bäume um, zogen die Rinde ab und hatten auf einfache Art schnell einen Strick zusammengedreht. Das Aufhängen mußte in bestimmter Höhe erfolgen, um den Raubkatzen die Mahlzeit zu erschweren. Wichtig war auch, die zahlreichen Aasgeier, die immer rasch von allen Seiten zu verendetem Wild heranfliegen, vom Köder abzuhalten. Daher verblendeten ihn die Eingeborenen mit abgerissenen Zweigen, die noch Blätter trugen.

Am Abend wollte ich mich ansetzen. Dazu hatte ich mir bereits einen guten Baum als Deckung ausgesucht. Eine Stunde vor Büchsenlichtschluß ging ich hin und stellte meinen Mauser 10,75 x 68 mm ab, um es mir bequem zu machen.

Da hörte ich ein Surren. Pfeilschnell schossen einige wilde Bienen aus einem Astloch hervor. Obwohl ich mich so ruhig als möglich verhielt und wie versteinert dasaß, setzte mir eines dieser Biester seinen Stachel genau unterhalb des rechten Augenlids an. Der Schmerz war sehr heftig, und binnen weniger Minuten verschwoll das eine Auge und damit die ganze Gesichtshälfte. Soviel ich mich als junger Mensch mit Bienen und ihrem Leben auch befaßt hatte, bin ich gegen ihre Stiche doch immer sehr empfindlich geblieben. Plötzlich sah ich einfach nichts mehr, fluchte erbärmlich – und dabei konnten die Löwen jeden Augenblick aus dem Dickicht treten, um die Reste des Wasserbocks anzunehmen.

Es half alles nichts – ich mußte fort, zum Lager zurück. An ein zielsicheres Schießen war in diesem Zustand nicht mehr zu denken. Noch war ich von dem Unglücksbaum kaum ein paar hundert Meter entfernt, da erscholl wie zum Hohn die dröhnende Stimme des Löwen, der im Abendlicht zum Köder trottete, über die Steppe. Es war das Letzte, was ich von diesem Bruder je wieder vernehmen sollte . . .

In Ruanda, dem kleinen Land in Zentralafrika mit seinen kühlen Grashochländern, jagte ich gemeinsam mit einem Freund. Er war bedeutend jünger als ich, aber ein bekannt guter Schütze und leidenschaftlicher Jäger.

Aasgeier, die am Himmel ihre Kreise zogen, lenkten unsere Blicke auf eine kleine Anhöhe. Im zehnfachen Leitz-Trinovid-Feldstecher, den ich seit Jahren im Busch als Jagdglas führte, erblickte ich die Geier zu meiner Überraschung auch auf der Erde und in einigen Baumkronen sitzend. Dies sah mir ganz nach Löwen aus.

Wir pirschten mit den eingeborenen Helfern heran, doch die alte Löwin hatte uns schon in den Wind bekommen und flüchtete einige Schritte. Mein Freund, der seine erste Raubkatze schießen wollte, legte rasch an und feuerte. Im Schuß mit einer Patrone im Kaliber 8 x 57 mm überschlug sich die Löwin, biß nach hinten und grollte arg. Als sie soeben hinter einer kleinen Bodenwelle verschwinden wollte, bekam sie die zweite Kugel. Dennoch flüchtete sie in ein nahes Gestrüpp weiter. Schnell umstellten wir den Dornbusch. Jeder von uns beiden Weißen stand schußbereit auf einer anderen Seite. Die Schwarzen sollten durch Steinwürfe das kranke Tier aus dem Versteck treiben. Unsere Rechnung ging auf, denn plötzlich trat die Löwin in meiner Richtung aus dem Busch, äugte mir zu und erhielt einen schrägen Trägerschuß, der sie tot ins Gras warf. Selbstverständlich war mein Freund der glückliche Erleger der Raubkatze, denn auch in Afrika gilt der erste Schuß, der das Wild faßt.

In Ruanda waren die Löwen damals als schädliches Wild noch frei zum Abschuß. Ein Löwe kostete dort also nichts, was ein bemerkenswerter Ausnahmefall war, denn im benachbarten Uganda kam der freie Löwe recht teuer.

Viele, viele Jahre durchstreifte ich die Wildbahnen Ugandas. Auch hier zeichnete ich Verbreitung und Vorkommen der Wildarten auf und legte Karten an. Ich jagte mit Büchse und Kamera. Der Original Holland & Holland Repetierer im Kal. 375 Magnum, die von mir meistgeführte Waffe, war im Grund genommen ein Jagdgewehr für alle Wildarten – vom Buschbock, dem Impala, bis zum Büffel und Elefanten. Die Leica mit veschiedenen Leitz-Objektiven, oft mit dem Schnellschußgerät von Novoflex und 400 mm Brennweite ausgerüstet, brachte mir im Lauf der Zeit viele tausend Schwarzweiß-, Farbfotos und Dias für mein Archiv ein. Die Jagdwaffe und zwei Leicas trug ich entweder selber oder ließ die Kameras von einem der schwarzen Begleiter in einer soliden Tasche aus steifem Leder mitführen.

Schon Ende der fünfziger Jahre besaß ich die Lizenzen des Jagdamtes in Entebbe, Gäste auf Großwildsafaris zu führen. Bald hatte ich gute alte Freunde als Klienten, und alle waren drauf aus, die gelbe Großkatze zu jagen ...

Ein besonders löwenreiches Gebiet war einst die Semliki-Ebene, jener weite Teil einer Grassavanne mit spärlichem Baumwuchs und Borassuspalmwäldern, die an den damaligen belgischen Kongo grenzte. Dieses hervorragende Jagdareal war über zehn Jahre für Nichteinheimische gesperrt gewesen. Ich war einer der ersten, die das herrliche Wildgebiet mit zwei Jagdgästen betreten durften.

Die gelben mittelgroßen Moorantilopen, die sogenannten Uganda Kobs, heimateten mit etlichen tausend Gehörnträgern (die weiblichen Tiere der Uganda Kobs sind ungehörnt) im Ugandateil der Semliki-Ebene, die auf der einen Seite in den Ituri-Urwald mündet und auf der anderen bis zum Albertsee hineinreicht. Mit dem Landrover konnte man fast die gesamte wellige Ebene durchfahren; lediglich Bodenerosionen und einige bewaldete Schluchten bildeten Hindernisse. Ich selbst saß am Steuer. Wasserböcke, Warzenschweine, die Semlikibüffel mit ihren unterschiedlichen Gehörnen – teils denen des Rotbüffels ähnlich, teils fast schon so stark wie die des Kaffernbüffels – sowie Kuhantilopen tummelten an dem langsam vorbeifahrenden Geländewagen vorbei. Zahlreiche Elefanten einer kleineren Rasse mit langen, dünnen Stoßzähnen wechselten über den wasserführenden Semliki in diese paradiesische Landschaft. Als Einstände bevorzugten sie die weiten Borassuspalmwälder mit ihren großen, gelben Früchten und hielten sich gern in den stark eingeschnittenen Schluchten auf.

Für alle Raubkatzen war der Tisch überreich gedeckt. Gleich am ersten Tag sah ich gegen die heiße Mittagszeit zu auf einer Orientierungspirschfahrt unter einem Schattenbaum mindestens zwanzig Löwen schlafend umherliegen, und nachts widerhallte das Grasland von ihren markerschütternden Rufen.

Eines Morgens begegnete uns nahe dem Lager auf der Fußpirsch ein einzelner männlicher Löwe. Mein Jagdgast, ein bekannter Industrieller aus Wien, schoß auf den spitz verhoffenden Gelben. Er ruckte im Schuß zusammen, biß sich in die rechte Vorderpranke und verschwand in dem zunächst gelegenen Busch. Vorsichtig umgingen wir das Lianengewirr. Unvermutet trat der Löwe wieder ins Freie und bekam jetzt die Kugel aus der 9,3 x 62 mm-Büchse aufs Blatt. Er quittierte den Schuß durch einen Hochsprung am Fleck und war verendet. – Zwei andere Jagdgäste verwundeten ihre Löwen ebenfalls an der Pranke. Beide Raubkatzen brüllten fürchterlich auf und machten Miene, anzugreifen. Die Schußdistanzen waren Gott sei Dank weit, sonst hätten die Löwen ihre Jäger nach diesen Verwundungen gewiß sofort angesprungen. Nicht tödliche Knochenschüsse gelten als besonders gefährlich, da so in Wut geratene Löwen meist blitzschnell in großen Sprüngen angreifen und ein sehr schwieriges Ziel bieten.

Im südöstlichen Karamoja, im Norden von Uganda, jagte ich mit einem berühmten Unfallchirurgen. Nach aufregender und anstrengender Pirsch konnte der Freund einen alten Elenbullen erlegen. Mittlerweile stand die Sonne hoch am Himmel, und die trockene Hitze machte uns arg zu schaffen.

Elenantilopen haben von allen afrikanischen Wildtieren das beste Fleisch. So war es eine Selbstverständlichkeit, daß wir das Wildbret, gut siebenhundert Kilogramm, ins Lager schaffen wollten. Da ich nur einen Schwarzen mithatte, der den Elenbullen aufzubrechen begann, mußte ich vom Zeltcamp weitere Leute herbeiholen. Mein Landrover stand etwa einen Kilometer entfernt unter einem Baum im Schatten. Der Arzt, ein Hüne von Gestalt, litt großen Durst, und ich versprach, genügend Trinkbares mitzunehmen. Mit dem leeren Geländewagen fuhr ich allein los. Unweit unseres Lagers saßen Aasgeier in den Bäumen, und zwar so viele, daß ich stutzig wurde . . .

Ich hielt an, lud den Repetierer 375 H. & H. und ging mit entsichertem Gewehr ins Dickicht hinein, das in einen lichteren Buschwald überging. Ich vermutete Raubkatzen, und tatsächlich sprang ein einzelner, mächtiger Löwe unter fürchterlichem Gebrüll aus dem kleinen Gestrüpp hervor, äugte mir zu und bekam postwendend die Kugel, auf die er auch gut zeichnete. Da der Gelbe aber nicht verendet war und wieder hoch wurde, gab ich ihm noch eine Kugel schräg auf den Träger, die die Großkatze blitzartig ins hohe Gras warf. Vorsichtig näherte ich mich der Stelle. Ein riesiger Löwe mit guter Mähne lag ausgestreckt am Steppenboden.

Hocherfreut über diesen Zufall und die gute Beute fuhr ich rasch ins Lager weiter, wo ich alle Schwarzen alarmierte. Zuallererst ging es zum erlegten Löwen, den ich mehrmals fotografierte und den meine Leute unter großer Kraftanstrengung aufluden. Sein Gewicht schätzte ich auf etwa hundertachtzig Kilogramm und die Kopf-Rumpf-Länge auf über zwei Meter. Rasch brachte ich die Großkatze in die Nähe meines Wohnzelts, ließ sie auf einen Baum hängen und beauftragte meinen Skinner, den Abhäuter, sie vorsichtig aus der Decke zu schlagen – eine langwierige und heikle Arbeit.

Diesen Karamoja-Löwen schenkte ich dem Afrika-Museum in Bad Deutsch-Altenburg (Niederösterreich). Er wurde in Deutschland – leider sehr schlecht – präpariert, so daß die schöne Mähne des alten Herrn nicht gut zur Geltung kommt.

Zwei Tage später kam der befreundete Arzt selbst auf einen Löwen zu Schuß – wie es der Zufall haben wollte, eben dort in der Nähe, wo ich das Riesenexemplar erlegt hatte. Wir waren wieder im Landrover auf Pirschfahrt, als neben uns ein Löwe auftauchte. Die Überraschung war groß. Mein Freund wollte schon vom Wagen aus dem verhoffenden Löwen die Kugel geben; er hätte die Raubkatze gut im Ziel gehabt. Als Professional Hunter erlaubte ich ihm dies aber nicht, denn in den ostafrikanischen Ländern darf kein Wild vom Wagen aus geschossen werden.

Ich bat ihn, aus dem Landrover auszusteigen. Sein Schuß auf den noch immer zuwartenden Löwen war jedoch nicht tödlich. Mit einem Satz verschwand er in dem hohen, ungebrannten Gräsermeer. Äußerst angespannt folgten wir einige Meter und fanden nur ganz wenige Schweißtropfen, die noch dazu rasch aufhörten. Wahrscheinlich ein Streifschuß! Wenn wir in der nächsten Zeit an dieser Stelle vorbeifuhren, hielten wir immer nach Aasgeiern Ausschau, die ein verendetes Wild fast sicher anzeigen. Aber sie blieben aus; der Löwe dürfte ohne schwere Verletzung entkommen sein.

Ebenfalls in Uganda, etwa vier Stunden südlich von Kampala, erbeutete ein Jagdgast in einer Baumsavanne mit vielen Kandelaber-Euphorbien innerhalb zweier Tage zwei alte Löwen.

Das Lac Mburo-Jagdreservat ist ebenfalls reich an Löwen gewesen. Neben zahlreichen Büffeln waren dort Impalas, Topi, Wasserböcke, Oribi und Elenantilopen, Zebras und Warzenschweine heimisch. Ködertiere für die Raubkatzen gab es also genug.

Von unserem herrlichen Lagerplatz aus, auf einer Anhöhe mit bester Aussicht – die Zelte waren in Abständen in Reih und Glied aufgestellt, und die Safarimannschaft hatte in einiger Entfernung ihr eigenes großes Zeltlager –, hörten wir jede Nacht Löwen melden. Der Gast, ein überaus passionierter Waidmann, hatte auch seine charmante Gattin auf die Großwildsafari mitgebracht. Zwei Elefanten und zwei Büffel lagen bereits auf der Strecke, als er einen Elenbullen schwer anschweißte. Die Nachsuche blieb erfolglos.

Zwei Tage nach diesem Schuß durchstreiften wir mit dem Landrover wie immer das so abwechslungsreiche, zum Teil hügelige Gelände. Da stieg mir der Geruch eines verendeten Wildes in die Nase. Ich hielt an, und wir suchten nach der Stelle, von der der Aasgestank kam. Plötzlich wurde vor uns eine Löwin hoch! Mein Gast sprang im selben Augenblick aus dem Wagen und trug ihr in der Flucht die Kugel an. Die Löwin überschlug sich im Feuer und verendete. Sie war bei den Überresten des Elenbullen gewesen, dessen Gestank uns halten hatte lassen. Selbstverständlich freute sich mein Jagdgast ungemein über seinen ersten Löwen.

Wenige Tage später waren wir in diesem leicht bewaldeten Gelände wieder unterwegs. Abermals verhoffte ein Löwe, diesmal eine männliche, sehr starke Großkatze, neben den stinkenden Resten der Elenantilope. Ich konnte es kaum glauben, aber dem war wirklich so! Der Löwe wurde sofort flüchtig und lief in großen Sprüngen einen Hügel hinan. Der Gast, längst aus dem Auto, rannte nach vorne und schoß zweimal. Die Entfernung betrug gewiß schon über achtzig Meter. Ich sah den Löwen zusammenzucken, sich um die eigene Achse drehen und in ein Buschwerk laufen.

Ich fuhr rasch ins Lager zurück, holte einige mit Speeren und Buschmessern bewaffnete Leute und umstellte den Standort des kranken Löwen. Wir beiden Weißen gingen mit entsicherten Gewehren langsam auf das Versteck der Raubkatze zu. Als sie uns kommen sah, grollte sie dumpf auf, sprang mit zwei Sätzen aus dem dornigen Unterschlupf und stand mit erregt hin und her peitschender Rute spitz zu uns. Obwohl die Entfernung noch immer mehr als zwanzig Meter betrug, zielten wir rasch und schossen mehrere Kugeln auf den stark schweißenden Löwen. Die schweren Geschosse aus der Doppelbüchse 9,3 x 74 R und aus meiner 375 H. & H. Magn. rissen den starken, bemähnten Löwen um. Die Mannschaft mit den Speeren hatte nichts mehr zu tun.

Mein Gast hatte diesen Löwen auf den Jagdschein seiner Gattin, die ihn die meiste Zeit begleitete, erlegt. Die Behörden in Uganda zeigten sich in den letzten Jahren, als in diesem schönen und reichen Land noch Gesetz und Ordnung herrschten, diesbezüglich großzügig.

Im Lac Mburo-Gebiet, also im Ankole-Distrikt, jagte ich mit Klienten noch oft auf Großkatzen. In dem unendlich weiten Savannenland ging es hauptsächlich mit dem Allrad ins Gelände. Nur einzelne Hügel erstiegen wir zu Fuß, um nach Wild Ausschau zu halten. – Es sollte aber nicht sein: Die Löwen sprangen immer rechtzeitig davon, ohne uns auch nur die geringste Möglichkeit zu lassen, ihnen eine sichere Kugel anzutragen.

Dann kamen zwei Jagdgäste – alte Freunde – zu mir nach Ostafrika. Beide fuhr ich mit dem Geländewagen auf eine auf den Keulen sitzende Löwin an. Sie verhoffte neugierig zu uns und war relativ leicht zu erlegen. Die Gäste waren ebenfalls afrikanische Jagdneulinge und sehr darauf aus, trotz der hohen Safaripreise eine der gelben Großkatzen ihrer bunten Trophäenstrecke einzuverleiben.

Im Chamburra-Jagdreservat, einem Gelände mit seltsamer Kraterlandschaft, erbeutete ein besonders angenehmer Gast am letzten Jagdtag seinen ersten Löwen. Wir hatten gemeinsam mit Erfolg auf Büffel und Elefanten gejagt, doch mit den Raubkatzen wollte es einfach nicht klappen.

Die Safari war mit zwei Dutzend Trophäen in einundzwanzig Jagdtagen erfolgreich zu Ende gegangen. Die allerletzte Pirschfahrt unternahmen wir am Spätnachmittag. Der Freund, ein erfahrener Waidmann, trug seine geliebte Elefantenbüchse, eine Doppelbüchse 470 aus Ferlach, bei sich. Er glaubte nicht daran, noch mit irgendeinem Wild zusammenzutreffen, und hatte sein Gewehr mehr aus Gewohnheit in das elefantenreiche Jagdgebiet mitgenommen.

Ich fuhr mit dem Wagen auf dem weiten, offenen Grasland umher. Es war ein ruhiger, schöner Abend. Die Sonne neigte sich am Horizont, als plötzlich vier Löwen aus dem kniehohen Gras sprangen. Während der Löwenmann nach dem Wagen äugte, ergriffen seine Gefährtinnen sofort die Flucht. Mein Jagdfreund hatte seinen ersten Löwen vor sich; er ergriff seine Elefantenbüchse und durchschoß die Großkatze, die krank zum nächsten Buschwerk rannte und sich erwartungsgemäß sofort im Dickicht einstellte. Rasch sauste ich mit dem Landrover dem Löwen nach. Da erblickten wir eine Löwin, die neben dem Gestrüpp verharrte. Kleine Laubbüsche durchsetzten diesen Teil der Savanne. Die weibliche Raubkatze gesellte sich zu dem wunden Löwen. Unsere Lage wurde unangenehm und gefährlich. Außerdem war Eile geboten, denn die Sonne war im Versinken. Durch Hupen und Schreien versuchten wir, die Löwin zu vertreiben. Sie wich aber nicht aus der Nähe ihres Gefährten, dessen Umrisse wir im Buschwerk undeutlich ausnehmen konnten. Ein Angehen zu Fuß – ich hatte nur eine leichte Flinte für Perlhühner mit – schien nicht eben ratsam. Trotz unseres Lärms blieb die Löwin drohend an ihrem Platz stehen.

Mein Freund schoß in die Luft, aber auch der arge Knall zeitigte keinen Erfolg. Wohl wich die Löwin ein wenig zur Seite, war aber nicht zur Flucht zu bewegen. Wo sind die anderen Löwen? ging es mir durch den Kopf. Der einmal hohe, einmal geringe Graswuchs konnte sie gut verbergen.

Wir mußten so rasch als möglich versuchen, das Dickicht anzufahren, um dem wunden Löwen den Fangschuß geben zu können. Die Sonne war längst verschwunden; jeden Augenblick konnte die Nacht hereinbrechen. Die Geräusche des heranfahrenden Geländewagens trieben die Löwin glücklicherweise in die Savanne hinein, so daß wir das Versteck der kranken Raubkatze gut umfahren konnten. Mein Gast schoß zweimal mit seiner schweren Büchse. Der Löwe war tot. Die beiden Schwarzen und ich sprangen vom Landrover und zerrten das verendete Tier gemeinsam in den Wagen. Es war ein jüngerer Löwe mit einer schwachen blonden Mähne. Dennoch freute sich mein Jagdfreund riesig, als er zum Abschluß seiner Safari in Uganda doch noch einen Vertreter der gefährlichen Steppenkönige hatte strecken können.

Unweit des Creek-River in Sebei, Nordostuganda, jagte mein langjähriger Gast, der berühmte Schloßmuseumsbesitzer Graf Erbach-Erbach, auf Pferdeantilopen. Ein guter Bulle war gefallen. Der Skinner kochte im Lager eben die Trophäe aus, als wir uns auf einer Fußpirsch befanden. Den Landrover hatte ich mit einem Mann an einer markanten Stelle zurückgelassen. Am späten Vormittag – es war schon unerträglich heiß geworden – kehrten wir von der ergebnislosen Pirsch auf Raubkatzen zum Wagen zurück. Noch im Morgengrauen hatten die Löwen ganz in der Nähe unseres Zeltlagers gemeldet.

Zu unserer nicht geringen Überraschung berichtete der Eingeborene, daß eine kleine Löwenfamilie eine Stunde nach unserem Abmarsch an unserem Wagen den Pfad überquert hatte. Ihre Fährte war rasch gefunden. Die Abdrücke der vor uns ziehenden Löwen führten in

Bilder rechts: Die Großfamilien der Karamojong siedelten in Rundhütten. – *Unten:* Getreidespeicher.
Bild umseitig: Junge Karamojong-Frau.

einen recht dichten und dunklen Uferwald des Creek-River hinein. Wir hatten die Raubkatzen zügig verfolgt, mußten aber langsamer werden, als es ins grüne Dickicht ging. Die beiden Fährtensucher mit Mukene, dem Wakamba-Mann aus Kenia, einem der besten Spurenleser und dem tüchtigsten schwarzen Jagdgefährten, den ich jemals hatte, mühten sich im trockenen Waldboden, die hin- und hergehenden Löwenspuren zu halten.

Der Buschwald wurde bald dunkler, das Dickicht noch schlimmer. Die Aussicht, auf den Löwentrupp zu stoßen, war gering geworden. Eine gute Stunde verging, da fanden wir unerwartet ganz frische Losung und Flecken, wo die Löwen genäßt hatten. Jeden Augenblick konnten wir mit den Raubkatzen zusammentreffen! Da duckte sich auch schon, einen Steinwurf weit vor uns am Boden entfernt, eine der gelben Großkatzen. Im Schatten hoben sich ihre Umrisse aber schlecht ab.

Als sie aufsprang und flüchten wollte, schoß der Graf rasch mit seiner Brenneke 9,3 x 64 mm. Der Löwe verschwand. Seine Gefährten, die wohl neben ihm zogen, hatten wir nicht zu Gesicht bekommen. Es war zu ärgerlich! Wieder folgten wir den Spuren. Nach ein paar Schritten fanden wir Schweiß in kleinen Tropfen. Es war dunkel, und wir waren uns über den Sitz der Kugel im unklaren. Jedenfalls hieß es vorsichtig sein, denn ein angeschweißter Löwe ist in seiner Schnellkraft im Angriff ein unberechenbar gefährlicher Gegner. Mit schußbereiten Gewehren folgten wir der schwachen Wundspur Schritt für Schritt in die Düsternis des Waldes. Bald aber entdeckte Mukene, der als erster ging und die Spur hielt, den Löwen in einem Blätterbusch versteckt. Der Graf und ich schossen gleichzeitig in das Pflanzengewirr, aber ohne Erfolg – der Löwe sprang davon. Noch zweimal, unter den schlechtesten Umständen, stießen wir auf den völlig gedeckten Löwen. Unsere Kugeln konnten ihm aber nichts anhaben. Er verkroch sich abermals, ohne anzugreifen. Unsere Nachsuche dauerte nun schon über eine Stunde, eine aufregende Angelegenheit! Langsam zog er vor uns her, und endlich hatten wir ihn für einen Moment frei. Im Feuer verendete die Raubkatze. Nur sehr mühsam konnten wir den toten Löwen aus dem Buschdickicht hinaus in die sonnendurchglühte offene Steppe schleppen.

Dieses Abenteuer hatte uns alle sehr mitgenommen. Die erste Kugel hatte dem Gelben beim Abspringen an der Drossel eine schwere, aber nicht tödliche Wunde beigebracht. Wie wir später sahen, hatte der Löwe alle unsere Kugeln im Leib, aber erst die Schüsse in den Träger ließen ihn sein Leben aushauchen.

Bilder umseitig: Oben: Rappenantilopen im Mopanewald, Simbabwe. – *Unten:* Das Gehörn dieses starken Bullen maß 1,08 Meter.
Bilder links: Oben: Der idyllische Lake Kyle nahe der Ruinenstätte Simbabwe ist ein Paradies für Angler. – *Unten:* Vor allem Farmer in den Grenzgebieten des ehemaligen Rhodesien mußten sich vor plötzlichen Überfällen von Insurgenten aus Sambia und Botswana schützen.

Mit zwei Löwinnen, von denen jede vier Junge führte, erlebte ich ebenfalls nervenaufreibende Minuten. Das Zusammentreffen spielte sich wieder unerwartet in einem lichten Buschwald auf kurze Distanz ab. Die Großkatzen knurrten böse, als sie unserer ansichtig wurden. Ihre erste Reaktion war ein Scheinangriff. Sie sprangen kurz nach vorne, um den Störenfrieden Angst einzujagen. Währenddessen marschierten die Löwenkinder davon. Gewiß hatten auch sie uns schon gewittert. Die beiden Alten rührten sich nicht von der Stelle und behielten uns stets im Auge. Ihre Ruten peitschten erregt hin und her, die kurzen Ohren spielten unruhig. Grollen wechselte mit Knurren ab.

Aber die Eingeborenen meisterten diese unangenehme Situation. Sie schrien aus Leibeskräften und schwangen ihre Lanzen hoch. Langsam drehten jetzt die Löwinnen ab. Immer wieder nach uns äugend, zogen sie ihren Jungen nach. Schließlich entdeckten wir auch die Überreste der Löwenmahlzeit: Eine junge Giraffe war geschlagen worden. Die Löwinnen hatten sich mit ihren Kindern an ihrem Opfer gütlich getan. Ich aber war froh, daß dieses überraschende Zusammentreffen mit den führenden Löwinnen so glimpflich ausgegangen war...

Bei den Viehräubern im wilden Karamoja

In den trockenen Monaten – im Januar bis März, aber auch im November – lagerte ich jedes Jahr für ein paar Wochen an den Hängen der Toror-Hills, im Nordosten von Uganda gelegenen Karamoja. Von Kampala aus war die ungemein pittoreske Landschaft mit dem Geländewagen gut in zwei Tagesreisen erreichbar. Karamoja ist heute noch von primitiven kriegerischen Hirtenstämmen bewohnt, die, in Stammesgemeinschaften verteilt, in kleinen Siedlungen mit Palisadenzäunen in der Wildnis leben.

Das Land ist ein Dorado für viele Wildarten, und in den unendlichen Weiten dieses entlegenen Distrikts konnte ich die guten Jagdgründe nach Herzenslust durchstreifen, die Natur beobachten und einige schöne Erlebnisse mit nach Hause bringen. – Im November 1962 hatte ich wieder meinen alten Lagerplatz aufgesucht. Shilla begleitete mich. Früher mein Leibdiener, hatte er sich aber bald als Fährtensucher unentbehrlich gemacht.

Mit dem Leitz-Glas suchte ich zeitig in der Früh die nahegelegene Mathenico-Ebene ab. Zwischen den Dornbüschen und offenen Grasflächen bot sich mir bald eine nicht alltägliche Überraschung: der Kleine Kudu! Schwieriger aber war schon die Jagd auf diese besonders schön mit weißen Streifen auf grauem Grund gezeichnete Antilope.

Einer der besten Game Guards stand mir zur Verfügung. Dieser ausgezeichnete Jäger konnte mit seinen scharfen Augen eine frische Fährte stundenlang im harten Erdboden halten. Trotz größter Vorsicht gelang es uns aber hier niemals, diese scheue Antilope einzuholen. Sie war ungemein heimlich und immer flüchtig.

An einem stillen Abend, noch vor Sonnenuntergang, hatte ich plötzlich einen Bock vor meinen Augen, der unterwegs im hohen Gras äste. Von meinem erhöhten Standplatz in den Toror-Hills hatte ich in die vor mir liegende Steppe gute Aussicht. Als ich mich heranpirschte, sprang der Bock blitzartig ab und wippte bloß frech mit seinem Wedel.

Am nächsten Tag suchte ich wieder denselben Platz zwischen den Dornbüschen auf. Kein Kudu zeigte sich, und ich beschloß, mich am Rand eines lichten Busches für einige Tage unter einem ausladenden Schattenbaum anzusitzen. Vielleicht hatte ich so mehr Glück!

Mein Baum war voll von Ameisen, die gleich über mich herfielen und an mir auf und ab krochen. Aber ich konnte mich beherrschen und trotzte in Erwartung der Dinge, die da kommen sollten. Mit meiner entsicherten, guten alten Holland & Holland hockte ich da. Auch die Steppe verharrte in jenem bedrückenden Schweigen, das das Beobachten immer wieder mit eigenartiger Spannung erfüllt. Nicht einmal das Rucksen einer der zahlreichen Kaptauben war zu hören. Es war ein schöner, windstiller Abend. Mit den Augen versuchte ich eine naheliegende dunkle Wand zu durchdringen – nicht das kleinste Wild in meiner Umgebung. Als das Tageslicht schwächer wurde, wuchs meine Erregung immer mehr. Ich bildete mir ein, der Kleine Kudubulle mit dem guten Gehörn müsse jeden Augenblick erscheinen.

Soeben war die Sonne untergegangen, da schüttelte es mich wie im Fieber: Gleich einem

Phantom stand der Bock leibhaftig vor mir. Lautlos war er aufgetaucht und äugte bewegungslos in meine Richtung. Er fühlte sich sicher. Noch befand sich ein Teil des Wildkörpers in den Dornen. Einige Augenblicke lang genoß ich den ersehnten Anblick des edlen Tieres und zwang meine Unruhe nieder. Langsam, ganz vorsichtig hob ich die Büchse mit dem vierfachen Zielfernrohr, legte rasch an und schoß hinter die Vorderläufe auf Schulterblatt. Der Kleine Kudu zeichnete durch einen hohen Sprung, taumelte kurz und brach wenige Schritte hinter einem Gestrüpp zusammen. – So kam ich durch Ausdauer und ein wenig Glück zu meiner ersten Trophäe eines Kleinen Kudu. Als Ganzkörperpräparat steht dieser alte Bock heute im Afrika-Museum in Bad Deutsch-Altenburg. Bei jedem meiner Museumsbesuche erwachen in mir wieder die schönen Erinnerungen an diese erfolgreiche Jagd in Karamoja.

Den zweiten, noch stärkeren Kleinen Kudu erbeutete ich ebenfalls durch reinen Zufall. Ich pirschte in der Mathenico-Ebene. Die Kühle des Morgens ließ mich leicht frösteln. Shilla ging hinter mir. Es war der letzte Tag in meinem Zeltlager in den Toror-Hills. Ich mußte zum Creek-River reisen, um ein neues Lager zu errichten.

Die Steppe erschien wildleer. Dann trat ein Dik-Dik-Pärchen aus den Büschen heraus und verhoffte. Diese kleinsten der Zwergantilopen in Karamoja haben einen eigenartigen Rüssel, der ihnen ein komisches, beinahe häßliches Aussehen verleiht. Die Zoologen nennen sie daher auch „Rüssel-Dik-Dik“. Diese Kinder der Wildnis bevorzugen den gleichen dichten Dornbusch wie der Kleine Kudu. Ihr Fleisch ist dunkel und wenig schmackhaft. Die Eingeborenen stellen ihnen mit Schlingen nach und verwerten das graugrüne Fell vor allem zum Beziehen ihrer Bögen.

Langsam stieg die Sonne, und es wurde wärmer. Schon wollte ich mich entschließen, den erfolglosen Pirschgang abzubrechen und zu den Zelten zurückzukehren, als mich Shilla bat, doch noch einige Minuten im Busch zu bleiben. Es war Vormittag geworden. Vielleicht würden wir im letzten Augenblick doch noch auf einen Kudu stoßen. Wir standen vor einem undurchdringbar erscheinenden Dickicht, als ich plötzlich vermeinte, zwei helle Gehörnspitzen zu sehen, die sich langsam im Busch bewegten. Tatsächlich nahm ich auch bald ein Haupt mit Gehörn aus. Dann sah ich wieder nichts. Sekundenschnell war der Spuk verschwunden. Der Kudubock, auf Nahrungssuche, hatte seinen Standort gewechselt und zog sich ins Gestrüpp zurück.

Schußbereit trug ich meine Repetierbüchse. Schon tauchte der Bock wieder auf. Die Entfernung betrug fast hundert Meter. In einer winzigen Lücke im Dornstrauchwerk verhoffte das Wild. Ich schoß rasch. Es war die einzige Möglichkeit – ein gewagter Schuß! Der Kleine Kudu bäumte sich im Knall auf und verschwand. Ich repetierte sofort und stürmte mit meinem Begleiter aufs höchste erregt dem Kudu nach. Auf einer schmalen Lichtung erspähten wir den ruhig dastehenden, wunden Bock. Ohne viel zu überlegen, zielte ich erneut und feuerte. Das Tier flüchtete wenige Schritte, dann brach es verendet zusammen. Gemeinsam trugen wir die prächtige Beute zu den Toror-Hills. Meine Leute bauten die Zelte ab, verluden die gesamte Ausrüstung auf meinen Landrover, und ab ging die Post – hocherfreut über diese schöne Trophäe.

Der Kleine Kudu (*Tragelaphus imberbis*) lebt paarweise und ist ein typisches, vor allem im Buschwerk lebendes Wild Ostafrikas. Er kommt nicht selten vor, ist aber in seinen dichten Einständen schwer auszunehmen. Manchmal sind kleine weibliche Trupps anzutreffen. Von geringerer Körpergröße als sein großer Vetter, besitzt er eine auffallend gute Trophäe. Das Gehörn weist bis zu drei Windungen auf. Der Weltrekord beträgt 91,44 cm. Durchschnittlich erreichen die Trophäen in ihrer gewundenen Länge 75 cm.

Der „Tandala ndogo“, wie er in der Eingeborenensprache heißt, liebt vor allem junge Triebe, Blätter und Zweige und kommt lange Zeit ohne Wasser aus. Sein gutes Springvermögen ist beachtlich. Auf der Flucht bellt er ähnlich dem Großen Kudu.

Begleitet von der Schar meiner Leute, fuhr ich also mit Sack und Pack zum Creek-River an die Südgrenze zu Karamoja. An einer Uferbiegung errichteten meine Schwarzen die Zelte. Der Wasserstand war damals äußerst niedrig, und die Flußnähe bot viele Vorteile. Für den Staff war Wasser gleich zur Hand. Vom Schlafzelt aus hatte ich eine gute Aussicht. Weißköpfige Schreiseeadler, die schönsten Raubvögel Afrikas, blockten auf den nahen Bäumen auf. Zahlreiches Wasserwildgeflügel strich abends am Zeltlager vorbei. So gab es immer etwas zu beobachten.

Schon am zweiten Tag unserer Ankunft brauten sich überraschend schwere, dunkle Wolken zusammen. Ein furchtbarer Sturm fegte über die Flötenakaziensteppe. Vier Mann mußten das Gestänge des großen Meßzeltes halten. Obwohl alle Zelte fest verankert waren, rüttelte der Tornado derart daran, daß uns Hören und Sehen verging. Meine Mannschaft mußte rasch zupacken, sonst wären unsere Unterkünfte bald vom Sturm weggeblasen worden. Das Krachen der Donner wurde von seltsamen Kugelblitzen begleitet. Es schüttete in Strömen. Das Unwetter dauerte schon länger als eine Stunde, und es wollte nicht und nicht aufhören.

Ein arges Rauschen entstand, und es kam immer näher! Gewaltige Wassermassen tobten in dem tief eingeschnittenen Creek-River heran. Ein grauenhaftes Schauspiel! Die Kräfte der entfesselten Natur nahmen vor unseren entsetzten Augen ihren Gang. Binnen weniger Minuten drohte unser Lager überschwemmt zu werden. Was tun? Wir konnten nur zuwarten und hoffen, daß das Gewitter bald aufhören würde. Die braunen Fluten trugen die ersten entwurzelten Baumstämme heran. Sie stauten sich bereits an dem Knie unseres Flusses, kurz vor unseren Zelten. Die Lage wurde von Minute zu Minute bedrohlicher.

Wir hatten aber riesengroßes Glück, denn mit einemmal hörten die Regengüsse wieder auf. Noch blieb der Sturmwind, doch das reißende Wasser stieg nicht mehr höher, und wir waren gerettet. Zwei Stunden später lachte die Sonne. Es wurde wieder heiß, und bald war alles rasch getrocknet.

Auf meinen Pirschzügen durch die Akaziensteppe erblickte ich Kuhantilopen, Giraffen und vereinzelt auch die schönen Brights-Gazellen. Das dichte, recht unübersichtliche Gelände erschwerte jedoch die Annäherung an das ziehende Wild. Ich suchte entfernt gelegene Felsberge auf, die voll von Klippschlieferkolonien waren. Diese kleinen, murmeltierartigen Säuger leben in den Steingründen, sind sehr scheu, aber doch leicht zu erlegen. Kaum zu glauben: Ihrem Körperbau nach stehen diese Winzlinge den Elefanten nahe! In der französischen Küche Afrikas finden sie als „Civette“ besondere Beachtung und schmecken, in Rotwein zubereitet, ausgezeichnet.

Ich marschierte mit einem Askari (Wildhüter) in einen Buschwald hinein. Es war ein richtiger Trockenwald mit sandigem Boden. In der baumbestandenen Ebene des Kadamgebirges lastete der Gluthauch der im Zenit stehenden Sonne. Wir waren müde geworden und warfen uns zu einem Nickerchen auf den Boden. Ich träumte vor mich hin... Mehrere hellgelbe Tiere in Hundsgröße tauchten knapp vor uns auf. Sie bewegten sich rasch ... Ich wurde hellwach – die gelben Dinger entpuppten sich als fünf tolpatschige Löwenbabies, denen im Abstand sieben ausgewachsene Löwen im Gänsemarsch folgten! Wenige Sekunden später trabte die Löwenfamilie an uns vorbei, ohne uns zu beachten. Sie dürfte sich am Riß verspätet haben. Die gelbe Sippe beschleunigte ihr Tempo. Die letzte, eine alte, magere Löwin, verhielt noch einmal knurrend einen Moment und äugte nach uns Menschen, bevor auch sie verschwand.

Aus einem Gewirr von Lianen tauchte unvermutet ein einzelner nackter Mann auf, ein dunkelhäutiger, mit Straußenfedern geschmückter Krieger, dessen sehniger Körper von eingeriebenem Fett glänzte. Er stützte sich auf seine lange Stoßlanze, suchte mißtrauisch das Gelände ab und winkte dann hinter sich. – Da tat sich die Blätterwand auf, und eine, zwei, drei ähnliche Getalten zwängten sich durch die Stauden. Leise folgten sie dem Späher. Plötzlich quoll der dunkle Busch von Menschenleibern über, spuckte förmlich immer mehr Bewaffnete aus. Bald mußten die wilden Karamojong auf uns stoßen.

Lokoro, mein Askari, richtete drohend seinen Leenfield-Karabiner auf die aufgeputzten Kerle. „Stop!“ brüllte er den Karamojong-Kriegern zu, die durch unsere Anwesenheit völlig überrumpelt waren und rasch auseinandersprangen. Ihre Verblüffung währte aber nur kurz, und sie sammelten sich wieder schnell.

Die Karamojong befanden sich auf einem Raubzug. Um Frauen kaufen zu können, ist bei ihnen Viehdiebstahl an der Tagesordnung. Stattliche acht bis sechzehn Kühe muß man in diesen Breiten für eine Frau bezahlen – und wer hat die schon? Zudem steigen die Preise auch in dieser „Branche“ ständig... Viele der jungen Krieger besitzen überhaupt noch keine Rinder. Deshalb überfallen sie die benachbarten Suks, um sich dort ihren Brautpreis zu holen. Freilich kommt es dabei manchmal auch zu Kämpfen, bei denen etliche Tote auf der Walstatt zurückbleiben. Das Uganda-Gouvernment war gegenüber diesen kriegerischen Hirtenvölkern anfangs machtlos, was sich aber später änderte.

Der schwerbewaffnete Haufen barg auch für uns eine gewisse Gefahr. Wie werden sich die Kerle verhalten? dachten wir wohl beide gleichzeitig. Der schußbereite Karabiner Lokoros flößte ihnen aber doch Respekt ein; sie sprangen behende in die Büsche, und wir konnten etwas erleichtert unseren Rückweg antreten. – Zu Beginn der Dunkelheit erreichten wir unser Camp.

Wenige Monate später suchte ich das wilde Karamoja wieder auf. Ich hoffte, mit den noch ursprünglichen nilotohamitischen Hirtenstämmen näher in Kontakt zu kommen. Ihre Siedlungen waren in den Felsbergen angelegt und zum Schutz vor Raubkatzen und bösen Nachbarn verbarrikadiert. Vor allem wollte ich auch eine Sammlung ihrer Gebrauchsgegenstände anlegen, von ihren furchtbaren Waffen, den scharfen Stoßlanzen und Wurfmessern.

Schon während der britischen Kolonialzeit galten die insgesamt sechs Unterstämme der Karamojong als sehr kriegerisch und schwierig für die Verwaltung. Sie leben in kleinen Siedlungen über den gesamten Distrikt verstreut, der im Osten an Kenia angrenzt. Das trockene Bergland wird nur von einem wasserführenden Fluß, dem Kidepo, durchzogen. Erst durch zahlreiche Brunnenbohrungen der Kolonialverwaltung konnte es besser erschlossen werden. Die großen Viehherden bilden für die Karamojong – Nomaden, die erst in allerletzter Zeit seßhaft geworden sind – die Grundlage ihres Lebens, denn Rinder sind die Voraussetzung zur Gründung einer Familie.

Auf einer Naturstraße gelangte ich von Mbale über den Creek-River nach Moroto, dem Hauptort von Karamoja. Er liegt am Fuß der zerklüfteten Moroto-Berge und ist als Regierungsposten mit einigen Weißen von Jahr zu Jahr stärker ausgebaut worden. Moroto hat ein Postamt, einen kleinen Flugplatz, eine katholische Missionsstation und eine Anzahl indischer Handelsniederlassungen, sogenannter „Dukas".

Der britische Jagdbeamte, Captain Robson, der im Distrikt Jagd und Wildschutz über hatte, war lange Jahre hindurch ein guter Bekannter von mir. In Moroto übernachtete ich gern im Resthouse und kaufte einige einfache Konserven in den Dukas ein. Wenn gerade Markt war, erstand ich auch das spärlich angebotene Obst und Gemüse.

Auf dem Weg ins Hinterland suchte ich dann alte, mir schon bekannte Karamojong-Clans auf, um ihre Gebräuche zu studieren und mit den Kameras zu arbeiten. Hier, bei diesen stammessittentreuen Menschen, konnte ich noch das unberührte Afrika kennenlernen – ein Gebiet, das noch von keinerlei Zivilisation verdorben war und auch den modernen Tourismus noch nicht kannte. – Um zu diesen wilden Hirten zu gelangen, mußte ich mit dem Geländewagen weite Strecken durch völlig unbewohnte Gegenden zurücklegen.

Abseits der großen Pfade ging es in eine weite Ebene, die an ihren Rändern seltsam geformte Felskuppen aufwies. Dazwischen versteckten sich gleichsam einige Dauersiedlungen der Karamojong, die von Familienclans bewohnt waren. Jede dieser Großfamilien besaß fünfzehn bis zwanzig kleine Rundhütten und eine Anzahl von Getreidespeichern. Am Rand der Siedlung war auf einem besonderen Platz das Vieh – Rinder, Schafe und Ziegen – untergebracht. Hohe Palisadenzäune gaben bloß zwei Eingänge frei: einen eng und mit einem Dornverhau verrammelten für die Menschen und einen zweiten, durch den das Vieh aus und ein getrieben werden konnte. Hier waren die Palisaden wegen der Viehdiebe noch stärker.

Etwas abgelegen schlug ich in einem kleinen Gehölz mein Lager auf. Leider entpuppte sich das schattige Buschwerk als heiliger Hain der Hirten, und ich hatte den Platz wieder zu verlassen. In der offenen Ebene fehlten größere Bäume, so daß die Zelte nun in der prallen Sonne stehen mußten.

Als wir unser Lager aufbauten, kam bald eine Gruppe junger Burschen zu uns – kraftvolle, splitternackte Gestalten, die in ihrem dichten Haar bunte Straußenfedern trugen. Neugierig setzten sie sich auf ihre hölzernen Zweibeine – eigenartige Nackenstützen und gleichzeitig Sitzgelegenheiten, die alle Männer stets bei sich haben. Ich teilte Salz und billigen, dunklen Tabak in Strähnen aus, alles Dinge, die ich in Moroto eingekauft hatte.

Vor allem interessierte die jungen Karamojong, was wir Fremden so alles taten, und sie blieben so lange sitzen, bis eine Schar von Weibern mit Wasser und Feuerholz auf uns zuschritt. Auch sie erhielten ihren Obolus. Die schon älteren, verheirateten Frauen, durchwegs hohe, kräftige Gestalten, waren mit abgenützten Rinderfellschurzen bekleidet, die an ihren Körpern eher lose herabhingen. Um den Hals trugen sie zahlreiche Drahtspiralen, teils aus Eisen oder Messing. Hände und Beine waren mit Lederreifen und bunten Perlen verziert.

Nachts schlief ich im heißen Zelt sehr schlecht. Am frühen Morgen war es aber doch recht kühl geworden. Der Himmel zeigte sich grau. Ich hörte Frauen und Kinder, wie sie innerhalb der Siedlungen unterwegs zur Arbeit waren. Ihre Stimmen und das Scharren und Muhen der Rinder weckten mich vollends.

Ich sah, wie die Kinder zu den Kühen liefen und den Urin sammelten. Man verwendet ihn zur Milchgerinnung und zum Reinigen der Buttergefäße und Wannen. Die Kinder wuschen und wärmten sich im Strahl, den die Kühe von sich gaben. Gegen Vormittag begannen die Frauen in großen, runden Gefäßen zu buttern. Täglich brachte man mir frische Milch und einige Stück Butter ins Lager. Wegen des penetranten Uringeschmacks konnte ich mich mit diesen Köstlichkeiten aber nie recht anfreunden. Meine schwarzen Helfer genossen sie aber um so mehr und schlürften die eigenartige Milch mit großem Wohlbehagen hinunter.

Als ich soeben mit meinem Frühstück fertig war, traf eine Schar älterer Krieger ein. Auffallend waren vor allem die sonderbaren Haarmasken dieser Hirten – Kappen, in denen die Haare ihrer Verstorbenen enthalten sind, mit Lehm vermischt und von einem roten Haarnetz gehalten; Stolz und Zeichen ihrer Würde, das jeder am Körper trug. Eine Verzierung mit vielen bunten Perlen unterstrich den seltsamen Eindruck.

In der Hand hielten sie ihre langen Stoßlanzen. Das haarscharfe Blatt war mit einer Lederumrandung versehen und sollte so vor Verletzungen beim Tragen schützen. Diese über zwei Meter langen Lanzen bestehen eigentlich aus drei Teilen: dem eisernen Vorderschaft mit dem Lanzenblatt, dem hölzernen Mittelteil und dem langen Ende, das wieder aus Eisen ist. Es handelt sich um äußerst gefährliche und wirksame Waffen, die von den Karamojong zielsicher geschleudert werden. – Später hat die Regierung die Karamojong völlig entwaffnet, da bei den Viehräubereien immer wieder Menschen zu Tode kamen.

Bild rechts: Die Nackenstützen der Karamojong dienten nicht nur als Sitzgelegenheit, sondern auch dazu, daß die Haarmaske beim Schlafen nicht beschädigt wurde.
Bild umseitig: Ein junges Karamojong-Paar.

Die ebenfalls nackten Krieger – sie hatten lediglich ein Gehänge aus Metallketten um den Leib geschlungen – kamen, mich begrüßen. Auch sie erhielten den begehrten Tabak als Geschenk, ließen sich auf ihre Holzstützen nieder und verharrten schweigend, um mich zu beobachten. Diese Sitzgelegenheiten oder Nackenstützen benötigen sie hauptsächlich um die typische Haarmaske beim Schlafen nicht zu beschädigen. Sie dienen sozusagen auch als Kopfkissen. Der Karamojong legt beim Ausruhen sein Haupt darauf; so bleibt die monströse Frisur geschützt. Manchmal trugen die Krieger auch einen Umhang aus blauem Stoff, Brust und Bauch blieben aber immer unbedeckt. Ohne Scham lagen ihre Geschlechtsteile frei.

Ich bestieg mit den Kriegern eine der Felskuppen, die einen weiten Blick in die Trockensteppe gewährten. Unter uns lagen die Dörfer, die wahrhaft den Eindruck von kleinen Festungen machten. Beim Erklettern der Steinplatten fiel mir angehäufter menschlicher Kot auf. Ein Teil der Männer dieses Clans verrichtete hier, auf dem sonnendurchglühten Gestein, seine Notdurft. Den Weibern war es streng verboten, diese Felskuppen zu besteigen. Viele Klippschliefer hausten in den Spalten. Männer lungerten auf den Felsen umher. Ihre Blicke weit in die Steppe gerichtet, faulenzten sie und palaverten miteinander. Die Frauen arbeiteten unten in den Hirsefeldern. Die Ernte war voll im Gang. Hirse ist ein Hauptnahrungsmittel dieses Volkes; die Kriegerkaste lebt allerdings fast ausschließlich von Milch und Blut. Sie zapfen die Halsschlagadern ihrer Rinder an und entziehen ihnen einen Teil des Lebenssaftes. Gelegentlich essen sie auch das Fleisch ihrer Tiere – besonders dann, wenn Seuchen die Bestände dezimieren.

Auch ich erlebte einmal den Ausbruch der Rinderpest in Karamoja. Tausende Stück Vieh verendeten. Selbstverständlich versuchte die Regierung in Entebbe die Herden zu impfen, aber die Arbeit der Veterinäre war nur eine unvollständige, da die nomadisierenden Hirten mit ihrem Vieh zuvor meist flüchteten. Von einer Impfung hielten sie nichts; sie war ihnen unbekannt.

Jeder Karamojong gehört von Geburt an einem Clan an, aber dies hat nur geringen Einfluß auf sein Leben – etwa auf die Haartracht oder die Art, wie er seine Rinder tötet: durch einen Lanzenstich in die Kehle oder in die Flanke, indem er ihnen den Leib aufschneidet oder sie erwürgt. Er tötet Rinder zur Nahrung oder aus Reue oder Freude für den Gott. Mit Rindern werden die Frauen gekauft; Rinder werden mit räuberischer Tapferkeit erkämpft, damit sich der Viehbestand vergrößert. So ziehen die miteinander verwandten Splitterstämme der Karamojong immer wieder aus, um beim Nachbarn, mit dem sie oft verfeindet sind, Rinder zu stehlen. In den letzten Jahren wurden immer mehr Straßen zu den entlegenen Siedlungen angelegt, und motorisierte Polizeieinheiten können rasch in die Überfallgebiete kommen und versuchen, die Kampfhandlungen zu unterbinden.

Bilder umseitig: Oben: Die Haartracht der Karamojong war von Clan zu Clan verschieden. – *Unten:* Karamojong beim Palaver.
Bilder links: Ernteeinbringung und Streifzüge auf Beute zählten ebenso wie rituelle Tänze zum Alltag der Karamojong.

In den übermannshohen Sorghumfeldern schnitten die Frauen und unverheirateten Mädchen – mit Schamschurzen aus Metallgehängen bekleidet und in vollem Perlenschmuckornat – mit kleinen Sicheln die gelben und roten vollkörnigen Rispen der Kaffernhirse ab. Auf dem fein gesäuberten Erdboden schlugen sie dann mit einfachen Stangen, ähnlich unseren alten Dreschflegeln, die Ähren aus, füllten sie in Kalebassen und ließen das Getreide hoch über Kopf wieder zu Boden fallen. So reinigten sie die Hirsekörner von Spreu und Schmutz.

Wenn ich gelegentlich durch die niederen verrammelten Eingänge in das Innere der Gehöfte kroch, sah ich die Frauen immer emsig bei der Arbeit. Einige knieten am Boden und zerrieben mit einem runden, abgeschliffenen Stein die Hirse in einer steinernen Mehlpfanne mühsam zu Mehl, und auf den Feuern brodelte in den Tontöpfen der geliebte Hirsebrei.

Wie überall auf der Welt, spielten auch hier die Kinder in Gruppen außerhalb der Hütten. Staub und Schmutz schienen ihnen nichts anhaben zu können. Kleine Mädchen halfen schon im zartesten Alter ihren Müttern beim Herbeischleppen von Wasser in großen, ausgehöhlten Kürbisschalen. Grazil trugen diese kleinen Dinger die Kalebassen auf dem Kopf und waren stolz, behilflich sein zu können. Die Allerkleinsten wurden von ihren Müttern in ein Rinderfell gesteckt und am Rücken mitgeschleppt. Meist lugte nur das kahlgeschorene Köpfchen aus dem Rückenschurz heraus. Nur selten hörte ich diese Kinder weinen.

Riesige Schwärme von Wanderheuschrecken überfielen die Gegend. Der Himmel verfinsterte sich, und Millionen dieser Fluginsekten zogen über unsere Köpfe hinweg oder fielen zu Boden, so daß ich bei der Fahrt mit meinem Landrover kaum Sicht hatte und die Räder Massen von ihnen zermalmten.

Die Karamojafrauen klaubten diese gefräßigen Insekten in Körbe, übergossen sie mit heißem Wasser, um sie zu töten, trockneten sie auf Matten und verspeisten sie dann mit großem Appetit. An und für sich aß auch ich alles, was mir Afrika so bot, aber Heuschrekken waren nicht unbedingt mein Fall.

Aufgeputzte Krieger aus den umliegenden Siedlungen tanzten mit ihren langen Lanzen und den hohen, eckigen Schilden aus Büffelhaut, um mir ihre Ehre zu erweisen. Die starken Männer trugen Faustkampfringe mit Lederhüllen an den Handgelenken, sprangen aus dem Stand meterhoch in die Luft, stampften auf den Boden und sangen dabei ihre Kriegslieder. Dieses Spiel wiederholte sich Dutzende Male. Die Frauen durften an diesen Darbietungen nicht teilnehmen; nur ihre Köpfe lugten hinter den Palisadenzäunen hervor.

Eines Tages ereignete sich ein tragischer Unfall. Ein indischer Professional Hunter, der einen deutschen Jagdgast in Karamoja auf Großwild führte, wurde von einem Karamojongkrieger mit einem Lanzenstich durch den Leib schwer verwundet. Ich kannte den indischen Jagdführer gut – ein auffallend schöner Mann von guter Statur. Leider aber war er selbst ein großer Wilderer, der die Jagdgesetze nie einhielt. Auf der Pirsch war er mit den Kriegern zusammengestoßen und hatte einem der Kerle die Lanze weggenommen. Die flüchtenden Kameraden des Kriegers hatten dies aber beobachtet und lauerten den beiden Männern im buschigen Gelände auf. Einer der Karamojong warf plötzlich mit großer Wucht seine Lanze, die sich in den Leib des Inders bohrte. Der Mann sank schwerverletzt zu Boden, währenddessen der Jagdgast den Lanzenwerfer mit seinem Repetierer erschoß. Notwehrhilfe!

Der Deutsche schleppte den stark blutenden Mann zu seinem Geländewagen und fuhr ihn rasch zu einer Missionsstation, die sich zufällig in der Nähe befand. Das war die einzige Rettung für den Inder. Mit einem Flugzeug wurde er Stunden später in das Mulago-Hospital nach Kampala geflogen, wo er viele Monate mit dem Tod rang, aber überlebte. Als Jäger konnte er jedoch nie mehr tätig werden. Als dann Idi Amin alle Inder aus Uganda auswies, flog der noch immer nicht zur Gänze Genesene in die USA. Zwei Jahre später ist er schließlich doch seinen nicht ausgeheilten Verwundungen erlegen. – Der deutsche Jagdgast hatte ebenfalls Uganda rasch mit dem Flugzeug verlassen.

Nachdem Idi Amin seine Schreckensherrschaft etabliert hatte, mußten auf seinen Befehl hin alle Karamojong Kleider tragen. Nacktsein war verboten worden. Die Lage in Uganda änderte sich von neuem, als Idi Amin ins Ausland flüchten mußte. Seine Truppen wurden von der einrückenden Armee Tansanias geschlagen. Diese Soldateska raubte den Karamojong ihre gesamten riesigen Viehbestände. Die Hirtenstämme waren am Verhungern, und die Kinder starben wie die Fliegen. Die Missionen, die in den Jahren zuvor in Karamoja immer mehr Fuß hatten fassen können, konnten nur versuchen, die große Hungersnot mit Hirsemehl, das sie von auswärts herbeischaffen mußten, etwas zu lindern. Diese kriegerischen wilden Hirtenstämme waren mit ihrem kargen Boden und dem Vieh derart verbunden, daß sie dessen Verlust nicht verkraften konnten. Sie wurden auch nie Bürger Ugandas und leisteten auch keine Militärdienste.

Das alte Karamoja in seiner ursprünglichen Form existiert im heutigen Uganda praktisch nicht mehr. Um so glücklicher durfte ich mich schätzen, dieses Volk noch mit seinem echten Kulturgut, seinem Brauchtum, seinen Sitten und den großen Viehherden erleben zu können. Die Karamojong haben mein Leben bereichert, und unvergeßliche Eindrücke werden mich stets an sie erinnern.

Auf der Suche nach dem Weißen Nashorn

Im äußersten Nordwesten Ugandas, nahe der Grenze zum Kongo und dem Sudan, liegt Arua, der Sitz der Verwaltungsbehörden des West-Nile-Districts. Dieser kleine Posten, in dem rund fünfzig Europäer, vorwiegend Verwaltungsbeamte mit ihren Familien, leben, hat ein gutes Rasthaus, das vom Public-Works-Department bewirtschaftet wird und mir nach anstrengenden Fahrten und Märschen in der Wildnis um den Victoria-Nil nun für einige Tage zur Erholung diente.

Seltene Trophäen mit der Büchse oder der Kamera zu erbeuten, war mein Ziel vieler afrikanischer Wanderjahre. Meine Safari 1959 diente aber einem besonderen Zweck: Erstens wollte ich Uganda als Jagdland näher kennenlernen und, zweitens, Afrikas seltensten Dickhäuter, den zweitgrößten Landsäuger unserer Erde – das sogenannte Weiße oder Breitmaulnashorn –, in freier Wildbahn beobachten.

Tatsächlich war das britische Protektorat Uganda bei weitem nicht so wildreich wie Kenia oder Tanganjika. Ich war mir auch im klaren, daß dieses vielgestaltige Land am Äquator in seinen Vegetationszonen und seiner Tierwelt mehr den mir besonders vertrauten Gebieten West- und Zentralafrikas ähnelt und daher Schwierigkeiten aller Art aufwies, die mich, den langjährigen Afrikajäger, allerdings um so mehr lockten.

Ja, Uganda ist noch nicht das große Touristenland. In Kampala oder Entebbe gibt es keine Safariunternehmer, und bisher haben es White Hunters nur ganz selten gewagt, ihre Kunden in die entlegenen, wenig ergiebigen Wildnisse dieses überaus interessanten Teils des tropischen Afrika zu führen. Was also hätte mich mehr reizen können, zumal überdies die Aussicht bestand, weder im Reservat noch in einem Nationalpark, sondern in richtig freier Wildbahn unter viel anderem jagdbarem Wild das Weiße Nashorn mit der Kamera überlisten zu können?

In Arua hatte ich doppeltes Glück. Der Distriktchef war ein erfahrener Jäger, und zufälligerweise traf damals auch noch, von einer Inspektionsreise kommend, der oberste Jagd- und Wildschutzbeamte von Uganda in dem kleinen heißen Ort ein. Colonel Kinloch, den wertvollen Helfer und besten Kenner Ugandas, kannte ich von früheren Reisen, hatte ihn jedoch in Entebbe, dem Regierungssitz, leider nicht angetroffen. So erfuhr ich in Arua von ihm alles Wissenswerte über das Weiße Nashorn, aber auch daß ein neues Jagdgesetz für Uganda in Vorbereitung sei und voraussichtlich ab Juli 1959 das Blocksystem für interessierte Jäger eingeführt werden solle.

Der Pfad zum Umvoso-River war weit und beschwerlich, das gelbbraune Land in gleißenden Sonnenschein gehüllt. Die große trockene Hitze ließ die Lippen aufspringen. Der ohnehin schon schwer beladene Landrover hatte zusätzlich einen stabilen „Tasker"-Anhänger zu ziehen. Sämtliche Dinge, die für eine längere Reise in die Wildnis erforderlich sind – von der umfangreichen Lagerausrüstung bis zu den Spezialgeräten, den Leicas und der 16 mm-

Filmkamera, der Elefantenbüchse Kaliber .465 und dem Repetierer H & H .375 Magnum –, fanden in festen Tropenkoffern, Kisten und Segeltuchsäcken Platz. Im Anhänger, unter einer festgezurrten Plane, befanden sich die Konserven für mich und das befreundete Ehepaar, das mich auf dieser Safari eine Strecke begleitete. Nicht zu vergessen die Säcke mit Maismehl, Trockenfisch, Salz u. a. für die vier schwarzen Helfer sowie zwei Kisten Sodawasser, Uganda-Tusker-Bier, die große Korbflasche Rotwein und noch vieles andere mehr oder weniger Wichtige, das ich zum Teil in Kampala in den großen Stores eingekauft hatte, teils aus den Dukas der indischen Händler von Arua ergänzte.

Obwohl wir keinen richtigen Schattenbaum finden konnten, war unser Lager herrlich und bot weite Aussicht. Es stand auf einer leicht geformten Hügelkuppe mit geringem Baumwuchs. Das gelbreife, schlecht gebrannte Gras behinderte kaum; die Zelte, vier an der Zahl, waren einerseits vom Anhänger, anderseits vom Geländefahrzeug flankiert und somit einigermaßen gegen nächtliche Überraschungen gesichert.

Vor uns dehnte sich, sanft zum Albert-Nil abfallend, eine riesige, leicht zu beobachtende, offene Baumsavanne aus, in der wir am ersten Morgen mit dem Feldstecher gleich neun Weiße Nashörner, Büffelherden, Uganda-Kobs und Wasserbockantilopen entdeckten. In den klaren Stunden des Tages schweifte der Blick über die breiten Papyrusschilfstreifen des Albert-Nils zu den Dornwäldern des geheimnisvollen, nur an seinen Rändern erschlossenen Zoka-Forest, einem Elefanten-Sanctuary, hin. Trotz der riesigen Entfernung vermochten wir einzelne der grauen Riesen auszunehmen. Nahe dem ausgetrockneten Umvoso-River, der in seinem sandigen Flußbett zu unserem Vorteil einige wasserführende Tümpel aufwies, erhoben sich mehrere grasgedeckte Rundhütten, deren Bewohner – nilotische Lugwara – sich bald als ständige Besucher unseres Lagers, aber auch als ganz ausgezeichnete Fährtensucher erwiesen.

Außer Wasser fehlte eigentlich nichts. Wir holten es immerhin mehrmals täglich mit dem Wagen von etwa 3 km Entfernung aus einem Tümpel des Umvoso, wobei die begründete Annahme bestand, daß gerade dieser unser Tümpel von den Lugwara nicht zum Baden benützt wurde.

Die täglichen Pirschen wurden zu Fuß oder auch im Wagen unternommen. Wir drei Weißen schlugen in zwei Gruppen verschiedene Richtungen ein. Ich nahm mir Leute für die Leicas mit den verschiedenen Objektiven und für die Bell & Howell 16 mm mit den Stativ, trug den englischen Repetierer von Holland & Holland .375 Magnum, auf den ein 6faches Leitz-Zielfernrohr aufmontiert war, und hatte noch das kleine Leitz-Weitwinkelglas um den Hals hängen. Ein alter Lugwara-Mann mit Pfeil und Bogen führte und hielt die Spitze.

Kaum hundert Meter vom Lagerplatz entfernt, trafen wir auf Spuren, die die Anwesenheit der Weißen Nashörner bezeugten: die starken Trittsiegel mit den kräftigen drei Zehen, welche trotz des harten, hellen Bodens leicht erkennbar waren. Bald überquerten wir ausgetretene breite Pfade, ähnlich den bekannten Flußpferdwechseln, die zu Plätzen führten, welche voller Scharrspuren waren und wo sich die Weißen Nashörner niedergetan und gewälzt hatten. Häufig waren Losungsplätze festzustellen, denn das Weiße Nashorn hat – ähnlich wie sein kleinerer Vetter, das Schwarze Rhinozeros (auch Spitzmaulnashorn genannt) – die Eigenschaft, seine Exkremente an bestimmten Stellen, die es immer wieder aufsucht, abzulegen. Allerdings ist die Losung trotz der Größe dieser seltenen Dickhäuter auffällig kleiner als jene der sogenannten Schwarzen Nashörner. Aber auch hier war der Dung mit den Hintersäulen zerstreut worden.

Auf diesem Pirschgang war ich innerlich recht erregt und voller Spannung, denn ich hoffte, nach dem großartigen Anblick von der Anhöhe aus und den vielen Anzeichen der urweltlichen Kolosse jeden Augenblick auf sie zu stoßen.

Knapp zwanzig Minuten schnellen Marschtempos verstrichen, da gelangte unsere kleine Gruppe in ein dichteres, von Dornbusch bestandenes Gelände. Der Führer wurde langsamer und vorsichtig, blieb plötzlich stehen, und im selben Augenblick hatte auch ich drei dieser Breitmaulnashörner entdeckt, die, ihre klobigen Schädel gesenkt, mit lebhaftem Lauscherspiel spitz zu uns verhofften.

Welch gewaltiger Anblick, diese doppelgehörnten Riesen, die so massig und weitaus kraftvoller wirkten als die in Ostafrika heute noch häufigen Schwarznashörner! Sie sind im Grunde harmlose Gesellen, die nur selten angreifen, leicht mit einem Pferd einzuholen sind und den schwarzen Wilderern in diesem Grenzgebiet leider nur allzu häufig zum Opfer fallen. Nur Sekunden, die mir in meiner Freude über diese rasche Begegnung unverhältnismäßig lang schienen, hatte ich Gelegenheit, dieses fast zum Aussterben verurteilt gewesene Großwild zu betrachten. Dann warfen sich die dunkel wirkenden Kolosse herum und flüchteten in förderndem Troll davon, den Wedel hoch erhoben und in Spiralen geringelt, um sich nach einigen hundert Metern neuerdings in einem Dickicht einzustellen. Noch einmal pirschte ich bei gutem Wind die drei ausgewachsenen Weißen Nashörner an, von denen jedes eine Rückenhöhe von zwei Metern hatte. Bei den letzten Schritten ließ ich meine schwarzen Helfer zurück und drang allein, mit der Leica und dem 13,5 cm-Objektiv bewaffnet, in die Dornen ein. Ich war sehr leise und trug leichtes, mittelhohes Schuhwerk, das auf dem ausgetrockneten Boden gewiß nicht lärmte, doch Äste und Dornenzweige verfingen sich in meinem Khakihemd und raschelten kaum hörbar.

Da brach das stärkste der Rhinozerosse mit einem langen Vorderhorn durch einen Dornenvorhang in meine Richtung vor, hatte mich plötzlich im Wind und riß in seiner Flucht die Gefährten mit. Wir folgten nicht weiter, denn die Schwarzen beteuerten mir, daß wir noch auf viele Nashörner stoßen würden. Tatsächlich bekam ich an jenem Vormittag noch drei weitere Ansammlungen von Nashörnern – zwei Familien sowie ein Muttertier mit Jungen und einem beinahe ausgewachsenen Jungstück – zu Gesicht. Wegen der vorgeschrittenen Zeit und der bald im Zenit stehenden Sonne befanden sich die gewaltigen Dickhäuter alle unter Schattenbäumen.

Das Weiße Nashorn äugt meiner Meinung nach nicht ganz so schlecht wie sein kleinerer Vetter; es wittert und hört ausgezeichnet. Die ständige Bewegung der Lauscher, wenn irgend etwas verdächtig erschien, fiel mir besonders auf. Diese Tiere waren alle ungemein heimlich und scheu, trotz des vollständigen Schutzes, der ihnen auch in Uganda zuteil wird. Ich merkte dies besonders in den nächsten Tagen und Wochen, als meine Freunde und ich im Reich der Weißen Nashörner jagten. Wir erbeuteten einige gute Büffel der Sudanrasse und hatten es nicht allzu schwer, uns nach sorgfältiger Auswahl unter den vielen Uganda-Kob-(Adenota)-Rudeln die erlaubten zwei Moorantilopen – gute Trophäen – auf den Großen Jagdschein herauszuholen. Die Schüsse, die wir abfeuern mußten, um unsere Schwarzen und die immer mehr werdenden Helfer mit Nahrung zu versorgen, machten die Weißen Nashörner selbstverständlich noch weit vorsichtiger. Diese zwei bis drei Tonnen schweren Riesen sind jedoch ziemlich standorttreu, und nur wenn sie andauernd beunruhigt werden, wechseln sie in Gegenden, die ihnen mehr zusagen, wobei sie aber niemals Wasser durchrinnen. Das Weiße Nashorn ist nämlich noch wasserscheuer als sein dunkler kleiner Vetter; es wurden sogar in Tümpeln ertrunkene Nashörner gefunden (!). Wie ich später von den Wildschutzbehörden erfuhr, schätzte man den Bestand an Weißen Nashörnern in Uganda damals auf höchstens 350 Stück, wobei zu bemerken ist, daß in den letzten Jahrzehnten ein erfreulicher Zuwachs eingetreten ist.

Ihr Vorkommen erstreckt sich in Nordwestuganda nur inselartig auf die Landstriche westlich des Albert-Nils bzw. nördlich des Albertsees, also auf die West-Nil- und West-Madi-Distrikte. Diese Einstände der nördlichen Rasse des Breitmaulnashorns (*Ceratotherium simum cottoni*) – die südliche, einst besonders stark verbreitete Subspezies *Ceratotherium simum simum* ist bis auf wenige hundert Exemplare im Umfolozi-Reservat in Südafrika gänzlich ausgestorben – werden von dem gewöhnlichen Schwarzen (auch Spitzmaulnashorn), das wegen seiner leichten Reizbarkeit und Angriffslust allgemein bekannt ist, keinesfalls geteilt. Dieser Dickhäuter kommt auf der anderen Seite des Nils, also östlich, wieder vor und mischt sich niemals. Er ist auch an andere Vegetationszonen gebunden, da er sich mit der spitz ausgezogenen, zum Greifen eingerichteten Oberlippe fast ausschließlich von dornigem Astwerk und Blättern ernährt, während das Weiße Nashorn mehr Grasfresser ist.

Etliche Wochen später stellte ich in East-Madi, also auf der meinem Lagerplatz am Umvoso-River beinahe gegenüberliegenden Seite des Albert-Nils, auf der Elefantenjagd Spitzmaulnashörner fest, die heute allerdings in geringerer Zahl nur in wenigen entlegenen Landstrichen Ugandas – ebenfalls vollkommen geschützt – leben. Der Umstand, daß ich im Reich des Weißen Nashorns Kamera und Büchse gleichzeitig führte, erschwerte bald die Beobachtung der riesigen Dickhäuter. Sie waren unsteter geworden; ihr Auffinden gestaltete sich schwieriger. Als eines Tages ein Askari auftauchte, der den Befehl hatte, mir bei der Suche nach Weißen Nashörnern behilflich zu sein (und gewiß auch zu unserem Schutz sowie zu unserer Beaufsichtigung entsandt worden war), kam es zu einem gefährlichen und alle Anwesenden beeindruckenden Ereignis.

An einem Pirschtag schlug ich wieder die Richtung zum Albert-Nil ein, der, in Luftlinie vier Kilometer vom Lager entfernt, träge dahinfloß. In der großen Ebene gab es eine Anzahl Areale, in denen das gelbreife Gras vom Feuer verschont geblieben war. Dieses Gewirr von harten, scharfen, beinah schilfähnlichen Stengeln erschwerte das Eindringen und machte ein leises Pirschen kaum möglich. Eben dieses so schwierig zu durchdringende Gräsermeer wurde von den Weißen Nashörnern bevorzugt aufgesucht, denn hier fühlten sie sich vor ihrem großen Feind, dem Menschen, sicherer. Mit reduzierter Begleitung und dem Askari, der eine Jeffery Kaliber .404 trug, verschwanden wir im Wirrwarr der hohen, reifen Stengel, um zwei Breitmaulnashörnern, die wir frisch gefährtet hatten, zu folgen. Plötzlich tauchten parallel zu uns – kaum sichtbar, aber um so leichter hörbar – zwei weitere dieser raren Gesellen auf, die, ohne von uns Notiz zu nehmen, wie mächtige Schiffe durch das Trockengras ihre Fährten zogen. Ein Ausblick war so gut wie unmöglich. Ähnliche Situationen habe ich mehrmals auf der Elefanten- und Büffeljagd im Sisango, dem hohen Elefantengras, erlebt, und wenn ich daran denke, wie unterlegen wir Menschen in diesem elenden Gelände gegenüber dem Großwild waren und welche Spannungen und überraschende Möglichkeiten sich ergaben, spüre ich heute noch den Hauch der Erregung und das verstärkte Wallen des Blutes. Damals – zwischen den vier Weißen Nashörnern – meinte es St. Hubertus mit mir Kameraschützen gnädig. Ohne Zwischenfall kamen wir auf einen kleinen Hügel heraus und hatten freie Sicht.

Der Askari sicherte wieder seinen .404 Repetierer, und ich atmete befreit auf. Keine sechzig Meter entfernt, hatte sich das eine Nashornpaar im spärlichen Schatten eines niederen Baumes eingestellt, während das zweite einige Schritte dahinter inmitten von Dornbüschen offensichtlich döste. Ich „schoß“ mit der Kamera, wechselte die Objektive auf der Leica und ergriff schließlich von dem hinter mir stehenden Eingeborenen die Bell & Howell. Die Schwarzen, welche sich zunächst ruhig verhalten hatten, begannen zu tuscheln, worüber ich mich selbstverständlich ärgerte und ihnen leise zurief, den Mund zu halten. Ich hatte genug Farbaufnahmen gemacht, und nun benötigte ich noch einige Schwarzweißfotos als Dokumentarbilder von diesen urweltlichen Kolossen, deren Farbe ein richtiges Schiefergrau ist. Seltsamerweise waren am Umvoso-River die meisten Breitmaulnashörner ausgesprochen dunkel gefärbt, was gewiß zum Teil auf den mit dunkler Asche bedeckten Boden zurückzuführen ist.

Unweit von Moyo, im Lager südöstlich von Laufori – in einem Gebiet, in dem es von Tsetsefliegen nur so wimmelte und ich täglich von hunderten dieser unangenehmen Plagegeister gestochen wurde –, begegnete ich einem dieser großen Nashörner, das eine ganz helle Lehmkruste auf dem massigen Körper trug, einem alten Bullen, dessen kräftiges Vorderhorn bestimmt länger als ein Meter war. So konnte ich mir vorstellen, wie die Breitmaulnashörner dereinst von den Burenjägern in Südafrika den Namen „Weißes Nashorn“ erhalten haben. Beim Betrachten meiner Farbaufnahmen in der Heimat – die meisten Schnappschüsse hatte ich in der grellen Sonne und im braungelben Gras gemacht – scheinen diese Weißen

Bilder rechts: Oben: Waidmannsheil für Graf Ferry B.! – *Unten:* In den Ruinen von Simbabwe.
Bilder umseitig: Oben: Der Kivu. In diesem höchstgelegenen See Afrikas gibt es weder Flußpferde noch Krokodile. – *Unten:* Die Vulkanberge in Ruanda.

Nashörner um noch etwas dunkler als in der Wildnis. Die Farbfotografie täuscht eben auch heute noch oft.

Nun, als ich mich an jenem Pirschgang mit den Kameras an den beiden Rhinozerospaaren austobte, erlebte ich plötzlich eine Überraschung. Irgendwie wurden die mächtigen Dickhäuter unruhig. Sie wechselten plötzlich ihren Standort, vereinigten sich wieder und kamen dann schrittweise in unsere Richtung näher. Die Kolosse – jeder rund 2500 kg schwer – benahmen sich seltsam; sie hoben und senkten die Schädel, scharrten mit ihren Säulen am Boden, liefen einige Male wirr durcheinander und flüchteten schließlich mehrere Längen geschlossen zurück. Dann aber kehrten die Dickhäuter blitzartig um und stürmten geradewegs auf uns zu. Im Augenblick, als dieser Scheinangriff geschah, hatte ich die Leica mit dem 20 cm-Telyt und dem Schwarzweißfilm in den Händen.

Ich wandte mich kurz um und sah, daß meine Gefährten dicht hinter mir aufgerückt waren. Die nächsten Sekunden spielten sich – so wie ich sie im Gedächtnis habe – im Zeitlupentempo ab. Die Nashörner kamen näher und näher. Vier gewaltige Leiber, eine geballte Kraft von zehn Tonnen, stürmten uns entgegen. Im Innersten freute ich mich über diesen Zwischenfall ungemein; ich hielt die robuste und ziemlich schwere Bell-and-Howell-16 mm-Kamera fest in Händen und ließ die Kolosse anstürmen. Dabei zerbrach ich mir kaum den Kopf, was geschehen würde, wenn uns die urweltlichen Tiere erreichten. Sensationelle Aufnahmen mußten gelingen – das beherrschte einzig und allein mein Denken.

In letzter Sekunde – die Weißen Nashörner waren bereits keine zehn Meter vor unserer kleinen Menschengruppe – sprang der Askari mit erhobenem Repetierer vor. Die anderen Eingeborenen brachen in wildes Geschrei aus, was die Kolosse schließlich doch veranlaßte, knapp vor uns abzuschwenken. Wieder paarweise verschwanden sie endgültig im Gelände. Überglücklich über alles, atmete ich doch befreit auf und befahl den Rückmarsch ins Lager.

Im Verlauf dieser Woche im äußersten Nordwesten Ugandas hatte ich etwa vier Dutzend der sogenannten Weißen Nashörner beobachten können. Ich sah sie in Familien und in Trupps bis zu acht Exemplaren. Auch hierin unterscheiden sie sich vom Schwarzen Nashorn, das mehr ein griesgrämiger Einzelgänger ist.

Wildererbanden aus dem nahen Sudan hatten hier am Albert-Nil gehaust. Ich fand Skelette vom Elefanten und vom Weißen Nashorn. Das scheue Verhalten dieser Dickhäuter war mir Beweis dafür, daß trotz strengster Schonung und ständiger Aufsicht durch Askari-Patrouillen die Wildfrevler noch immer am Werk sind.

Bilder umseitig: Oben: Die von David Livingstone 1855 entdeckten „Victoria Falls“. – *Unten:* Der Kariba-Stausee ist heute eines der fischreichsten Gewässer Simbabwes.
Bilder links: Bei den Berggorillas in den Vulkanbergen Ruandas.

Heute, dreißig Jahre später, ist das Breitmaulnashorn in Uganda längst ausgerottet. Die vielen Wilderer haben ganze Arbeit geleistet. Auch die Soldaten Idi Amins, die in diesen Landstrichen am Albert-Nil Zuflucht fanden, trugen das ihre dazu bei, die Restbestände des seltenen Weißen Nashorns zu vernichten. Damit dürfte die nördliche Art des Breitmaulnashorns ausgestorben sein...

„Rhodesia is super!“

Kenia, das weltbekannte Jagdland, hatte seine Wildbahnen überraschend für ausländische Jäger gesperrt. Alles, was beruflich in Nairobi mit der Jagd zusammenhing, wurde über Nacht brotlos. Schlimm war es vor allem für die vielen Professional Hunters, die mit Safaris aller Art jahrelang ausgebucht waren. Sie verließen Ostafrika und übersiedelten nach Rhodesien mit seinen guten Wildbeständen, obwohl das Land für Großwildjagden und Safaris noch nicht durchorganisiert war.

Auch in Uganda gingen Handel und Gewerbe durch die Schreckensherrschaft Idi Amins unter. Die fleißigen Inder wurden des Landes verwiesen, und die Unsicherheit unter den Einwohnern dieses einstmals so reichen Bauernlandes Ostafrikas wurde immer größer. Das Chaos war perfekt, als Idi Amin nach dem Einmarsch bewaffneter Exil-Ugandesen und größerer Truppeneinheiten aus Tansania selber flüchten mußte. Wertvolles ging unter oder wurde vernichtet. Die großartige Tierwelt Ugandas war vogelfrei geworden. Erbarmungslos wurde das Wild von den Schwarzen niedergeknallt.

Auch mir war Uganda über zwanzig Jahre lang Heimat gewesen. Nun war alles aus. Die „Uganda Wildlife Development Ltd.“ wurde aufgelöst. Meine Kollegen fanden ebenfalls auf verschiedenen Jagdfarmen in der Republik Rhodesien neue Möglichkeiten.

Nach einem kurzen Heimaturlaub packte auch mich wieder die Sehnsucht nach Afrika. Ich wollte dort weiter in meinem Beruf arbeiten, und die weniger bekannten Wildgebiete interessierten mich besonders. So bestieg ich eines Tages den Jumbo-Jet der „South African Airways“ und flog nach Rhodesien. Mit dem Jagdamt in Salisbury hatte ich wohlweislich schon zuvor korrespondiert.

Der Nachtflug war ausgezeichnet. Nach Zwischenlandung in Madrid ging es entlang der afrikanischen Küste nach Johannesburg. Ich war nicht allein. Graf Ferry B., ein Jagdgast, begleitete mich.

In Johannesburg, der großen Industrie- und Goldstadt, wurden wir von einem Vertreter der SAA erwartet. Er war gebürtiger Ungar und half uns, die mitgeführten Jagdwaffen so problemlos wie möglich durch den südafrikanischen Zoll zu bringen.

Erst am nächsten Tag konnten wir mit den „Rhodesian Airlines“ weiter zu unserem Bestimmungsflughafen Victoria Falls fliegen. So wurden wir auf Kosten der SAA im „Holiday Inn“, einem Luxushotel, für die Nacht untergebracht. Besonders angenehm empfanden wir auch das zahlreiche österreichische Bedienungspersonal.

Graf Ferry und ich nutzten die Wartezeit für eine ausgiebige Besichtigung Jo'burgs und Pretorias. Pretoria ist ja der eigentliche Regierungssitz der Südafrikanischen Republik. Diese blühende Gartenstadt mit ihren vielen historischen Denkmälern war schon einen Spaziergang wert. Das pulsierende Leben dieser beiden Großstädte mit ihrer zahlreichen schwarzen und weißen Bevölkerung, den hohen Wolkenkratzern und schönen Geschäftslokalen beeindruckte uns sehr. Den Abend genossen wir im Hotel bei einem ausgiebigen Seafood und bei gutem Kapwein. Es war einfach herrlich.

Am Morgen holten wir unsere Jagdgewehre aus dem Zolldepot. Unsere Propellermaschine, eine alte „Vickers Viscount“, flog in einer Höhe, die gerade noch gut das Land in seinen vielfältigen Formationen unter uns sehen ließ. Das Flugzeug war völlig auf neu hergerichtet, und die weißen, farbenfroh gekleideten Stewardessen servierten trotz der verhältnismäßig kurzen Flugzeit ein ausgezeichnetes Mittagessen.

Als Österreicher benötigten wir in Victoria Falls kein eigenes Einreisevisum. Das alte britische Südrhodesien war am 2. März 1970 unter Ministerpräsident Ian Smith eine unabhängige Republik geworden. Der überwiegenden Mehrheit von etwa vier Millionen Matabele und Mashona – beide Bantu – stand eine Minderheit von nicht ganz einer Dreiviertelmillion weißer Rhodesier gegenüber. Letztere hatten viele Vorrechte, aber auch Pflichten.

Cecil Rhodes war 1890 Ministerpräsident der Cape Colony; er ist der eigentliche Begründer und Namengeber Rhodesiens. Seine „British South Africa Company“ hatte mit den Häuptlingen Verträge abgeschlossen und das Land bald für die englische Krone erworben.

Das junge „Rhodesia“ war ein überaus reiches Land mit großen Vorkommen von Asbest, Chrom, Kupfer und einer blühenden Viehzucht. Über die Hauptstadt Salisbury, den größten Handelsknotenpunkt, wurden neben Gold und den berühmten Halbedelsteinen andere wichtige Produkte, wie Tee, Baumwolle und Mais, ausgeführt. Die Landessprache war Englisch, die Währung der Rhodesische Dollar.

In einem Vorraum des kleinen Flughafengebäudes wartete der Jagdfarmer Mike Robinson auf uns. Der gutaussehende Mann war Mitte Dreißig. Er trug einen großkalibrigen Revolver umgeschnallt. Die Begrüßung war überaus freundlich, und sein Wortschwall über die herrschende Lage in Rhodesien überraschte uns. Der schon länger andauernde, erbitterte Kampf der Weißen gegen die aus Sambia und Botswana eindringenden „Freiheitskämpfer“ hatte auf beiden Seiten schon viele Opfer gefordert. In erster Linie waren die Grenzgebiete gefährdet. Weiße Farmen wurden überfallen und die Besitzer bestialisch massakriert, Kinder selbst aus Schulen und Missionsstationen verschleppt. Der überwiegende Teil der im Land lebenden Eingeborenen fühlte sich unter der weißen Regierung wohl. Alle hatten Arbeit und auch genug zu essen. Rhodesien war ein sehr wohlhabendes Land.

Mike Robinson gehörte die „Diamond T-Ranch“ im Nordwesten des Victoria-Falls-Distrikts. Da es schon später Nachmittag wurde, war die mehrstündige Fahrt im offenen Landrover wegen der häufigen Überfälle nicht mehr ratsam. So quartierte uns der Farmer für eine Nacht in einem alten britischen Kolonialhotel ein, dem berühmten „Victoria Falls Hotel“.

Vor der großen Terrasse des Vier-Sterne-Hauses gab es eine schöne Tanzfläche. In der lauen, mondhellen Tropennacht spielte ein gutes schwarzes Orchester seine einschmeichelnden Weisen. Die Tänzer waren Soldaten und Offiziere der rhodesischen Armee in ihren feldmäßigen Uniformen. Ihre Waffen hatten sie griffbereit neben dem Tanzboden abgelegt.

Die halbe Nacht hindurch wurde eifrig die Sohle aufs Parkett gelegt. Die weißen Mädchen und Frauen der Soldaten waren allesamt attraktiv und sauber gekleidet; sie ließen ihre Krieger für einige Stunden die tägliche Gefahr und den harten Kampf vergessen. Es war ein seltsamer Anblick, der mein Herz erfreute. Auch Graf Ferry war begeistert.

Sogar am Morgen, beim Frühstück, wurden wir reizend unterhalten. Junge Schwarze musizierten in ihren Schuldressen und gaben auf Xylophon und Trommeln ihren Marimba zum besten. Von der Ferne ertönte das Rauschen der weltberühmten Victoriafälle.

Vor unserer endgültigen Abfahrt schlug ich Mike Robinson vor, noch kurz die tosenden Wasserfälle des Sambesi zu besuchen. Ein schmaler Pfad führte vom Hotel zu diesem grandiosen Naturschauspiel bergab. Der Schotte David Livingstone, Missionar und Forscher, hatte 1855 die Katarakte entdeckt und ihnen – zu Ehren seiner Königin – den Namen „Victoria Falls“ gegeben. In der Eingeborenensprache heißen sie „Mosi oa Tunya“, was soviel wie „sprühender Wasserdampf“ bedeutet.

Der Sambesi fließt in majestätischer Breite fast ohne Taleinschnitt ruhig dahin, bis er sich plötzlich in einen engen Abgrund stürzt, der sich quer zu seinem Flußbett auftut und den Strom zu verschlingen scheint. In einer Breite von 1.700 Metern, durch einige kleine Inseln und Felsen geteilt, donnert die Wasserwand 120 Meter im freien Fall tief in den Schlund hinab. Die Sturzflut löst sich in Schaum und Wasserstaub, und unten toben und kochen die Wasser und drängen von West nach Ost in furchtbaren Wirbeln gegeneinander, um an der jenseitigen Wand des Abgrunds den nur 30 Meter breiten Spalt zu finden, der ihnen einen Ausweg bietet. Die Gewalt des Wasserfalls preßt die Luft so stark zusammen, daß sie den Wasserstaub in hohen weißen, viele Kilometer weit sichtbaren Rauchsäulen emportreibt.

In einem tropischen Waldstück marschierten wir an dem überlebensgroßen Monument von David Livingstone vorbei und nahmen einen schmalen Gehweg entlang der Fälle zum Devils Cataract. Schwerer Sprühregen und Nebelfetzen erschwerten das Fotografieren und das Farbfilmen. Schließlich erreichten wir den Mainsfall. Wegen der großen Feuchtigkeit ringsum war die Vegetation mehr als üppig. An den berühmten Rainbowfällen fand der Pfad sein Ende. Am Rückweg sah ich einen Schirrbock abspringen und in den von Lianen und Schmarotzergewächsen umgebenen dichten Wald flüchten. – Dieses Naturwunder am Sambesi ist wohl erstrangig und beeindruckte uns alle sehr.

In der Zwischenzeit hatte Mike den Landrover vor dem Hotel mit unseren Koffern und den Segeltuchsäcken beladen. Die weite Fahrt durch den Miombowald verlief ohne besondere Zwischenfälle. Auf der großen Ranch in der Matetsi-Area, die als reine Jagdfarm bewirtschaftet wurde, empfing uns die tüchtige Farmersfrau. Jeder von uns bekam ein festes Rondavel mit reichlicher Innenausstattung als Unterkunft für die nächsten Wochen. Das Haupthaus lag zweihundert Schritt entfernt, und alles war mit aufgeschichteten Sandsäcken gegen Angriffe geschützt. Ein Feldtelefon verband meinen Bungalow mit dem Farmhaus. Zu unserer weiteren Sicherheit übergab mir Mike eine kurzläufige, sehr handliche mehrschüssige Polizeiflinte mit grobem Schrot. Meinen .357 Magnum Smith & Wesson Revolver trug ich ohnedies bei mir. Graf Ferry hatte ebenfalls eine Faustfeuerwaffe mitgenommen.

Das Gelände um das Haus herum war aus Sicherheitsgründen abgeholzt; ein hoher Drahtzaun sollte mögliche Angreifer abhalten. Zwei scharfe Bullterrier und ein Labrador sorgten für weiteren Schutz.

Der rührige schwarze Koch zauberte täglich, von der Hausfrau unterstützt, neue Gerichte für unsere Gaumen. Die Diener waren flink und freundlich; ihr Benehmen war gut geschult.

Das meist flache Land mit einigen Erhöhungen und steinigen Hügeln wies eine Baumsavanne mit großen, eingesprengten Grasflächen auf. Der Wildbestand an Büffeln, Elenantilopen, Zebras, Impalas, Wasserböcken und Warzenschweinen war überragend. Auch Leoparden gab es häufig. Zahlreiche Wasserstellen, kleine Wassergräben und der Matetsifluß durchzogen das riesige Farmgelände.

Unser erster Anblick war eine Rappenantilope (*Hippotragus niger*), englisch „Sable“ genannt. Diese Großantilope erreichte hier eine Schulterhöhe von einem Meter dreißig und ein Lebendgewicht von etwa zweihundertvierzig Kilogramm. Das stark geringelte, fast parallel stehende, säbelartige Gehörn lag im Mittel bei hundert Zentimetern. Die Sable bevorzugt eher waldige Gebiete. In Mikes Areal heimateten zeitweise auch einige Elefantenherden, deren Wechsel wir oft fanden.

Die teure Romantik der Safaris in Ostafrikas berühmten Jagdländern war in Rhodesien damals noch unbekannt. Von einem festen Camp aus wurden die Pirschfahrten unternommen. Vieles war hier einfacher und bequemer. Die Jagdkonzessionen Rhodesiens erlaubten die Möglichkeit, innerhalb von fünfzehn Tagen eine bunte Palette von Wild zur Strecke zu bringen. Jagdgesetze und Wildschutz waren aber dennoch streng geregelt; jegliche Wilderei war verboten. Alle Fremden und Eindringlinge konnten leicht überwacht werden.

Mike Robinson besaß auf seiner Ranch auch einen kleinen Privatflugplatz, auf dem eine einmotorige Piper stand. – Zu anderer Zeit holte er mich und meinen Jagdgast vom Terminal mit seinem Kleinflugzeug ab. Im Jahre 1976 flog Mike mit uns die Grenzen seiner großen Jagdfarm ab. Auf der einen Seite lag sie dem wildreichen Wankie-Nationalpark eng benachbart, dann bildete eine weite Strecke zu Botswana die Grenze. Vom Flugzeug aus erblickten wir wandernde Elefantenherden, die viele Kälber mit sich führten. Mike war ein guter Pilot. Oft kreuzte er mit seiner Sportmaschine bei der Rückkehr in niedriger Höhe zum Farmhaus und winkte seiner Frau.

Graf Ferry konnte als erste Trophäe eine Kap-Eland erbeuten, die einzeln aus dem Buschwald herauskam. Bald darauf schoß er auf dem Ansitz neben einer Wasserstelle eine gute Rappenantilope. In wenigen Tagen waren unsere Mühen belohnt, denn er konnte insgesamt sechzehn Stück Wild erbeuten.

Graf Ferry hatte ein schlechtes Auge und war beim Zielen langsam, schoß aber gut. Ein einzelner Riedbock (*Redunca redunca*) war neben einem Wasserlauf gefallen. Diese zierlich gebaute, kleine Antilope lebt paarweise oder in Familienverbänden. Im südlichen Afrika ist ihr Gehörn stärker und weiter ausgelegt; es ist an der Basis dick und bei alten Böcken zusammengewachsen. Weibliche Riedböcke sind hornlos. Der vierzig Kilogramm schwere Bock versuchte sich zu drücken. Er war im Gras kaum sichtbar und floh spät in einem eigenartig holprigen Gang. Sein Verhoffen kostete ihn das Leben. Das Wildbret war sehr schmackhaft. Einen Teil des Fleisches erhielt Mikes Dienerschaft.

In einem gegen den Wankie-Nationalpark gelegenen Mopanewald äste vertraut eine Herde Rappenantilopen. Sie ließ uns auf Schußdistanz heranfahren. Graf Ferry hatte schon eine Sable erlegt und gab mir jetzt den Vortritt auf einen starken Bullen, den ich auch gut mit Blattschuß erbeuten konnte. Sein Gehörn maß 1,08 Meter.

Der Graf hatte schon in Ostafrika mit mir gejagt und Elefanten, Büffel und verschiedene Antilopen geschossen. Hier in Rhodesien interessierte ihn besonders ein alter Löwe. Nun, die Großkatzen liefen uns bei den Pirschfahrten des öfteren einzeln oder familienweise über den Pfad, aber wir kamen einfach nicht zu Schuß. – Nachts grollten die männlichen Löwen; ihre mächtige Stimme drang bis in unser Schlafgemach.

Am frühen Morgen waren wir wieder unterwegs. Es herrschte bittere Kälte, und die Sonne steckte in den Wolken. Mike, der seine Maschinenpistole neben sich liegen hatte, glaubte, etwas Verdächtiges gehört zu haben. Er hielt den Geländewagen an, sprang heraus und suchte mit seinem Feldstecher den Waldrand ab. – Er hatte sich getäuscht, es war kein „Freiheitskämpfer“, sondern eine dunkle Wasserbockantilope, ein weibliches Tier ohne Hornzier mit seinem Kalb, das, hinter den Bäumen versteckt, hervoräugte.

Wir streckten ein Zebra als Köder für die Löwen, und die Schwarzen errichteten in der Nähe einer Wasserstelle, an der wir Löwenspuren feststellen konnten, einen Dornverhau, eine sogenannte „Boma“. Spät am Nachmittag konnte ein Ansitz hier aber nur erfolglos sein, Geduld war nötig.

In einer sternklaren Nacht, um vier Uhr morgens, ging es in rascher Fahrt zum ausgelegten Köder. Das Zebra war gut an einen Baum gebunden. Aus einiger Entfernung hörten wir schon das Knurren mehrerer Raubkatzen. In der klaren Luft drangen ihre Laute gut an unsere Ohren.

Wir stellten den Wagen ab. Schritt für Schritt näherten wir uns der Boma. Die Nacht war noch nicht dem Tag gewichen. Vorsichtig krochen wir in den Dornverhau hinein. Der Wind war gut, und im Feldstecher konnte ich sieben Löwen ausmachen, die um die Reste des Zebras rauften. Bei diesem schlechten Licht mußte ein Schuß jedoch fehlgehen.

Eine halbe Stunde später strich Graf Ferry seine Steyr-Mannlicher .375 Magn. am Guckloch an. Da zeigte ein alter Löwe seine Breitseite. Der Schütze hatte den Repetierer gestochen. Waren es die klammen Finger? – Wegen des leidigen Stechers war die Kugel jedenfalls zu früh abgefahren. Als der Schuß weithallend durch die Gegend drang, flüchteten sämtliche Großkatzen mit langen Sprüngen in die Dämmerung. Wir hatten das Nachsehen...

Vom Köder war noch genügend Fleisch übriggeblieben, aber es zeigten sich keine Löwen mehr. Ich selber verwendete in Afrika nie das zweite Züngel am Repetierer. Der Stecher – im heimatlichen Gebirge fein eingestellt auf weite Entfernungen günstig – taugte hier nicht. Zu oft ging im ungeeigneten Augenblick der Schuß los.

Am nächsten Morgen saßen wir wieder fröstelnd in der Boma. Ich hatte die Hoffnung nicht aufgegeben und glaubte fest daran, daß die Löwen wiederkommen würden. Und tatsächlich trollte die Raubkatzenfamilie nach Sonnenaufgang nacheinander zur Mahlzeit. – Der Graf wartete zu. Die Sonne erhob sich eben in einer großen Scheibe höher über den Horizont, als mein Jagdgast plötzlich feuerte. Diesmal hatte er gut gezielt. Das schwere Teilmantelgeschoß riß den Löwenmann um. Eine Handfläche groß zeigte sich Schweiß, deutlich war das Blut am gelben Fell zu erkennen. Der Jäger schoß schnell ein zweites Mal, und der Löwe verendete noch über den Zebraknochen. Grollend sprangen seine Gefährtinnen mit ihren Jungen davon.

Gerne hätte der Graf auch einen Elefanten auf der Ranch erlegt. Unser Suchen nach den Dickhäutern blieb aber erfolglos. Alte Fährten zeigten, daß die Grauen schon vor Wochen abgewandert waren.

Die Jagdtage gingen zu Ende. Der Gast war mit seiner Strecke zufrieden. Auch Mike und ich waren glücklich und über die schönen gemeinsamen Erlebnisse froher Dinge. Diese Safari war allerdings ein teures Vergnügen gewesen. Ich flog mit dem Grafen nach Johannesburg ab und dann weiter heimwärts nach Wien.

Knapp zwei Monate später bekam ich zwei ausgesprochene Nichtjäger als Gäste für eine Rhodesiensafari. Beide Herren waren wissenschaftliche Autodidakten und passionierte Sammler von Mineralien, Schnecken, Blumen und – seltsamerweise – auch von Jagdtrophäen. Sie kannten Afrika von früheren Reisen her. Mike verfrachtete uns drei in ein gemietetes größeres, zweimotoriges Flugzeug und zog einige Runden über die tobenden Wasser der Viktoriafälle, damit die Gäste filmen konnten.

Wieder unternahmen wir ausgedehnte Fahrten, um das Wild zu beobachten. Beide Gäste fanden auch allerlei für sie interessante Objekte. Zweimal suchten wir den nahegelegenen Wankie-Nationalpark auf, das wohl schönste Wildschutzgebiet Afrikas. Das etwa 15.000 km^2 große Areal weist einen sehr vielfältigen Wildbestand auf und beherbergt auch Elefanten. Auf der Fahrt durch das Buschveld konnten wir Kap-Giraffen, einige Herden schwarzer Büffel, Große Kudus, Ducker und viele andere Antilopen sehen.

Im Oktober war es schon recht heiß geworden, und wir litten großen Durst. Einige Wochen später ist die Hitze kaum mehr zu ertragen. Anfang Dezember beginnen die Regen und lassen das Gras rasch auf Mannshöhe schießen.

Mike borgte mir seinen zweiten Toyota-Landcruiser. Beide Gäste wollten nämlich die alte, geheimnisvolle Ruinenstadt Simbabwe kennenlernen. Unsere Fahrt ging auf gepflegten Naturstraßen durch wenig bewohntes Gebiet nach Bulawayo, der zweitgrößten Stadt des Landes. Wir übernachteten in einem schönen Hotel. Hier, auf 1.480 Meter Seehöhe, war das Klima sehr angenehm.

Bulawayo ist das Zentrum der „Rhodesia Railways“, und ein gut ausgebautes Straßennetz führt in alle Richtungen der jungen Republik. Die wichtige Metallindustrie besaß schon damals moderne Anlagen. Wie man uns sagte, gab es in Bulawayo mehr als sechshundert

Handelshäuser und Kaufläden, die die Bedürfnisse der Weißen und der zahlreichen schwarzen Einwohner zur Genüge befriedigen konnten. Auch einige Textilfabriken hatten in dieser großzügig angelegten Stadt ihren Standort. Bulawayo ist der Hauptsitz des weit im Land verbreiteten Matabele-Volkes, das traditionsgemäß in seinen charakteristischen Rundhüttendörfern lebt.

Es war deutlich zu merken, wie sehr sich Schwarz und Weiß nach Frieden sehnten. Die Bevölkerung Rhodesiens, zusammen etwa fünfeinhalb Millionen Menschen, hatte genug von diesem grausamen Krieg, der nun schon mehr als neun Jahre dauerte.

Nach einer Tagesfahrt erreichten wir Fort Victoria, den ältesten, 1890 von dem britischen Afrikapionier Column gegründeten Ort des von Kolonisten besiedelten Rhodesien. Fünfundzwanzig Kilometer südlich dieser blühenden Gartenstadt stehen die Ruinen von Simbabwe. Ihr Geheimnis ist bis heute nicht ganz gelüftet. Einige Archäologen vermuten, daß Simbabwe die Hauptstadt des einst großen Bantureiches von Monomotapa war. Die Anlage soll aus dem 11. Jahrhundert stammen, als der Goldbergbau eine große Rolle spielte. Vermutlich reicht Simbabwe aber noch viel weiter in die Geschichte der menschlichen Hochkulturen zurück. Für unsere Zeit wurde die sagenhafte Ruinenstadt 1871 von dem deutschen Afrikareisenden Karl Mauch entdeckt, der hier das Goldland Ophir des Königs Salomo vermutete.

Zu Fuß kletterten wir über gigantische Granitblöcke und marschierten durch einen Trokkenwald und durch Laubbüsche, bis wir zur eigentlichen, heute stark verfallenen Ruinenstätte kamen. Immer wieder fotografierend, krochen wir durch verschiedene Steinbauten, Befestigungen, Tempelanlagen, Bewässerungskanäle und zwischen Terrassen, Schächten und ausgedehnten Mauern umher. Alles hinterließ auf uns einen tiefen Eindruck.

Dann besuchten wir noch den nahe gelegenen Lake Kyle, ein einmaliges Vogelparadies. Zudem ist der große See sehr fischreich, und da ich in Afrika stets auch Angelruten mithatte, nutzte ich auch eine gute Stunde zum Sportangeln. Früher einmal waren in diesem Gewässer schwarze Barsche ausgesetzt worden. Bald hatte ich drei mittelgroße Exemplare an Land gezogen. Noch an Ort und Stelle brieten wir die Fische über einem lustigen kleinen Lagerfeuer und ließen sie uns schmecken.

Meine Gäste sammelten auch etliche Pflanzen und Steine der verschiedensten Gattungen und Sorten, so daß unser Toyota schon nach kurzer Zeit mit Gläsern und kleinen Kisten voll von Exponaten vollgestopft war.

Eine Woche noch blieben die beiden Herren auf Mikes Ranch, dann fuhr ich mit ihnen mit der Eisenbahn in komfortablen Waggons von Victoria Falls nach der Hauptstadt Salisbury, wo wir im „Monomotapa", einem nach dem alten Bantukönig benannten Fünf-Stern-Hotel, abstiegen. Wir waren ausgezeichnet untergebracht, wollten uns noch die Stadt ansehen und einige Andenken kaufen, die in den vielen Läden feilgeboten wurden.

Die Straßen und prächtigen Alleen der Stadt waren mit Jacarandabäumen bepflanzt, die allerdings nur im Februar ihre schönen blauen Blüten zeigen. Jetzt, im Oktober, waren sie kahl und ohne ihren betäubenden Duft.

Alle großen Boulevards trugen die Namen von berühmten Forschern: Baker, Gordon,

Stanley, Speke u. a., und wir fanden interessante Geschäfte, die herrliche Kupfer-, Ebenholz- und Elfenbeinarbeiten zum Kauf anboten. Auf vielen Souvenirs war die Rappenantilope – das Wappentier Rhodesiens – zu sehen. Aber auch die tropische „Flame Lily“, eine häufig vorkommende Lilienart, ist ein typisches Wahrzeichen dieses Landes. Einige Touristenbüros unternahmen sogar „Flame Lily Tours“ in den berühmten, etwa fünfzehn Kilometer westlich der City gelegenen Schlangenpark und zu vielen anderen Sehenswürdigkeiten. *„Rhodesia is super!“* war auf Aufklebern und Signets an Geschäftsportalen zu lesen.

Stadtbummel und Einkäufe ermüdeten uns sehr, und wir waren froh, als wir uns im „Monomotapa“ wieder erfrischen konnten. Nach drei Tagen flogen wir nach Johannesburg weiter und dann zurück nach Österreich. Zu Hause hielt ich Vorträge über Land und Leute in Rhodesien und zeigte ausgewählte Farbbilder der einzigartigen Tierwelt dieses Landes, die meine Hörer sehr begeisterten.

Es hielt mich aber nicht lange in der Heimat. Afrika hat einen starken Ruf, und so flog ich bald aufs neue nach Rhodesien. Wieder war Graf Ferry mein Jagdgast. In Salisbury versuchten wir sofort einen Anschlußflug nach Kariba zu bekommen. Dieser Ort liegt am Ende des größten künstlichen Stausees der Welt, ungefähr dreihundertsiebzig Kilometer von Salisbury entfernt. Paul Grobler, der unweit der Bumihills eine große Jagdfarm sein eigen nannte, erwartete uns schon. Der Rhodesier Schweizer Abstammung hatte seine Piper aufgetankt und flog mit uns in gut zwei Stunden zu seinem Anwesen, das direkt an den Ufern des Karibasees lag.

Graf Ferry und ich saßen mit der sechsköpfigen Familie an einem großen, runden Tisch. Die Küche zauberte Delikatessen aller Art hervor, und ich ließ mir keine Speisenfolge entgehen. Der Graf bevorzugte den Gin, den er meist pur, aber auch mit Tonic trank.

Der Jagdherr brachte uns im Boot zu den bekannten Stellen, an denen täglich einigemal Elefanten Wasser schöpften. Aus sicherer Entfernung beobachteten wir mit unseren Gläsern die Dickhäuter, wie sie vorsichtig zum Wasser zogen. Der Farmer sagte uns auch, daß fünfhundert Meter vom Seeufer aus in Richtung Landinneres Elefanten nicht geschossen werden durften. Das Kariba-Seeufer war somit für das Großwild auch eine gewisse Schutzzone.

Das Motorboot landete, und wir pirschten unter Groblers Führung in ein waldähnliches Gelände. Überall fanden wir alte und frische Elefantenwechsel. Es dauerte nicht lange, da erblickten wir auch schon einen Trupp, der auf Äsung zog. Gespannt hörten wir, wie die Kolosse Äste abrissen und Bäume entwurzelten, um an die Früchte zu gelangen, sowie das unverkennbare Kullern ihrer Riesenmägen. Einige Trompetenstöße und Wutlaute ließen uns aufhorchen – behäbig marschierten die Dickhäuter wieder ab. Der Wind stand gut, und so liefen wir ein Stück hinterher, um die Tiere weiter zu beobachten. Einige Kühe mit schwachen Stoßzähnen führten einen jungen Bullen in ihrer Mitte. Unterwegs entleerten sich die grauen Riesen, und ihre großen Haufen waren bald von tausenden winzigen Fliegen bedeckt.

Am nächsten Tag befanden wir uns wieder im Reich der Elefanten. An einem leicht bewaldeten Hang defilierte eine Herde von Kühen an uns vorbei. Sie führten Kälber im zartesten Alter mit sich. Wir filmten alles und hatten großen Spaß dabei.

Ein andermal war eine Anzahl von Elefanten am Karibasee zur Tränke eingetroffen. Im

Feldstecher konnten wir erkennen, daß auch alte Kühe darunter waren, die längere Stoßzähne hatten und allein, ohne Jungtiere, zum Wasser marschierten.

Wir landeten mit dem Boot und rannten alle, einen großen Bogen schlagend, im Wald vorwärts, um den Dickhäutern noch rechtzeitig den Weg abzuschneiden. Nur knapp schafften wir es. Plötzlich zogen die grauen Kolosse im Gänsemarsch direkt auf uns zu. – Graf Ferry sollte in wenigen Minuten zum Schuß kommen. Ich selbst hatte mein Gewehr entsichert und war feuerbereit.

Grobler zeigte dem Jagdgast eine alte Elefantenkuh, die als drittes Tier in der Kette auf uns zukam. Diese Elefantin sollte fallen . . .

Die Situation wurde brenzlig. Die Grauen waren keine zwanzig Schritt von uns entfernt, und wir standen einzeln hinter Bäumen in nur schwacher Deckung. – Da feuerte der Graf! Ich schoß zur gleichen Zeit mit. Auch Paul Grobler gab noch einen Schuß ab. Die alte Kuh brach in die Knie und legte sich langsam verendend zur Seite. Im gleichen Augenblick hatten wir repetiert und waren so im Notfall wieder schußbereit. Doch die Dickhäuter warfen sich unter schrillen Schreien herum und stürmten in kopfloser Flucht tief in den Buschwald. Ich fotografierte die tote Elefantenkuh, und wir nahmen ihre Maße. Dann liefen wir zum Motorboot und fuhren rasch zur Farm, um einige Schwarze zum Zerwirken der Beute zu holen.

Ein gutes Dutzend Matabele-Burschen, die alle auf der Ranch angestellt waren, kam begeistert mit. Fachgerecht entfernten sie die riesige dicke Haut des Elefanten und zerteilten ihn mit Buschmessern und Äxten. Dem Grafen gehörten die Stoßzähne als Trophäe. Herr Grobler nahm für sich die Elefantenhaut und das Fleisch, das er von den Eingeborenen für Biltong in dünne Streifen schneiden ließ.

Damals jagten die weißen Rhodesier absolut korrekt. Für den Abschuß eines Elefanten mußte man zu jener Zeit 500 US-Dollar bezahlen. Der Schutzstreifen wurde immer respektiert.

Der Karibastausee war einst eine große Sensation. Durch das rasche Auffüllen des Staubekkens ging aber leider viel Wild zugrunde. Heute ist er eines der fischreichsten Gewässer von Simbabwe. Manchmal fuhren wir mit einem großen Kajütboot gut ausgerüstet zum Fischfang. Die Tigerfische bissen wie verrückt, und den schwarzen Barsch fingen wir auch mit dem Spinner. Der große Catfisch ging gerne auf Fleischstücke, und unsere Ausbeute reichte immer für eine gute Mahlzeit.

Die Baumsavanne und der üppige Mopanewald machten es unmöglich, die Jagdfarm mit dem Geländewagen querfeldein zu durchkämmen. Ein kurzer Jagdpfad aber, der sich durch den Wald schlängelte und am Stausee endete, war gerade noch mit dem Auto befahrbar. Neben den vielen Elefanten beherbergte die Ranch auch einige starke Büffel, Impalas und Wasserböcke. In den meisten Fällen mußten wir das Wild erlaufen. Eines Tages folgten wir stundenlang einem Büffelbullen – einem alten Einzelgänger –, dessen riesige Fährte uns sofort in die Augen gesprungen war. In kurzen Abständen verhoffte das gewaltige Wildrind auf seiner langsamen Flucht unsichtbar im dichten Laubbusch und galoppierte jedes Mal davon, wenn wir Jäger uns ihm näherten. Dieses Spiel wiederholte sich einige Male. Der alte, schwarze Büffel war durch die lange Verfolgung unruhig geworden, scharrte wild mit den Schalen am Sandboden und zerfetzte mit seinem Gehörn den Unterwuchs.

Im dunklen Busch sah der Graf den Büffel nicht, der nun attackieren wollte. Vergebens mühte sich mein Gast, das gefährliche Großwild auszumachen. Auf dieser Jagd war auch Groblers Sohn mit von der Partie. Inzwischen war es Mittag und heiß geworden. Der junge Mann schlug vor, diesen Büffel in Ruhe zu lassen und ins Camp zum Mittagessen zurückzukehren. Graf Ferry war einverstanden. Ich selber hätte den starken Bullen gern erlegt, hatte dazu jedoch keine Erlaubnis.

Aber bereits zwei Tage später schoß mein Freund in einem offenen Gelände einen wirklich guten Büffel. Wir überraschten den Einzelgänger auf nahe Distanz. Spitz von vorne angefaßt, fiel der Bulle im Feuer. Regungslos lag er am Boden, atmete schwer und schien in den letzten Zügen zu liegen. Der Graf wollte auf das verendende Tier schon zulaufen, um ihm den Fangschuß zu geben. Aber im selben Augenblick wurde das mächtige Großwild hoch. Wie der Blitz war es auf den Läufen. Vehement griff der Bulle an. Vier Menschen standen in seiner unmittelbaren Nähe, da schoß ich mit meinem schweren .458 Repetierer von den „Birmingham Small Arms“, den ich auf dieser Safari mithatte. Die Kugel warf den Büffel auf der Stelle um. Er war sofort verendet. Selbst den Todesschrei konnte das Wildrind nicht mehr ausstoßen. – Dies war allerdings ein „narrow escape“, wie der Engländer zu sagen pflegt...

Auf dieser Büchse mit ihrem besonders kurzen Lauf hatte ich das Visier blauweiß in Email ausarbeiten lassen. Das Korn war rot gefärbt. Somit konnte ich das Ziel immer rasch erfassen und meine Treffsicherheit erhöhen. Dieses Abenteuer zeigte wieder einmal, wie sehr man auf einer Büffeljagd auf der Hut sein muß. Vor allem im Kariba-Seegebiet galten die Büffel als sehr angriffslustig, aber das erfuhr ich leider erst später. Der Sohn unseres Jagdfarmers mußte dies auch einmal am eigenen Leib zu spüren bekommen: Mit schweren Verletzungen lag er dann wochenlang im Krankenhaus. Verwundungen durch angreifendes Großwild können in Afrika leicht ins Auge gehen, denn die Entfernungen zum nächsten Krankenhaus oder Arzt sind meist sehr groß. Der junge Mann hatte Glück; in seinem Fall waren es „nur“ 150 Kilometer...

Beim Angeln vom Kajütboot aus beobachtete ich einen Trupp von Elefanten, der, am Kariba-Ufer im Wasser stehend, sich an Gräsern und Wasserpflanzen gütlich tat. Die pralle Nachmittagssonne tat meinen Augen weh – obwohl ich das grelle Licht Afrikas gewöhnt war –, da ich nie Sonnenbrillen trug. Nach einer Weile gesellte sich ein ganz beachtlicher Stoßzahnträger zu den Elefantinnen, auf deren Rücken weiße Kuhreiher hockten. Dem Grafen gefiel der Bulle, aber er hatte nur die Erlaubnis, zwei Elefantenkühe zu erlegen. Ein Bulle kostete in Rhodesien das Doppelte eines Kuhabschusses.

Wir fuhren ein Stück weiter, verankerten das Boot am Ufer und beschlossen, die Elefanten im Wald zu umgehen. Eben als die Kühe voran aus dem Wasser ans feste Ufer stapften, baute der Graf sein Tripoid auf und zielte auf die Elefantenkuh, die als letzte hinter dem Bullen marschierte. Ich hielt mit drauf, und beide feuerten wir gleichzeitig auf über hundert Meter

Entfernung. Doch die graue Riesin zeichnete auf unsere Schüsse nicht. Auf die Knallerei hin flüchteten die restlichen Dickhäuter und verschwanden mit Getöse.

Ein schwerer Fall drang an mein Ohr. Ein kurzes Brechen im Busch ließ uns hoffen, daß die beschossene Elefantenkuh im Verenden lag. Mit schußbereiten Gewehren eilten wir der ausgetretenen Fluchtfährte nach, und tatsächlich lag die Elefantin, in ein Gewirr von Lianen verstrickt, tot am Urwaldboden. Beide Schüsse waren tödlich gewesen, hatten ihre Wirkung aber erst nach mehreren hundert Metern gezeigt. Die dünnen, aber doch insgesamt acht Kilogramm schweren Stoßzähne und der ausgesprochen langhaarige Wedel überraschten uns.

Unsere Safari ging ihrem Ende zu. Herr Grobler flog uns mit seiner neuen Piper Cherokee nach dem kleinen, sauberen Ort Kariba. Nahe des hundertvierzig Meter hohen Staudammes bezogen wir in einem guten Hotel inmitten von Blumen und Palmen zwei schöne Zimmer. Wir genossen noch ein paar Tage der Ruhe und unternahmen einige Bootsfahrten zu den berühmten Bumi-Hills. Schließlich flogen wir nach Salisbury, stiegen in eine andere Maschine um und kamen noch am selben Tag gut in Johannesburg an. Auch diesmal verbrachten wir eine Nacht im „Holliday Inn". Dann ging es mit der SAA über die Kapverdischen Inseln wieder Richtung Heimat. Bei einem kurzen Zwischenstop auf dem Flughafen Santa Maria konnten wir uns die Füße vertreten. Frühmorgens kamen wir gut, aber bei beträchtlicher Kühle in Wien an.

Der politische Umschwung in Rhodesien hatte zur Folge, daß fast hunderttausend Weiße ihre alte Heimat verließen und nach Südafrika auswanderten. Mein Freund Mike Robinson ging mit seiner Familie nach Australien, wo er bald wieder mit einem neuen Jagdunternehmen begann.

Meine neuen Safarigäste waren wieder Österreicher: Michael Weber mit Gattin – ein tüchtiges Gastwirtepaar – und der Kärntner Dentist Macher und seine Frau. Gemeinsam flogen wir nach den Victoria Falls. Ich hatte bei Pieter Johnston von den „Rosslyn Safaris" vierzehn Jagdtage gebucht und die Reise organisiert. Johnston erwartete uns schon am Flughafen. Webers und ich stiegen in eine einmotorige Piper um, während die Kärntner von einem schwarzen Fahrer mit dem Landrover zur Jagdfarm gebracht wurden. Die neue Wildbahn war nur wenige Kilometer von der ehemaligen Farm Mike Robinsons entfernt.

In den ersten Tagen fuhren wir gemeinsam auf Pirsch. Beide Gäste hatten bald Waidmannsheil. Michael Weber konnte eine mittlere Rappenantilope strecken, die soeben zur Tränke kam, und Herr Macher schoß ein gutes Großes Kudu. Selbstverständlich waren beide Damen von den ersten Erfolgen ihrer Männer sehr beeindruckt. Weber war ein ungemein kräftiger Mann, ein überaus passionierter Jäger und ein schneller, ausgezeichneter Schütze. Leider trank er jeden Abend etwas zu viel „Zielwasser" in Form von Whisky.

Das Farmhaus lag nicht weit von unseren Bungalows entfernt. Die schwarze Mannschaft von Rosslyn war tadellos eingespielt und stellte ein gutes Safari-Team. Jetzt, da die Schwarzen die Herren von Simbabwe waren, änderte sich für die Leute kaum etwas. Alle waren froh, einen guten Job und nette Unterkünfte zu haben und zudem ein jeder ein Stückchen Land und Vieh zu besitzen. Pieter Johnston waren seine Eingeborenen weiterhin ergeben und die Safaris das ganze Jahr über ausgebucht.

Der große Wunsch meiner Jagdgäste waren freilich Elefanten. Täglich fanden wir frische Fährten. Unstet wanderten die grauen Riesen im großen Areal der Farm umher. Pieter Johnston suchte auch mit seiner Piper das Land nach Dickhäutern ab. Tiefe Mopanewälder und lichte Baumsavannen unterbrachen die weiten Grasebenen. Die Jagdfarm war sehr trocken. Wasserläufe gab es nur an den Grenzen, und diese waren zwei Tagesreisen entfernt. Früher war das Farmgelände gutes Viehzuchtgebiet gewesen, aber das Vordringen der Tsetsefliege hatte die Rinderhaltung unrentabel gemacht. Damals waren für die „Biester“ an verschiedenen Stellen der Farm Wasserstellen angelegt worden, deren starke, dieselmotorenbetriebene Pumpen das nicht tief gelegene Grundwasser emporholten. Nachts wurde es auch gerne von den Elefanten angenommen. Die Dickhäuter hatten es schnell weg, wenn die Motoren liefen und das Wasser in die großen, flachen Behälter floß.

Acht Tage lang suchten wir vergebens nach ihnen. Sie waren zwar da, jedoch immer irgendwo unterwegs. Immerhin konnte Michael Weber einen Löwen erlegen und Freund Macher einen Leoparden, der tagelang zuvor mit erbeuteten Impalas angeködert worden war. Beide Frauen nahmen stets an den Pirschfahrten teil und hielten auch die anstrengenden Fußmärsche durch.

Vollmondnächte setzten ein. Pieter war unruhig geworden. Die verflossenen Jagdtage erfüllten nicht den sehnlichsten Wunsch unserer Gäste. So versuchten wir eines Nachts, uns an einer eingeschalteten Pumpe auf Elefanten anzusitzen. Lange vor Einbruch der Dunkelheit fuhr Macher mit Pieter und mir zur Wasserstelle. Ein breiter Graben im steinigen Boden gab uns gute Deckung. Es vergingen ein, zwei Stunden. Hell leuchtete das Mondlicht auf einige Baumgruppen in der Grasebene. Plötzlich hörten wir Elefanten anmarschieren: Sieben Stück näherten sich der laufenden Pumpe. Vorsichtig schöpften sie. In großen Zügen löschten die Tiere ihren Durst. Dieses Bild im Mondenschein war einmalig. Tiefe Wildnis lag vor uns. Die Nacht war still und ohne Wind.

Wir zählten vier Bullen und drei junge Kühe ohne Kälber. Einer der Elefanten hatte überaus gute Stoßzähne. Etwa eineinhalb Meter ragten sie aus dem klobigen Schädel. Längst hatte ich Freund Macher meine schwere Tropenbüchse von Steyr im Kal. .458 Winch. Magn. übergeben. Genau in dem Augenblick, da sich die Dickhäuter zu einer Marschkette formierten, schoß der Gast auf den vorletzten Bullen. Pieter feuerte mit. Der beschossene Riese flüchtete sofort, aber in eine andere Richtung als seine Gefährten. Schon nach wenigen Minuten hörten wir ein schweres Fallen. Der Koloß war zusammengebrochen. Wir liefen nach, und ich gratulierte dem Dentisten zu seinem Waidmannsheil. Es war sein erster Elefant.

Die Jagd war glücklich vorüber. Wir fuhren heim und legten uns schlafen. Erst am anderen Morgen kamen wir mit mehreren Fahrzeugen wieder. Der tote Elefant war bereits aufgebläht. Das Zerwirken und das Heraushacken der Zähne dauerten ihre Zeit. Durch den Fleischgeruch angezogen, schlich sich eine Tüpfelhyäne an. Auch sie wurde ein Opfer meines Gastschützen.

Wenige Tage später flogen wir mit Johnston zu seiner etwas weiter abgelegenen, zweiten Jagdfarm. Auch hier befand sich ein großes Gästehaus mit genügend Verpflegung. Ein schwarzer Diener war ständig anwesend und bewachte die Ranch, wenn keine Gäste da waren.

Macher und Weber konnten hier zwei starke Büffel erlegen. Beide Rinder hatten das gute Gehörn der typischen rhodesischen Rasse. Meine Gäste jagten auch mit Erfolg auf Wasserböcke und Impalas.

Wir kehrten zur Hauptfarm zurück und suchten mit dem Flugzeug nach Elefanten. Zwei Tage lang vergebens! Endlich sichteten wir eine größere ziehende Herde. Rasch flogen wir zurück, stiegen in den Landrover um und rasten über Stock und Stein in die Richtung, in der wir aus der Luft die Elefantenherde gesehen hatten. Mittlerweile war diese aber einige Kilometer weitergezogen. Nachdem wir in ihre Nähe gekommen waren, sprangen wir aus dem Wagen und liefen die in lockerem Verband ruhig äsenden Dickhäuter an. Alles klappte vorzüglich.

Inmitten der Herde befand sich ein starker Herr mit viel Elfenbein. Dieser Bulle sollte fallen. Ich schlich mit Weber nach vor, immer von einigen Bäumen gedeckt. Der Jagdgast nutzte die erstbeste Gelegenheit und schoß sofort. Nun gingen alle Elefanten ab, und wir waren richtig niedergeschlagen, als wir nach einer kurzen Strecke mehrfach Schweiß fanden. Aber die grauen Riesen waren weg. So marschierten wir ohne viel Hoffnung eine gute halbe Stunde auf den Fluchtfährten. Die Schweißtropfen hatten aufgehört. – Da entdeckten wir ganz überraschend den kranken Elefanten rechts von uns auf einer Anhöhe. Rasch feuerte ich aus meiner .458er, und auch Michael schoß in derselben Sekunde. Plötzlich tat sich der Riese nieder und legte sich zur Seite. Jetzt hatte auch Weber seinen Elefanten. Das Elfenbein wog genau sechsundzwanzig Kilogramm.

Unsere Jagdtage waren um, und mit Wehmut nahmen wir Abschied von diesem schönen Land. Ich kehrte nicht mehr nach Simbabwe zurück, sondern verlegte meine Tätigkeit nach Ruanda.

Abschied von Afrika

Ich plante eine letzte Fotosafari mit Freunden in den Tansania benachbarten Akagera-Nationalpark. Der Besuch der seltenen Berggorillas in den Vulkanbergen sollte der Höhepunkt einer Reise quer durch Ruanda werden. Die letzte Etappe führte nach Zaire in den „Virunga-Nationalpark" (vormals Albert-Park). Ich kannte das Land von früheren Reisen und wollte meinen Freunden und mir eine ganz besondere Freude bereiten.

Alles war gut organisiert, und ich flog am 26. Januar 1988 mit fünf guten Bekannten von Wien nach Brüssel und von dort weiter nach Kigali, der Hauptstadt Ruandas. Eine junge Ruandesin – gut gebildet und Angestellte des staatlich geführten Reisebüros – erledigte für uns die strengen Zollformalitäten. Draußen vor dem Flughafen wartete schon ein VW-Reisebus mit einem schwarzen Fahrer, der uns erst einmal zur Stärkung in ein afrikanisches Bistro brachte. Meine Gäste und ich nahmen eine landesübliche, recht ungewohnte Mahlzeit ein, deren Hauptgericht aus in Sesamöl geschmorten und in Bananenblätter eingehüllten Hühnern bestand.

Kigali liegt zwischen mehreren grünen Hügeln auf über 1.600 Meter Seehöhe. Die pulsierende Stadt ist überaus weitläufig. Es gibt verhältnismäßig wenig Geschäftslokale, aber drei große, moderne Hotels und viele schöne Villen, in denen die diplomatischen Vertreter der meisten Staaten der Welt wohnen. Der zentrale Eingeborenenmarkt bietet in bunter Fülle alle in- und ausländischen Produkte, und der Trubel herrscht bis spät in die Nacht hinein. Die einheimischen Frauen tragen schöne, farbige Tücher oder sind nach westlicher Mode gekleidet. Auch die Männer – meist Afrikaner oder Inder, die ihre eigenen kleinen Kaufläden besitzen – sind gut angezogen.

Das alte Ruanda-Urundi gehörte bis zum Ende des Ersten Weltkriegs zu Deutsch-Ostafrika. Es waren zwei kleine, aber sehr dicht besiedelte Provinzen. Dann wurden sie vom Völkerbund dem Belgischen Kongo angeschlossen. In der wechselvollen Geschichte Ruandas herrschte über einige Jahrhunderte lang das stolze Hirtenvolk der Tussi – kriegerische Viehzüchter von hochgewachsener Gestalt, mit typischen Langschädeln und ansprechenden Gesichtszügen. Der hamitischen Rasse angehörend, besaßen sie in den Hochländern große Rinderherden. Dieses alte Herrenvolk wurde 1959 in einem plötzlich ausgebrochenen Bürgerkrieg von den bisher ihnen unterworfenen, Hackbau treibenden Hutu zum Teil niedergemetzelt oder in die Nachbarländer vertrieben. Die negroiden Hutu stellen heute die Regierung. Sie leisteten gute Aufbauarbeit und sind prowestlich eingestellt. Es ist wieder ruhig geworden im Land, in dem noch etwa tausend Belgier und eine Anzahl Deutsche leben.

Bilder rechts: Im Akagera-Nationalpark war dieser junge Gorilla Liebling aller Touristen.

Die schwarzen Präsidenten Ruandas waren allesamt kluge und tüchtige Köpfe. Vor allem Generalmajor Habyarimana erfreute sich bei seinen Bürgern großer Beliebtheit. Das Land blühte auf, und die Eingeborenen waren zufrieden. Dennoch ist dieses kleine Staatswesen mit seinen nur 26.338 km^2 Gesamtfläche ein Entwicklungsland geblieben. Viele Produkte müssen eingeführt werden; Industrie ist nur in ersten Ansätzen vorhanden. Tee wird auf Terrassen an den Hängen kultiviert, viele schwarze Bauern arbeiten auf den Kaffeeplantagen. Lebensmittelfarmen liefern Süßkartoffeln, Bohnen, Erdnüsse, Bananen und Maniok.

Massentourismus wie in Kenia ist in Ruanda noch unbekannt, aber die ausländischen Gäste nehmen doch merkbar zu. Vor allem die Möglichkeit, in den Vulkanbergen mit den Berggorillas zusammenzutreffen, stellt einen großen Anreiz für Touristen dar, und die Regierung hat mit diesen großen Menschenaffen längst ein gutes Geschäft entwickelt. Wer die Gorillas in den Bambusurwäldern beobachten und fotografieren will, muß viel Geld auslegen.

Längst hatten wir die Mahlzeit hinter uns und warteten auf einer sehr belebten Straße unter blühenden Bäumen auf unseren Fahrer. Eine Stunde verging. Wir wurden ungeduldig und ängstigten uns, da im Bus bereits unser gesamtes Safarigepäck verstaut war. Endlich tauchte der Wagen auf – aber mit eingedrückter Vorderfront. Ein fremder Wagen hatte den Unfall verursacht; unser VW blieb aber Gott sei Dank fahrtauglich.

Froh, unser Auto wiederzuhaben, fuhren wir die breite Asphaltstraße stadtauswärts. Buntgekleidete Eingeborene arbeiteten in den angrenzenden Bananenhainen. Dann nahm uns für die nächsten sechzig Kilometer eine sehr staubige Landstraße auf, bis wir die gut gekennzeichnete Grenze zum Nationalpark erreichten. Die Wildnis begann. Die lange Reise ging steil in die Berge hinauf, und der Pfad führte von einem Höhenrücken zum anderen. Endlich erblickten wir auf einer Anhöhe einen ausgedehnten Hotelkomplex vor uns. Das vor wenigen Jahren errichtete „Akagera“ ist ein großer Bau im modernen Kolonialstil. Die sehr geschmackvoll ausgestatteten Zimmer bieten einen fabelhaft schönen Blick zum Ihemasee. Vor dem Abendessen unternahmen wir einen kleinen Rundgang durch den gepflegten Blumengarten. Eine Horde Paviane verschwand vor uns in den Busch. – Einige Belgier saßen schon mit ihren Frauen im Speisesaal. Auch sie wollten den 259.000 Hektar großen Naturpark besichtigen. An unserem Nebentisch nahm eine ruandesische Familie Platz. Die Kinder waren europäisch gekleidet und benahmen sich sehr gesittet. Wir tranken Bier aus Kigali, aßen gut und gingen müde zu Bett. Ich schlief schlecht; immer mußte ich von der alten Zeit in Ruanda träumen, und meine Gedanken gingen weit in die Vergangenheit zurück.

Im Morgengrauen vernahm ich das Geschrei vorbeifliegender Hagedasch-Ibisse. Nach dem

Bild links: Kwa heri! – Auf Wiedersehen, Afrika!

englischen Frühstück unternahmen wir eine Spazierfahrt in den Nationalpark. Jeder von uns hatte seinen Fensterplatz. Ich saß vorne neben dem Fahrer und erklärte meinen Freunden Tiere und Pflanzen. Unser Ausflug führte uns auch zum Ihemasee, und von der Barkasse aus schossen wir wunderschöne Bilder. Flußpferde und Wasservögel aller Art gab es zu beobachten, Schreiseeadler schlugen im Sturzflug die Fische und zeigten im Geäst der Uferbäume stolz ihr Gefieder. Ihr klingender Ruf hallte weit über die Wildnis. Wir verbrachten noch eine Nacht im „Akagera" und brachen dann endgültig auf. Der Nationalpark mußte durchquert werden. Die Savanne wurde abwechslungsreicher. Vorbei ging es an Bergzügen und Sümpfen, und so manches Mal plagten uns die stechlustigen Tsetsefliegen. Auf unserer Fahrt sahen wir eine Herde von Kaffernbüffel und etliche Wasserböcke. Sogar einige der prächtigen Kronenkraniche, die soeben ein Balzspiel aufführten, entdeckten wir. Meine Gäste filmten und fotografierten nach Herzenslust. Es waren paradiesische Augenblicke.

Noch bevor die Sonne zur Gänze am Horizont versunken war, erreichten wir das Gabiro-Resthouse, wo wir in schönen Bungalows übernachten konnten. Eine sehr tüchtige Belgierin leitete dieses Hotel, und wir wurden kulinarisch geradezu verwöhnt. Die zarten Zebrafilets und die Warzenschweinkoteletts sind mir noch heute in guter Erinnerung. Auf einer breiten Straße ging es nach Kigali zurück. Die Bauarbeiten auf der Piste waren noch nicht abgeschlossen. Das Projekt wurde von Chinesen ausgeführt, die Asphaltdecke mußte noch aufgebracht werden. Die Straße führt nach Uganda und ist wirtschaftlich wie strategisch gleichermaßen wichtig. Mehrmals begegneten uns Chinesen auf ihren großen Baumaschinen. In Kigali hielten wir kurz Mittagsrast. Dann ging es weiter in die Hochländer und damit in die einsamen Berge. Die Naturstraße wurde immer schlechter, und es gab über Hunderte von scharfen Kurven. Nur mühsam kamen wir vorwärts. Die Hänge auf etwa zweitausend Höhenmeter waren dicht besiedelt, aber nur wenige Eingeborene ließen sich blicken.

Endlich lag der tiefblaue Kivu unter uns. Dieser höchstgelegene See Afrikas hat weder Flußpferde noch Krokodile, auch die Bilharzia ist hier unbekannt. Er zählt mit zu den schönsten Gewässern des Dunklen Kontinents. Einige Einheimische in ihren alten, zerbeulten Autos begegneten uns. Wir erreichten den kleinen Ort Kibuye auf 1500 Meter, wo wir wieder nächtigten. Mehrere schöne Rundhütten mit Doppelbetten und Badezimmern standen für uns bereit. Die herrliche Seeluft tat uns allen gut, und meine Freunde – das Ehepaar Kommerzialrat Selch, Frau Maria Gauß mit Sohn und Herr Lehner – genossen die einzigartig schöne Landschaft. Herr Selch leitete den bekannten Zeitungsverlag „Morawa" in Wien. Frau Gauß, von Beruf Buchhändlerin und bekannte Grafikerin, erholte sich am Seeufer von den Strapazen der anstrengenden Anreise. Wir faulenzten, unternahmen eine kleine Bootsfahrt und ruhten in der Abendsonne aus.

Die Nacht war erquickend. Wir frühstückten reichlich – Papayas, Ananas, Schinken mit Ei und den starken Ruanda-Kaffee –, dann ging unsere Fahrt weiter nach dem Posten Gisenyi. Wir kamen in den Urwald und stießen plötzlich auf eine Gruppe Batwa, heute noch lebende Angehörige der Urbevölkerung Ruandas. Diese zwergenhaften Menschen hausen primitivst am Rand der Straße. Der Urwald liefert ihnen alles, was sie zum Leben benötigen.

Gisenyi hat einige tausend Einwohner. Es gab nur ein Hotel, das „Meridien Izuba". Hier bereiteten wir uns auf die letzte Etappe, den Aufstieg in die Vulkanberge, vor. Um vier Uhr früh war Wecken. Wir nahmen nur einen schnellen Imbiß; nicht zuletzt auch deswegen, da sich an meinem Kuchen auch schon eine Ratte verköstigt hatte . . .

Der schlechte Weg bestand mehr oder weniger nur aus Löchern, über die wir unseren Bus manövrierten. Dichter Nebel lag über dem Land. Die Nationalparkwächter schliefen noch. Wir mußten eine gute Zeit warten, dann erst kam die Flaggenhissung, und schließlich meldete sich bei uns ein Wächter, der uns zu den Berggorillas führen sollte. Ein halbnackter Eingeborener schloß sich uns an, er sollte auf der Suche nach den großen Menschenaffen helfen.

Ein ausgedehnter Hügel mit dichtem Bambuswald – ein Vorberg des Mikenovulkans – war unser erstes Marschziel. Zufällig begegneten wir einem Bauern. Er unterhielt sich mit unserem Führer in seiner Muttersprache und erzählte, daß er die Gorillas auf ihren Wanderungen gehört hätte. Wir wähnten uns bald am Ziel. Vorsichtig kletterten wir in einem unvorstellbaren Pflanzengewirr hoch. Dann vernahmen wir tatsächlich eine Affenfamilie, wie sie laut vor uns zog und äste. Unser Wächter packte mich an den Händen und deutete größtes Stillschweigen. So warteten wir klopfenden Herzens einige Minuten zu.

Plötzlich stand leibhaftig ein uralter Gorillamann vor uns. Der Anblick des „Silverbacks" (Silberbuckels) raubte uns den Atem! Wir mußten noch weiter hinaufklettern. Die Wand wurde immer steiler, dazu kam der weiche Urwaldboden, in den wir ständig einsanken, so daß wir einander hochschieben mußten. Seitlich von uns entdeckten wir auch die Gorillaweiber. In einer kleinen Lichtung saß ein massiger Berggorilla und kaute an Stengeln. Fünf Meter neben uns krochen im düsteren Bambus zwei niedliche Junge an den alten Herrn heran. Unsere Herzen standen still . . .

Wir fotografierten und filmten diese packenden Ereignisse. Die Menschenaffen verhielten sich völlig ruhig, und wir konnten sie mehr als eine halbe Stunde lang ausgiebig beobachten. Dann zogen die Gorillas weiter.

Beglückt traten wir die Rückkehr an. Auch der Abstieg gestaltete sich unendlich schwierig. Erst in der Ebene konnten wir eine verdiente Ruhepause einlegen. Wir teilten unsere Lunchpakete mit den beiden Schwarzen und belohnten sie für ihre ausgezeichnete Hilfe. Dann ging es nach Gisenyi zurück.

Am Stadtende liegt die Grenze zu Zaire. An beiden Posten hatten wir die diversen Formalitäten und Eintragungen zu erledigen. Das hielt auf. Goma, schon in Zaire, weist eine starke Bevölkerungsdichte auf. Hier mußten wir Wagen und Fahrer wechseln. Unser Weg führte direkt an dem noch immer tätigen 3.060 Meter hohen Nyamlagira vorüber. Riesige Halden alten Lavagerölls erinnerten uns an die Naturgewalten auch der umliegenden Vulkane. Hier oben gab es nur wenige menschliche Ansiedlungen, und die Straße wurde immer schlechter. Auch den Visoko und den Karissimbi sahen wir von weitem.

Für die einhundertfünfzig Kilometer zum Virunga-Nationalpark benötigten wir volle sechs Stunden Fahrzeit. Die Brücken aus Holzbohlen über die angeschwollenen Flüsse befanden sich in einem derart desolaten Zustand, daß wir es ständig mit der Angst zu tun bekamen. Jeden Augenblick konnten sie zusammenbrechen. Wir mußten jedesmal aus dem Auto aussteigen. Erst am Abend erreichten wir den Riwindi-Fluß in der Ruthsuruebene. Hier wimmelte es von Flußpferden. Das Riwindi-Hotel aus der alten Kolonialzeit bot die einzige Übernachtungsmöglichkeit.

Der Nationalpark war 1929 auf Anregung König Alberts von Belgien gegründet und von der belgischen Kolonialverwaltung bestens überwacht worden. Er wurde zu einem einmaligen Wildparadies mit großem Elefantenbestand. In den Anfangsjahren der Republik Zaire wurde aber so gut wie alles niedergewildert. Heute gibt es nur mehr ein Dutzend Dickhäuter. Zahlreich sind noch die Moorantilopen, Löwen, Flußpferde und Büffel.

Das Gebiet erstreckt sich über eine Länge von dreihundert Kilometern bei einer sehr unterschiedlichen Breite von den Mondbergen, dem Ruwenzori bis zum Kivusee. Wir befuhren völlig offene Grasflächen – ein idealer Lebensraum von Tausenden von Antilopen. Überraschend trafen wir auch auf ein ruhendes Löwenrudel, ein gesuchtes Motiv für meine Fotografen. Ein schwarzer Wildhüter führte uns zu einem riesigen Tümpel, in dessen Schlamm gut zwei- bis dreihundert Flußpferde steckten. Die mächtigen Schädel der zwei Tonnen schweren Pflanzenfresser bewegten sich kaum. Ein ungemein imposantes Bild! Das tiefe Gebrumm und seltsame Brüllen der Kolosse faszinierten uns immer aufs neue.

Die allergrößte Überraschung aber bereitete uns die Begegnung mit dreiundzwanzig (!) Löwen aller Altersgruppen, die langsam unseren Weg kreuzten. Wir begleiteten die Raubkatzen, die uns keines Blickes würdigten, eine Weile mit dem Bus.

Zum Abschluß unserer Safari besuchten wir den Eduardsee, der seinen Namen heute nach Mobutu, dem Präsidenten von Zaire, trägt. Am Südufer liegt ein großes Fischerdorf, und eine Menge buntgekleideter Menschen kam auf uns zu. Am Ufer stolzierten die Marabus mit vollen Kröpfen umher, und die Pelikane schwammen um die Plankenboote und Kanus der Eingeborenen. Sie warteten auf Abfälle.

In Goma bezogen wir wieder ein schönes Hotel, einen prächtigen Bau inmitten einer Grünanlage von Schattenbäumen und Blumen am Kivusee. Bedienung und Komfort waren exzellent; die Speisekarte hielt, was sie versprach. Niemand von uns hatte in dieser an und für sich staubigen Eingeborenenstadt mit einer derartigen Vielfalt an Köstlichkeiten gerechnet.

An der Grenze von Zaire nach Ruanda gab es einen längeren, unangenehmen Aufenthalt, da mein Visum für Ruanda schon zwei Tage abgelaufen war. Dann kam der große, endgültige Abschied von Afrika. Wehmütigen Herzens kaufte ich am Markt in Kigali noch Tee aus den Hochländern Ruandas sowie verschiedene Kleinigkeiten als Mitbringsel für die Heimat. Auch meine Freunde deckten sich mit Souvenirs aller Art ein. Für sie war diese Safari gewiß eines der schönsten Erlebnisse in ihrem Leben gewesen, und das freute auch mich. Afrika hatte uns alle in seinen Bann gezogen...

KWA HERI!

AUF WIEDERSEHEN!